Informatik-Fachberichte

Herausgegeben von W. Brauer
im Auftrag der Gesellschaft für Informatik (GI)

54

Fehlertolerierende Rechnersysteme

GI-Fachtagung
München, 11.–12. März 1982

Gemeinsam veranstaltet von
GI-Fachausschuß 8 und Fachausschuß 11 und
GMD-Institut für Rechner- und Programm-
strukturen, Siemens AG

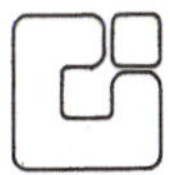

Herausgegeben von E. Nett und H. Schwärtzel

Springer-Verlag
Berlin Heidelberg New York 1982

Herausgeber

E. Nett
Gesellschaft für Mathematik und Datenverarbeitung mbH
Institut für Rechner- und Programmstrukturen
Postfach 1240, Schloß Birlinghoven, 5205 St. Augustin 1

H. Schwärtzel
Siemens AG Zentralbereich Technik, Zentrale Aufgaben Informationstechnik
Otto-Hahn-Ring 6, 8000 München 83

Programmkomitee

K.-E. Großpietsch, GMD St. Augustin
F. Hofmann, Universität Erlangen
E. Nett, GMD St. Augustin (Vorsitz)
G. Regenspurg, GMD St. Augustin
A. Sauer, Siemens AG München
E. Schmitter, Siemens AG München
H. Schwärtzel, Siemens AG München (stellv. Vorsitz)
M. Syrbe, FHG Karlsruhe

Folgende Firmen und Gesellschaften haben die Tagung finanziell unterstützt:

- Bayerische Landesbank Girozentrale, München
- GMD, St. Augustin
- Siemens AG, München

Tagungsort: Siemens AG, Forum, Otto-Hahn-Ring 6, 8000 München 83

CR Subject Classifications (1981): 4.6, 6.2, 6.3, 6.9

ISBN-13:978-3-540-11209-9 e-ISBN-13:978-3-642-68356-5
DOI: 10.1007/978-3-642-68356-5

CIP-Kurztitelaufnahme der Deutschen Bibliothek

Fehlertolerierende Rechnersysteme:
GI-Fachtagung, München, 11. - 12. März 1982 / gemeinsam veranst. von GI-Fachausschuss 8 ... Hrsg. von E. Nett u. H. Schwärtzel. – Berlin; Heidelberg; New York: Springer, 1982.
(Informatik-Fachberichte; Bd. 54)
ISBN-13:978-3-540-11209-9

NE: Nett, Edgar [Hrsg.]; Gesellschaft für Informatik / Fachausschuss Methoden der Informatik für Spezielle Anwendungen; GT

2145/3140 – 5 4 3 2 1 0

VORWORT

Das Interesse an fehlertolerierenden Rechnersystemen wächst. Gründe dafür sind einerseits die Forderungen der Anwender nach größerer Zuverlässigkeit und höherer Verfügbarkeit der daten- und informationsverarbeitenden Systeme und andererseits die entsprechenden zunehmenden Aktivitäten in Forschung und Entwicklung zur Lösung der aufgeworfenen Probleme. Dies ist der Hintergrund dafür, der Thematik der "fehlertolerierenden Rechnersysteme" in einer eigenen Fachtagung eine breite Basis zu schaffen und die bestehenden Probleme universell bewußt zu machen. Ziele dieser Tagung sind

- den Anwendern den Stand des theoretischen und praktischen Wissens aufzuzeigen und
- in Fachkreisen einen intensiven Erfahrungsaustausch anzuregen.

Die Tagung will Anregung sein, die im nationalen Bereich begonnenen Aktivitäten auf dem Gebiet der Fehlertoleranz fortzuführen und Forum sein, den gegenüber dem Ausland bestehenden Nachholbedarf an Information zu verringern. Offensichtlich ist, daß eine zweitägige Veranstaltung dabei nicht die volle Breite der Fehlertoleranz und deren Vielschichtigkeit erfassen kann. Schwerpunkte müssen herausgegriffen werden durch die Wahl der Themengruppen:

- Fehlertolerierende Rechnerkomponenten
- Selbstdiagnose und Testen
- Fehlertoleranz und Software
- Modellbildung und Simulation
- Fehlertolerierende Systemarchitektur
- Fehlertolerierende Mehrrechnersysteme.

Sie wiederum sollen eine in sich geschlossene Einheit bilden.

Die vorliegenden Vorträge gestatten einen repräsentativen Einblick in die Entwicklungs- und Forschungsaktivitäten von fehlertolerierenden Rechnersystemen und machen zugleich die Komplexität dieses Themenkreises deutlich.

Der Erfolg der Tagung hängt letztlich davon ab, inwieweit es gelingt, dem Stellenwert, den die Fehlertoleranz international schon seit Jahren besitzt, auch national gerecht zu werden.

In diesem Sinne kann diese GI-Fachtagung ein Anfang für eine kontinuierliche Auseinandersetzung mit diesem Thema sein.

Unser Dank gilt Herrn Dr. Großpietsch und Herrn Schmitter, die die Idee zu dieser Fachtagung hatten und an ihrem Zustandekommen maßgeblich beteiligt waren. Weiter möchten wir den Mitgliedern des Programmkomitees für ihren Einsatz beim Zustandekommen dieser Tagung und allen Autoren für ihre aktive Mitgestaltung danken.

Ebenso sei allen Helfern, insbesondere Fr. Heckenbach, Fr. Hausner, Fr. Harroth gedankt, die die Organisation dieser Tagung erst ermöglichten.

Dem Springer-Verlag sei für seine Unterstützung gedankt, diesen Tagungsband rechtzeitig fertigzustellen.

Bonn, München Dezember 1981

E. Nett H. Schwärtzel

INHALTSVERZEICHNIS

Seite

Modellbildung und Simulation

Fehlertoleranz und Software

Fehlertolerierende Systemarchitektur

Seite

Fehlertolerierende Mehrrechnersysteme

Grenzwerte der Zuverlässigkeit von Parallel-Serien-Systemen

Andreas Pfitzmann, Hermann Härtig

Institut für Informatik IV, Universität Karlsruhe
7500 Karlsruhe, Postfach 6380

Zusammenfassung

Es werden notwendige Bedingungen dafür hergeleitet, daß sich Systeme durch mehrfache Auslegung von Komponenten des nichtredundanten Systems unter Beibehaltung seiner Verbindungsstruktur (Parallel-Redundanz) beliebig zuverlässig bauen lassen. Unter der Annahme perfekter Fehlererkennung (und gegebenenfalls Umschaltung) werden auch hinreichende Bedingungen angegeben.
Die Zuverlässigkeitsmodellierung von Systemen mit Parallel-Redundanz erfolgt durch Parallel-Serien-Systeme, um die gegenseitige Zuverlässigkeitsreduktion von Komponenten durch ihre parallel-redundante Auslegung zu beschreiben. Das Zuverlässigkeitsverhalten von Parallel-Serien-Systemen bei zunehmender Größe wird mit Hilfsmitteln aus der Analysis untersucht. Aus diesen Untersuchungen folgen notwendige bzw. hinreichende Bedingungen zur Erzielung beliebiger Systemzuverlässigkeit durch Parallel-Redundanz.

Schlagwörter

Parallel-Redundanz, Parallel-Serien-Schaltung, Parallel-Serien-System, Redundanz, Zuverlässigkeitsanforderung, Zuverlässigkeitsmodellierung, gegenseitige Zuverlässigkeitsreduktion durch Parallel-Redundanz

1 Problemstellung

Vielfach besteht ein Problem bei der Einführung redundanter Systemkonfigurationen darin, daß zusätzliche Koppeleinrichtungen notwendig werden, die ihrerseits die Zuverlässigkeitsgewinne vermindern oder gar eine Zuverlässigkeitsreduktion herbeiführen.
Für eine spezielle Klasse von Redundanz (Parallel-Redundanz), die im einführenden Beispiel (Abschnitt 2) anschaulich eingeführt und in Abschnitt 3 definiert ist, wird die Zuverlässigkeit von Systemen in Abhängigkeit vom Redundanzgrad beschrieben.
Danach wird untersucht, unter welchen Bedingungen sich Systeme durch Parallel-Redundanz beliebig zuverlässig bauen lassen.
Dabei darf die Zuverlässigkeitsreduktion von (System-) Komponenten durch die parallel-redundante Auslegung von anderen (System-) Komponenten nicht vernachlässigt werden, wie dies etwa in [Gaed_77] in Bezug auf die Verbindungsleitungen beliebig vieler Dioden getan wird.
Die Überlebenswahrscheinlichkeit jeder Komponente und damit auch jedes endlichen Systems strebt für $t \to \infty$ gegen 0. Also ist es für eine Untersuchung, unter welchen Bedingungen sich Systeme durch Parallel-Redundanz beliebig zuverlässig bauen lassen, zweckmäßig, zeitunabhängige Zuverlässigkeitskenngrößen zu verwenden. Anders als in der DIN Norm 40041 stehe Zuverlässigkeit im folgenden für eine beliebige zeitunabhängige Zuverlässigkeitskenngröße, z. B. die Überlebenswahrscheinlichkeit bis zu einem festen Zeitpunkt oder aber bei Reparatur die zeitunabhängige Verfügbarkeit.
Statistische Unabhängigkeit von Ausfällen (und gegebenenfalls der Reparaturen) sowie perfekte Fehlererkennung (und gegebenenfalls Umschaltung) werden vorausgesetzt.

2 Ein einfaches Rechensystem als einführendes Beispiel

2.1 Zuverlässigkeitsmodellierung

Gegeben sei ein nichtredundantes Rechensystem, das aus einem Rechner, einem Buskoppler sowie einem (externen) Bus (etwa als Schnittstelle für Terminals, Drucker etc.) besteht (Bild 1).

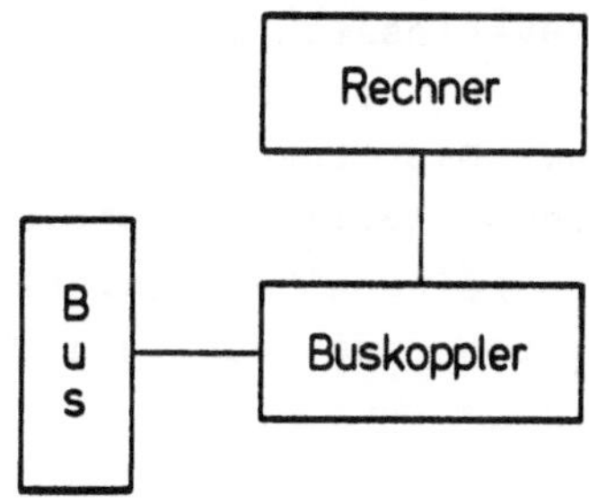

Bild 1: Nichtredundantes Rechensystem

Der Buskoppler kann durch seinen Ausfall Rechner und/oder Bus stören. Um die Zuverlässigkeitsmodellierung zu erleichtern, wird im folgenden angenommen, daß der Buskoppler gedanklich aus 2 Teilen besteht, der Rechner-Schnittstelle (RS) und der Bus-Schnittstelle (BS) (Bild 2). Bei Ausfall der Rechner-Schnittstelle werde allein der Rechner, bei Ausfall der Bus-Schnittstelle allein der Bus gestört. Die Rechner-Schnittstelle bestehe unter anderem aus Steuerschaltungen, Treibern und Stecker zum rechnerinternen Bus, die Bus-Schnittstelle unter anderem aus Steuerschaltungen, Treibern und Stecker zum (externen) Bus. Damit ergibt sich für das nichtredundante Rechensystem als Zuverlässigkeitsschaltbild [Gaed_77, Höfl_78] Bild 3.

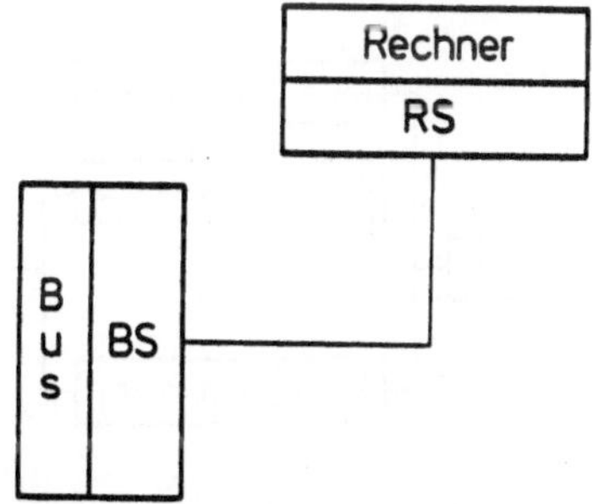

Bild 2: Nichtredundantes Rechensystem mit Schnittstellen

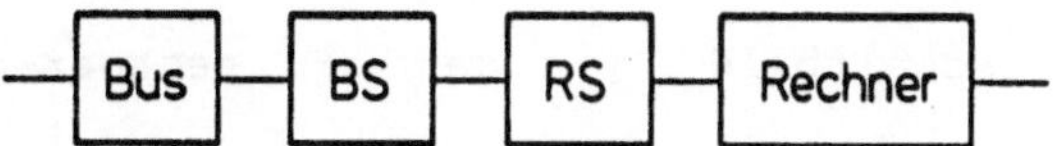

Bild 3: Zuverlässigkeitsschaltbild des nichtredundanten Rechensystems mit Schnittstellen

Um die Zuverlässigkeit zu erhöhen, werde Parallel-Redundanz bei der vermutlich unzuverlässigsten Komponente, dem Rechner, eingeführt (Bild 4). Dies erhöht die Zahl der Busanschlüsse, was die Zuverlässigkeit des Busses reduziert. Die Zuverlässigkeit des Busses bei mehreren Busanschlüssen läßt sich durch ein Serien-System aus Bus und Bus-Schnittstellen modellieren. Das Zuverlässigkeitsschaltbild des rechner-redundanten Rechensystems (Bild 5) zeigt, daß sich dadurch auch für große Rechner-Anzahlen keine höhere Zuverlässigkeit erzielen läßt, als sie das Serien-System aus Bus und Bus-Schnittstellen besitzt.

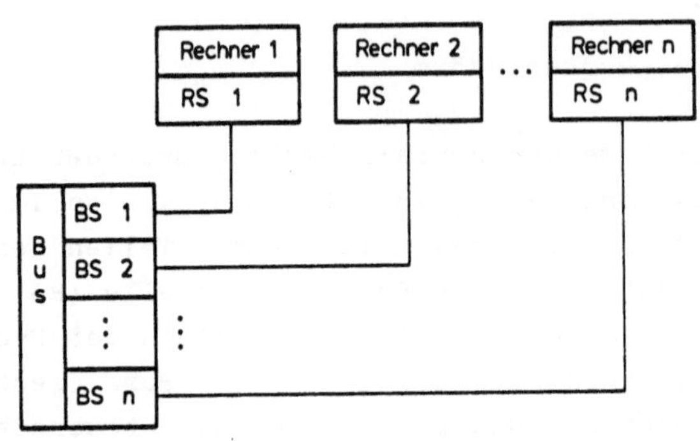

Bild 4: Rechner-redundantes Rechensystem

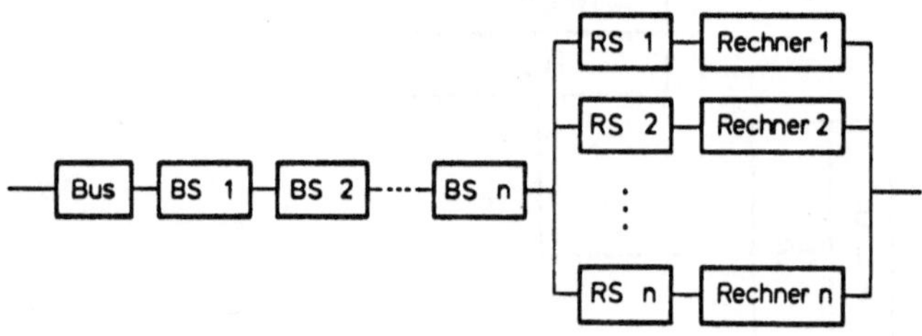

Bild 5: Zuverlässigkeitsschaltbild des rechner-redundanten Rechensystems

Also wird man Parallel-Redundanz auch beim Bus einführen (Bild 6). Dies erhöht nun umgekehrt die Zahl der Rechneranschlüsse, was die Zuverlässigkeit jedes Rechners reduziert. Entsprechend läßt sich die Zuverlässigkeit der Rechner bei mehreren Rechneranschlüssen durch Serien-Systeme aus Rechner und Rechner-Schnittstellen modellieren. So erhält man als Zuverlässigkeitsschaltbild des rechner- und bus-redundanten Rechensystems Bild 7.

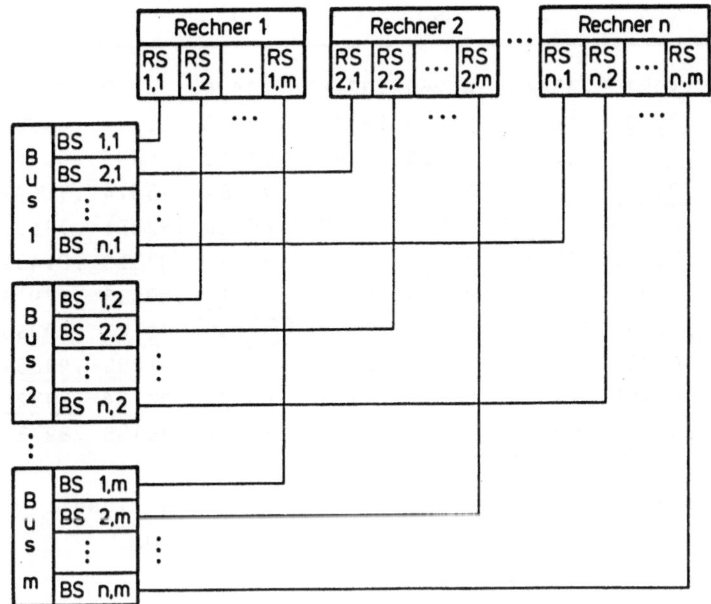

Bild 6: Rechner- und bus-redundantes Rechensystem

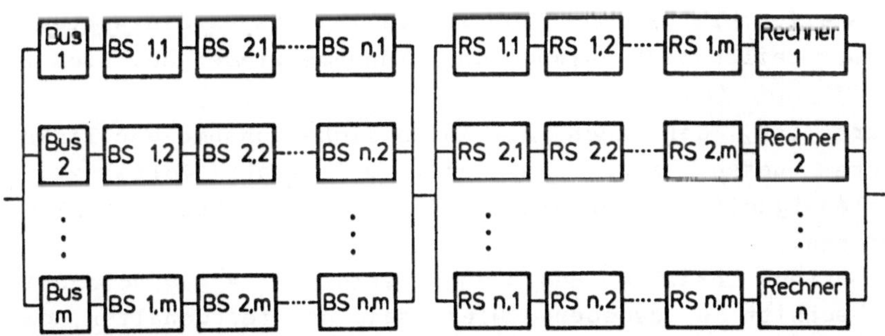

Bild 7: Zuverlässigkeitsschaltbild des rechner- und bus-redundanten Rechensystems

Die durch Bild 7 ausgedrückte Abhängigkeit der Zuverlässigkeit des rechner- und bus-redundanten Rechensystems von der Zuverlässigkeit von Rechner, Rechner-Schnittstelle, Bus-Schnittstelle und Bus lautet unter Verwendung der Formel für Parallel-Serien-Systeme in [Görk_69]

$$R_{System} = (1 - (1 - R_{Bus} * R_{BS}^{n})^{m}) \; (1 - (1 - R_{Rechner} * R_{RS}^{m})^{n})$$

2.2 Numerische Zuverlässigkeitsauswertung

Setzt man $R_{Rechner}=0.7$, $R_{RS}=R_{BS}=0.9$ und $R_{Bus}=0.8$, so erhält man durch Einsetzen in die hergeleitete Formel als Zuverlässigkeit des Rechensystems in Abhängigkeit von der Rechner- und Busanzahl die Werte in der folgenden Tabelle:

n \ m	1	2	3	4	5	6	7	8	9	10
1	.45360	.52255	.49910	.45645	.41263	.37183	.33476	.30132	.27119	.24407
2	.55929	.71184	.72704	.69675	.65229	.60447	.55715	.51174	.46880	.42856
3	.55366	.75920	.81866	.81649	.78805	.74839	.70412	.65835	.61266	.56796
4	.51504	.74704	.84141	.86791	.86021	.83476	.79982	.75974	.71699	.67308
5	.46912	.71065	.82910	.87986	.89247	.88286	.85986	.82851	.79187	.75191
6	.42406	.66514	.79887	.86854	.89902	.90479	.89442	.87315	.84432	.81021
7	.38227	.61710	.75954	.84318	.88855	.90825	.91016	.89935	.87918	.85205
8	.34425	.56945	.71581	.80927	.86653	.89831	.91159	.91102	.89980	.88027
9	.30990	.52353	.67031	.77019	.83658	.87847	.90189	.91095	.90857	.89689
10	.27893	.47997	.62461	.72812	.80120	.85126	.88342	.90124	.90726	.90340
11	.25104	.43903	.57967	.68457	.76218	.81858	.85803	.88355	.89733	.90097

Tab. 1: Zuverlässigkeit des Rechensystems in Abhängigkeit von der Zahl der Rechner (n) und der Zahl der Busse (m)

Durch das Entstehen von längeren Serien-Systemen durch Bus-Schnittstellen bzw. Rechner-Schnittstellen nehmen die Werte in den Spalten bzw. Zeilen nach anfänglicher Zunahme wieder ab. Dies war zu erwarten.

Bemerkenswert ist, daß auch die anfängliche Zunahme von links oben nach rechts unten sich ab n=8, m=7 nicht fortsetzt. Eine Systemzuverlässigkeit größer als die für n=8, m=7 läßt sich also hier nicht erreichen.

Eine mathematisch präzise Begründung erfordert etwas Vorarbeit und wird in Abschnitt 6 gegeben. Hier sei nur festgehalten, daß das Längenwachstum in den Serien-Zweigen für große n, m die Systemzuverlässigkeit stärker reduziert, als sie durch das Vorhandensein von mehr Funktions-Wegen [Höfl_78, KoUs_79] verbessert wird.

3 Definition des Begriffs Parallel-Redundanz

In diesem Abschnitt wird eine Definition der Parallel-Redundanz gegeben, nachdem dieser Begriff in Abschnitt 2.1 anschaulich eingeführt wurde.

Unter Parallel-Redundanz [Görk_69] wird Redundanz verstanden, bei der Komponenten des nichtredundanten Systems unter Beibehaltung der Verbindungsstruktur des nichtredundanten Systems und ihrer Belastung mehrfach ausgelegt sind. Ein System behalte seine Verbindungsstruktur

bei mehrfacher Auslegung einer Komponente K genau dann bei, wenn jede Auslegung der Komponente mit genau den Komponenten verbunden ist, mit denen K verbunden war. Dies impliziert, daß alle Komponenten mit denen K verbunden war, mehr Anschlüsse erhalten. Außerdem erhalten alle Komponenten, mit denen K verbunden war, z. B. eine Wertungsschaltung [KoUs_79], falls funktionsbeteiligte Redundanz, bzw. z. B. ein Schaltglied [Görk_69], falls nicht-funktionsbeteiligte Redundanz realisiert wird.
Rechner- und Bus-Schnittstellen in Abschnitt 2.1 sind im Sinne dieser Definition keine Komponenten, sondern Anschlüsse der Komponenten Rechner und Bus.

4 Zuverlässigkeitsmodellierung durch Parallel-Serien-Systeme

Unter einem Subsystem wird entweder eine nicht mehrfach ausgelegte Komponente mit ihren Anschlüssen oder, falls die Komponente mehrfach ausgelegt ist, werden darunter alle ihre Auslegungen mit ihren Anschlüssen verstanden.
Durch Verallgemeinerung des einführenden Beispiels sieht man, daß alle Subsysteme in parallel-redundanten Rechensystemen als Parallel-Serien-Systeme modelliert werden können. Dabei wird die Zuverlässigkeitsreduktion von Subsystemen durch die Parallel-Redundanz in anderen Subsystemen jedoch nicht so gleichmäßig sein wie im einführenden Beispiel.

Die folgende Formel gibt allgemein die Zuverlässigkeit eines Subsystems S1 an, das aus einer m-fach ausgelegten Komponente besteht. Jede Auslegung der Komponente hat n Anschlüsse.

$$R_{S1} = 1 - \left(1 - \prod_{i=1}^{n} R_i \right)^m \quad \text{mit } 0 < R_i \leq 1$$

Da die Komponente m-fach ausgelegt ist, gibt es in S1 m Funktions-Wege. Die Zuverlässigkeitsreduktion durch den Anschluß i wird durch den Faktor R_i ausgedrückt. Die n Anschlüsse an jeder Auslegung der Komponente von S1 können gemäß der Definition von Parallel-Redundanz z. B. dadurch erforderlich sein, daß ein mit S1 verbundenes Subsystem S2 aus einer n-fach ausgelegten Komponente besteht. Dies bedeutet, daß der Faktor R_i die Zuverlässigkeitsreduktion von S1 durch die Erweiterung von S2 von i-1 auf i Funktions-Wege ausdrückt.

Um die mathematische Behandlung zu vereinfachen, wird die obige Formel folgendermaßen umgeformt:

Wähle $R \in \mathbb{R}$, $0 < R < 1$. Setze $f(n) = \log_R \prod_{i=1}^{n} R_i$

(oder rekursiv geschrieben: $f(1) = \log_R R_1$,

$f(n+1) = f(n) + \log_R R_{n+1}$)

Dann gilt $R_{Subsystem} = 1 - (1 - R^{f(n)})^m$

5 Grenzwerte der Systemzuverlässigkeit

Da die prinzipiellen Zusammenhänge an Systemen bestehend aus 2 Subsystemen am deutlichsten werden, werden im folgenden nur solche behandelt. Eine Erweiterung auf Systeme mit mehr Subsystemen ist mit entsprechendem Aufwand möglich.

Es sei ein System bestehend aus 2 Subsystemen gegeben und seine Zuverlässigkeit sei modelliert durch

$$R_{System}(n,m) = (1 - (1 - R^{f(n)})^m)(1 - (1 - R^{g(m)})^n) \quad \text{mit}$$

$R \in \mathbb{R}$, $0 < R < 1$, $f(n) > 0$ für alle $n \in \mathbb{N}$, $g(m) > 0$ für alle $m \in \mathbb{N}$.

Im folgenden werde untersucht, bei welchem Wachstum von $f(n)$ und $g(m)$ sich bei geschickter Wahl großer n, m beliebige Systemzuverlässigkeit erreichen läßt.

Das System läßt sich genau dann beliebig zuverlässig bauen, wenn es eine Folge F1 von Paaren (n,m) gibt, so daß $R_{System}(n,m)$ gegen 1 strebt. Im folgenden wird gezeigt, daß man sich auf die Betrachtung von Folgen F2 (n,m) beschränken kann, bei denen m (oder n) streng monoton wächst.

1) Wenn es eine Folge F2 gibt, gibt es auch eine Folge F1, nämlich F2 selbst.
2) Wenn es eine Folge F1 gibt, müssen sowohl n als auch m gegen ∞ streben.
   Konstruiere aus F1 eine Folge F2 folgendermaßen:
   Übernimm das erste Element von F1 als erstes Element in F2.
   Übernimm die Elemente von F1 der Reihe nach als nächstes Element in F2, wenn es in F2 noch kein Element gibt, dessen 2. Komponente größer gleich der 2. Komponente des gerade betrachteten Elements von F1 ist.

Die konstruierte Folge F2 beschreibt einen Zusammenhang zwischen m und n, der durch eine nicht an allen Argumenten definierte (partielle) Funktion h(m) von $\mathbb{N}$ in $\mathbb{N}$ beschrieben wird, wenn man n=h(m) setzt. h(m) ist an unendlich vielen Argumenten definiert.

Um zu entscheiden, ob sich beliebige Systemzuverlässigkeit erreichen läßt, wird h zunächst so gewählt, daß der linke Faktor sich (gerade noch) gegen 1 treiben läßt und dann geprüft, ob dies dann auch für den rechten Faktor gilt.

Wähle (möglichst schnell wachsende) partielle Funktion h(m) von $\mathbb{N}$ in $\mathbb{N}$, die an unendlich vielen Argumenten definiert ist, so daß (trotzdem)

$$\lim_{m \to \infty} f(h(m)) - lr(m) = -\infty$$

Dabei werde die Grenzwertbildung nur über die m erstreckt, für die h(m) definiert ist,

lr(m) sei eine abkürzende Schreibweise für $\log_{\frac{1}{R}} n$.

<u>Fall 1</u> $\lim_{m \to \infty} g(m) - lr(h(m)) = -\infty$ für geeignet gewähltes h und Grenzwertbildung nur über die m, für die h(m) definiert ist, d. h. f und g wachsen gemeinsam genügend langsam.

Es läßt sich jede Zuverlässigkeitsanforderung $R_{Anf} < 1$ erfüllen wie folgt:

Gemäß Anhang A.1 existieren für jedes $R_{Anf} < 1$ Schranken M1, M2 $\in \mathbb{N}$, so daß

$1 - (1 - R^{f(h(m))})^m \geq \sqrt{R_{Anf}}$ für alle m $\geq$ M1, wenn h(m) definiert ist,

$1 - (1 - R^{g(m)})^{h(m)} \geq \sqrt{R_{Anf}}$ für alle m $\geq$ M2, wenn h(m) definiert ist.

Also gibt es ein M, das beide Bedingungen erfüllt, so daß gilt

$R_{System}(h(M),M) \geq R_{Anf}$

<u>Fall 2</u> $\lim_{m \to \infty} g(m) - lr(h(m)) \neq -\infty$ für jede Wahl von h und Grenzwertbildung nur über die m, für die h(m) definiert ist, d. h. f und g wachsen gemeinsam zu schnell.

Es läßt sich <u>nicht</u> jede Zuverlässigkeitsanforderung $R_{Anf} < 1$ erfüllen, da sich gemäß Anhang A.1 nicht beide Faktoren gleichzeitig beliebig nahe an 1 herantreiben lassen.

6 Schlußbemerkungen

Parallel-Redundanz in Systemen kann durch Parallel-Serien-Systeme modelliert werden. Durch Parallel-Redundanz lassen sich Systeme selbst unter der Annahme perfekter Fehlererkennung (und gegebenenfalls

Umschaltung) nur dann beliebig zuverlässig bauen, wenn die Zuverlässigkeit von Subsystemen durch das Einführen von Parallel-Redundanz in anderen Subsystemen nur "langsam" reduziert wird. Eine Quantifizierung von "langsam" ist in Abschnitt 5 gegeben.
Da die Zuverlässigkeit der Busse durch das Einführen von Parallel-Redundanz bei den Rechnern und die Zuverlässigkeit der Rechner durch das Einführen von Parallel-Redundanz bei den Bussen im einführenden Beispiel zu "schnell" reduziert wird, läßt sich das einfache Rechensystem durch Parallel-Redundanz nicht beliebig zuverlässig bauen. Hiermit ist der in Abschnitt 2.2 beobachtete Maximalwert der Zuverlässigkeit des einfachen Rechensystems zu erklären. Trotzdem läßt sich eine erhebliche Zuverlässigkeitserhöhung erzielen (siehe auch Anhang A.2).
Sind Zuverlässigkeitsanforderungen durch das Einführen von Parallel-Redundanz nicht zu erfüllen, müssen andere Methoden angewendet werden. Hier sei auf [DoO1_77, DoO2_77, KoUs_79, Neum_56, Orty_77, WiCo_63] hingewiesen.

Für ihre Unterstützung bei der Erstellung des Manuskripts danken wir Klaus Echtle, Prof. Winfried Görke, Birgit Meyer, Dr. Rüdiger Reischuk und Prof. Detlef Schmid.

7 Literatur

[DoO1_77] R. L. Dobrushin, S. I. Ortyukov:
Lower bound for the redundancy of self-correcting arrangements of unreliable functional elements;
Translated from Problemy Peredachi Informatsii, Volume 13, Number 1, pages 82-89, January-March, 1977 by Plenum Publishing Corporation, 227 West 17th Street, New York, N.Y.10011

[DoO2_77] R. L. Dobrushin, S. I. Ortyukov:
Upper bound on the redundancy of self-correcting arrangements of unreliable functional elements;
Translated from Problemy Peredachi Informatsii, Volume 13, Number 3, pages 56-76, July-September, 1977 by Plenum Publishing Corporation, 227 West 17th Street, New York, N.Y.10011

[Gaed_77] Karl-Walter Gaede:
Zuverlässigkeit, Mathematische Modelle;
Carl Hanser Verlag München Wien, 1977, Seite 59

[Görk_69] Winfried Görke:
Zuverlässigkeitsprobleme elektronischer Schaltungen;
BI Hochschulskripten, 820/820a; 1969, Seite 141, 136ff

[Höfl_78] Ute Höfle-Isphording:
Zuverlässigkeitsrechnung, Einführung in ihre Methoden;
Springer-Verlag, Berlin Heidelberg New York, 1978, Seite 67

[KoUs_79] Boris A. Koslow, I. A. Uschakow:
Handbuch zur Berechnung der Zuverlässigkeit für Ingenieure;
In deutscher Sprache herausgegeben und ergänzt von Kurt Reinschke; Carl Hanser Verlag, München Wien, 1979, Seite 486, 103, 504

[MaKn_74] H. v. Mangoldt, Konrad Knopp:
Einführung in die höhere Mathematik, Erster Band;
S. Hirzel Verlag Stuttgart, 15. Auflage, 1974, Seite 474

[Neum_56] J. von Neumann:
Probabilistic logics and the synthesis of reliable organisms from unreliable components;
Automata studies Edited by C. E. Shannon and J. McCarthy Annuals of Mathematics Studies Number 34, Princeton University Press, 1956 (Fourth Printing 1965)

[Orty_77] I. Ortyukov:
Synthesis of asymptotically nonredundant self-correcting arrangements of unreliable functional elements;
Translated from Problemy Peredachi Informatsii, Volume 13, Number 4, pages 3-8, October-December, 1977 by Plenum Publishing Corporation, 227 West 17th Street, New York, N.Y.10011

[WiCo_63] S. Winograd, J. D. Cowan:
Reliable Computation in the Presence of Noise;
The M. I. T. Press, Massachusetts Institute of Technology, Cambridge, Massachusetts, 1963

Anhang über Parallel-Serien-Systeme

A.1 Grenzwertbetrachtungen

Behauptung

Für R, u, o, c $\in \mathbb{R}$, $0 < R < 1$ und jede Funktion f aus $\mathbb{N}$ in $\mathbb{R}$ mit $f(n) \geq 0$ für alle $n \in \mathbb{N}$ gilt
(lr(n) sei eine abkürzende Schreibweise für $\log_{\frac{1}{R}} n$)

$$1 - (1 - R^{f(n)})^n \begin{cases} \geq 0 & \text{für alle } n \in \mathbb{N} \\ \leq 1 & \text{für alle } n \in \mathbb{N} \\ \leq 1 - (\frac{1}{e})^{R^u} + eps & \text{für alle eps} > 0 \text{ und für alle n, n} \geq \text{n(eps), wenn für alle epsilon} > 0 \text{ für alle n, n} \geq \text{n(epsilon), gilt } f(n) - lr(n) \geq u - \text{epsilon} \\ \geq 1 - (\frac{1}{e})^{R^o} - eps & \text{für alle eps} > 0 \text{ und für alle n, n} \geq \text{n(eps), wenn für alle epsilon} > 0 \text{ für alle n, n} \geq \text{n(epsilon), gilt } f(n) - lr(n) \leq o + \text{epsilon} \end{cases}$$

$$\lim_{n \to \infty} 1 - (1 - R^{f(n)})^n \begin{cases} = 0 & \text{wenn } \lim_{n\to\infty} f(n) - lr(n) = \infty \\ = 1 - (\frac{1}{e})^{R^c} & \text{wenn } \lim_{n\to\infty} f(n) - lr(n) = c \\ = 1 & \text{wenn } \lim_{n\to\infty} f(n) - lr(n) = -\infty \end{cases}$$

Voraussetzungen

(V1) $R^{lr(n)} = R^{\log_{\frac{1}{R}} n} = \frac{1}{(\frac{1}{R})^{\log_{\frac{1}{R}} n}} = \frac{1}{n}$

(V2) Für alpha $\in \mathbb{R}$, alpha $\neq 0$, gilt gemäß [MaKn_74]

$$\lim_{n\to\infty} (1 + \frac{alpha}{n})^n = e^{alpha}$$

Beweis

1) Da $0 < R < 1$ und $f(n) \geq 0$ für alle $n \in \mathbb{N}$, gilt

$$0 \leq R^{f(n)} \leq 1 \quad \text{also}$$

$$1 \geq 1 - R^{f(n)} \geq 0 \quad \text{also}$$

$$1 \geq (1 - R^{f(n)})^n \geq 0 \quad \text{also}$$

$$0 \leq 1 - (1 - R^{f(n)})^n \leq 1$$

2) Sei $u \in \mathbb{R}$. Für alle epsilon > 0 gelte für alle n, $n \geq n(\text{epsilon})$, $f(n) - lr(n) \geq u - \text{epsilon}$. Dann gilt

$$R^{f(n)} \leq R^{lr(n) + u - \text{epsilon}}$$

also unter Verwendung von (V1)

$$R^{f(n)} \leq \frac{R^{u - \text{epsilon}}}{n}$$

Wie bei 1) folgt

$$1 - (1 - R^{f(n)})^n \leq 1 - (1 - \frac{R^{u - \text{epsilon}}}{n})^n$$

Also gilt unter Verwendung von (V2)

(setze alpha = $- R^{u - \text{epsilon}}$)

für alle epsi > 0 und für alle n, $n \geq n(\text{epsi},\text{epsilon})$

$$1 - (1 - \frac{R^{u - \text{epsilon}}}{n})^n \leq 1 - (\frac{1}{e})^{R^{u - \text{epsilon}}} + \text{epsi}$$

Also gilt für alle n, $n \geq n(\text{epsi},\text{epsilon})$, $n \geq n(\text{epsilon})$,

$$1 - (1 - R^{f(n)})^n \leq 1 - (\frac{1}{e})^{R^{u - \text{epsilon}}} + \text{epsi}$$

Da epsilon > 0 und epsi > 0 beliebig wählbar,
wähle zu gegebenem eps > 0 zuerst epsilon so, daß

$$(\frac{1}{e})^{R^{u - \text{epsilon}}} \geq (\frac{1}{e})^{R^u} - \frac{\text{eps}}{2}, \text{ danach epsi} = \frac{\text{eps}}{2}$$

Dann gilt für alle n, $n \geq n(\text{eps})$ mit
$n(\text{eps}) = \max \{ n(\text{epsilon}), n(\text{epsi},\text{epsilon}) \}$

$$1 - (1 - R^{f(n)})^n \leq 1 - (\frac{1}{e})^{R^u} + \text{eps}$$

3) Sei $o \in \mathbb{R}$. Für alle epsilon > 0 gelte für alle n, n ≥ n(epsilon), f(n) - lr(n) ≤ o + epsilon. Dann gilt

$$R^{f(n)} \geq R^{lr(n) + o + epsilon}$$

also unter Verwendung von (V1)

$$R^{f(n)} \geq \frac{R^{o + epsilon}}{n}$$

Wie bei 1) folgt

$$1 - (1 - R^{f(n)})^n \geq 1 - (1 - \frac{R^{o + epsilon}}{n})^n$$

Also gilt unter Verwendung von (V2)

(setze alpha = $- R^{o + epsilon}$)

für alle epsi > 0 und für alle n, n > n(epsi,epsilon)

$$1 - (1 - \frac{R^{o + epsilon}}{n})^n \geq 1 - (\frac{1}{e})^{R^{o + epsilon}} - epsi$$

Also gilt für alle n, n ≥ n(epsi,epsilon), n ≥ n(epsilon),

$$1 - (1 - R^{f(n)})^n \geq 1 - (\frac{1}{e})^{R^{o + epsilon}} - epsi$$

Da epsilon > 0 und epsi > 0 beliebig wählbar, wähle zu gegebenem eps > 0 zuerst epsilon so, daß

$$(\frac{1}{e})^{R^{o + epsilon}} \leq (\frac{1}{e})^{R^{o}} + \frac{eps}{2}$$, danach epsi = $\frac{eps}{2}$

Dann gilt für alle n, n ≥ n(eps) mit
n(eps) = max { n(epsilon), n(epsi,epsilon) }

$$1 - (1 - R^{f(n)})^n \geq 1 - (\frac{1}{e})^{R^{o}} - eps$$

4) Sei $\lim_{n \to \infty} f(n) - lr(n) = \infty$. Unter Verwendung von 2), und da u beliebig groß gewählt werden kann, folgt

$$1 - (1 - R^{f(n)})^n \leq eps$$

für alle eps > 0 und für alle n, n ≥ n(eps).
Unter Verwendung von 1) folgt

$$\lim_{n \to \infty} 1 - (1 - R^{f(n)})^n = 0$$

5) Sei $c \in \mathbb{R}$, $\lim_{n \to \infty} f(n) - lr(n) = c$.

Unter Verwendung von 2) und 3) mit u = o = c folgt

$$\lim_{n \to \infty} 1 - (1 - R^{f(n)})^n = 1 - (\tfrac{1}{e})^{R^c}$$

6) Sei $\lim_{n \to \infty} f(n) - lr(n) = -\infty$. Unter Verwendung von 3), und da o beliebig klein gewählt werden kann, folgt

$$1 - (1 - R^{f(n)})^n \geq 1 - eps$$

für alle eps > 0 und für alle n, $n \geq n(eps)$.

Unter Verwendung von 1) folgt

$$\lim_{n \to \infty} 1 - (1 - R^{f(n)})^n = 1$$

A.2 Numerische Beispiele

Die folgenden Beispiele sollen einen Eindruck des numerischen Verhaltens von $1 - (1 - R^{f(n)})^n$ vermitteln, da eine konventionelle "Kurven"diskussion an der geschlossen nicht möglichen Nullstellenbestimmung der ersten "Ableitung"

$(1 - R^{f(n)})^n (n R^{f(n)} \ln R f'(n) / (1 - R^{f(n)}) - \ln(1 - R^{f(n)}))$

scheitert.

Das numerische Verhalten von $1 - (1 - R^{f(n)})^n$ ist sowohl für Fall 1 in Abschnitt 5 zur Abschätzung der für gegebene Zuverlässigkeitsanforderungen nötigen Redundanz, als auch für Fall 2 in Abschnitt 5 zur Abschätzung der maximal erreichbaren Systemzuverlässigkeit und der für erreichbare Systemzuverlässigkeiten nötigen Redundanz interessant.

Die folgende Tabelle gibt bei R=0.9 für einige f(n) die minimalen n an, für die $1 - (1 - R^{f(n)})^n$ größer als $(1 - 10^{-x})$ = MIN_x ist, sofern ein solches n existiert.

Bei den f(n), bei denen $1 - (1 - R^{f(n)})^n$ ein Maximum besitzt, wird das Maximum sowie das zugehörige n = MAX_n angegeben.

f(n)	MIN_2	MIN_10	MIN_100	MIN_1000	MAX_n	MAXIMUM
n	--	--	--	--	7	$1 - (1.0519\ 10^{-2})$
n/10	2	11	--	--	66	$1 - (1.5699\ 10^{-20})$
n/100	1	5	101	--	658	$1 - (1.0778\ 10^{-199})$
n/1000	1	3	43	1001	6579	$1 - (3.8002\ 10^{-1981})$
$n^{0.5}$	3	27	--	--	302	$1 - (1.2361\ 10^{-23})$
$n^{0.4}$	3	19	1678	--	2427	$1 - (5.1395\ 10^{-103})$
$n^{0.3}$	3	15	276	12604	93866	$1 - (1.0355\ 10^{-1581})$
lr(n)	2	21	377	6039	--	--
ln(ln(n))	2	10	123	1379	--	--

Tab. 2: Angaben zum numerischen Verhalten von $1 - (1 - R^{f(n)})^n$

Zuverlässigkeitstheoretische Bewertung von Coderedundanz in fehlertolerierenden Rechnersystemen

W. Schneeweiß, D. Seifert, Hagen

Zusammenfassung

Es wird gezeigt, wie man typische Codesicherungen in fehlertolerierenden Rechnersystemen, z.B. die bekannte Paritätskontrolle und die Hamming-Code-Sicherung von Halbleiterspeichern samt den dafür benötigten integrierten elektronischen Hilfsschaltungen zuverlässigkeitstheoretisch quantitativ beurteilen kann.

1. Einleitung

Zum Begriff Fehlertoleranz zählen wir hier, je nach der Schnelligkeit der Korrektur:

a) Fehlermaskierung wie bei fehlerkorrigierender Codierung [1],[2] oder bei TMR (Tripel-Modular-Redundanz) [Kap. 11.5 in 3]

b) Fehlerdiagnose mit Neustart ab einem Roll-Back-Punkt und zwar entweder mit Extrahardware als Reserveelement(en) oder ohne sie, außer evtl. Diagnose-Hardware für sporadische Fehler.

Selbstverständlich ist die Fehlermaskierung bei gleichen Kosten der Fehlerdiagnose mit anschließendem Neustart vorzuziehen. Coderedundanz wird in beiden Bereichen eingesetzt, denn Codes mit eingeplanter Redundanz gehören außer zur Fehlermaskierung zu den wichtigsten Diagnosehilfsmitteln.

Dieser Aufsatz verfolgt demgemäß hauptsächlich 2 Ziele: 1) Eine Diskussion der Eigenschaften und Anwendungsmöglichkeiten von mittel- bis hochintegrierten Halbleiterbausteinen der algebraischen Codierungstechnik. 2) Eine Diskussion der Wirksamkeit derartiger Bausteine aus der Sicht der Zuverlässigkeits-Systemtheorie. Ziel 1 dürfte klar sein. Ziel 2 soll nun näher erläutert werden.

Rechnersysteme sind für den äußeren Betrachter in der Regel kontinuierlich arbeitende Maschinen. Das für diesen Fall nächstliegende Zuverlässigkeitsmodell ist durch pausenlosen gleichmäßigen Bedarf und durch Reparierbarkeit gekennzeichnet, wobei Reparatur ganz oder teilweise Ersatz von defekten durch neue Komponenten bedeuten soll. In diesem Modell werden Fehler, die sich nicht sofort selbst "melden", durch Prüfungen erkannt. Außer bei Aufgaben, bei denen gewisse Peripheriegeräte nicht benutzt werden, kann von einem praktisch dauernden Betrieb aller Teile mit Ausnahme gewisser Speicherbereiche ausgegangen werden. Da es jedoch i.allg. nicht absehbar ist, wie bald defekte oder mit falschen Daten gefüllte Speicherzellen wieder gebraucht werden, ist es üblich, zumindest vom gesamten Arbeitsspeicher ununterbrochen Betriebstüchtigkeit zu fordern und Fehler durch periodische Prüfprogramme zu erkennen und anschließend zu beheben.

Während man Schaltnetze meist am besten mit TMR-Technik absichert, ist diese für große Halbleiter- und Magnetschichtspeicher zu teuer. Die Codierungstechnik und damit dieser Aufsatz beschäftigt sich deshalb ganz überwiegend mit Digitalspeichern.

2. Bausteine der Codierungstechnik

2.1 Speicherschutzprinzip

Der technische Standard der Einfehlerkorrektur und Zweifehlererkennung (SEC-DED=Single Error Correction and Double Error Detection) bei Halbleiterspeichern manifestiert sich in einem zunehmenden Angebot von entsprechenden hochintegrierten Schaltungen. Diese Bausteine benutzen einen durch Hardwareaspekte (Signallaufzeit, Bausteinkaskadierung) modifizierten Hammingcode und arbeiten nach dem in Bild 1 dargestellten Schaltungsprinzip.

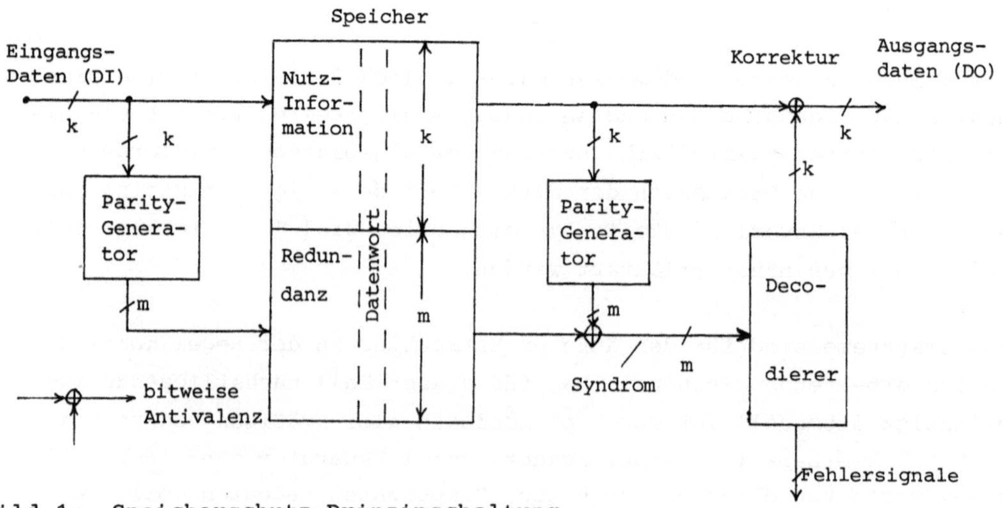

Bild 1: Speicherschutz-Prinzipschaltung

Von einem einzuschreibenden Datenwort der Länge k-Bits werden in einem Paritygenerator m Paritybits (von m Teilmengen der k-Datenbits) als Prüfinformation gebildet und mit der Nutzinformation als n-Bit-Datenwort gespeichert (n=k+m). Beim Lesen wird das erneut generierte Paritywort mit dem gespeicherten verglichen. Die bitweise Antivalenzverknüpfung, Syndrom genannt, führt nach einem Decodierer ggf. zur 1-Fehlerkorrektur der Nutzinformation (durch Antivalenzfunktion) und zur Gewinnung von Fehlersignalen (NOE=No Error, SBE=Single Bit Error, DBE=Double Bit Error, MTE=Multiple Error).

2.2 Eigenschaften integrierter EDC-Bausteine (Error Detect Correct)

Kaskadierung: Die Bausteine von AMD/ZILOC und INTEL (Bild 2, Bild 3) können durch Kaskadierung von 1-4(5) ICs an Datenformate von 8 bis 64 (80) Bit angepaßt werden.

Byte-Organisation: 8-Bit-Byte-Manipulationen eines Prozessors werden durch entsprechende Adressierungsmöglichkeiten unterstützt. Da die Parity-Bits über ein ganzes Wort gebildet werden, wird ein "Byte-Write" als "Read Modify Write"-Zyklus ausgeführt.

Testmöglichkeiten: Zum Testen einer Speicherkarte mit EDC-Schaltung muß eine getrennte Schreib- und Lesemöglichkeit von Informationsdaten- und Paritybits bestehen. Der AMD/ZILOG-Baustein unterstützt den Test der Korrekturschaltung durch ein Diagnose-Register, das nach dem Laden über den Datenpfad im folgenden Lesezyklus die Paritybits liefert. Syndrom, Fehlersignale und korrigierte Daten können mit den erwarteten Werten verglichen werden.
Eine Speicherinitialisierung läßt sich mit Hilfe einer Nullwort-Einschreibmöglichkeit mit entsprechendem Paritywort durchführen.

Systemaufbau: Bei getrennten Ein-Ausgabeleitungen von Informations- (DI,DO) und Paritybits (PI,PO) ist die einfachste Ablaufsteuerung mit der geringsten Zeitverzögerung der Speicherzyklen möglich. Das führt beim INTEL-Baustein immerhin auf 68-Anschlußstifte (PINs).

Ein tabellarischer Vergleich von drei EDC-Bausteinen ist im Anhang 1 aufgeführt.

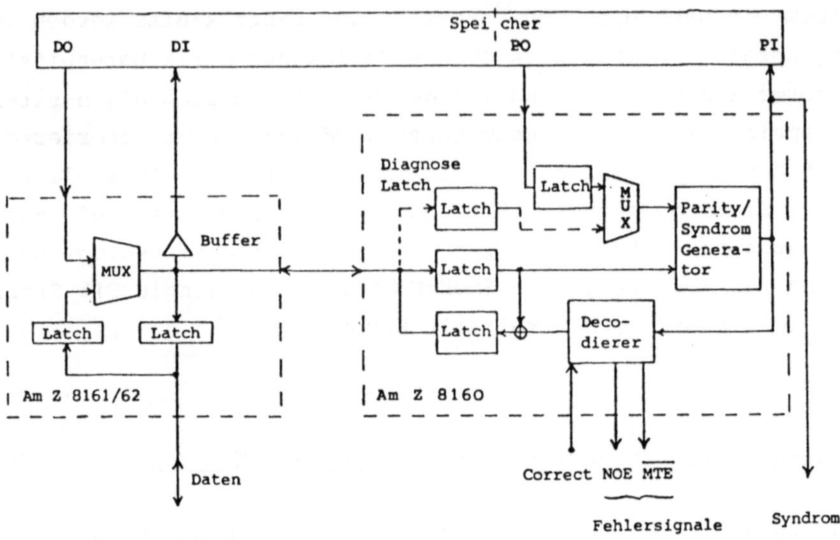

Bild 2: Speichersystem mit Am 2960/Z8160

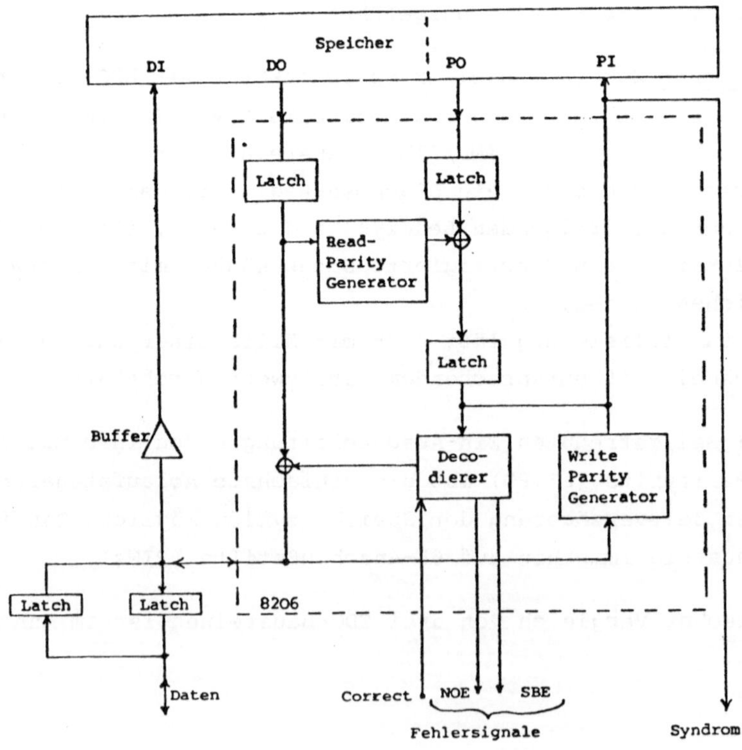

Bild 3: Speichersystem mit 8206 (INTEL)

2.3 Möglichkeiten der Fehlerbehandlung

Bei Halbleiterspeichern aus 1-Bit organisierten Bausteinen (16Kx1,64Kx1) sind die n-Bit eines Wortes stochastisch unabhängig in ihrem Ausfallverhalten [4],[5]. Auftretende Fehler können eingeteilt werden in permanente Fehler (Hard Errors), bei denen ein Speicherchip auf Dauer ausfällt (Einzelbit-, Reihen-, Spalten- oder Totalausfall), und transiente Fehler (Soft Errors), die durch Überschreiben gelöscht werden können. Erkannte 1-Bitfehler sollten umgehend überschrieben werden, um die Wahrscheinlichkeit für Zwei- oder Mehrfachfehler gering zu halten. Einige Möglichkeiten der Fehlerbehandlung werden im folgenden aufgeführt:

1.) Jeder Einbitfehler führt durch Prozessorinterrupt zur Korrektur.

2.) Jeder Lesezyklus wird zum "Read-Modify-Write"-Zyklus, abhängig vom Fehlersignal.

3.) Refreshzyklen der dynamischen Speicherbausteine werden als "Read-Modify-Write"-Zyklen durchgeführt und ersparen so periodische Diagnose-Programme (Scrubbing).

4.) Die "Fehlerstatusinformation" (z.B. DBE, Syndrom, Blockadresse) wird in einem Register zwischengespeichert (Bild 4), für Servicezwecke durch eine LED-Zeile angezeigt und kann vom Prozessor abgefragt werden.

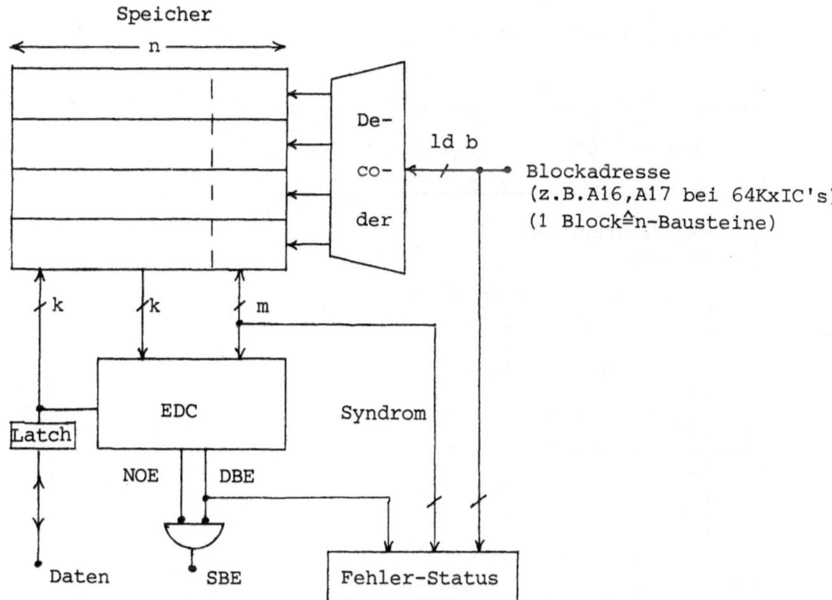

Bild 4: Fehlerstatus: DBE, Syndrom (Fehlerbit-, Spalten-Nr.), Blockadresse (Zeilen-Nr.)

5.) Speichern aller Fehlerstatusinformationen in einem kleinen RAM (Error Logging RAM) entweder durch sequentielles Speichern der gesamten Fehlerinformation oder Abbildung der Speicher-IC-Matrix auf einen 1 Bit organisierten Speicher (Adresse=Zeilen- und Spalten-Nr./Datum=SBE).

Die Speicherung erfolgt simultan zur Fehlerkorrektur.

a) Eine Diagnostik-Routine sorgt periodisch (oder als Task in einem Multitasking-Betriebssystem) für die Auswertung der Fehlerspeicherinformationen (Korrektur und Fehlerstatistik).

b) Bei Interrupt durch Zweifachfehler (DBE) oder Mehrfachfehler (MTE) wird ein Diagnose-Programm gestartet (bei ausgeschalteter Fehlerkorrektur der EDC-Schaltung).

6.) Einsatz von fest installierten, ständig einschaltbaren Reservezellen: Aufgrund der Fehlerinformation aus einer EDC-Schaltung (SEC-DED) werden Reservezellen für defekte Bausteine über ein Rekonfigurationsnetzwerk eingeschaltet [6],[7],[8]. Erst wenn alle Reservezellen (eines Blocks) eingeschaltet sind und Zweifach- oder Mehrbitfehler auftreten, ist eine Reparatur notwendig (Bild 5).

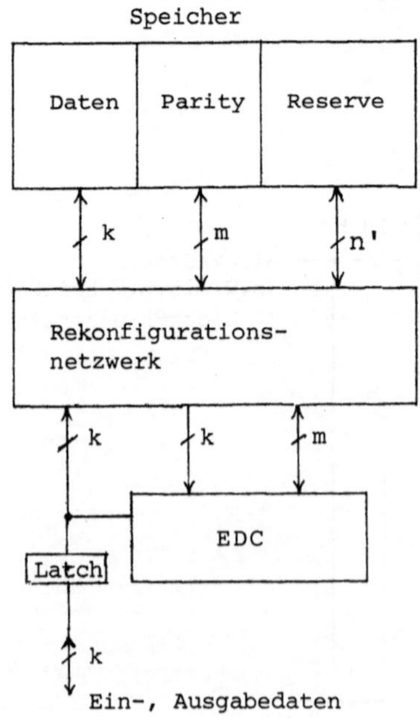

Bild 5: Speichersystem mit EDC und Reservezellen

3. Zuverlässigkeitstheoretische Beurteilung von SEC-DED-Codes

Nachdem das technische "Gerät" geschildert ist, kommen wir nun zur zugehörigen quantitativen Leistungsbeurteilung.

Zunächst ist klar, daß man nicht einfach nur auf den zweiten Fehler warten kann, wenn man den ersten längst erkannt hat und sein Wiederauftreten jeweils maskiert, denn die MTBF würde sich dabei in etwa nur verdoppeln, weil ja ein Doppelfehler nicht mehr maskierbar ist. Vielmehr muß - ohne merkliche Betriebsstörung - die defekte Bitscheibe möglichst bald ersetzt werden.

3.1 Automatischer Ersatz

Das schnellste Ersetzen geschieht durch Reservebitscheiben, die schon eingebaut sind und nur noch eingeschaltet werden müssen. Bei der für moderne Halbleiterspeicher wohl üblichen heißen Reserve liegt dann bei n' Reservebitscheiben (und nach wie vor SEC-DED-Betrieb) ein (n-1)-von-(n+n')-System vor. Speziell bei n=22, was bekanntlich k=16 Nutzbits entspricht, und n'=2 Reserveeinheiten, liegt dann im wesentlichen ein 21-von-24-System vor. Allerdings ist der "Umschalter", d.h. das gesamte Rekonfigurations-Netzwerk noch kritisch zu durchleuchten. Wir wollen annehmen, daß der Umschalter während der gesamten Betriebsdauer mit Reserveeinheiten - also nicht nur während des Umschaltmoments - funktionieren muß.

Im einzelnen erfolgt der Betrieb in folgenden Phasen:

1) Normalbetrieb evtl. mit Ausfällen von Reserveeinheiten und/oder Umschalter (auf Reserve).
2) Ausfall der ersten der 22 Hauptbitscheiben und Versuch des Einschaltens einer Reservebitscheibe.
3) Ausfall einer weiteren Hauptbitscheibe oder der unter 2) eingeschalteten Reservebitscheibe oder des Umschalters.
4) Versuch des Einschaltens einer weiteren Reservescheibe.
5) Ausfall des Systems durch Ausfall einer der 21 aktivierten Bitscheiben oder des Umschalters.
6) Falls Ersatz unter 2) nicht gelungen war, Fortsetzung nach 5).

Das ganze wird einprägsam durch den Fehlerbaum von Bild 6 zusammengefaßt. Dabei bedeutet X_S die Indikatorvariable des Speichersystemausfalls (1 bei Ausfall, 0 sonst), X_1 bis X_{22} sind die entsprechenden Indikatorvariablen der Speicherbitscheiben, X_{23} und X_{24} gehören zu den beiden Reservescheiben, und X_{25} gehört zum Umschalter.

Dieser Fehlerbaum, der z.B. nach [3, Kap.10/11] ausgewertet werden kann, ist durch seine starke Vermaschung besser mit Hilfe von Näherungsmethoden zu behandeln. Dabei werden die - bei vernünftigem Betrieb des Speichers stets sehr kleinen - Wahrscheinlichkeiten dafür, daß die Eingangssignale von ODER-Gliedern des Fehlerbaums einzeln gleich 1 sind, einfach addiert. Damit wird die Unverfügbarkeit vorsichtig, d.h. nach

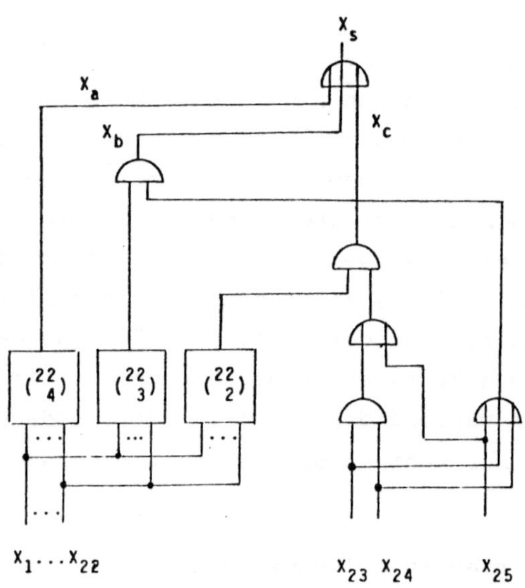

Bild 6: Fehlerbaum bei 2 Reservebitscheiben.
$\binom{22}{j}$ bedeutet: Ausgangssignal ist logisch 1, wenn mindestens j der 22 Eingangssignale es sind.

oben abgeschätzt. Im einzelnen werden mit U_B für die Unverfügbarkeit (Ausfallwahrscheinlichkeit) einer Speicherbitscheibe, U_U für die des Umschalters auf Reserve

$P(X_a=1) \approx \binom{22}{4} U_B^{\ 4}$, (4 Hauptscheiben defekt)

$P(X_b=1) \approx \binom{22}{3} U_B^{\ 3} (U_U + 2U_B)$, (3 " ")

$P(X_c=1) \approx \binom{22}{2} U_B^{\ 2} (U_U + U_B^{\ 2})$, (2 " ")

sodaß sich insgesamt für die System-Unverfügbarkeit als Summe dieser

3 Wahrscheinlichkeiten ergibt:

$$U_s \approx \binom{22}{2} U_B^2 \, [U_U + U_B^2 + \frac{20}{3} (U_B U_U + 2U_B^2) + \frac{20 \cdot 19}{3 \cdot 4} U_B^2].$$

Meist dürften U_U und U_B sich nicht um mehr als 1 bis 2 Größenordnungen unterscheiden und beide << 1 sein, so daß dann die vergröberte Näherung

$$U_s \approx 11 \cdot 21 U_B^2 \, U_U = 231 U_B^2 \, U_U$$

durchaus vernünftig erscheint. Man sieht, daß diese Näherung ganz davon geprägt ist, daß zwei Hauptscheiben und der Umschalter ausgefallen sind. Der Umfang der Reserve ist dann gleichgültig! Mit der für Elektronik üblichen Annahme für die Verfügbarkeit V=1-U, nämlich

$$V_B(t) = \exp(-\lambda_B t), \quad V_U(t) = \exp(-\lambda_U t)$$

erhält man als MTBF, d.h. zunächst als mittlere System-Lebensdauer

$$E(L_s) = \int_0^\infty V_s(t)dt \approx 231/(2\lambda_B + \lambda_U).$$

Da ein SEC-DED-System fehlerhafte Platinen (Flachbaugruppen) oder Chips in der Regel anzeigt, ist eine Reparatur innerhalb von Minuten denkbar. Mit einer MTTR von 0,2h erhält man, wenn die Fehlerraten λ wie üblich die Dimension 1/h erhalten, als Zahlenwert für die Dauerverfügbarkeit

$$U_\infty \approx \frac{MTTR}{E(L_s)} \approx 10^3 (2\lambda_B + \lambda_U).$$

Die Zuverlässigkeitskennwerte eines SEC-DED-Speichers verbessern sich selbstverständlich, wenn nicht auf den Betriebszustand mit Doppelfehler gewartet wird, sondern vorher prophylaktisch repariert wird. Ein besonders einfaches Modell dafür wird nachfolgend diskutiert.

3.2 Ersatz durch Operateur

Wenn man auf Reservebitscheiben, die schon im Rechner eingebaut sind, verzichtet, sondern diese nur in Rechnernähe bereithält und durch einen entsprechend ausgebildeten Operateur austauschen läßt, fällt das Speichersystem typischerweise dann aus, wenn während des Auswechselns einer defekten Bitscheibe (und deren Laden unter Zuhilfenahme der 1-Fehlerkorrektur beim Lesen) eine weitere Bitscheibe ausfällt. (Den nicht beliebig zuverlässigen Operateur betrachten wir später.) Dann gilt mit V_s bzw. V_B für die Verfügbarkeit von System bzw. Bitscheibe (wie die elementare Zuverlässigkeitstheorie lehrt)

$$V_s = V_B^{22} + 22\ (1-V_B)\ V_B^{21} = 22\ V_B^{21} - 21\ V_B^{22}\ ,$$

und mit λ_s bzw. λ_B für die reziproken MTBFs von System bzw. Bitscheibe gilt [3, Kap.12,13]

$$\begin{aligned} V_s\ \lambda_s &= 22\ V_B^{21} \cdot 21\ \lambda_B - 21\ V_B^{22} \cdot 22\ \lambda_B \\ &= 21 \cdot 22\ V_B^{21}(1-V_B)\ \lambda_B\ , \end{aligned}$$

so daß mit obigem V_s: $\lambda_s = \frac{21 \cdot 22}{22-21V_B}\ \lambda_B(1-V_B)$.

Die für $1-V_B \ll 1$ gute Näherung: $\lambda_s \approx 21 \cdot 22 \cdot \lambda_B(1-V_B)$

erhält man auch aus der Modellvorstellung, daß nach dem 1. Fehler auf ein Reservesystem mit einer Bitscheibe weniger umgeschaltet wird. Einzelheiten im Anhang 2.

Mit den für sinnvollen Betrieb gültigen Näherungen

$$V_B \approx 1\ ,\quad 1-V_B = U_B \approx \frac{(MTTR)_B}{(MTBF)_B} = \frac{1/\mu_B}{1/\lambda_B} = \frac{\lambda_B}{\mu_B}$$

erhält man $\lambda_s \approx 500\ \lambda_B^2/\mu_B$.

Bei einer plausiblen MTTR von 0,2h, also von μ_B=5/h und bei λ_B=10^{-6}/h erhält man demnach

$$\lambda_s \approx 10^{-4}\ \lambda_B = 10^{-10}/h\ .$$

Daß die MTBF des Speichers gleich auf das 10.000-fache steigt, ist selbstverständlich verdächtig! In der Literatur [9] ist auch nur vom Faktor 1000 die Rede oder vom Faktor 25 [2]. Die Verschlechterung um den Faktor 10 kann man selbstverständlich leicht durch den Operateur erreichen. Für manche, besonders für sehr große Bitscheiben sollte man vielleicht auch eher mit λ_B=10^{-5}/h arbeiten. Außerdem ist zu bedenken, daß das Speichersystem - abgesehen von den hier schon eher vernachlässigbaren beiden Codierern - noch den Syndromdecodierer und die Korrekturschaltung enthält. Faßt man beide zu einem Zusatzelement Z zusammen, so wird mit Tilden zur Kennzeichnung der bisherigen Parameter

$$V_s = \tilde{V}_s\ V_Z\ ,\quad V_s\ \lambda_s = \tilde{V}_s\ V_Z\ (\tilde{\lambda}_s + \lambda_z)$$

also $\lambda_s = \tilde{\lambda}_s + \lambda_z$,

so daß schon bei $\lambda_z = 10^{-8}$/h, was eher zu gut als zu schlecht ist, das Zusatzelement bestimmend ist und nur noch den Verbesserungsfaktor 100 zuläßt!

3.3 Behandlung von sog. weichen Fehlern (soft errors)

Sog. weiche Einzel-Fehler [5] in Speichern lassen sich durch periodisches Lesen und Wiedereinschreiben beheben. Wir wollen nun - unter den evtl. vereinfachenden Annahmen von Störungen gemäß einem stationären Erneuerungsprozeß mit der Rate λ und einem nach Prüfungen wie neuen Speicher - bestimmen:

1) wie wahrscheinlich ein nicht mehr korrigierbarer Fehler innerhalb eines Prüfintervalls ist,

2) welche Verteilung der Abstand solcher Fehler von der jeweils letzten Prüfung hat,

3) wie groß der mittlere Abstand solcher Fehler ist.

Der Prüfabstand (die Länge des Prüfintervalls) sei T. Verteilungsfunktion bzw. Verteilungsdichte der Fehlerabstände seien F bzw. f. Gemäß den obigen Voraussetzungen über den Störprozeß ist die Verteilungsdichte der Zeit zwischen einer Prüfung (Wiedereinschreiben) und dem ersten Fehler danach, die sog. Vorwärtsrekurrenzzeit [Kap.8.5 in 3]

$$f_{VR}(t) = \gamma[1-F(t)]; \quad \gamma = \text{mittlere Fehlerrate}; \quad 1/\gamma \text{ mittl. Störabstand.}$$

Zu 1 (vgl. Bild 7): Mit P{a} f. Wahrscheinlichkeit des Ereignisses a gilt

p_1 := P{mind. 2 Fehler im Prüfintervall der Länge T, d.h. zwischen zwei Neubeschreibungen des gesamten Speichers}

$$= \int_0^T f_{VR}(t) F(T-t)\,dt.$$

[Zum Bew.vgl. $P(a) = \sum_i P(b_i) P(a|b_i)$ mit $P(b_i) \approx f_{VR}(i\Delta t)\Delta t$.]

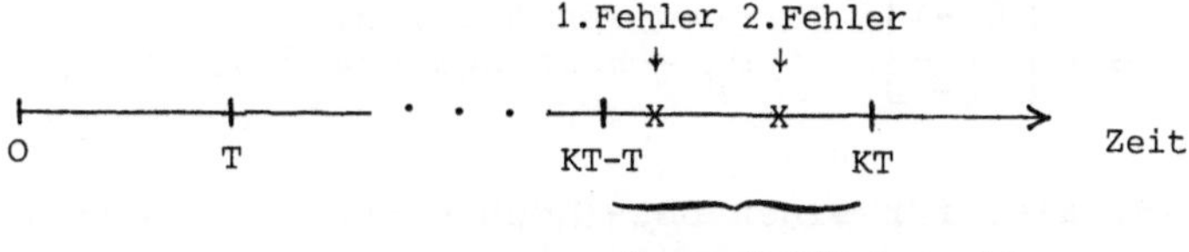

Bild 7: Doppelfehler im K-ten Prüfintervall

Zu 2: Der Abstand eines Doppelfehlers (innerhalb eines Prüfintervalls mit einem solchen) von der letzten Prüfung sei die Zufallsgröße D. Dann ist - mit F_D für die zugehörige bedingte Verteilungsfunktion -

$$F_D(t) := P\{D\leq t \mid D\leq T\} = \int_0^t f_{VR}(\tau)F(t-\tau)d\tau/p_1, \quad 0 \leq t \leq T .$$

Zu 3: Nach [3, Kap.14] ist bei einem periodisch im Abstand T prophylaktisch erneuerten System die mittlere Betriebsdauer E(B) bis zum ersten Ausfall, wenn L die Lebensdauer mit der Verteilungsfunktion F_L ist,

$$E(B) = \frac{1}{F_L(T)} \int_0^T [1-F_L(t)]dt.$$

Da hier D als ein bedingtes L zu interpretieren ist, gilt einfach

$$E(B) = \frac{1}{\int_0^T f_{VR}(t)F(T-t)dt} \int_0^T [1-\int_0^t f_{VR}(\tau)F(t-\tau)d\tau]dt. \quad (*)$$

Beispiel: Näherungswerte für $\gamma T<<1$ beim Poissonprozeß

Beim Poissonprozeß mit $F(t)=1-\exp(-\gamma t)$ werden

$$f_{VR}(t) = \gamma \exp(-\gamma t) = f(t),$$

und

$$p_1 = \gamma \int_0^T \exp(-\gamma t)\{1-\exp[-\gamma(T-t)]\}dt \approx \gamma^2T^2/2 \qquad \text{für } \gamma T<<1$$

Zur genäherten Bestimmung von E(B) ist zunächst zu beachten, daß das innere Integral in (*) stets $<p_1$ ist und für $\gamma T<<1$ gegen 1 zu vernachlässigen ist. Also wird

$$E(B) \sim T/p_1 \approx \frac{2}{\gamma^2 T} >> \{\text{mittl. Störabstand}\}.$$

4. Coderedundanz über SEC-DED hinaus

Die allein aus Schaltnetzen (insbesondere Quasischaltnetzen wie PLAs) aufgebauten Codierer und Decodierer für bessere als SEC-DED-Codes werden leider sehr schnell außerordentlich aufwendig. Das wollen wir kurz begründen: Nach der Hamming-Ungl.

$$\sum_{j=0}^{e} \binom{n}{j} \leq 2^m , \quad e = \left\lfloor \frac{D_H-1}{2} \right\rfloor \qquad \begin{array}{l} e = \text{Fehleranzahl} \\ D_H = \text{Hammingabstand des Codes} \end{array}$$

braucht man für $D_H=5$, also für einen DEC-(Double Error Correcting)-Code z.B. bei 16 Nutzbits mindestens 9 Prüfbits, bei BCH-Codes nach

[1, S.274] sogar 10. (Allerdings dürfte dann k statt 16 maximal 21 betragen.) Bei 16 Nutzbits gibt es 16 über 2, also 120 Doppelbitfehler. Ein PLA zwischen Syndrom und Korrekturschaltung müßte also eine 20x120-Elemente-UND-Matrix und ein 120x16-Elemente-ODER-Matrix haben. Man geht vom zugehörigen Generatorpolynom

$$g(x) = x^{10} + x^9 + x^8 + x^6 + x^5 + x^3 + 1$$

aus, konstruiert die zugehörigen Generatorwörter mit je genau einem nicht verschwindenden Informationsbit und danach die Spalten der UND-Matrix, so daß jede Spalte die bitweise Modulo-2-Summe zweier Syndrome ist.

5. Beurteilung von fehlererkennender Codierung

Anders als die fehlerkorrigierende hat die fehlererkennende Codierung nicht ohne weiteres den zuverlässigkeitstechnischen Charakter von Redundanz, obwohl im zugehörigen Code selbstverständlich Redundanz im Sinne der Informationstheorie vorliegt. Kann jedoch bei den erkannten Fehlern so rasch korrigierend eingegriffen werden, daß der Fehlereffekt auf die Systemleistung vernachlässigbar ist, so liegt auch zuverlässigkeitstechnisch zumindest Quasiredundanz vor, denn sinnvolle Redundanz verringert die Ausfallhäufigkeit des betrachteten Systems, auch wenn die Anzahl aller Komponentenausfälle steigt.

Entscheidend ist in diesem Zusammenhang P_R, die Summe der Wahrscheinlichkeiten aller nicht erkennbaren Fehler, der sog. Restfehler. Ist T_c der mittlere Abstand zwischen 2 Codeprüfungen (durch eine spezielle Prüfschaltung), so ist T_c/P_R der mittlere zeitliche Abstand von (zunächst) nicht erkannten Fehlern. Das Verhältnis der mittleren Verweildauer zum mittleren zeitlichen Abstand dieser Fehler ist eine Art Unverfügbarkeit. Die genannte Verweildauer dürfte allerdings meist sehr schwer abschätzbar sein, da sie u.a. stark vom jeweils laufenden Benutzerprogrammsystem abhängt. Deshalb wird man in der Regel je nach dem Verhältnis von Fehlerwahrscheinlichkeit P_e zu Restfehlerwahrscheinlichkeit P_R mehr oder weniger Erkennungsaufwand treiben. Liegt ein binärer Nachrichtenkanal vor, so ist z.B. für die einfache Paritätsprüfung das genannte Fehlerwahrscheinlichkeitsverhältnis bei einem Bitfehler $p \ll 1$ in etwa

$$np/\binom{n}{2}p^2 = \frac{2}{(n-1)p} \ .$$

Soweit die Diskussion für den Fall ideal zuverlässiger Codier- und Codeprüfschaltungen. Anders als bei Fehlerkorrektur kann bei alleiniger Codeprüfung die Nutzinformation durch die Prüfschaltung i.allg. kaum verdorben werden. Die Funktionstüchtigkeit von Codier- und Prüfschaltung muß i.allg. mit Hilfe einer Prüfroutine (Software) erfolgen. Während des Ausfalls der Codeprüfung wird P_R durch die Fehlerwahrscheinlichkeit P_e der Nutzinformation ersetzt.

Bei periodischen Prüfungen der o.g. Zusatzschaltungen im Abstand T_p kann man überschlägig mit einer mittleren Fehlerverweildauer von $T_p/2$ rechnen. P_c sei die Wahrscheinlichkeit für den Ausfall der Codeprüfung innerhalb der für die zugehörigen Zusatzschaltungen vorgesehenen Prüfperiode der Dauer T_p. Bei Elektronik mit der Fehlerrate λ_c ist $P_c = \exp(-\lambda_c\, T_p)$. Damit wird die effektive Restfehlerwahrscheinlichkeit $P_{R,eff.}$ genähert die mit den mittleren relativen Verweildauern der beiden Fehlertypen gewogene Summe der Wahrscheinlichkeiten der beiden Fehlertypen, also

$$P_{R,eff.} \approx [P_R\, T_p\, (\frac{1}{P_c} - \frac{1}{2}) + P_e\, T_p\, \frac{1}{2}]/(T_p\, P_c) \approx P_R + P_e P_c/2 \text{ für } P_c << 1.$$

Literaturliste

[1] Peterson, W., Weldon, E.: Error correcting codes. (2nd ed.). Cambridge: MIT Press 1972.

[2] Pohm, A., Smay, T.: Computer memory systems. Computer (1981), 93-110.

[3] Schneeweiss, W.: Zuverlässigkeits-Systemtheorie. Köln: Datakontext 1980.

[4] Stiffler, J.: Coding for random-access memories. Trans. IEEE-vol. C-27(1978), 526-531.

[5] Smith, A.: Hard and soft failures in dynamic RAM fault tolerant memories. Trans.IEEE-vol. R-30(1981), 58-60.

[6] Grosspietsch, K.E.; Kaiser, J.; Nett, e.: A dynamic reconfiguration scheme for stand-by memory systems. Digital Processes, 6(1980), 257-270

[7] Carter, W.C.; McCarthy, C.E.: Implementation of an experimental fault-tolerant memory system, IEEE Trans. Comput. C-25(1976), 557-568

[8] Goldberg, J.; Levitt, K.N.; Wensley, J.H.: An Organisation for a highly survivable memory, IEEE Trans. Comput.C-23(1974), 693-705

[9] INTEL: Memory System Reliability with ECC, Memory Design Handbook, AP-73(1981), 4-13/4-27

Anhang 1: Tabellarischer Vergleich der EDC-Bausteine

	Texas Instruments	AMD/ZILOG	INTEL
Bezeichnung	SN 74 LS 630 (EDAC)	Am 2960/Z8160 (EDC)	8206 (EDCU)
Markteinführung	8/79	9/80	7/81
Anzahl der Anschlußstifte	28	48	68
Technologie	LS	ECL (Bipolar/ MOS Interface)	HMOS
Geschwindigkeit [ns]			
WRITE	35	32	32
READ	40 (Fehler-signale)	65	67
Verlustleistung [W]	0,6	1,4	1,0
Fehlersignale	NOE,DBE	NOE,$\overline{\text{MTE}}$	NOE,SBE
Byte-Organisation	nein	ja	ja
Kaskadierbarkeit	nein	8-64 Bit	8-80 Bit
Test/Initialisierung	nein	2 Diagnose-Modes	Initialis.Mode
Systemaufbau	Gemeinsame DI/DO Gemeinsame PI/PO (2EDC/System)	Gemeinsame DI/DO Getrennte PI/PO	Getrennte DI/DO Getrennte PI/PO

EDAC = Error Detect And Correct, EDCU = Error Detect Correct Unit

LS = Low Power Schottky, ECL=Emitter Coupled Logic

NOE=No Error, SBE=Single Bit Error, DBE=Double Bit Error, MTE=Multiple Error

DI=Data In, PI=Parity In, DO=Data Out, PO=Parity Out

Anhang 2: Die Fehlerrate eines reparierbaren idealen 1-von-2-Systems

Nach [3, Kap.12,13] sind Unverfügbarkeit bzw. Reparaturrate des 1-von-2-Systems aus den Komponenten 1 und 2

$$U_{1v2} = U_1 U_2 \text{ bzw. } \mu_{1v2} = \mu_1 + \mu_2 .$$

Wegen $U \approx \frac{1/\mu}{1/\lambda} = \frac{\lambda}{\mu}$

wird aus dem Produkt der linken und der rechten Seiten, d.h. aus

$$\mu_{1v2}\, U_{1v2} = \mu_1\, U_1\, U_2 + \mu_2\, U_2\, U_1 \text{ unmittelbar}$$

$$\lambda_{1v2} \approx \lambda_1\, U_2 + \lambda_2\, U_1 .$$

Speziell mit $U_1 \approx 22 U_B$, $U_2 \approx 21 U_B$, $\lambda_1 = 22\lambda_B$, $\lambda_2 = 21\lambda_B$ wird daraus

$$\lambda_{1v2} \approx 21 \cdot 22\, \lambda_B\, U_B .$$

Eine dynamische Standby-Organisation für Fehlertoleranz in Speichersystemen

K.-E. Großpietsch, J. Kaiser, E. Nett

Gesellschaft für Mathematik und Datenverarbeitung

Schloss Birlinghoven, D-5205 St. Augustin 1

Zusammenfassung

In dieser Arbeit wird die Implementation einer speziellen Rekonfigurationsstrategie für Standby-Speichersysteme vorgestellt, bei der die Rekonfiguration vollständig an der Speicherschnittstelle ausgeführt wird. Je nach dem aktuellen Fehlerstatus des Speichers werden die Schalter des Rekonfigurationsnetzwerkes nebenläufig zu jedem Speicherzugriff neu gesetzt. Im Vergleich zu konventionellen Methoden der Fehlertoleranz wird eine höhere Zuverlässigkeit erzielt. Die vorgestellte Methode berücksichtigt insbesondere die Charakteristika der VLSI-Technologie.

1 Einführung

Fehler in einem Speicher treten wegen der sehr hohen Anzahl der integrierten elementaren Bausteine relativ häufig auf. Dieses Problem wird durch die Hochintegration noch verschärft, da bei der Verwendung von Verfahren, die am Rande des physikalisch Möglichen liegen, auch die Wahrscheinlichkeit von einzelnen fehlerhaften Strukturelementen steigt. Ökonomische Überlegungen verbieten es jedoch, einen ganzen Chip nur wegen des Ausfalls einer oder weniger elementarer Komponenten wegzuwerfen. Daher wird Fehlertoleranz zu einer grundlegenden Forderung für hochintegrierte Systeme.

Die klassischen Methoden, um Fehlertoleranz in einem Speicher zu verwirklichen, müssen unter dem VLSI-Aspekt neu bewertet werden. Fehlerkorrigierende Codes sind ein Standardverfahren zum Schutz des Speichers (1). Sie sind aber nicht geeignet, um komplexe Mehrfachfehler, wie sie in einem VLSI-System auftreten können, zu tolerieren. Methoden der Standby-Redundanz, die deshalb in konventionellen Systemen hoher Zuverlässigkeit Anwendung finden, ermöglichen die Rekonfiguration des Speichers nach der Erkennung eines Fehlers.

Diese Rekonfiguration wird in konventionellen Systemen auf der Chip-Ebene ausgeführt, d.h. defekte Chips werden deaktiviert und ihre Funktion wird von einem Reservechip übernommen (2,3). Dazu muß jedes einzelne Chip mit Umschaltern ausgerüstet werden, die bei einer Rekonfiguration entsprechend gesetzt werden. Die einzelnen Umschalter für einen Speicherblock werden zu einem Umschaltnetzwerk zusammengefaßt.

Die Anzahl der Umschaltnetzwerke ist proportional zur Anzahl der Speicherblöcke. Mit wachsender Speicherkapazität steigt daher auch die Komplexität der zur Rekonfiguration benötigten Hardware. Dies verringert die Zuverlässigkeit, weil die Rekonfigurationshardware den 'Hardcore' des Speichersystems darstellt, in dem keine Fehler toleriert werden können.

Darüberhinaus bedeutet es in einer VLSI-Speicherimplementation eine Verschwendung von Resourcen, wenn das ganze Chip beim Ausfall einer einzigen Speicherzelle deaktiviert wird, was gerade durch Einführung von Fehlertoleranz vermieden werden sollte. Folglich ist es notwendig, eine Methode anzuwenden, die es erlaubt, kleine Untereinheiten eines Chips zu deaktivieren. Für die konventionelle Standby-Methode bedeutet das die Implementierung zusätzlicher Schalter auf dem Chip. Dies würde jedoch eine der Hauptforderungen der VLSI-Technologie verletzen, nämlich ein Design mit einfachen und regulären Verbindungsstrukturen auszuführen. Außerdem wäre zur Kontrolle der Schalter zusätzliche Logik auf dem Chip notwendig, oder es müßten sehr viele Leitungen nach außen geführt werden, was wegen der Beschränkung der Anschlüsse (Pin Limitation) eines VLSI-Chips nicht möglich ist.

Deshalb wurde eine alternative Methode der Standby-Rekonfiguration entwickelt und prototypisch implementiert. Dieses sogenannte dynamische Standby-System zeichnet sich gegenüber der konventionellen Methode durch die Erreichung von höheren Zuverlässigkeitswerten aus (4). Außerdem werden in diesem Konzept die oben diskutierten Charakteristika der VLSI-Technologie berücksichtigt. Die Grundidee des Verfahrens ist, daß die Rekonfiguration nicht durch Schalter ausgeführt wird, die dem jeweiligen Chip zugeordnet sind, sondern durch ein Schaltnetzwerk an der Speicherschnittstelle. Das Umschaltnetzwerk entspricht gerade demjenigen Teil des Rekonfigurationsnetzwerkes konventioneller Standby-Systeme, welcher zur Rekonfiguration eines einzelnen Speicherblocks benötigt wird. Durch diese drastische Verminderung der Komplexität des 'Hardcores' wird eine extrem hohe Zuverlässigkeit erreicht. Mit Hilfe dieser Methode kann ein fehlertolerantes Speichersystem mit jedem beliebigen Standard-VSLI-Speicherchip aufgebaut werden, da keinerlei Eingriffe in den Speicher selbst notwendig sind. Es ist darüberhinaus sogar möglich, die Größe der rekonfigurierbaren Untereinheiten des Speichers unabhängig von der Größe der verwendeten Chips und ohne zusätzliche Hardware auf diesen Chips frei festzulegen.

2 Das Rekonfigurationsprinzip

Der grundsätzliche Aufbau des dynamischen Standby-Systems ist in Abb. 1 dargestellt und in (4) ausführlich beschrieben. Der Speicher ist horizontal in Blöcke und vertikal in 'Bitscheiben' eingeteilt. Die Blöcke können nun jedoch unabhängig von der Chipimplementation logisch definiert werden. Grundelement eines Blocks ist nicht mehr ein physikalischer Chip, sondern ein logischer Bitscheiben-Modul, kurz Modul genannt. Wie in konventionellen Systemen sind auch im vorliegenden Konzept Reservebitscheiben vorgesehen, durch die defekte Moduln ersetzt werden können. Abb. 1 zeigt exemplarisch 4 Reservebitscheiben.

Das Umschalten der Ein/Ausgabeleitungen von einem defekten Modul auf ein Reservemodul wird nicht durch Schalter ausgeführt, die jedem einzelnen Modul zugeordnet sind, sondern durch ein Rekonfigurationsnetzwerk an der Speicherschnittstelle. Wenn ein Wort aus dem Speicher gelesen oder in ihn hineingeschrieben werden soll, wird es über die n aus n+4 Ein/Ausgabeleitungen transferiert, die durch die Schalter ausgewählt werden. Der Zustand dieser Schalter wird durch den Inhalt einer Fehlerstatustabelle (FST) kontrolliert, die außerhalb des Hauptspeichers als zusätzlicher kleiner Speicher mit kurzer Zugriffszeit implementiert ist. Für jeden Block ist in dieser Tabelle ein Eintrag reserviert, der die Information über Defekte im Block enthält. Der Eintrag besteht aus 4 Feldern, die jeweils einem der vier Reservemoduln eines Blocks fest zugeordnet sind. In einem Feld wird die Position eines defekten Moduls innerhalb des Blocks abgespeichert. Der dem Feld zugeordnete Reservemodul übernimmt im Falle eines Zugriffs auf den defekten Block die Funktion des fehlerhaften Moduls. Dies geschieht dadurch, daß während jedes Speicherzugriffs der dem Block zugeordnete Eintrag nebenläufig ausgelesen wird und die Schalter des Rekonfigurationsnetzwerkes steuert. Die Schalter werden also dynamisch bei jedem Speicherzugriff gesetzt.

Zwei für die Hochintegration wichtige Eigenschaften des dynamischen Standby-Systems sollen noch einmal hervorgehoben werden:

Die Komplexität des Umschaltnetzwerkes ist vollständig unabhängig von der Größe des Speichers. Sie hängt lediglich ab von der Wortbreite und der Anzahl der Reservebitscheiben. Wird die Kapazität des Speichers erhöht, müssen lediglich zusätzliche Einträge in der Fehlerstatustabelle bereitgestellt werden.

Wenn dies nicht geschieht, ist trotzdem die Rekonfiguration des gesamten Speichers möglich. Lediglich die Größe der rekonfigurierbaren Moduln ändert sich. Dies führt zu der zweiten wesentlichen Eigenschaft, die Größe der rekonfigurierbaren Moduln unabhängig von der Realisierung des Speichers frei wählen zu können. Durch einfaches Hinzufügen neuer Einträge zur Fehlerstatustabelle kann die Rekonfiguration verfeinert werden oder umgekehrt, durch Reduzierung der Einträge, erhält man größere ersetzbare Untereinheiten.

3 Aufbau des Experimentalsystems

Um die praktische Anwendbarkeit des dargestellten Konzeptes zu untermauern, wurde dieses in einem Experimentalsystem implementiert. Durch Messung physikalischer Parameter, wie zum Beispiel der Signalverzögerung des Umschaltnetzwerkes, soll eine quantitative Analyse der Möglichkeiten und Grenzen des Konzeptes vorgenommen werden. Weiterhin können hier Fragen der statischen Fehlererkennung, der Fehlerkorrektur und des Testens experimentell bearbeitet werden.

Als kostengünstige und flexible Möglichkeit einer Realisierung bietet sich die Einbettung des fehlertoleranten Speichersystems in ein kommerzielles Mikroprozessorsystem an. Ausgewählt wurde ein System basierend auf der 8-Bit CPU MC 6809 von Motorola mit 80 k Byte RAM als Arbeitsspeicher und zwei Floppy-Laufwerken als Hintergrundspeicher. Abb.

2 zeigt den Aufbau des Experimentalsystems. Das Standard-Mikroprozessorsystem besteht aus drei Platinen:

- der Mikroprozessorplatine, auf der sich die Ein/Ausgabesteuerung befindet sowie ein lokaler Arbeitsspeicher
- der RAM-Zusatzplatine, die als Bildspeicher für die Rastergraphik des System verwendet wird
- der Floppy-Controller-Platine.

Der fehlertolerante Speicher wird zusätzlich an das Standardsystem angeschlossen, ohne daß dieses modifiziert werden muß. Die Kombination von nichtredundantem und fehlertolerantem Speicher ist eine effiziente Lösung für Anwendungsfälle, in denen nicht die gesamte im Speicher vorhandene Information in kritische Prozesse einbezogen ist. Nur solche Programme und Datenbestände werden im fehlertoleranten Teil des Speichers gehalten, deren Zerstörung katastrophale Folgen für das System hätte. So werden zum Beispiel wichtige Funktionen des Betriebssystems im fehlertoleranten Speicher aufbewahrt, während der völlig unkritische Bildwiederholspeicher für die Rastergraphik des Systems in den nichtredundanten Speicherbereichen liegt.

Der gesamte physikalische Speicher hat eine Kapazität von 132 k Byte. Da die CPU MC 6809 nur einen Adreßraum von 64 k Byte hat, muß eine Speicherverwaltungseinheit MMU (Memory-Management-Unit) eine geeignete Abbildung des logischen Adreßraums der CPU auf den physikalischen Adreßraum, d.h. auf die Gesamtheit des verfügbaren Speichers, durchführen. Zu diesem Zweck werden der logische und der physikalische Adreßraum in Seiten (pages) einer festen Größe von 4 k Byte unterteilt. Die MMU enthält im wesentlichen eine Liste solcher Seiten, die festlegt, welche Seite des physikalischen Adreßraumes welcher Seite des logischen Adreßraumes zugeordnet wird. Mit dieser Methode kann man relativ kleine physikalische Speicherseiten flexibel zu einem logischen Gesamtspeicher zusammensetzen. Darüberhinaus sind Speicherbereiche, die nicht in der Liste der MMU stehen, gegen einen unbeabsichtigten Zugriff, zum Beispiel durch einen aufgetretenen Defekt, weitgehend geschützt.

4 Der fehlertolerante Speicher

Der fehlertolerante Speicher ist auf einer zusätzlichen Karte untergebracht. Sie enthält im wesentlichen

- den Speicher, bestehend aus zwei Standard-Speicherplatinen mit jeweils 48 k Byte
- die Fehlerstatustabelle
- das Umschaltnetzwerk
- Hardware zur sofortigen Fehlererkennung bzw. Korrektur.

In dem Prototyp des fehlertoleranten Speichersystems sind außer einer nutzbaren Wortbreite von 8 Bit zwei Reservebitscheiben vorgesehen. Realisiert wird der Speicher mit zwei Standardspeicherkarten mit einer Wortbreite von je 8 Bit. Durch parallele Anordnung steht eine Gesamtwortbreite von 16 Bit zur Verfügung. Dadurch ist die Möglichkeit gegeben, über die Rekonfiguration hinaus Methoden der sofortigen Fehlererkennung und Fehlerkorrektur experimentell zu erproben.

Die Fehlerstatustabelle (FST) wird nebenläufig zu jedem Speicherzugriff ausgelesen und steuert das Umschaltnetzwerk an der Prozessor/Speicherschnittstelle. Sie enthält 16 Einträge und unterteilt damit den Adreßraum von 64 k in 16 Blöcke von je 4 k, die einzeln rekonfiguriert werden können.

Da der fehlertolerante Speicher eine Kapazität von 48 k Byte besitzt, werden 12 dieser Einträge genutzt. Zur Verwaltung der FST werden die Eigenschaften der Speicherverwaltungseinheit MMU ausgenutzt. Zur FST soll einerseits ein schneller und leichter Zugriff möglich sein, andererseits soll sie gegen Zerstörung ihrer Daten durch fehlerhaften Zugriff geschützt sein. Durch die Speicherverwaltung ist es möglich, die FST als Teil des Hauptspeichers zu behandeln. Soll die FST auf den neuesten Stand gebracht werden, wird sie über die MMU in den logischen Adreßraum der CPU abgebildet. Nun wird über den normalen Schreibzyklus ein 'update' durchgeführt. Danach wird die FST wieder aus dem logischen Adreßraum ausgeblendet und durch eine andere Seite des Speichers ersetzt. Da sie nun nicht mehr im Zugriffsbereich der CPU liegt, ist ein versehentliches Überschreiben ausgeschlossen.

Abb. 3 zeigt die Organisation der FST und ihre Einbettung in das Gesamtsystem. Als Speichermedium werden drei 16 x 4 Bit TTL-Speicher (SN 74 S 189) verwendet, die eine Zugriffszeit von ca. 25 ns haben. Im normalen Betrieb liegen über einem Multiplexer die vier obersten Bits der 16 Bit-Adresse an den Adreßeingängen der Speicherchips. Mit diesen 4 Bits wird einer der 16 Einträge, der dem angesprochenen Block zugeordnet ist, ausgewählt. An den Ausgängen der Speicherchips ist dann die zur Steuerung des Umschaltnetzwerkes benötigte Information verfügbar. Soll die FST auf den neuesten Stand gebracht werden, wird das folgende Verfahren angewandt:
Die FST belegt die Adressen $FFD0_{16}$ ... $FFDF_{16}$. Wird eine dieser Adressen angesprochen, wird über den Adreßdekoder in Koinzidenz mit einem zusätzlichen Aktivierungssignal von der MMU der Multiplexer umgeschaltet. Es liegen jetzt die vier niederwertigsten Adreßbits an den Adreßeingängen der Speicherchips. Diese bestimmen nun einen der 16 Einträge der FST. Da der Datenbus des Mikroprozessorsystems 8 Bit breit ist, die FST aber eine Wortbreite von 10 Bit besitzt, muß der Schreibzyklus in zwei Schritten erfolgen. Im ersten Schreibzugriff wird ein 8 Bit Wort nach M 1 und M 2 übertragen; anschließend werden die zwei fehlenden Bits nach M 3 gebracht. Adreßbit 4 steuert über die Chip Enable (CE) Eingänge der Speicherchips diesen Vorgang.

Das Umschaltnetzwerk wird bei jedem Speicherzugriff abhängig vom Inhalt der FST neu konfiguriert. Ein Ziel der Implementierung ist es, zu zeigen, daß dies ohne eine Verlangsamung des Speicherzugriffs möglich ist. Zur Realisierung des Umschaltnetzwerks werden bipolare FPLAs (Field Programmable Logic Array, Fairchild 93459) eingesetzt. Ein FPLA ist ein hochintegrierter, universeller, logischer Baustein, der für jeden Anwendungsfall individuell programmiert werden kann. Durch die Anwendung von FPLAs wird ein regulärer, leicht änderbarer und expandierbarer Aufbau des Umschaltnetzwerkes erreicht. Dies ist eine in einem Prototyp besonders wünschenswerte Eigenschaft.

Außerdem erlaubt es die Struktur der FPLAs, die Dekoder für die Felder der Fehlerstatustabelle (vgl. Abb. 1) direkt mit in das Umschaltnetzwerk zu integrieren und dadurch die Gesamtverzögerung herabzusetzen. Darüberhinaus läßt sich eine FPLA-Struktur wegen ihrer hohen Regularität einfach in ein VLSI-Design übertragen.

In Abb. 4 ist die Implementierung des Umschaltnetzwerkes mit 8 FPLAs dargestellt. Von den 16 Bit der Gesamtwortbreite werden 14 Bit genutzt - 8 Bit für Daten D_0 ... D_7, 2 Bit als Reserve S_0, S_1 und 4 Bit zur sofortigen Fehlererkennung bzw. Fehlerkorrektur C_0 ... C_3. Da die Möglichkeit der Rekonfiguration auch für die 4 redundanten Bitscheiben zur Fehlererkennung/Korrektur bestehen soll, muß das Umschaltnetzwerk eine Gesamtbreite von 12 Bit besitzen. Wegen der Beschränkung der Ein/Ausgabeleitungen der FPLAs, der verwendete Typ hat 16 Ein- und 8 Ausgabeleitungen, muß das Umschaltnetzwerk auf mehrere FPLAs verteilt werden. In der Richtung vom Speicher zum Prozessor sind 6 FPLAs in zwei Ebenen zu je drei FPLAs angeordnet. Die FPLAs einer Ebene sind identisch und können jeweils 4 Bit eines Speicherwortes verarbeiten. FPLA 1 markiert eine defekte Bitposition innerhalb eines Wortes. FPLA 2 dient dazu, einen Reservemodul an die entsprechende Stelle zu schalten. Die Ausgänge der FST werden direkt als Eingabe für die FPLAs verwendet. Ihre Dekodierung erfolgt jeweils innerhalb der FPLAs. Der Datentransfer vom Prozessor zum Speicher erfolgt über die beiden FPLA 3. Hier benötigt man nur eine FPLA-Ebene, da in dieser Richtung keine Maskierung defekter Bitpositionen vorgenommen werden muß, sondern nur Umschaltfunktionen realisiert werden.
Außerdem wird zur Steuerung der Umschaltfunktion nicht der volle FST-Eintrag benötigt, sondern nur das dem entsprechenden Reservemodul zugeordnete FST-Feld, so daß die Anzahl der Ein/Ausgänge der FPLAs ausreicht, um jeweils 6 Datenleitungen zu steuern.

Rechnerisch beträgt die (maximale) Zeit von der Initialisierung des Speicherzugriffs bis zur erfolgten Konfiguration des Umschaltnetzwerkes ca. 30 ns. Die Verzögerung der Signale zwischen Prozessor und Speicher beträgt zwischen 25 ns für den Schreibzyklus und 50 ns für den Lesezyklus. Da das Setzen des Umschaltnetzwerkes nebenläufig zur Adreßdekodierung im Arbeitsspeicher erfolgt, werden hierdurch keine Verzögerungen verursacht. Somit müssen nur 25-50 ns beim Ein- bzw. Auslesen der Information aus dem Speicher berücksichtigt werden. Bei MOS-Mikroprozessorsystemen liegt der Zeitbedarf für einen Speicherzugriff zwischen ca. 150 und 800 ns, so daß in diesen Fällen keine Verlangsamung auftritt. Für wesentlich schnellere Speichersysteme kann die Verzögerung des Umschaltnetzwerkes durch Verwendung einer leistungsfähigeren Hardware noch herabgesetzt werden.

Die Methoden der Fehlererkennung bzw. Korrektur werden im folgenden Kapitel beschrieben.

5 Fehlerdiagnose

Eine Voraussetzung bei allen Verfahren der dynamischen Redundanz ist die Erkennung von Fehlern und die Lokalisierung der defekten Komponenten. Dabei ist es von ausschlaggebender Bedeutung, daß ein Fehler sofort nach seinem Auftreten erkannt wird, so daß die Implementierung geeigneter Hardware zur (zumindest Einzel-) Fehlererkennung eine unumgängliche Notwendigkeit bei der Realisierung solcher fehlertoleranter Systeme darstellt. Eine gewisse 'Freiheit der Entscheidung' hat der Designer dieser Systeme nur in den Fragen, ob und wie er Mehrfachfehler erkennt und wie er die Fehlerbehandlung gestaltet, z.B. wie er die "trade offs" zwischen Hardware und Software zur Lösung dieser Probleme für seine speziellen Anforderungen bewertet. In dem vorgestellten experimentellen System sind vier redundante Bitscheiben zur Implementierung eines einzelfehlererkennenden oder einzelfehlerkorrigierenden Codes vorgesehen. Die Möglichkeit zur sofortigen

Erkennung von Doppelfehlern wurde verworfen.

Diese Möglichkeit wird meist in Systemen genutzt, die durch einen einzelfehlerkorrigierenden Code gesichert sind, der bei geringfügiger Erweiterung auch alle Zweifachfehler erkennen kann (SEC/DED Code - Singe Error Correction / Double Error Detection). Von Speicherherstellern wird die Wahrscheinlichkeit von Doppelfehlern in 16 Bit-Speichersystemen 50 bis 100 mal niedriger angenommen als die von Einzelfehlern (vgl. Tab. 1). In Tab. 1 ist allerdings der Fall nicht berücksichtigt, daß in einem oder mehreren Speicherworten bereits ein permanenter Fehler vorliegt. Wird nun lediglich ein einzelfehlerkorrigierender Code ohne Doppelfehlererkennung verwendet, sind die relativ häufigen 'soft errors' eine ernste Gefahr für das Speichersystem, in dem sie zusammen mit den bereits vorliegenden Einzelfehlern einen nicht mehr erkennbaren Doppelfehler bilden. Diese Gefahr besteht in Standby-Systemen nicht. Im Gegensatz zur Coderedundanz bleibt eine defekte Komponente nicht weiterhin Bestandteil des Systems, sondern wird vollständig entfernt und durch eine intakte Komponente ersetzt. Solange Reservekomponenten zur Verfügung stehen, kann jeder neu hinzukommende Einzelfehler, permanent oder 'soft', erkannt und adäquat behandelt werden. Die Wahrscheinlichkeit des zeitlich koinzidenten Auftretens zweier Fehler in einem Speicherwort ist so gering, daß sie aus den Betrachtungen ausgeschlossen werden kann.

Tab. 1

Fehlertyp	MTTF
Soft Error (Single-Bit)	13 Tage
Soft Error (Double-Bit)	864 Tage
Hard Error (Single-Bit)	110 Tage
Hard Error (Double-Bit)	7021 Tage

Nach (6) 16 M Byte Speichersystem aufgebaut mit 64 k Speicherchips und einer angenommenen 64 k RAM alpha-Fehlerrate von 0,13 % / 1000 h

Eine wirkungsvolle Maßnahme zur Vermeidung von Doppelfehlern ist daher ein Test des gesamten Speichers in Zeitintervallen, die weit unter der MTTF für Doppelfehler (vgl. Tab. 1) liegen. Wird dabei ein Einzelfehler erkannt, wird die verfälschte Information zunächst korrigiert und danach wird bei einem 'hard error' eine Rekonfiguration des Systems durchgeführt. Bei einem 'soft error' muß lediglich das korrekte Wort in den Speicher zurückgeschrieben werden. Auf diese Weise wird ein 'Anhäufen' von erkennbaren Einzelfehlern zu einem nicht mehr erkennbaren Doppel- bzw. Mehrfachfehler vermieden. Bei der angegebenen langen MTTF stellt dies kaum eine Einschränkung der Verfügbarkeit des Systems dar.

Die Frage ob, lediglich ein einzelfehlererkennender Code oder ein einzelfehlerkorrigierender Code implementiert wird, hängt stark von den speziellen Anforderungen an die Verfügbarkeit des Speichersystems ab. In unserem fehlertoleranten Speichersystem können beide Methoden experimentell erprobt werden.

Der Vorteil eines einzelfehlererkennenden Paritäts-Codes sind die niedrigen Kosten der Implementierung. Man benötigt lediglich eine redundante Bitscheibe und relativ einfache Logik zur Codeprüfung bzw. Codeerzeugung. Außerdem wird kein Schaltnetz zur Maskierung der Fehler benötigt, das im Datenpfad zwischen Prozessor und Speicher liegt und hier Verzögerungen verursacht. Wird ein Einzelfehler durch den Paritäts-Code erkannt, kann man durch ein einfaches Programm (7) diesen Fehler korrigieren und so auch hier die Integrität der Daten erhalten. Der Nachteil der bloßen Fehlererkennung liegt darin, daß sofort nach Auftreten eines Fehlers das laufende Programm für die kurze Zeit der Diagnose des Fehlers und der Rekonstruktion der Daten unterbrochen werden muß. Dies mag für besonders kritische Aufgaben, in denen eine hohe momentane Verfügbarkeit gefordert ist, nicht akzeptabel sein.

In diesen Fällen kann ein einzelfehlerkorrigierender Code angewendet werden. Tritt ein Fehler auf, so wird dieser maskiert. Das System bleibt weiter voll arbeitsfähig und man kann eine umfangreichere Diagnose und Fehlerbehandlung auf einen späteren Zeitpunkt verschieben. Die Implementierung solcher Codes wird seit neuerer Zeit durch LSI-Chips erleichtert, auf denen die gesamte benötigte Logik integriert ist (AM 2960/2962). Für ein 8-Bit Datenwort ist der Overhead der redundanten Speicher-Hardware mit 4 Bitscheiben allerdings relativ groß.

Für den Test des Speichers wurde ein Programm entwickelt, das auf Methoden von Carter et al (8) beruht sowie alle permanenten Mehrfachfehler erkennt, lokalisiert und beim Vorliegen eines Einzelfehlers eine Rekonstruktion des korrekten Wortes durchführt. Beim Vorliegen eines oder mehrerer permanenter Fehler wird eine Rekonfiguration des Speichers eingeleitet. 'Soft errors' werden beim Auslesen eines Wortes durch Paritäts-Check erkannt und durch das Programm korrigiert. Das Programm führt also die wichtige Unterscheidung zwischen Hard- und Soft errors durch und entscheidet, ob eine Rekonfiguration notwendig ist oder lediglich ein Zurückschreiben des korrigierten Speicherwortes. Dieses Programm wird immer aufgerufen, wenn eine Fehlerbedingung, z.B. falsche Parität, vorliegt. Außerdem läuft es in gewissen Zeitabständen auch ohne diese Bedingung ab, um, wie erwähnt, Doppelfehler während des Betriebes zu vermeiden. Dieser Speichertest, der den Inhalt des getesteten Speicherbereichs nicht zerstört, benötigt für einen 16 k Block ca. 500 ms. Ergänzend wurde zur Wartung des Speichersystems ein Programm implementiert, das musterabhängige Fehler erkennt und lokalisiert. Durch den hohen Zeitbedarf des Programms (ca. 20 min für 16 k) und den Umstand, daß es nicht zerstörungsfrei arbeitet, ist es allerdings nicht geeignet, um während des normalen Systembetriebes abzulaufen.

6 Schlußbemerkung

In der vorliegenden Arbeit werden Konzept und Implementierung eines dynamischen Rekonfigurationsschemas für Standby-Speichersysteme vorgestellt. Im Gegensatz zu konventionellen Standby-Techniken ist die dazu benötigte Zusatzhardware vollständig an der Speicherschnittstelle implementiert. Die damit verbundene drastische Reduzierung des Hardwareaufwands führt zu einer Steigerung der Speicherzuverlässigkeit. Die Methode zeichnet sich auch dadurch aus, daß zur Rekonfiguration keine Eingriffe in den Speicher nötig sind und dessen reguläre Struktur somit erhalten bleibt.

Durch die Implementierung wurde die praktische Realisierbarkeit nachgewiesen. Das Hinzufügen effizienter Fehlerdiagnose- und Recoverystrategien vervollständigt das Konzept eines fehlertoleranten Speichersystems.

7 Literaturverzeichnis

[1] W.W. Peterson
Error correcting codes
MIT Press, Cambridge, Mass., 1961

[2] J. Goldberg, K.A. Duke, D.C. Jessep
An organization for a highly survivable memory
IEEE Trans. Comput. C-25 (1976), S. 557 - 568

[3] J.J. Stiffler
The SERF fault-tolerant computer
Proc. FTC-3, Palo Alto (1973), S. 23 - 26

[4] K.-E. Großpietsch, J. Kaiser, E. Nett
A dynamic reconfiguration scheme for stand-by memory systems
Digital Process, Vol. 6 (1980), S. 257 - 270

[5] R.G. Bennetts, D.W. Lewin
Fault diagnosis of digital systems - a review
Comput. J. 14 (1971), S. 199 - 206

[6] E.C. Westerfield
Memory system strategies for soft and hard errors
Wescon, September 1979

[7] J. Kaiser
Fehlerdiagnose in einem hochzuverlässigen Einprozessorsystem
GMD-Studie Nr. 56
Gesellschaft für Mathematik und Datenverarbeitung mbH Bonn 1980

[8] W.C. Carter, C.E. McCarthy
Implementation of an experimental fault-tolerant memory system
IEEE Trans. Comput. C-25 (1976), S. 557 - 568 *

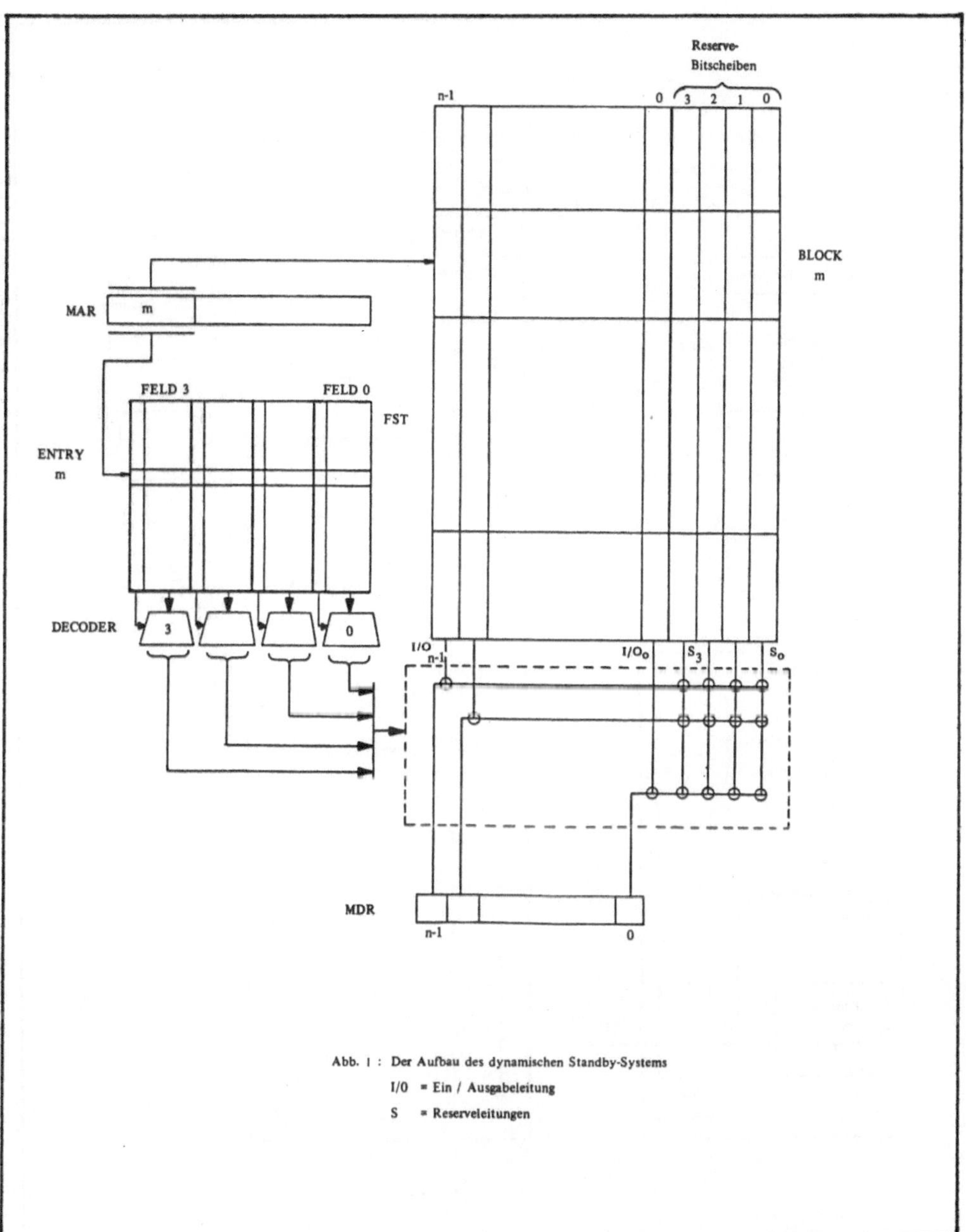

Abb. 1 : Der Aufbau des dynamischen Standby-Systems

I/O = Ein / Ausgabeleitung

S = Reserveleitungen

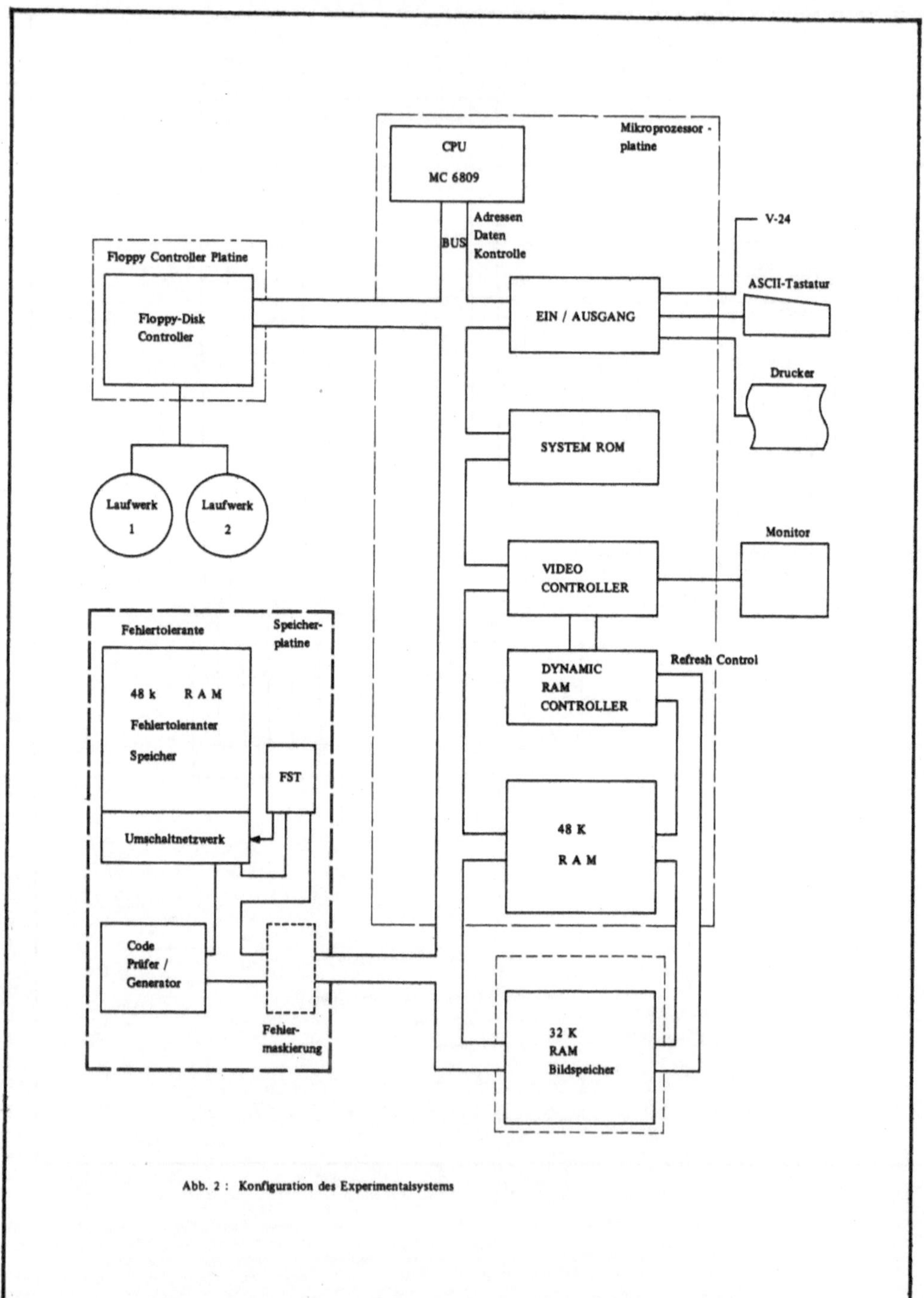

Abb. 2 : Konfiguration des Experimentalsystems

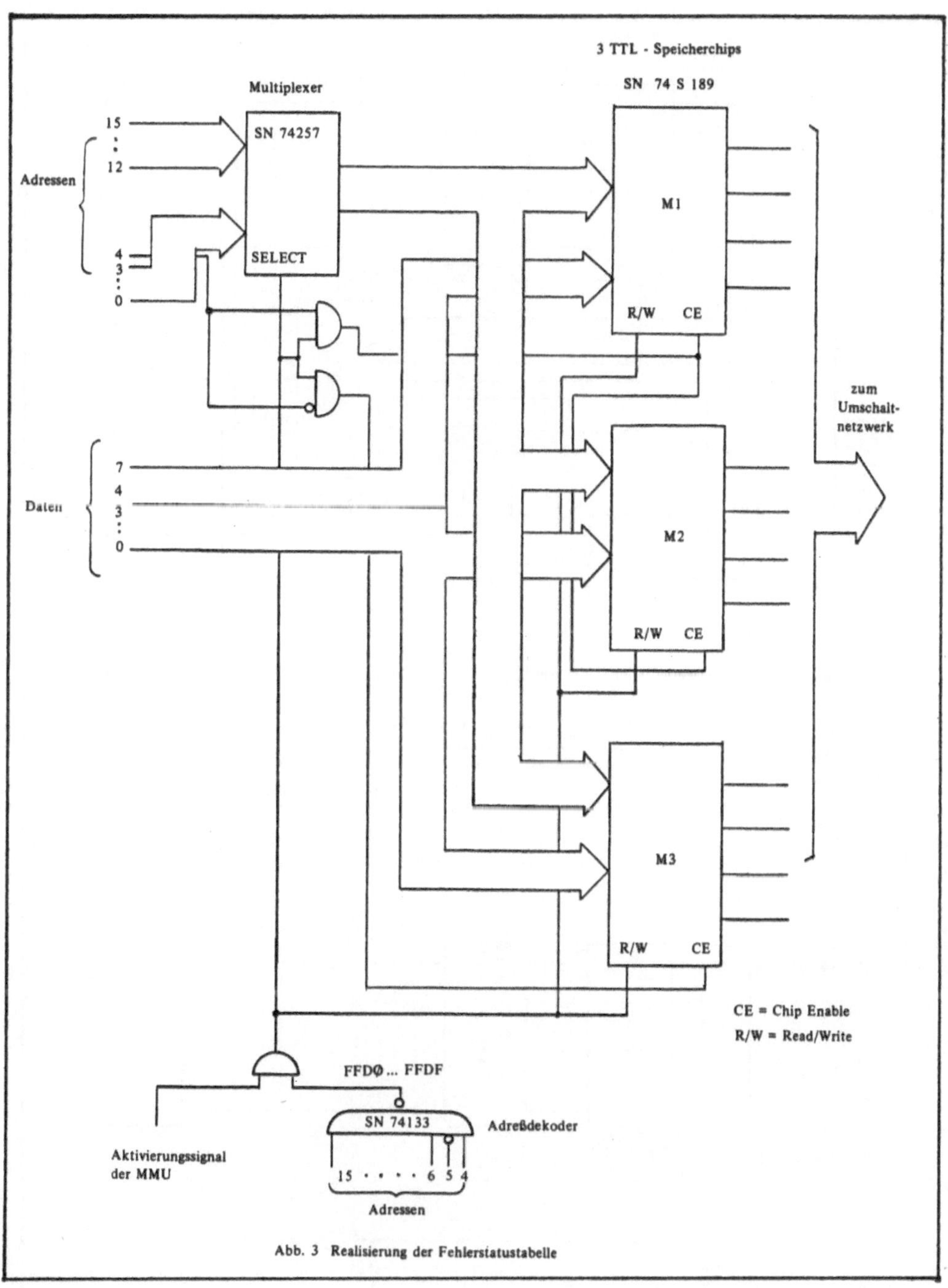

Abb. 3 Realisierung der Fehlerstatustabelle

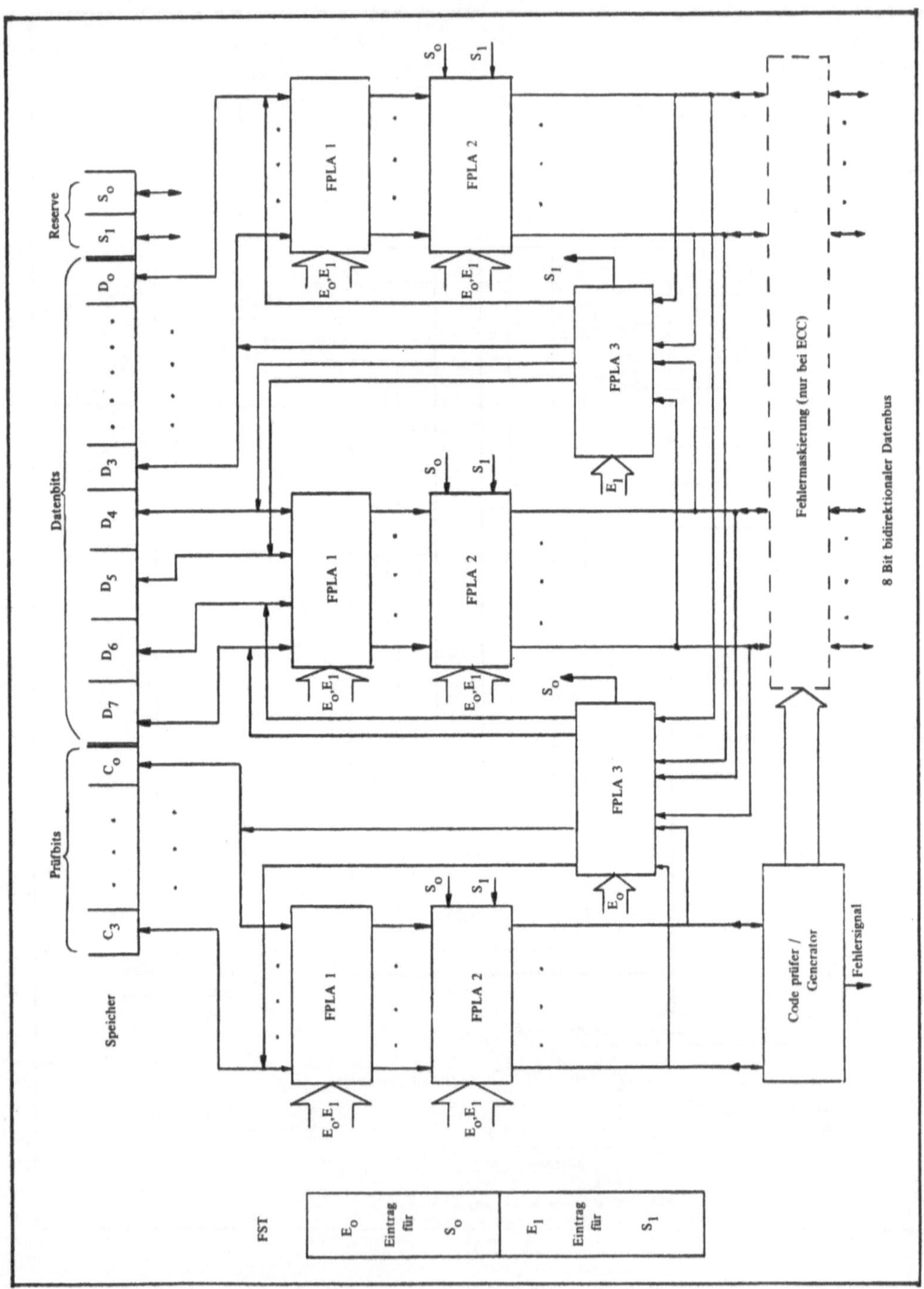

Abb. 4 Realisierung des Umschaltnetzwerkes

EIN 32-BIT RECHENWERK MIT EINGEBAUTEM HARDWARE-SELBSTTEST

G. Grassl, Siemens AG, Forschungslaboratorien, München

W. Daehn,
U. Ludemann, Institut für Theoretische Elektrotechnik, TU Hannover

U. Theus, Institut für Theoretische Elektrotechnik, TU Aachen

Kurzfassung

Das in fehlertolerierenden Mehrprozessorsystemen erforderliche Diagnosesystem baut auf dem Selbsttest der Einzelprozessoren auf. In den bisher bekannten Systemen wurde dieser durch Software oder Firmware realisiert. Dabei ist die Fehlererkennungsrate nicht bestimmbar und die Testdauer relativ lange. Beim Hardware-Selbsttest werden die Testhilfen in den Prozessorbaustein integriert. Das am Beispiel eines 32-Bit-Rechenwerkes erprobte Konzept verwendet als Testhilfen rückgekoppelte Schieberegister zur Testmustergenerierung und Signaturanalyse zur Datenkompression. Die Testablaufsteuerung erfolgt weitgehend durch wenige, auf dem Baustein gespeicherten Worte. Die zusätzliche Chipfläche beträgt nur etwa 10%. Die durch Fehlersimulation ermittelte Fehlererkennungsrate liegt über 92%, bei den Speicherelementen bei 100%.

Software- und Firmware-Selbsttest

Durch die Großintegration werden neue Anwendungsgebiete für Mikroprozessorsysteme eröffnet, z.B. in der Prozeßsteuerung, in denen zum Teil sehr hohe Anforderungen an die Zuverlässigkeit und Verfügbarkeit des Systems gestellt werden. Diese können prinzipiell durch fehlertolerante Systeme mit mehrstufigen Test- und Diagnoseverfahren, wie z.B. in /¯1_7 vorgeschlagen, erfüllt werden. Ein solches System beruht auf selbsttestenden Einzelprozessoren in der untersten Diagnoseebene. Im zitierten Beispiel wurden existierende Baugruppen verwendet und die Fehlertoleranz durch Software-Maßnahmen erreicht. Dabei zeigte sich jedoch bereits, daß der Durchsatz des Gesamtsystems bis auf 35% zurückging und deshalb Unterstützung durch Hardware-Maßnahmen wünschenswert wäre. Die zunehmende Integrationsdichte und die sich daraus ergebende höhere Komplexität der einzelnen Bausteine führt zu einem überproportionalen Anstieg der notwendigen Testzeit. Darüber hinaus wird der als fehlerfrei angenommene Prozessorkern immer umfangreicher. Da es auf der funktionalen Beschreibungsebene keine ausreichenden Fehlermodelle gibt, können auch keine Angaben über die Fehlererkennungsrate gemacht werden.

Die VLSI-Technologie ermöglicht es neuerdings, auch umfangreiche Diagnose-Firmware direkt auf dem Chip zu speichern /¯2_7. Dabei bietet sich außerdem die Möglichkeit, durch geeignete schaltungstechnische Maßnahmen die Steuerbarkeit und Beobachtbarkeit interner Knoten zu verbessern. Damit können Diagnoseprogramme effektiver und kürzer sein. Dennoch wird für die Speicherung des Testprogrammes ein bedeutender Teil der ROM-Kapazität auf dem Baustein benötigt, weil sowohl Testdaten und Instruktionen als auch die Ergebnisse und Vergleichsoperationen im Speicher abgelegt sein müssen. Die Fehlererkennungsrate kann ebenso wie beim Software-Test nicht angegeben werden.

Hardware-Selbsttest als Alternative

Bei dem im folgenden diskutierten Hardware-Selbsttest-Verfahren /¯3_7 werden die benötigten Testdaten und Steuersignale weitgehend in Testmustergeneratoren (TMG) auf dem Chip erzeugt. Die anfallenden Testergebnisse werden in Testdatenauswertern (TDA) zu einem Wort komprimiert. Im Unterschied zum Software- und Firmware-Selbsttest, bei denen die Auswertung im Prozessorkern erfolgt, können mehrere TMG und TDA verwendet werden. Damit erreicht man eine Partitionierung der Schaltung.

Im Extremfall erhält jeder Funktionsblock seine eigenen Testeinrichtungen (Abb. 1), so daß sich verschiedene Teile unabhängig voneinander gleichzeitig testen können.

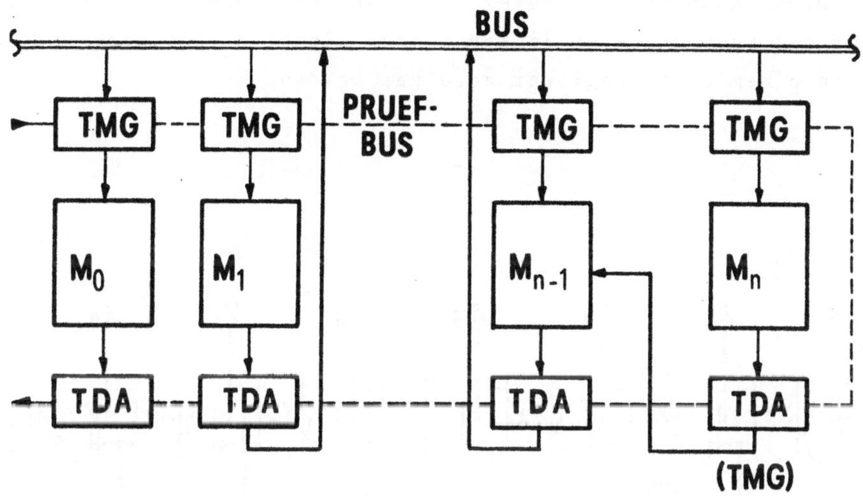

Abb. 1: Prinzip der Schaltungspartitionierung beim Hardware-Selbsttest. Jeder Modul (M_1 ... M_n) wird mit eigenem Testmustergenerator (TMG) und Testdatenauswerter (TDA) ausgestattet. Zur Initialisierung und Testdatenauswertung können diese zu einem Prüfbus miteinander verbunden werden.

Hardware-Testhilfen

Der Einbau vieler Testhilfen ist jedoch nur sinnvoll, wenn diese einfach aufgebaut sind, so daß sie wenig zusätzliche Fläche und Verlustleistung beanspruchen und somit die Zuverlässigkeit des Bausteins nicht übermäßig beeinträchtigen. Zur Datenkompression eignet sich besonders gut die Signaturanalyse. Dieses aus der zyklischen Blocksicherung (cyclic redundancy check, CRC) abgeleitete Verfahren wurde dahin gehend modifiziert, daß in jeder Stufe ein Eingang über eine EXOR-Verknüpfung geschaffen wurde. Abb. 2 zeigt die Prinzipschaltung eines solchen Signaturregisters mit parallelen Dateneingängen. In jedem Zyklus wird die Testantwort mit dem Inhalt des Registers linear verknüpft und um eine Stelle verschoben. Durch die Rückkopplungen wird ein falsches Bit in der Testantwort über die gesamte Signatur verteilt, so daß eine Auslöschung durch weitere Fehler kaum möglich ist. Am Ende eines fehlerfrei gelaufenen Tests enthält dann das Register eine charakteristische Signatur. Diese kann durch Vergleich mit der berechneten Soll-Signatur direkt auf dem Chip zu einem Fehler-Status Signal ausgewertet und das Ergebnis in einem Statusregister abgelegt werden.

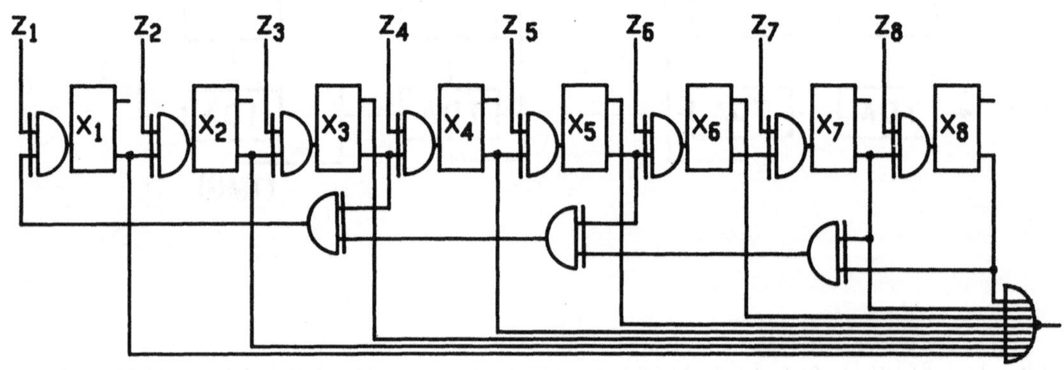

Abb. 2: Beispiel eines 8-Bit-Signaturregisters mit parallelen Dateneingängen. Zur Auswertung werden je nach der berechneten Soll-Signatur die normalen oder invertierten Ausgänge durch ein NOR-Gatter verknüpft.

Legt man die Eingänge des Signaturregisters auf konstante Werte, so wird eine definierte Sequenz von pseudo Zufallsmustern erzeugt. Man erhält somit einen einfachen TMG. Bei richtiger Wahl der Rückkopplungen werden alle möglichen Bitkombinationen durchlaufen. Verwendet man diese Muster zur Prüfung kombinatorischer Netzwerke, so werden diese erschöpfend getestet. Ein Fehlermodell und Fehlersimulation erübrigen sich

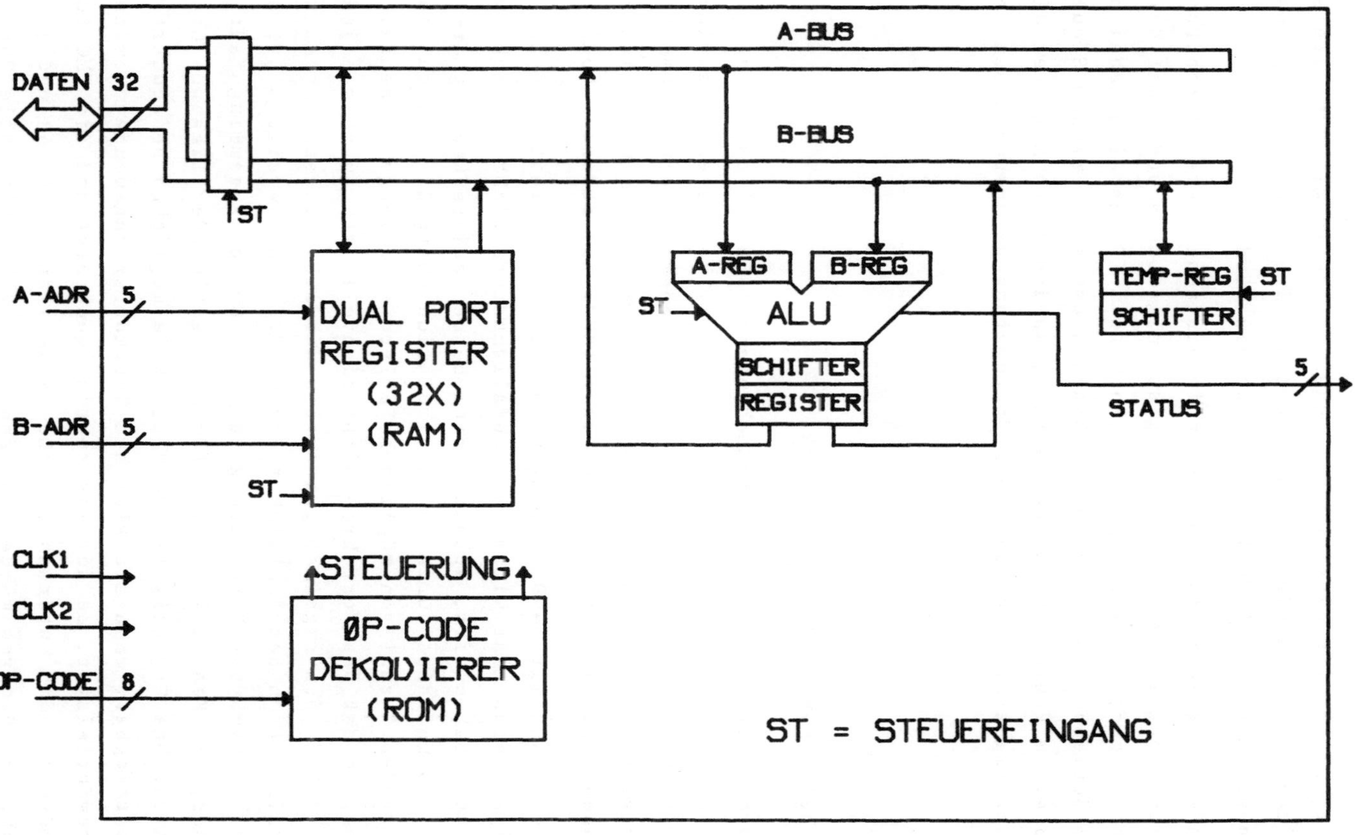

Abb. 3: Blockdiagramm des 32-Bit-Rechenwerkes.

deshalb. Allerdings ist dies nur für Schaltungsteile mit verhältnismäßig wenigen Eingängen möglich, da sonst die Testdauer zu lang und die Berechnung der Soll-Signatur zu aufwendig würden.

Die genannten Testeinrichtungen können in einfacher Weise durch Funktionskonvertierung aus vorhandenen Registern gewonnen und somit der zusätzliche Flächenbedarf klein gehalten werden. Da es sich dabei prinzipiell um Schieberegister handelt, können diese mit geringem Steueraufwand zu einem Prüfbus verbunden werden, so daß diese Register direkt geladen oder Signaturen zur externen Überprüfung herausgeschoben werden können.

Anwendung bei einem 32-Bit-Rechenwerk

Das Verfahren wurde bei einem 32-Bit-Rechenwerk (Abb. 3) angewendet, das in einer 2-µ-Technologie entworfen wurde [4]. Es besteht aus einer Verknüpfungseinheit (ALU) mit Hilfs- und Schieberegistern, einem Block von 32 Registern (RAM), die über 2 Ports auf beide Busse A und B ausgelesen werden können, und einem Festwertspeicher (ROM) zur Befehlsdekodierung.

Bei der 32-Bit-ALU mit 64 Dateneingängen und 7 Steuerleitungen ist ein vollständiger Selbsttest mit pseudo Zufallsmustern nicht möglich. Wenn der Test abgebrochen wird, sobald ausreichende Fehlererkennung erreicht ist, so muß dies durch Fehlersimulation überprüft werden. Aufgrund der großen Anzahl von möglichen Fehlern sind lange Rechenzeiten zu erwarten, so daß das Verfahren nicht sinnvoll ist. Nutzt man jedoch die Kenntnis über den regelmäßigen Aufbau der ALU, so kann der Aufwand für Fehlersimulation beträchtlich reduziert werden. Jeweils 4 Bit sind durch eine "Carry-Bypass"-Schaltung zu einer Gruppe zusammengefaßt. Es genügt daher, die Fehlersimulation für 2 nebeneinander liegende Gruppen durchzuführen. Das Ergebnis ist dann auf alle möglichen benachbarten Gruppen übertragbar, wenn die gleichen Testmuster angewendet werden. Dies ist gewährleistet, da der Instruktionsgenerator und die TMG für die Operanden A und B unterschiedliche Sequenzlängen (4, 63 und 3) aufweisen (Abb. 4). Dadurch werden innerhalb von 252 Zyklen alle Datenkombinationen mit allen generierten Instruktionen unabhängig vom Ort in der ALU verknüpft.

Abb. 5 zeigt die Realisierung durch Funktionskonvertierung einiger Register. Die Operanden werden im FA- und TEMP-Register generiert und über die Busse der ALU zugeführt. Da die Schiebefunktion ohnehin schon vorhanden ist, werden nur zusätzliche Steuerleitungen und Rückkopplun-

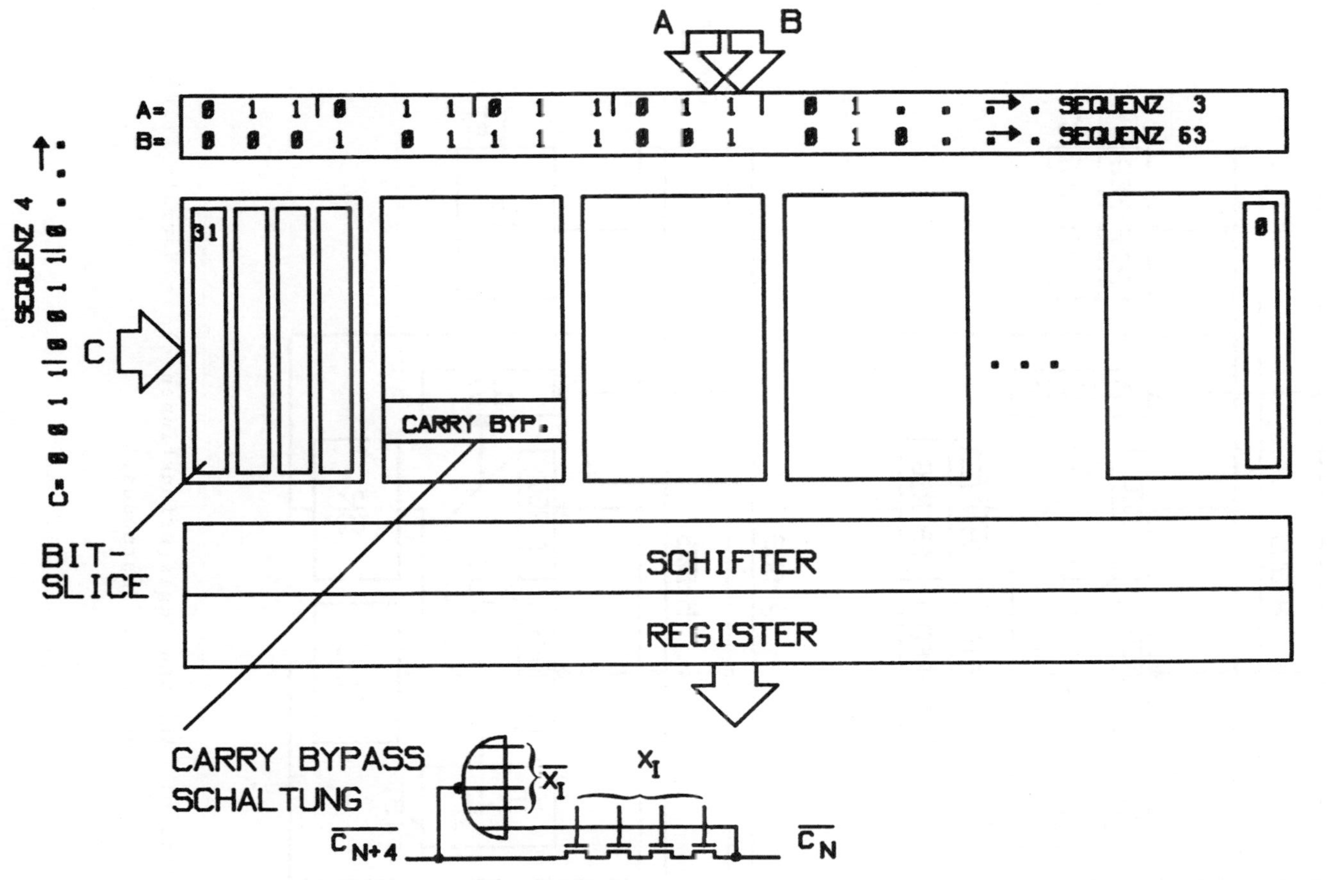

Abb. 4: Modell zur Fehlersimulation der ALU bei Anwendung der virtuellen Partitionierung. Die Muster A, B und C werden in jedem Zyklus um eine Stelle verschoben.

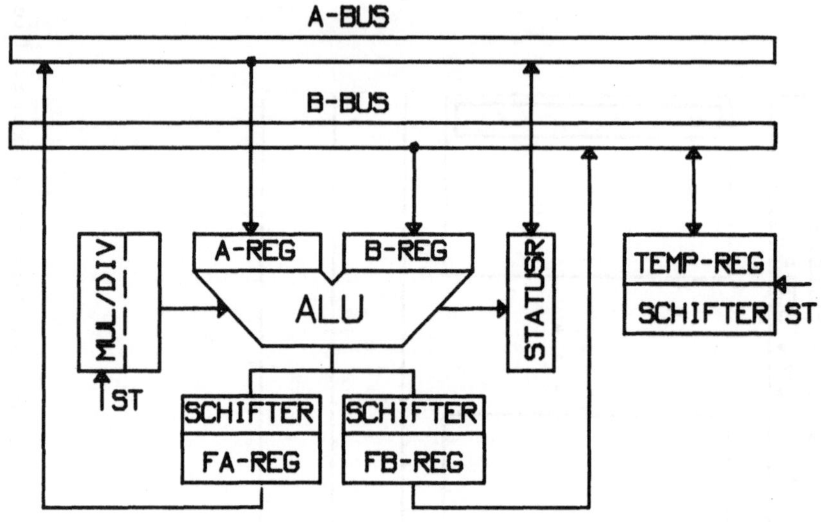

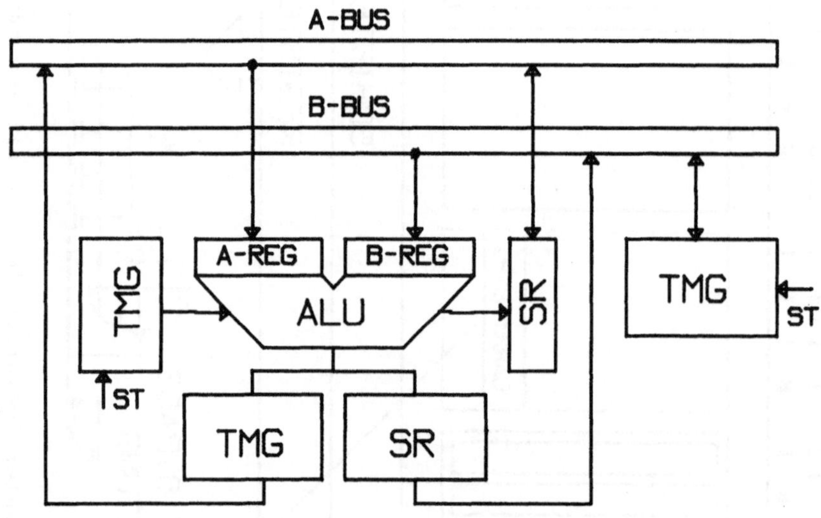

Abb. 5: ALU und Registerfunktionen a) im Normalbetrieb und b) im Testmodus.

gen benötigt. Ein Register im Mul/DIV-Schaltwerk (zur Unterstützung des Booth-Algorithmus) wird zum Instruktionsgenerator modifiziert. Die Signaturbildung erfolgt im FB- und Statusregister.

Ablauf und Steuerung des Rechenwerk-Tests

Der Test des gesamten Rechenwerkes erfolgt in 3 Phasen, wobei ROM, ALU und Registerblock in der angegebenen Reihenfolge überprüft werden.
Für den vollständigen Selbsttest des ROM genügt es, jedes Wort einmal auszulesen und die Signatur zu bilden [5]. Wie aus Abb. 6 ersichtlich, wird hierfür das Adreßregister in einen Zähler umgeschaltet. Das ROM-Ausgangsregister dient als Signaturregister.
In den folgenden 2 Phasen erfolgt die Ablaufsteuerung durch 7 verschiedene ROM-Worte, auf die unter 13 aufeinanderfolgenden Adressen zugegriffen wird. Die Umschaltung der Testhilfen für ALU und Registerblock ist in 2 zusätzlichen Bits des ROM-Wortes festgelegt. Damit genügt es für den weiteren Testablauf, den Adreßzähler auf die Startadresse des Tests zu setzen und zu inkrementieren. Die Zählimpulse werden alle 32 Zyklen durch die als pseudo Zufallsmuster-Generatoren arbeitenden RAM-Adreßregister erzeugt. Das Testende kann durch das "Ready"-Signal aus dem ROM angezeigt werden. Die Gesamtdauer umfaßt 672 Zyklen.

Während der 2. Testphase werden zunächst die ALU und dann einige Funktionen der Schieberegister überprüft, die vorher nicht aktiviert worden sind. Dazu gehören Schiebefunktionen, Lesen des Statusregisters und Teile der I/O-Steuerung. Nach diesem Test wird die Signatur ausgewertet.
Beim Registerblock muß überprüft werden, ob alle Speicherplätze 0 und 1 speichern können, der Dekodierer richtigt arbeitet und ob die Schreib-Lese-Schaltungen funktionieren. Deshalb werden während der 3. Testphase alle Register mit verschiedenen Worten beschrieben. Anschließend werden sie gleichzeitig über den A- und B-Bus wieder ausgelesen, die Ergebnisse in der ALU zweimal mit NOR (bzw. NAND im 2. Durchgang) verknüpft und wieder zurückgeschrieben. Dabei wird die Signatur wiederum im FB-Register gebildet. Der Test dauert 128 Zyklen.

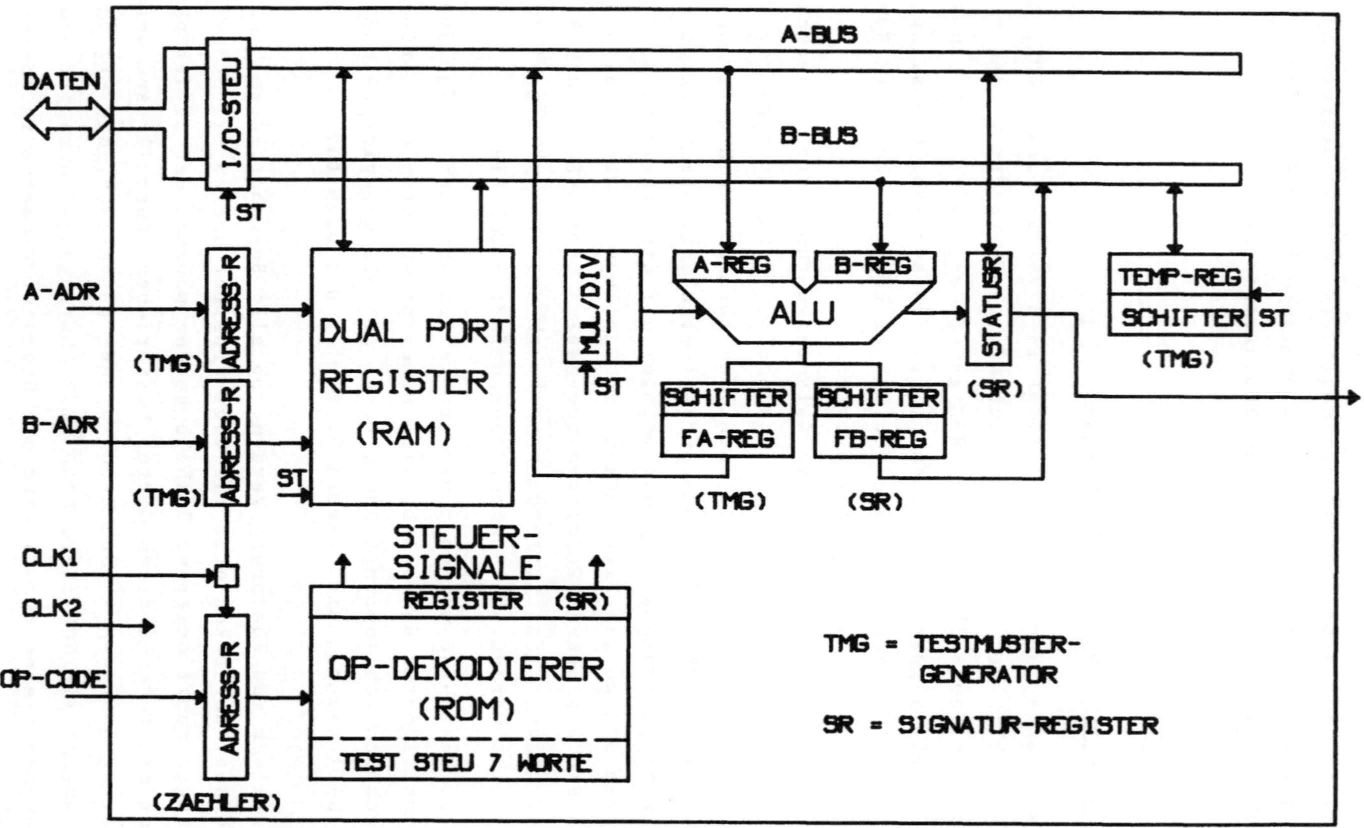

Abb. 6: Blockdiagramm des Rechenwerkes mit Testhilfen für den Gesamttest.

Testqualität

Für die Ermittlung der Testqualität wurde das auf der Gatterebene allgemein verwendete "Stuck-at"-Fehlermodell zugrunde gelegt. Dabei spielen 2 Faktoren eine Rolle:

1. Die Testmuster müssen so gewählt werden, daß bei einem vorhandenen Fehler die Testantwort an den Beobachtungspunkten, also den Signaturregister-Eingängen, von der des fehlerfreien Netzwerkes abweicht. Dies wurde für die ALU durch Fehlersimulation überprüft. Wie Abb. 7 zeigt, konnten dabei 92% der eingebauten Fehler entdeckt werden. Ein Teil der nicht erkannten Fehler ist dabei womöglich auf Schaltungsredundanzen zurückzuführen, so daß das Ergebnis zufriedenstellend ist. Bei ROM und Registerblock können alle "Stuck-at"-Fehler erkannt werden.
2. Die Wahrscheinlichkeit, daß man trotz eines Fehlers die Soll-Signatur erhält, ist abhängig von der Anzahl n der Signaturregisterstufen und beträgt 2^{-n}. Bei 32 Bit Wortbreite ist dieser Einfluß auf die Fehlererkennung jedoch vernachlässigbar.

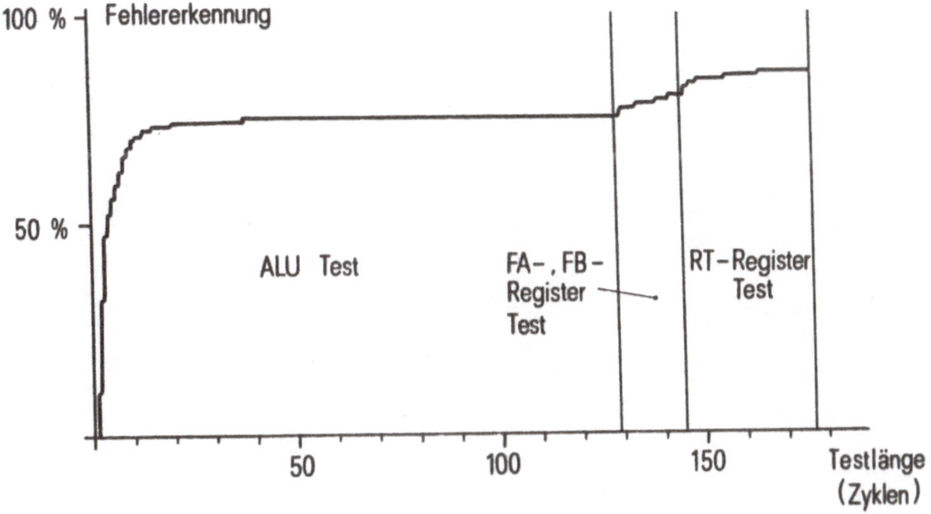

Abb. 7: Fehlererkennungsrate bei der auf 8-Bit-Wortbreite reduzierten

Ergebnisse

Die Realisierung des Hardware-Selbsttests an der ALU des 32-Bit-Rechenwerkes ergab ca. 10% mehr Flächenbedarf. Für die Ausbeute und Zuverlässigkeit entscheidender ist jedoch die Erhöhung der Transistorzahl um ca. 5%. Abb. 8 zeigt einen Übersichtsplan des Rechenwerkes mit der Anordnung der Testeinrichtungen. Simulationen lassen nur eine geringfügige Verschlechterung der Geschwindigkeit um ca. 3% erwarten, da keine zusätzlichen Gatter in kritischen Signalpfaden liegen.

Zusammenfassung

Aufgrund des geringen Flächenbedarfs, der guten Prüfschärfe und der relativ kurzen Testzeit wird der Hardware-Selbsttest als interessante Alternative zum Firmware- oder Software-Selbsttest angesehen. Das Verfahren kann nicht nur auf Mikroprozessoren, sondern auch auf Module ohne eigene Intelligenz angewendet werden. Wenn eine Bibliothek solcher Module existiert, können diese zu neuen Systemen zusammengefügt werden, ohne daß man sich um deren internen Test kümmern muß. Das Zusammenwirken der Module und die Funktionsfähigkeit der Kommunikation über Bausteingrenzen hinweg kann dann durch einen kurzen Gesamttest überprüft werden.

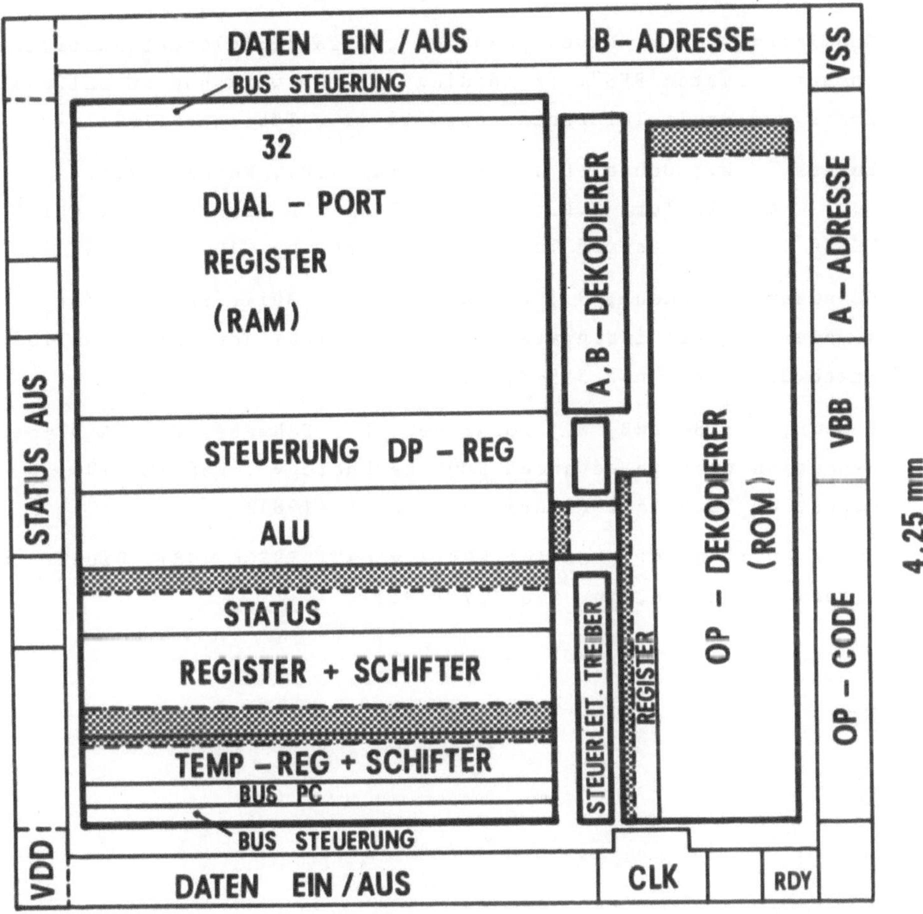

Abb. 8: Flächenaufteilung des Rechenwerkes mit Selbsttesteinrichtungen (punktierte Flächen).

Literaturverzeichnis

/¯1_7 Schmitter, E.J.: "Development of the fault-tolerant multimicrocomputer system BFS". Proceedings of the workshop on Selfdiagnosis and Fault Tolerance, pp. 216-226, Tübingen (1981)

/¯2_7 Beyers, J.W.; Dohse, L.J.; Fucetola, J.P.; Kochis, R.L.; Lob, C.G.; Taylor, G.L.; Zeller, E.R.: "A 32b VLSI CPU chip". ISSCC 1981, Digest of Technical Papers, pp. 104-105 (1981)

/¯3_7 Könemann, B; Mucha, J.; Zwiehoff, G.; " Built-in test for complex digital integrated circuits". IEEE Journal of Solid-State Circuits, pp. 315-319 (1980)

/¯4_7 Pomper, M.; Beifuß, W.; Horninger, K.; Schwabe, U.: "A 32-bit execution unit in advanced NMOS technology". ESSCIRC 1981, Digest of Technical Papers, pp. 50-53 (1981)

/¯5_7 Theus, U.: "A self-testing ROM device". ISSCC 1981, Digest of Technical Papers, pp. 176-177 (1981)

SELBSTDIAGNOSE IN FEHLERTOLERANTEN

DIRMU-MULTI-MIKROPROZESSORKONFIGURATIONEN

Erik Maehle

Hans Joseph

Universität Erlangen-Nürnberg
Institut für Mathematische Maschinen
und Datenverarbeitung (III)
Martensstraße 3
D-8520 Erlangen

Zusammenfassung:

Nach einer kurzen Vorstellung des DIRMU-Multiprozessorbaukastens* werden Techniken zur Selbstdiagnose von Hardwareausfällen in DIRMU-Konfigurationen näher beschrieben. Um den besonderen Anforderungen eines Baukastensystems gerecht zu werden, bei dem eine Vielzahl unterschiedlicher Konfigurationen mit begrenzten Nachbarschaften aus einheitlichen Mikrorechnerbausteinen realisierbar sind, wird ein möglichst flexibles und universelles Selbstdiagnosekonzept vorgeschlagen. Es sieht Selbsttestprogramme zur lokalen Selbstdiagnose innerhalb einzelner DIRMU-Mikrorechnerbausteine vor, deren Testergebnisse zur gegenseitigen Überwachung unmittelbar miteinander kommunizierender, benachbarter Bausteine herangezogen werden. Basierend auf dieser Nachbarschaftsdiagnose ist schließlich eine Selbstdiagnose auf Systemebene möglich, die allen intakten Bausteinen erlaubt, sämtliche defekten Systemkomponenten zu ermitteln.

O. Einleitung

Der Einsatz mehrerer kooperierender Mikroprozessoren in Form von Multi-Mikroprozessorkonfigurationen erlaubt zum einen eine hohe Verarbeitungsleistung bei niedrigem Preis durch Nutzung von Parallelarbeit, zum anderen läßt sich mit der im System vorhandenen Redundanz, sofern alle wesentlichen Komponenten mehrfach vorhanden sind, fehlertolerantes Verhalten erzielen. Ein wichtiger Schritt zur Realisierung von Fehlertoleranz ist die Selbstdiagnose, d.h. das System muß in der Lage sein, defekte Systemkomponenten selbsttätig mit Hilfe der noch intakten zu erkennen und zu lokalisieren. Aufgrund der Ergebnisse der Selbstdiagnose können dann weitere Schritte zur automatischen Fehlerbehandlung eingeleitet werden (z.B. Neuverteilung der auszuführenden Aufgaben und Wiederanlauf).

Darüber hinaus können die als defekt lokalisierten Systemkomponenten nach außen gemeldet werden, so daß gezielt Reparaturen am laufenden System möglich sind.

* gefördert von der DFG unter Aktenzeichen Gz 322 647, Ha 417/17

Der vorliegende Beitrag stellt ein Selbstdiagnosekonzept für Hardwareausfälle vor, das derzeit im Rahmen des Projekts DIRMU (Distributed Reconfigurable Multiprocessor Kit) [1] an der Universität Erlangen-Nürnberg entwickelt wird und zum Teil auch schon praktisch erprobt werden konnte [2]. Ziel des DIRMU-Projekts ist die Entwicklung eines Baukastensystems, bei dem mit Hilfe eines universellen Mikrorechner-Bausteins (DIRMU-Baustein) je nach Anwendungsgebiet maßgeschneiderte Multi-Mikroprozessorkonfigurationen aufgebaut werden können.

Selbstdiagnosetechniken sind bereits in einer ganzen Reihe fehlertoleranter Mehrprozessor- und Mehrrechnersysteme erfolgreich eingesetzt worden (z.B. [3-5]). Eine Besonderheit des hier vorgestellten Ansatzes ist, daß er sich nicht auf eine bestimmte Systemstruktur bezieht, sondern, um den Anforderungen eines Baukastensystems gerecht werden zu können, an eine Vielzahl verschiedener Konfigurationen mit unterschiedlicher Prozessorzahl und Verbindungsstruktur anpaßbar ist. Wegen dieser Flexibilität dürfte das Konzept daher auch auf andere Systeme ohne größere Schwierigkeiten übertragbar sein.

Im folgenden werden die einzelnen Selbstdiagnosetechniken nach einer kurzen Vorstellung des DIRMU-Baukastensystems näher beschrieben.

1. Das DIRMU-Baukastensystem

1.1 Grundkonzept

Kernstück des DIRMU-Multiprozessorbaukastens bildet der in Abb. 1 schematisch dargestellte DIRMU-Baustein. Er besteht aus zwei wesentlichen Moduln: dem Prozessor-Modul (P-Modul) und dem Speichermodul (M-Modul). Jeder P-Modul hat bis zu acht P-Ports, über die er außer auf "seinen" M-Modul auch auf die anderen, benachbarten Bausteine zugreifen kann. Zu diesem Zweck sind die M-Moduln als Multiportspeicher ausgeführt, d.h. sie besitzen bis zu acht M-Ports, die mit P-Ports über Kabel und Steckverbinder zusammengeschaltet werden können. P-Port 0 und M-Port 0 sind bausteinintern fest verbunden.

Mit DIRMU-Bausteinen lassen sich eng gekoppelte, speziell auf eine Aufgabenklasse zugeschnittene Mehrprozessorkonfigurationen mit beliebiger Prozessorzahl aufbauen. Allerdings ist die Zahl der von einem P-Modul unmittelbar ansprechbaren Bausteine auf sieben begrenzt (begrenzte Nachbarschaften).

Welche spezielle DIRMU-Konfiguration bei einer gegebenen Aufgabenklasse gewählt wird, hängt dabei zum einen von der zum Erreichen der gewünschten Verarbeitungsleistung erforderlichen Parallelarbeit (Parallel-Serienzerlegung der Aufgabe), zum anderen von der zur Erhöhung der Zuverlässigkeit und Verfügbarkeit notwendigen Redundanz ab. Abb. 5 zeigt eine einfache Beispielkonfiguration.

Weitere typische Konfigurationen, z.B. aus dem Bereich der Mustererkennung oder zur Lösung partieller Differentialgleichungen sind in [1] näher beschrieben.

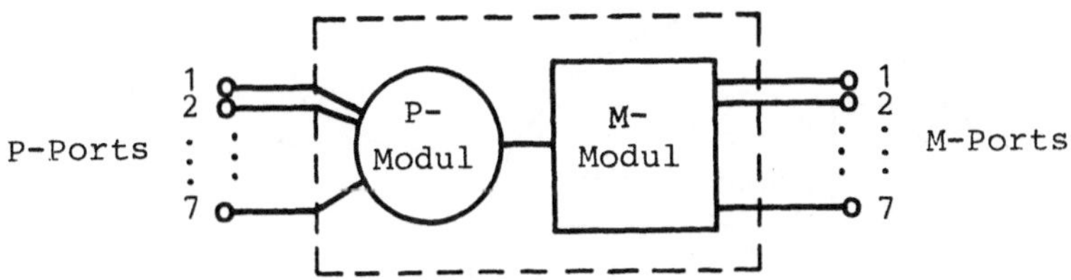

Abb. 1: DIRMU-Baustein (schematisch)

1.2 Hardwareaufbau eines DIRMU-Bausteins

Zur praktischen Erprobung des DIRMU-Konzepts wurde die in Abb. 2 dargestellte Realisierung eines Bausteins auf Basis des Mikroprozessors Intel 8086 gewählt. Um möglichst schnell zu einem lauffähigen Hardwareprototyp zu kommen, wurde dabei so weitgehend wie möglich auf handelsübliche Baugruppen (CPU-Baugruppe, Speicherbaugruppen, E/A-Baugruppen) zurückgegriffen. Der Mikroprozessor 8086 bot sich vor allem wegen seiner Verfügbarkeit auf dem Markt, dem leistungsfähigen Mikroprozessor-Entwicklungssystem und seinem großen Adreßraum von 1 M Byte an.

In Eigenentwicklung mußte sowohl die P-Port Steuerung als auch die M-Port Steuerung samt einiger Zusatzhardware zur Unterstützung der Interprozessorkommunikation und Nachbarschaftsdiagnose (siehe Abschnitt 2.2) erstellt werden. Die P-Port Steuerung enthält dabei im wesentlichen Logik zur Adreßauswahl und Leitungstreiber. In der M-Port Steuerung ist eine Ansteuerlogik enthalten, die Konflikte bei der Anwahl des Speichers über mehrere Ports auflöst.

Die M-Module enthalten, einen RAM-Speicher von 64 KB Kapazität, der Privatspeicher im P-Modul kann mit bis zu 72 KB mit EPROM- und RAM-Chips gemischt bestückt werden. Im E/A-Bereich ist außer seriellen Schnittstellen, z.B. zum Anschluß von Sichtgeräten, eine IEC-Bus Schnittstelle vorgesehen, über die z.B. ein Diskettenspeicher angesteuert werden kann.

1.3 Lokales Betriebssystem

Jeder Baustein enthält einen eigenen lokalen Betriebssystemkern auf Basis eines für den 8086 auf dem Markt erhältlichen Echtzeitbetriebssystems (PPX 86).

Dieser Betriebssystemkern unterstützt die Strukturierung der auszuführenden Programme in prioritätsgesteuerte Tasks und stellt Mechanismen zur Intertaskkommunikation sowohl innerhalb eines Prozessormoduls als auch zwischen verschiedenen Prozessormoduln bereit (Abb. 3). Die Kommunikation läuft dabei nach dem Mailboxverfahren ab, d.h. die zu übertragenden Daten werden von der sendenden Task zunächst in einen bestimmten Speicherbereich (Mailbox) gelegt und lediglich ein Zeiger auf diesen Daten-

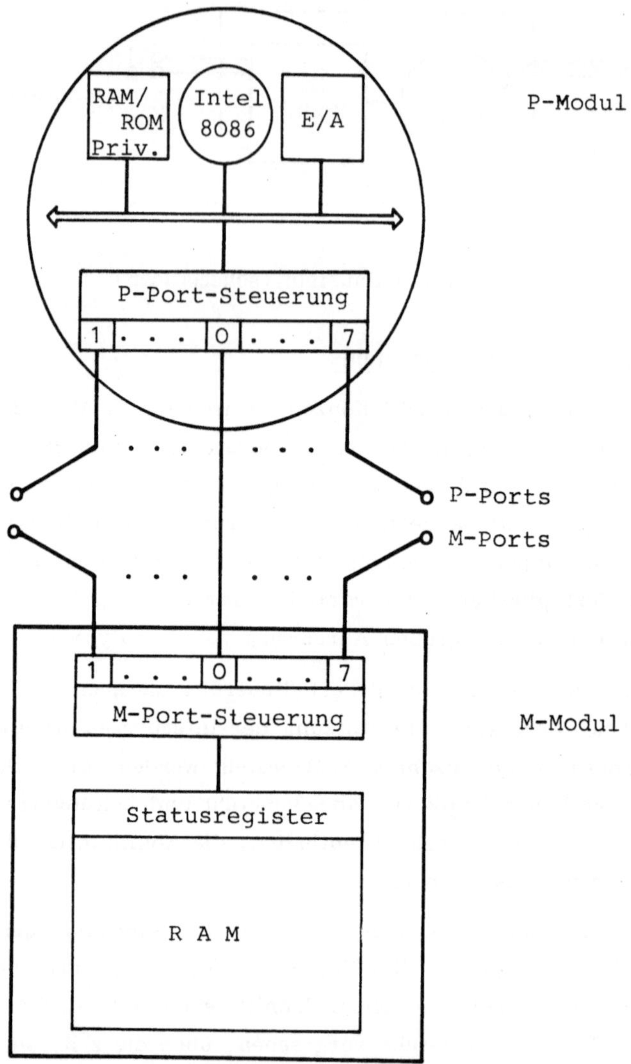

Abb. 2: Hardwarestruktur eines experimentellen Bausteins

bereich an die empfangende Task im eigenen Prozessor oder einen der Nachbarprozessoren übergeben. Durch die enge Kopplung über gemeinsame Speicher können so auch größere Datenmengen schnell zwischen den Prozessoren übertragen werden.

Da DIRMU-Konfigurationen Spezialrechner für eine bestimmte Aufgabenklasse sind, wird die Zuordnung der Tasks zu den DIRMU-Bausteinen bereits bei der Systemauslegung getroffen und bleibt dann fest bestehen.

Der Programmcode der Tasks wird daher zweckmäßigerweise im Privatspeicher der P-Moduln abgelegt werden. Private, nur innerhalb des Bausteins wesentliche Daten, liegen im privaten RAM-Speicher (z.B. lokale Mailboxes). Daten, die von Tasks in verschiedenen Prozessoren zugreifbar sein müssen, werden im Multiportspeicher

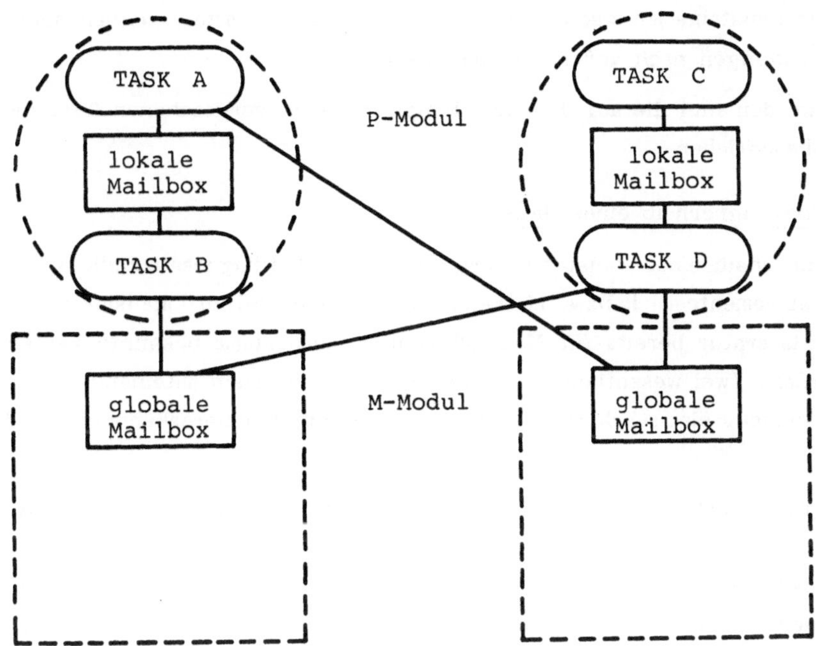

Abb. 3: Intertaskkommunikation bei DIRMU-Bausteinen

abgelegt (z.B. globale Mailboxes).

Neben Anwendertasks werden auch Tasks zur Unterstützung der Selbstdiagnose vom Betriebssystem ausgeführt, wie z.B. die im nächsten Abschnitt beschriebenen Selbsttestprogramme.

2. Selbstdiagnose in DIRMU-Konfigurationen

Ziel der Selbstdiagnose ist es, ausgefallene Hardwarekomponenten innerhalb einer DIRMU-Konfiguration automatisch zu erkennen und zu lokalisieren. Um eine Vielzahl von DIRMU-Konfigurationen nach dem gleichen Verfahren diagnostizieren zu können, wurde ein dreistufiger Ansatz gewählt. Er sieht vor:

- Selbstdiagnose innerhalb eines Bausteins
- Diagnose zwischen benachbarten Bausteinen (Nachbarschaftsdiagnose)
- Systemweite Diagnose.

Die einzelnen Stufen bauen dabei aufeinander auf, d.h. die Selbstdiagnose innerhalb eines Bausteins bildet die Basis der Nachbarschaftsdiagnose und diese wieder ermöglicht Selbstdiagnose auf Systemebene. Aufgrund deren Ergebnisse kann schließlich eine Neuverteilung der Tasks und ein automatischer Wiederanlauf des Systems trotz der defekten Systemkomponente (ggf. mit verminderter Verarbeitungsleistung) erfolgen, worauf hier nicht näher eingegangen werden soll.

Sind einige der Bausteine mit geeigneten E/A-Geräten ausgestattet, können auch gezielt Fehlermeldungen nach außen gegeben werden.

Im Folgenden werden nun die auf den drei Diagnoseebenen vorgesehenen Techniken ausführlicher beschrieben.

2.1 Selbstdiagnose innerhalb eines Bausteins

Aufgabe der innerhalb eines Bausteins vorgesehenen Selbstdiagnosetechniken ist es, ausgefallene Bauelemente im P- bzw. M-Modul zu erkennen und zu lokalisieren. Dafür können in der Literatur bereits für Mono-Mikroprozessorsysteme bekannte Verfahren eingesetzt werden. Zwei wesentliche Ansätze, die natürlich auch miteinander kombiniert werden können, sind: Selbsttestprogramme [6-8] und fehlererkennende Codes [9-10].

Selbsttestprogramme haben den Vorteil, daß sie keinerlei Zusatzhardware zur Realisierung der Selbstdiagnose benötigen und sich damit leicht an handelsübliche, preisgünstige Standardhardware anpassen lassen. Ihr Nachteil ist allerdings, daß Ausfälle nur während der Laufzeit der Testprogramme erkannt werden können. Dazu kommt, daß ein ziemlich großer Testkern innerhalb des Systems fehlerfrei sein muß, um das Testprogramm überhaupt erst ablauffähig werden zu lassen.

Der Einsatz fehlererkennender Codes vermeidet diese Nachteile. Sie erlauben eine Fehlererkennung permanent während des laufenden Betriebs. Allerdings ist ein spezieller Hardware-Entwurf mit nicht vernachlässigbarem Aufwand an Zusatzhardware erforderlich.

Greift man, wie bei DIRMU-Bausteinen, auf heute übliche Standard-Mikroprozessorbaugruppen zurück, sind Selbsttestprogramme der preisgünstige Weg. Es wurde daher für die DIRMU-Bausteine ein Satz von Selbsttestprogrammen, bestehend aus CPU-Selbsttest, EPROM-Test und RAM-Test, entwickelt. Die Testalgorithmen wurden dabei systematisch nach funktionalen Fehlermodellen entworfen [8,11].

Das gesamte Testprogramm hat einen Umfang von ca 5 KB. Die Ausführungszeit des CPU-Selbsttests beträgt ca. 5msec (bei 5 MHz Taktfrequenz). Ein RAM-Speicher von 64 K Byte wird in etwas weniger als einer Sekunde getestet. Da die Adressen der zu testenden Speicherbereiche in Tabellen abgelegt werden, kann das Testprogrammpaket auch leicht auf andere 8086-Systeme übertragen werden.

In den DIRMU-Bausteinen läuft der Selbsttest sowohl unmittelbar nach dem Einschalten bzw. Rücksetzen des Systems ab, als auch zyklisch eingeblendet während des laufenden Betriebs als Task niedrigster Priorität (transparente Tests). Dazu wurden spezielle RAM-Testalgorithmen entwickelt, die eine schnelle Unterbrechung des Testprogramms gestatten, ohne daß im fehlerfreien Fall Speicherinhalte durch das Einschreiben von Testmustern zerstört werden. Bei der derzeitigen Implementierung beträgt die maximale Interrupt-Sperrzeit z.B. 40μsec.

Im fehlerfreien Fall legt das Selbsttestprogramm zyklisch eine Meldung in einer Mailbox im M-Modul ab (Selbsttest-Mailbox), die besagt, daß das System in Ordnung ist. Diese Meldung kann über die M-Ports auch von den Nachbarprozessoren gelesen werden.

Im Fehlerfall wird eine Fehlermeldung mit Lokalisierung des defekten Bauteils (soweit möglich) in der Mailbox abgelegt und der Prozessor vom Selbsttestprogramm angehalten (sofern der HALT-Befehl noch ausführbar ist).

2.2 Nachbarschaftsdiagnose

In einem System aus miteinander kooperierenden DIRMU-Bausteinen muß ein Fehler innerhalb eines Bausteins möglichst schnell den verbleibenden intakten Bausteinen mitgeteilt werden, um z.B. eine automatische Fehlerbehandlung einleiten zu können. Unmittelbar betroffen von dem Ausfall eines Bausteins sind zunächst seine unmittelbaren Nachbarn, d.h. diejenigen Prozessoren, die auf den Speicher im M-Modul zugreifen können. Daher wurden Maßnahmen zu Nachbarschaftsdiagnose vorgesehen (Abb. 4).

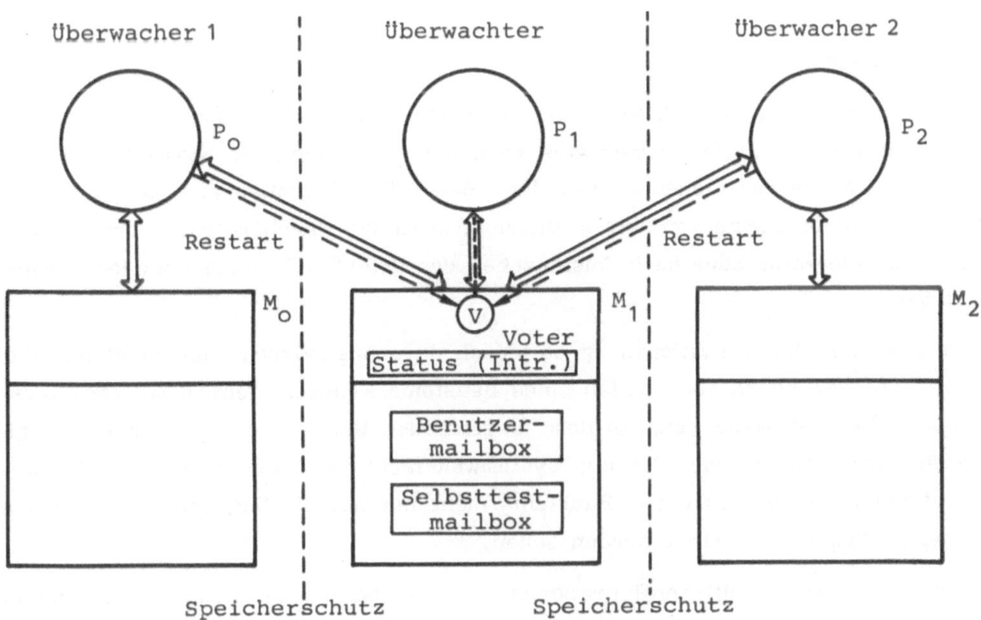

Abb. 4: Nachbarschaftsdiagnose

Realisiert wird sie hauptsächlich durch eine laufende Überprüfung der Resultate der transparenten Selbsttestprogramme in der Selbsttestmailbox und ein spezielles Statusregister im M-Modul jedes Bausteins, das im Fehlerfall einen Interrupt in den Nachbarbausteinen auslösen kann.

Das Statusregister enthält z.B. ein Bit, das anzeigt, ob der überwachte Baustein mit Strom versorgt wird und ein Bit, das gesetzt wird, wenn der Prozessor in den HALT-Zustand geht (Fehlermeldung Selbsttestprogramme). Auch die Ausgänge von Prüfschaltungen für fehlererkennende Codes lassen sich hier sammeln.

Eine weitere Maßnahme zur Fehlererkennung in einem benachbarten Baustein kann noch aus Protokollüberwachung und Konsistenzprüfung der in den globalen Mailboxes übertragenen Nachrichten zwischen den Benutzertasks bestehen.

Um festzustellen, ob ein durch Nachbarschaftsdiagnose erkannter Fehler reproduzierbar ist, ist es den Nachbarprozessoren möglich, ein RESET-Signal abzusetzen, das die Selbsttestprogramme im betroffenen Modul startet und die Testergebnisse über die Selbsttestmailbox überprüft. Um ein unvorgesehenes Auslösen des RESET-Signals durch einen defekten Prozessor zu verhindern, kann dieses über einen Hardware-Voter von der Mehrheitsentscheidung mehrerer Nachbarprozessoren abhängig gemacht werden.

Zum Schutz vor Überschreiben der Selbsttestmailbox durch einen defekten Nachbarprozessor, was andere Nachbarn zu dem Schluß verleiten könnte, daß der gemeinsam zu überwachende Prozessor defekt ist, soll den Nachbarprozessoren durch Hardware-Speicherschutz nur ein lesender Zugriff auf die Selbsttestmailbox erlaubt werden.

2.3 Selbstdiagnose auf Systemebene

Für eine ganze Reihe von DIRMU-Konfigurationen wird die Nachbarschaftsdiagnose bereits ausreichen, um fehlertolerantes Verhalten zu erzielen. So wurde in der in [2] beschriebenen experimentellen ringförmigen Beispielkonfiguration z.B. die Aufgabe eines defekten Bausteins von einem diagnostizierenden Nachbarn mit übernommen und nach einer Reparatur oder nach Austauschen des defekten Bausteins wieder zurückübertragen.

Für allgemeinere Konfigurationen ist es jedoch durchaus möglich, daß nicht nur die unmittelbaren Nachbarn vom Ausfall eines Bausteins Kenntnis nehmen müssen. Dies kann z.B. der Fall sein, wenn an dem ausgefallenen Baustein ein bestimmtes Peripheriegerät angeschlossen war, das nun systemweit nicht mehr verfügbar ist, oder wenn die Aufgaben des ausgefallenen Bausteins nicht nur auf die Nachbarn, sondern auch auf andere Bausteine verteilt werden sollen.

Es wird daher für DIRMU-Konfigurationen auf Systemebene das Konzept der verteilten Selbstdiagnose verfolgt, in Weiterentwicklung eines von Kuhl und Reddy [12] vorgeschlagenen Verfahrens. Es geht davon aus, daß das System diagnostizierbar ist, wenn jeder intakte Baustein den Fehlerzustand des Systems (d.h. z.B. alle defekten Bausteine) ermitteln kann, sofern deren Anzahl nicht einen bestimmten Wert t überschreitet.

Um auch nicht unmittelbar benachbarte Bausteine von einem Ausfall zu informieren, wird von der Fähigkeit der Prozessoren zur Interprozessorkommunikation Gebrauch gemacht. Ein Algorithmus zur Realisierung der verteilten Selbstdiagnose, der in allen Bausteinen implementiert sein muß, ist im Anhang in der Programmiersprache PASCAL [13] wiedergegeben.

Der Algorithmus setzt perfekte Nachbarschaftsdiagnose (Prozedur Neighbourhood) und Prozeduren zur Interprozessorkommunikation (Send, Receive) voraus. Es berechnet in jedem intakten Prozessor eine Matrix T, deren Elemente T [I,J] vom Typ BOOLEAN genau dann den Wert TRUE annehmen, wenn ein intakter Baustein B_I Baustein B_J über eine intakte Verbindung [I,J] als funktionstüchtig identifiziert, sonst FALSE. Die Elemente T [I,I] sind TRUE, wenn Baustein B_I sich selbst als intakt identifiziert, sonst FALSE.

Mit Hilfe der Prozedur Diagnosable können bei Kenntnis der Matrix für das intakte System sowohl ausgefallene Bausteine als auch unterbrochene Verbindungen zwischen intakten Bausteinen identifiziert werden, d.h. der Fehlerzustand des Systems wird erkennbar.

Gestartet werden kann der Algorithmus z.B. nach einem gemeinsamen Rücksetzen aller Prozessoren, das zunächst eine Ausführung der Selbsttestprogramme in den Bausteinen bewirkt. Fällt während der anschließenden Ausführung des Diagnosealgorithmus kein weiterer Baustein und keine weitere Verbindung aus, berechnen alle intakten Bausteine übereinstimmend die gleiche Testmatrix T, sofern eine bestimmte Höchstzahl t von Ausfällen nicht überschritten wird.

Mit Hilfe graphentheoretischer Verfahren kann man sich überzeugen, daß dies stets der Fall ist, so lange die Summe aus der Anzahl unterbrochener Verbindungen und ausgefallener Bausteine kleiner als die Knotenzusammenhangszahl des zugehörigen Konfigurationsgraphen (Bausteine = Knoten, Verbindungen = Kanten) ist (siehe auch [12] für den Fall, daß nur Bausteine ausfallen können).

Der Ablauf des Algorithmus sei exemplarisch an dem Beispielsystem aus Abb. 5 erläutert. Dargestellt ist ein Konfigurationsgraph mit ungerichteten Kanten, die für bidirektionale Kommunikationswege und bidirektionale Nachbarschaftsdiagnose stehen. Realisiert werden kann diese bidirektionale Verbindung durch eine kreuzförmige Zusammenschaltung der DIRMU-Bausteine.

Angenommen Baustein B_4 und Verbindung [3,6] sind ausgefallen. Als Beispiel sei die Diagnose aus Sicht von Baustein B_5 betrachtet. Sie läuft in allen anderen intakten Bausteinen ganz entsprechend ab.

Zunächst wird die Matrix T mit dem Wert FALSE vorbesetzt, der Vektor A mit dem Wert NO. Mittels Nachbarschaftsdiagnose (Prozedur Neighbourhood) werden im Vektor V diejenigen Komponenten auf TRUE gesetzt, deren Index einem intakten Nachbarn von B_5 entspricht, also V [1] und V [6]. Da die Prozedur Diagnosis nur nach erfolg-

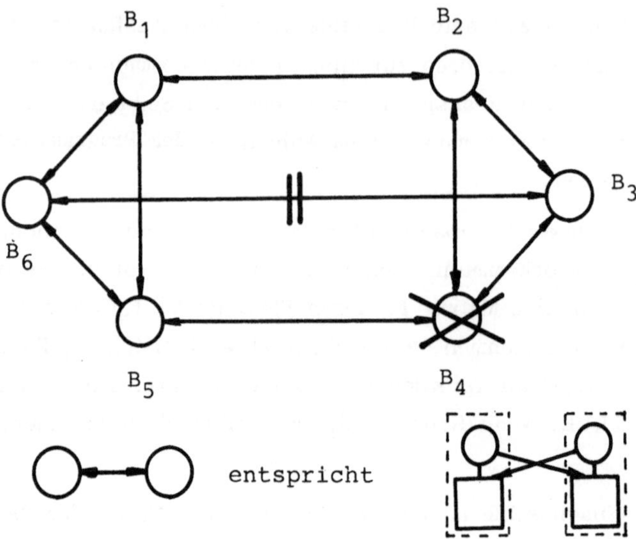

Abb. 5: Konfigurationsgraph einer DIRMU-Struktur

reichem Durchlaufen der Selbsttestprogramme ausgeführt wird, kann V [5] ebenfalls den Wert TRUE erhalten.

Man beachte, daß Baustein B_5 allein anhand der in V festgehaltenen Ergebnisse der Nachbarschaftsdiagnose noch nicht erkennen kann, daß Baustein B_4 defekt ist. Es könnte auch die Verbindung [5,4] unterbrochen sein.

Vektor V wird anschließend in Matrix T, Zeile 5 kopiert, die die Testurteile von B_5 wiedergibt. In Vektor A wird festgehalten, von welchen Nachbarbausteinen Nachrichten zu erwarten sind (Wert NEW). Im vorliegenden Fall sind dies B_1 und B_6.
Also ergibt sich:

V					
1	0	0	0	1	1

T	1	2	3	4	5	6
1						
2						
3						
4						
5	1	0	0	0	1	1
6						

1 ≙ TRUE

0 ≙ FALSE

A					
N	-	-	-	-	N

N ≙ NEW

- ≙ NO

Vektor V wird schließlich noch an die intakten Nachbarn B_1 und B_6 ausgesendet.

Da ganze entsprechende Schritte parallel auch in allen anderen intakten Bausteinen, also insbesondere auch B_1 und B_6 ablaufen, senden diese das Ergebnis ihrer Nachbarschaftsdiagnose wiederum an B_5.

Empfangene Nachrichten werden mit Hilfe von A überprüft, ob sie neu sind (Wert NEW in Vektor A). Falls ja, werden sie in T eingetragen, in A abgehakt (Wert OLD) und an alle intakten Nachbarn weitergereicht. Neu als intakt gemeldete Bausteine werden im Vektor A vermerkt (Wert NEW). Von ihnen wird im nächsten Schritt noch eine Nachricht erwartet. Nach Empfang der ausstehenden Nachrichten von B_1 und B_6 ist z.B.:

T	1	2	3	4	5	6
1	1	1	0	0	1	1
2						
3						
4						
5	1	0	0	0	1	1
6	1	0	0	0	1	1

A	O	N	-	-	-	O

O ≙ OLD

Nach Empfang der von B_2 erwarteten Nachricht ergibt sich:

T	1	2	3	4	5	6
1	1	1	0	0	1	1
2	1	1	1	0	0	0
3						
4						
5	1	0	0	0	1	1
6	1	0	0	0	1	1

A	O	O	N	-	-	O

Nachdem die Nachricht von B_3 eingetroffen ist, ist schließlich:

T	1	2	3	4	5	6
1	1	1	0	0	1	1
2	1	1	1	0	0	0
3	0	1	1	0	0	0
4	0	0	0	0	0	0
5	1	0	0	0	1	1
6	1	0	0	0	1	1

A	O	O	O	-	-	O

Da laut Vektor A keine Nachricht mehr aussteht, endet der Algorithmus.

Man überzeugt sich leicht, daß unter den eingangs erwähnten Voraussetzungen die gleiche Matrix T ganz entsprechend in B_1, B_2, B_3 und B_6 berechnet wird.

Der Matrix T kann man entnehmen (Prozedur Diagnosable), daß B_4 ausgefallen ist ($T[4,I] = T[I,4] = 0 \quad 1 \leq I \leq 6$). Durch Vergleich mit der Matrix für die fehlerfreie Konfiguration kann der Ausfall von Verbindung [3,6] festgestellt werden ($T[3,6] = T[6,3] = 0$).

Der Diagnosevorgang ist damit beendet. Außer nach dem Rücksetzen des Systems kann Algorithmus Diagnosis auch gestartet werden, sobald die Nachbarschaftsdiagnose in einem Baustein anspricht bzw. wenn eine Diagnosenachricht von einem intakten Nachbarn eintrifft.

3. Schlußbemerkung

Das vorgestellte Selbstdiagnosekonzept für fehlertolerante Multi-Mikroprozessorkonfigurationen zeichnet sich zum einen dadurch aus, daß es nicht von bestimmten Systemkonfigurationen ausgeht, sondern an eine Vielzahl von Systemstrukturen anpaßbar ist. Weiterhin kommt es ohne zentrale und als stets fehlerfrei vorausgesetzte Systemkomponenten aus, wie sie z.B. durch eine Reihe von graphentheoretischen Diagnosemodellen [14,15], nahegelegt werden.

Es setzt allerdings außer einer perfekten Nachbarschaftsdiagnose voraus, daß Ausfälle bzw. Reparaturen zeitlich weit genug auseinanderliegen, um eine vollständige Ausführung des Diagnosealgorithmus auf Systemebene zu gestatten.

Die Synchronisation der miteinander kommunizierenden Teile des Diagnosealgorithmus in den verschiedenen Prozessoren erfolgt über ein Nachrichtensystem, an das entsprechende Anforderungen zu stellen sind.

Bisher konnte in einem ersten experimentellen System [2] lediglich Selbstdiagnose innerhalb eines Bausteins durch Selbsttestprogramme und die Nachbarschaftsdiagnose praktisch erprobt werden. Derzeit sind acht der in diesem Beitrag beschriebenen DIRMU-Bausteine in Arbeit. Mit ihnen sollen geeignete Konfigurationen mit dem hier vorgestellten Selbstdiagnosekonzept weiter untersucht werden.

Die Autoren möchten Herrn Klaus Moritzen für seine wertvollen Beiträge danken.

Anhang: Algorithmus zur verteilten Selbstdiagnose

```
procedure selfdiagnosis;
const max=6;  {number of processors in the system}
      myident=5;  {identification of diagnosing processor}
type  testvector=array[1..max] of boolean;
      testmatrix=array[1..max] of testvector;
      awaited=(no,new,old);
var   t:testmatrix;
      m,v:testvector;
      a:array[1..max] of awaited;
procedure init;  {initializes a and t}
  var i,j:integer;
  begin
    for i:=1 to max do
    begin
      a[i]:=no;
      for j:=1 to max do t[i,j]:=false;
    end;
  end;  {init}
procedure neighbourhood(var message;testvector);
   {performs neighbourhood diagnosis and returns message with message[i];=true,
    if i is an intact neighbour, else false}
procedure receive(var producer:integer; var message:testvector);
   {returns producer and message, if sent, else delay}
procedure send(producer, receiver:integer; message:testvector);
   {sends producer and message to receiver}
procedure diagnosable(matrix:testmatrix);
   {checks if matrix is diagnosable}
```

```
procedure diagnosis(ident:integer);
  var i,p,wait:integer;
  begin
  init; wait:=0;
  neighbourhood(v); v[ident]:=true;
  for i:= 1 to max do
    begin
    t[ident,i]:=v[i] ;  {copy v to t}
    if v[i] and (i<>ident) then    {look for new processor}
      begin a[i]:=new; wait:=wait+1; send(ident,i,v); end;
    end;
  while wait>0 do  {while messages awaited}
    begin
    receive(p,m);
    if not (a[p]=old) then    {message is new}
      begin
      if a[p]=new then wait:=wait-1;  {message was awaited}
      a[p]:=old;
      for i:=1 to max do
        begin
        t[p,i]:=m[i];  {copy m to t}
        if (a[i]=no) and m[i] and (i<>ident) then  {look for new processor}
          begin a[i]:=new; wait:=wait+1; end;
        end;
      for i:=1 to max do    {send to all intact neighbours}
        if v[i] and (i<>ident) then send(p,i,m);
      end;
    end;
  end;  {diagnosis}

begin  {selfdiagnosis}
diagnosis(myident);
diagnosable(t);
end;  {selfdiagnosis}
```

Literatur

[1] Händler, W.; Rohrer, H.: Gedanken zu einem Rechner-Baukasten-System. Elektr. Rechenanlagen, 22, No. 1, 3-13 (1980)

[2] Maehle, E.; Hu, S.C.: Ein Baukastenkonzept für fehlertolerante Multi-Mikroprozessorsysteme. GI - 11. Jahrestagung, Informatik-Fachberichte 50, Springer Verlag, Berlin Heidelberg New York, 307-316 (1981)

[3] Geitz, G.W.; Schmitter, E.J.: BFS - Realization of a fault-tolerant architecture. Proc. 8th Annual Symposium on Computer Architecture, 163-170 (1981)

[4] Syrbe, M.: Fehlertolerante Rechnersysteme. GMD - Rechnerstruktur Workshop, Berichte der Gesellschaft für Mathematik und Datenverarbeitung Nr. 128, München Wien, 49-66 (1980)

[5] Katsuki, D. et al.: Pluribus - an operational fault-tolerant multiprocessor. Proc. IEEE, 66, 1146-1159 (1978)

[6] Giordano,A.; Nilsson, S.A.: Vollständiger Selbsttest eines Mikrorechnertestkerns. ACM-Workshop "Microcomputing", München, 217-230 (1979)

[7] Srini, V.P.: Fault diagnosis of microprocessor systems. Computer, 10, 60-65 (1977)

[8] Maehle, E.: Self-test programs and their application to fault-tolerant multiprocessor systems. In: Dal Cin, M./Dilger, E. (eds.): Self-Diagnosis and Fault-Tolerance, Attempto-Verlag Tübingen, 186-200 (1981)

[9] Wakerly, J.: Error detecting codes, self-checking circuits and applications. North Holland, New York (1978)

[10] Weiß, U.: Entwurf eines selbstprüfenden Multiprozessorsystems. Diplomarbeit, IMMD III, Universität Erlangen-Nürnberg (1981)

[11] Moritzen, K.: Entwurfsmethodik für Mikroprozessor Selbsttestprogramme. Studienarbeit, IMMD III, Universität Erlangen-Nürnberg (1981)

[12] Kuhl, J.G.; Reddy, S.: Distributed fault-tolerance for large multiprocessor systems. 7th Annual Symposium on Computer Architecture, 23-30 (1980)

[13] Jensen, K.; Wirth, N.: PASCAL User Manual and Report. 2nd Edition, Springer Verlag, New York, Heidelberg, Berlin (1975)

[14] Dal Cin, M.: Fehlertolerante Systeme. Teubner Stuttgart (1979)

[15] Friedman, A.D.; Simoncini, L.: System-level fault diagnosis. Computer, 13, No. 3, 47-53 (1980)

VERGLEICHSTESTMODELLE FÜR SELBSTDIAGNOSTIZIERBARE SYSTEME

E. Ammann

Institut für Informationsverarbeitung
Universität Tübingen
Köstlinstraße 6, 7400 Tübingen

Zusammenfassung: Zur Durchführung der Selbstdiagnose von Multiprozessorsystemen wird eine Strategie von Vergleichstests vorgeschlagen, die zu 3 verschiedenen Testmodellen führt. Eigenschaften dieser Modelle wie der Grad t der sogenannten t-Diagnostizierbarkeit oder die Diagnosefreundlichkeit sowie Möglichkeiten der Realisierung werden zunächst einzeln für alle Modelle und dann im Vergleich der Modelle untereinander diskutiert. Dies führt zu Entscheidungshilfen für die Frage, welches der 3 Testmodelle für welche Art von Systemen geeignet ist.

Schlüsselbegriffe: Selbstdiagnose, Vergleichstests, graphentheoretische Modelle, t-Diagnostizierbarkeit, Diagnosealgorithmus, Komplexität.

Kap.1 Einleitung

Die hohen Anforderungen, die heute bezüglich Zuverlässigkeit und Wartungsfreundlichkeit an Computersysteme gestellt werden, machen eine gut funktionierende Systemdiagnose notwendig. Darüber hinaus führt die wachsende Komplexität dieser Systeme dazu, daß diese immer mehr ihre Beobachtbarkeit von außen verlieren. Deshalb müssen sie in der Lage sein, Selbstdiagnose durchzuführen.

Selbstdiagnose in diesem Beitrag ist immer zentralisiert: eine Kontrolleinheit des Systems, die selbst zur Hardcore gehört, ist für die korrekte Durchführung der Diagnose verantwortlich. Typische Probleme der Selbstdiagnose sind, daß zum einen defekte Einheiten des Systems Tests anderer Einheiten unbrauchbar machen können (Testinvalidation) und daß zum anderen während der Diagnosephase weitere Einheiten ausfallen können, so daß der augenblickliche Systemzustand nicht korrekt ermittelt werden kann.

Hier wird die folgende Teststrategie eingeführt, die sich insbesondere für die Selbstdiagnose von homogenen Multiprozessorsystemen, d.h. Systemen mit identischen Einheiten, eignet. Zwei Einheiten, die getestet werden sollen, bearbeiten beide dasselbe Testprogramm. Ihre Antworten (Outputs) auf dieses Testprogramm werden durch die Kontrolleinheit verglichen. Immer wird angenommen, daß dabei der Output zweier intakter Einheiten übereinstimmt, während der Output einer intakten Einheit sich immer vom Output einer defekten unterscheiden soll. Im allgemeinen wird es nicht hinreichen, daß eine Einheit nur mit einer anderen Einheit verglichen wird, um Fehlererkennung und Fehlerlokalisierung zu gewährleisten. Deshalb werden meist Vergleiche mit mehreren anderen Einheiten des Systems durchgeführt.

Die so beschriebene Vergleichsteststrategie führt zu 3 verschiedenen möglichen Testmodellen, die in Kapitel 2 eingeführt werden. Eigenschaften dieser Modelle werden in Kapitel 3 untersucht, während in Kapitel 4 die Modelle miteinander verglichen werden. Im Anhang schließlich wird ein Diagnosealgorithmus für eines der Modelle etwas ausführlicher beschrieben.

Als Beispiel eines existierenden Systems, das diese Vergleichsteststrategie für die Selbstdiagnose verwendet, sei MICRONET genannt, das in [1] beschrieben wird. MICRONET ist ein Prozeßrechner, der aus einer Anzahl hintereinandergeschalteter Strings von Einheiten besteht. Die Einheiten eines jeden Strings arbeiten parallel. Reserveeinheiten in jedem String führen unter der Aufsicht einer Kontrolleinheit Vergleichstests mit den aktiven Einheiten durch. Falls auf diese Weise defekte Einheiten festgestellt werden, können sie durch bereitstehende Reserveeinheiten ersetzt werden.

Kap.2 Die Vergleichstestmodelle

Wir nehmen an, daß im System S die im vorangegangenen Kapitel beschriebene Vergleichsteststrategie angewandt wird. Das System S bestehe aus einer Menge $N := \{u_1,\dots,u_n\}$ ($n \geq 3$) von n Einheiten, die Menge der durchzuführenden Vergleichstests sei $E := \{(u_i,u_j) \mid u_i \text{ und } u_j \text{ vergleichen einander}\}$. Dies führt zu einem endlichen, ungerichteten Graphen $G = (N,E)$, dem Testgraphen von S, dessen Knotenmenge aus der Menge N von Einheiten von S besteht und dessen Kantenmenge aus der Menge der im System vorgesehenen Tests. Ohne Einschränkung wird immer angenommen, daß G ein zusammenhängender Graph [2] ist.

Nimmt man an, daß ein Vergleich zweier intakter Einheiten immer und ein Vergleich einer intakten mit einer defekten Einheit nie übereinstimmt, so lassen sich für den Ausgang des Vergleichstest t_{uv} zweier Einheiten u und v folgende verschiedene Annahmen machen, die zu 3 Testmodellen führen (Tabelle 1).

u	v	t_{uv}		
intakt	intakt	1	1	1
intakt	defekt	0	0	0
defekt	intakt			
defekt	defekt	0	1	X
		Modell 1	Modell 2	Modell 3

Tabelle 1: verschiedene mögliche Modellannahmen.
Dabei bedeutet: $t_{uv} = 1 \leftrightarrow$ Test t_{uv} ergibt Übereinstimmung
$t_{uv} = 0 \leftrightarrow$ Test t_{uv} ergibt keine Übereinstimmung
$t_{uv} = X \leftrightarrow t_{uv} = 0$ oder 1 kann eintreten.

Im folgenden haben sich deshalb Aussagen über die Teststruktur eines Systems stets auf eines der Modelle 1,2 oder 3 zu beziehen. Ist die Teststruktur eines Systems gegeben, so wird unter einem Syndrom eine vollständige Menge von Testergebnissen t_{uv} (im jeweiligen Testmodell) verstanden. Das Diagnoseproblem des Systems ist, allein aus der Kenntnis eines Syndroms und des benutzten Testmodells die Menge der defekten Einheiten zu erkennen.Man beachte, daß zwar in den Modellen 1 und 2 ein Fehlermuster, also eine Menge von defekten Einheiten, ein Syndrom eindeutig bestimmt, in Modell 3 dies jedoch im allgemeinen nicht zutrifft. Andererseits kann in jedem der 3 Modelle ein Syndrom durch verschiedene Fehlermuster hervorgerufen werden. Ein Fehlermuster, das ein Syndrom SYN bewirken kann, heiße konsistent mit SYN.

Hier einige weitere Definitionen, die den Testgraph G = (N,E) eines Systems betreffen. Die Nachbarmenge $N_G(u)$ eines Knoten $u \in N$ werde durch $N_G(u) := \{u_j \mid (u,u_j) \in E\}$ definiert. Für $X \subseteq N$ sei $N_G(X) := \bigcup_{x \in X} N_G(x) \setminus X$ die Nachbarmenge von X. Es stehe $n_G(u)$ für den Grad eines Knoten $u \in N$ [2] in G. Weiter bezeichne d_G den Minimalgrad $\min\{n_G(u) \mid u \in N\}$ von G.

Um zuverlässige Diagnose durchzuführen, ist es notwendig, die Zahl von defekten Einheiten zu begrenzen. Solange die einzelnen Einheiten des Systems nicht sehr unzuverlässig sind, ist es sehr wahrscheinlich, daß ein vorliegendes Syndrom durch das kleinste dazu konsistente

Fehlermuster hervorgerufen wurde. Dies motiviert die folgende Definition, die analog zur Definition von Preparata et al. [3] formuliert ist.

Definition: Sei S ein System mit Testgraph G, sei Modell i eines der Modelle 1,2 oder 3 und sei t eine natürliche Zahl. Dann heiße S bzw. G t-diagnostizierbar in Modell i , falls für jedes Syndrom in S alle defekten Einheiten von S identifiziert werden können unter den Voraussetzungen, daß die Zahl der vorliegenden defekten Einheiten t nicht übersteigt und daß die Modellannahmen des Modells i gelten.

Falls klar ist, welches Modell gerade benutzt wird, wird auch nur von t-Diagnostizierbarkeit gesprochen. Die folgenden Beispiele zeigen, daß der Grad t der Diagnostizierbarkeit durchaus von der Wahl des Testmodells abhängt (Figur 1).

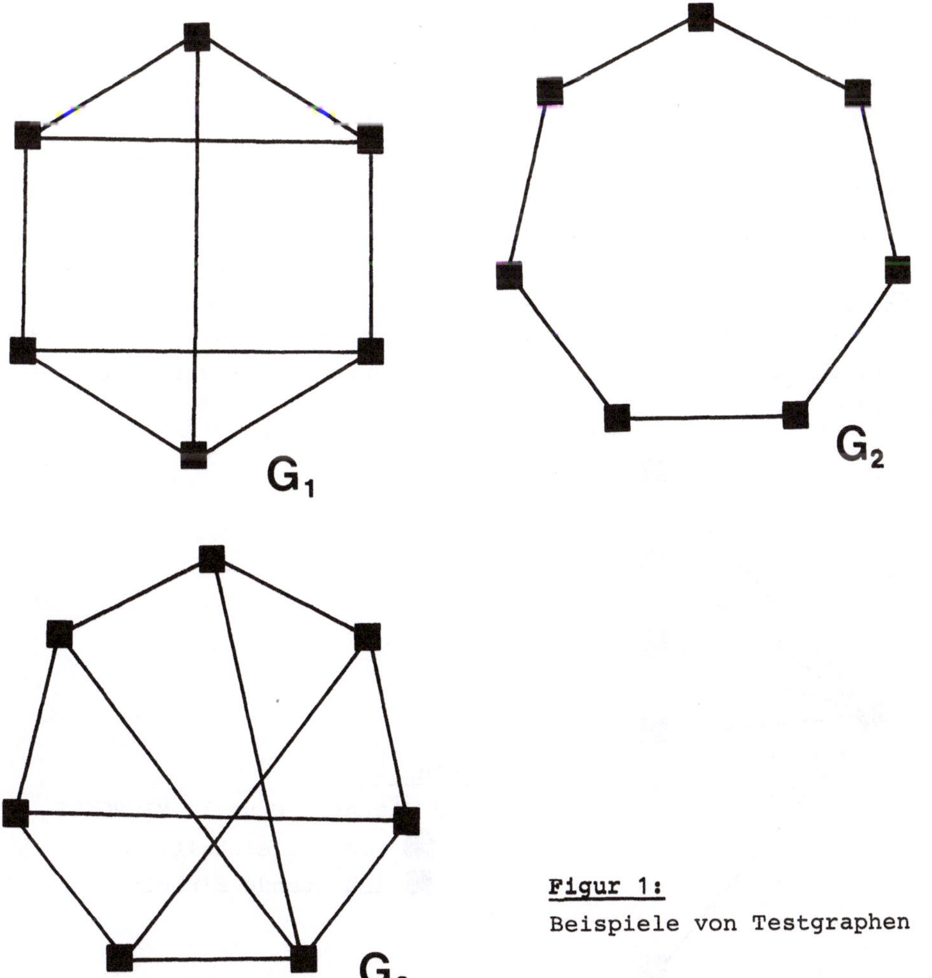

Figur 1:
Beispiele von Testgraphen

Die Testgraphen G_1 und G_2 sind zwar 2-diagnostizierbar in allen 3 Testmodellen, jedoch ist G_1 nur in Modell 1 3-diagnostizierbar und G_2 nur in Modell 2 3-diagnostizierbar. Im Unterschied dazu ist für G_3 der höchste erreichbare Grad t der Diagnostizierbarkeit in allen 3 Modellen stets t=3. Die hier angegebenen Werte t lassen sich für diese einfachen Testgraphen entweder durch direkte Inspektion von möglichen Syndromen gewinnen oder aber leichter unter Verwendung der Struktursätze der 3 Modelle, die im folgenden Kapitel formuliert werden.

Anmerkung: Modell 1 wurde ursprünglich in [4] mit etwas anderen Annahmen eingeführt und in [5] im hier eingeführten Sinne ausführlich diskutiert. Die wichtigsten weiteren in der Literatur auftauchenden Testmodelle verwenden gerichtete Testgraphen und unterscheiden dadurch zwischen testender und getesteter Einheit [3,6,7].

Kap.3 Eigenschaften der einzelnen Testmodelle

Die Beweise der in diesem Kapitel formulierten Struktursätze sowie weitere Details über die Diagnosealgorithmen (soweit auch nicht im Anhang vorhanden), über die Algorithmen zur Bestimmung des höchsten Grades t der Diagnostizierbarkeit eines Graphen in einem Modell und über die Bestimmung der Komplexitätsschranken finden sich in [8].

a) Modell 1: Dem im einleitenden Kapitel vorgestellten Beispiel MICRONET liegt Modell 1 zugrunde. Die Teststruktur eines jeden Strings paralleler Einheiten ist die 1-diagnostizierbare Sternstruktur (Figur 2).

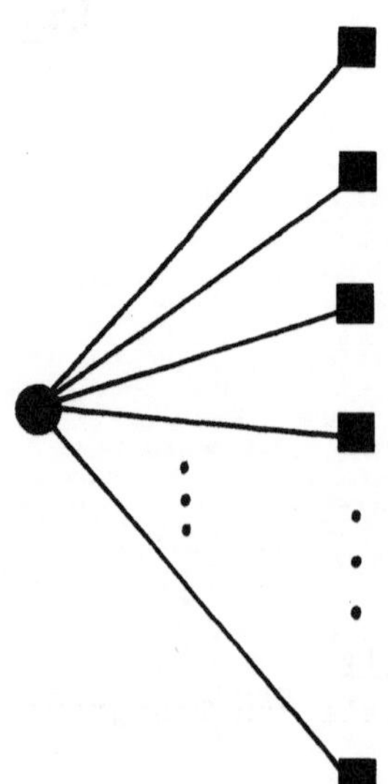

Figur 2:
Die Sternstruktur in MICRONET
(● Kontrolleinheit, ■ arbeitende Einheit)

Modell 1 macht die Annahme, daß die Vergleichstestergebnisse zweier defekter Einheiten nie übereinstimmen. Also muß ausgeschlossen werden, daß zwei durch eine Testverbindung miteinander verbundene Einheiten in derselben Weise zur selben Zeit fehlerhaft sind. Die benutzten Testprogramme müssen so umfangreich und ausgeklügelt sein, daß jeder Fehler einer Einheit zu einer Veränderung des Outputs als Antwort auf dieses Testprogramm führt.

Die Struktur von t-diagnostizierbaren Testgraphen in Modell 1 klärt der folgende Satz. Einzelheiten darüber finden sich in [5,6].

SATZ 1 : Sei G = (N,E) ein Testgraph. G ist t-diagnostizierbar in Modell 1 genau dann, wenn

1) $d_G \geq t$ ist und
2) für alle $(u_i,u_j) \subset E$ mit $n_G(u_i) = n_G(u_j) = t$ ein $u \in N$ existiert, so daß entweder $u \in N_G(u_i) \setminus N_G(u_j)$ und $N_G(u) \neq N_G(u_j)$ gilt oder $u \in N_G(u_j) \setminus N_G(u_i)$ und $N_G(u) \neq N_G(u_i)$.

Unmittelbar aus Satz 1 folgt:

Korollar [5] : Gilt für einen Testgraphen G = (N,E) $d_G \geq t+1$, so ist G t-diagnostizierbar in Modell 1.

Die Bedingungen 1) und 2) aus Satz 1 sind mit einem Zeitverbrauch von $O(n^3)$ nachzuprüfen, falls Mengenoperationen in konstanter Zeit durchgeführt werden können. Damit läßt sich die Frage nach dem höchsten möglichen Grad t der Diagnostizierbarkeit eines Testgraphen in Modell 1 effektiv beantworten. Schneller nachprüfbar ($O(n^2)$) ist die hinreichende Bedingung des Korollars; man bekommt dabei aber einen Wert t' mit $t-1 \leq t' \leq t$ $(t \geq 1)$.

Ein Diagnosealgorithmus für Modell 1 mit Zeitbedarf $O(n^2)$ wurde in [5] vorgestellt. Hier eine kurze Beschreibung:

Schritt 1 (explizite Diagnose): Aus $t_{uv}=1$ folgt, daß die Einheiten u und v intakt sind. Liegt ferner ein Test $t_{uw}=0$ vor, so ist die Einheit w als defekt erkannt.

Schritt 2 (implizite Diagnose): Durch Betrachten der Grade und Vergleich der Nachbarmengen der noch nicht identifizierten Einheiten werden die restlichen defekten Einheiten gefunden.

b) Modell 2: Modell 2 macht die zunächst verblüffende Annahme, daß zwei defekte Einheiten immer auf dieselbe Weise auf ein Testprogramm reagieren. Dies kann auf die beiden folgenden Arten realisiert werden.

Zum einen kann das benutzte Testprogramm so angelegt sein, daß als Output nur ein 'ja' (=intakt) oder ein 'nein' (=defekt) erwartet wird. Damit sind die Annahmen von Modell 2 sicher erfüllt; die Testprogramme müssen aber sehr gut sein. Die andere Möglichkeit der Anwendung von Modell 2 besteht darin, daß sehr einfach gebaute Einheiten vorliegen, für die es nur eine mögliche Art von Fehler gibt. In diesem Fall genügen auch sehr einfache Testprogramme.

Natürlich sind die Modellannahmen hier sehr einschneidend. Dafür erreichen aber bereits sehr einfach strukturierte Testgraphen hohe Grade t der Diagnostizierbarkeit, wie der folgende Satz zeigt.

SATZ 2 : Ein Testgraph $G = (N,E)$ ist t-diagnostizierbar in Modell 2 genau dann, wenn $t \leq (n-1)/2$ ist.

Beweis: Die Notwendigkeit von $t \leq (n-1)/2$: Wäre $t \geq n/2$ und $F \subsetneq N$ mit $|F| = t$, so riefen F und $N \setminus F$ nach den Annahmen von Modell 2 dasselbe Syndrom hervor. Da F und $N \setminus F$ wegen $t \geq n/2$ beide nicht mehr als t Elemente enthalten, widerspräche dies der t-Diagnostizierbarkeit von G in Modell 2. Daß $t \leq (n-1)/2$ auch hinreichend für die t-Diagnostizierbarkeit von G ist, läßt sich dem folgenden Diagnosealgorithmus für Modell 2 entnehmen. Man beachte dabei, daß Testgraphen stets als zusammenhängende Graphen angenommen werden.

Ein Diagnosealgorithmus für Modell 2:

Schritt 1: In G wird ein wegen des Zusammenhangs von G existierender aufspannender Baum gesucht. Dabei findet die sogenannte Tiefensuche ("depth-first-search") [9] Anwendung. Die Knoten werden dabei entsprechend der Reihenfolge ihres Auftretens durchnumeriert.

Schritt 2: Der Knoten mit Nummer 1 wird willkürlich als intakt angenommen. Damit sind aber durch die Testannahmen und wegen des Zusammenhangs von G die Zustände aller anderen Knoten festgelegt und werden in der Reihenfolge ihrer Numerierung aus Schritt 1 notiert. Für einen Knoten wird nämlich der Zustand eines bereits notierten Nachbarknotens eingesetzt genau dann, wenn der Vergleich der beiden Knoten Übereinstimmung gebracht hat; ansonsten wird der entgegengesetzte Zustand notiert.

Schritt 3: Falls in Schritt 2 mehr als t defekte Knoten notiert worden sind, werden sämtliche Zustandsdiagnosen umgekehrt.

Wegen $t \leq (n-1)/2$ erhält man auf diese Weise genau ein zum vorliegenden

Syndrom konsistentes Fehlermuster mit nicht mehr als t Elementen. Schritt 1 benötigt im allgemeinen $O(n+|E|)$ Zeitschritte, die Schritte 2 und 3 lediglich $O(n)$. Geht man davon aus, daß Schritt 1 bereits bei der Konstruktion des Systems einmal für jede weitere Verwendung durchgeführt wird, kann man in Modell 2 von einer Diagnosezeit von $O(n)$ sprechen. Wegen Schritt 1 liegt es nahe, von vornherein nur einen Testbaum als Teststruktur für ein System vorzusehen; am geeignetsten für die praktische Anwendung ist darüber hinaus wohl eine Testkette, die in Schritt 2 von einem Ende zum anderen durchlaufen wird.

Für einen vorliegenden Testgraphen ist es sehr leicht, den höchsten möglichen Grad t der Diagnostizierbarkeit in Modell 2 zu bestimmen. Da G stets zusammenhängend ist, erfüllt $t = \lfloor (n-1)/2 \rfloor$ diese Anforderung.

c) Modell 3: Testmodell 3 macht von allen 3 Modellen die schwächsten Annahmen. Aus diesem Grunde werden auch an die Beschaffenheit der Einheiten und an die Qualität der Testprogramme keine so einschneidenden Anforderungen gestellt. Modell 3 kann immer eingesetzt werden, wenn die in der Einleitung beschriebene Teststrategie von Vergleichen benutzt wird. Für die Sternstruktur von MICRONET (Figur 2) ergibt Modell 3 wie Modell 1 1-Diagnostizierbarkeit.

Die schwachen Modellannahmen von Modell 3 bewirken allerdings eine stärkere Teststruktur (mehr Testverbindungen) als in anderen Modellen, wie im folgenden deutlich wird.

SATZ 3 : Ein Testgraph $G = (N,E)$ ist t-diagnostizierbar in Modell 3 genau dann, wenn

1) $t \leq (n-1)/2$ und
2) $d_G \geq t$ und
3) $\forall 0 \leq p < t \; \forall X \subseteq N \; (|X| = n-2t+p \Longrightarrow |N_G(X)| > p)$ gilt.

Formulierung und Beweis von Satz 3 erfolgen analog zu [7].
Wie man sofort sieht, entzieht sich die Bedingung 3) aus Satz 3 einer schnellen Nachprüfung. Durch geeignete Abänderungen an den sogenannten "Preparata -Graphen" D_{1t} [3] lassen sich aber zu vorgegebenen Werten von n und t mit $t \leq (n-1)/2$ t-diagnostizierende Testgraphen mit n Knoten für Modell 3 angeben, welche sogar minimale Kantenzahl besitzen. Will man nicht unbedingt den höchsten möglichen Grad der Diagnostizierbarkeit gewinnen, sondern einen Wert von t, für den die Frage nach der Diagnostizierbarkeit schnell entschieden werden kann, so hilft das folgende hinreichende Kriterium.

Proposition: Sei G = (N,E) ein Testgraph.
Gilt $d_G \geq 2t$, so ist G t-diagnostizierbar in Modell 3.

Beweis: Ein Testgraph G mit $d_G \geq 2t$ ist t-diagnostizierbar in Modell 3, weil bei Auftreten von höchstens t defekten Knoten die eindeutige Diagnose aller Knoten in der folgenden Weise gelingt: $u \in N$ ist defekt genau dann, wenn für höchstens t-1 Knoten $v \in N_G(u)$ $t_{uv}=1$ gilt; $u \in N$ ist intakt genau dann, wenn dies für mindestens t Nachbarknoten von u gilt.

Anmerkung: Aus $d_G \geq 2t$ folgt sofort $t \leq (n-1)/2$.

Ebenfalls bedingt durch die schwachen Modellannahmen, wird die Diagnose in Modell 3 komplizierter. Im Mittelpunkt des Diagnosealgorithmus steht eine ´WHILE´-Schleife mit den Abbruchkriterien

a) es wurden bereits t fehlerhafte Knoten gefunden und
b) jedem Knoten ist bereits ein Zustand zugewiesen.

In jedem Durchlauf der Schleife wird mindestens ein defekter Knoten (falls überhaupt vorhanden) mittels logischer Implikationen gefunden. Eine ausführlichere Beschreibung dieses Algorithmus findet sich im Anhang. Auch hier, wie in Modell 1, beträgt die Zeitkomplexität $O(n^2)$, allerdings fällt die zugehörige Proportionalitätskonstante hier größer aus.

Kap.4 Die 3 Testmodelle im Vergleich

Nachdem in Kapitel 3 die Eigenschaften der 3 Modelle separat untersucht worden sind, soll nun nach (logischen) Beziehungen zwischen den Modellen gefragt werden.
Aus dem vorangegangenen Kapitel lassen sich heuristisch folgende Beziehungen ableiten:

Je strenger und einschneidender die Testannahmen eines Modells sind, desto schwächer sind die Anforderungen an die Teststruktur eines Systems, um einen bestimmten Grad der Diagnostizierbarkeit zu erhalten, und desto einfacher gelingt die Diagnose und die Bestimmung des höchsten möglichen Grades der Diagnostizierbarkeit. Umgekehrt erfordern schwächere Testannahmen größere Anstrengungen beim Entwurf einer Teststruktur, bei der Diagnose und bei der Bestimmung von t_{max}.
Diese Aussagen lassen sich für die 3 Vergleichstestmodelle in folgender Weise präzisieren.

<u>SATZ 4 :</u> Sei G = (N,E) ein Testgraph mit n Knoten und sei $t \leq n$.

1) Ist G t-diagnostizierbar in Modell 3, so auch t-diagnostizierbar in den Modellen 1 und 2.
2) Sind t_i die höchsten möglichen Grade der Diagnostizierbarkeit von G in den Modellen i (i=1,2,3), so gilt $t_3 \leq t_1$ und $t_3 \leq t_2$.
3) Zwischen den Modellen 1 und 2 existiert im allgemeinen <u>keine</u> solche Beziehung.
4) Jeder Diagnosealgorithmus für Testgraphen im Modell 3 kann auch als Diagnosealgorithmus für die Modelle 1 und 2 benutzt werden (allerdings nur für den Grad t_3 der Diagnostizierbarkeit von G in Modell 3).

Eine Veranschaulichung der Aussagen von Satz 4 gibt Figur 3.

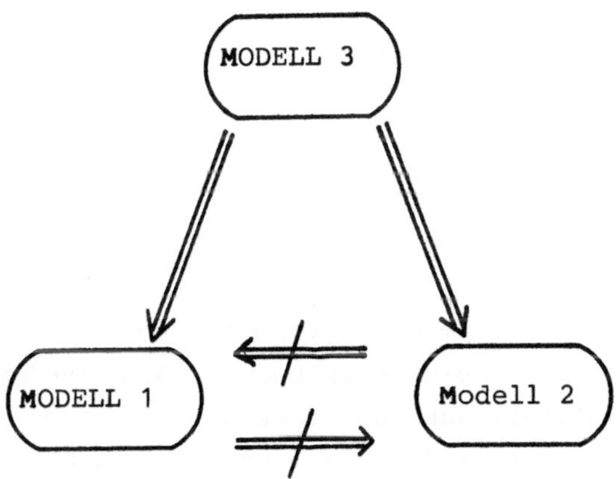

<u>Figur 3:</u> logische Beziehungen zwischen den Modellen

Beweis von Satz 4:

1) Angenommen, G sei <u>nicht</u> t-diagnostizierbar in Modell i (i=1,2). Dann existieren verschiedene Fehlermuster F_1 und F_2, beide mit $\leq t$ Elementen, die jeweils das Syndrom SYN (in Modell i) hervorrufen. Nach Tabelle 1 kann aber sowohl durch F_1 als auch durch F_2 auch in Modell 3 das Syndrom SYN entstehen, im Widerspruch zur t-Diagnostizierbarkeit von G in Modell 3.

2) folgt sofort aus 1).

3) Beweis durch Gegenbeispiele: G_4 ist 2-diagnostizierbar in Modell 1, aber nicht in Modell 2. G_5 ist 2-diagnostizierbar in Modell 2, aber nicht in Modell 1 (Figur 4). Dies ergibt sich sofort aus den Sätzen 1 und 2.

4) Die Implikationen, die zu Zustandszuweisungen (Diagnosen) von Einheiten in Modell 3 führen, sind auch in den mit stärkeren Annahmen ausgestatteten Modellen 1 und 2 gültig.

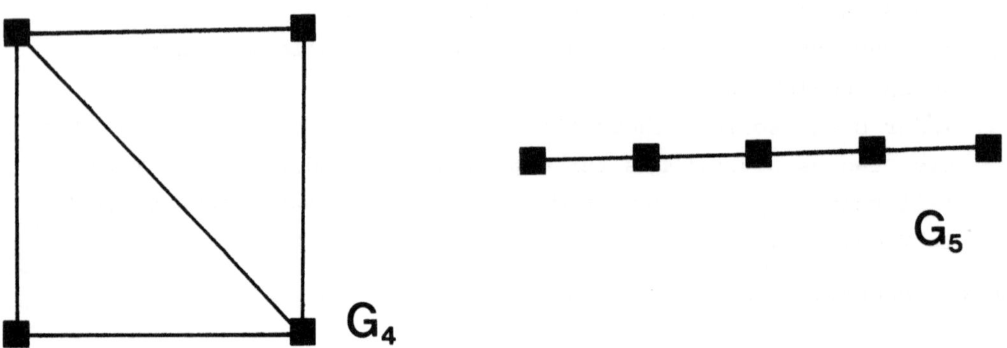

Figur 4: Gegenbeispiele zu Satz 4,Aussage 3.

An dieser Stelle stellt sich die Frage, welches der 3 vorgestellten Modelle nun für ein System, das die Vergleichsteststrategie benutzen soll, implementiert werden soll.

Problem 1: Für ein bereits existierendes System mit Beschränkungen hinsichtlich der Zahl von Testverbindungen und der Art von Testprogrammen soll das richtige Modell ausgewählt werden.

Problem 2: In der Designphase eines Systems wird entschieden, welches der 3 Modelle Anwendung finden soll. Man ist dann in der Wahl von Testverbindungen, von Testprogrammen und mit Einschränkung in der Wahl der Beschaffenheit der Einheiten noch relativ frei.

Für die Situation von Problem 1 wird man zunächst an eine Anwendung von Modell 3 denken, die die schwächsten Anforderungen an die Beschaffenheit des Systems stellt. Falls die Einheiten sehr einfach aufgebaut sind und zudem als Teststruktur etwa nur eine Testkette oder ein Testring zur Verfügung steht, wie das in aktuellen Systemen oft der Fall ist, so kann der Einsatz von Modell 2 sinnvoll werden, um hohe Grade der Diagnostizierbarkeit zu erreichen. Falls die verfügbaren Testprogramme gut genug sind und auch die Gefahr gleichzeitiger identischer Defekte in verschiedenen Einheiten praktisch nicht vorhanden ist, sollte die Anwendung von Modell 1 ins Auge gefaßt werden.

Größere Freiheiten läßt die Situation von Problem 2. Im allgemeinen wird man sich nach Kenntnis oder Schätzung der Zuverlässigkeit der einzelnen Einheiten einen Wert t für den gewünschten Grad der Diagnostizierbarkeit vorgeben. Daraufhin ist abzuwägen, in welchem der 3 Modelle dieser Wert unter (kosten-) günstigstem Einsatz von Testverbindungen und Testprogrammen erreicht werden kann mit der zusätzlichen Anforderung, daß der dann anwendbare Diagnosealgorithmus möglichst einfach durchzuführen ist.

Anhang: Ein Diagnosealgorithmus für Vergleichstestmodell 3

Definition: Es sei G=(N,E) ein Testgraph in Modell 3 und es liege ein Syndrom vor. Dann sind für jedes $u \in N$ die sogenannten Implikationsmengen $I_1(u)$ und $I_0(u)$ definiert durch

$$I_1(u) := \{v \in N \mid u \text{ intakt} \Rightarrow v \text{ intakt}\} \quad \text{und}$$

$$I_0(u) := \{v \in N \mid u \text{ intakt} \Rightarrow v \text{ defekt}\}.$$

Figur 5 veranschaulicht diese Definition an einem Beispiel.

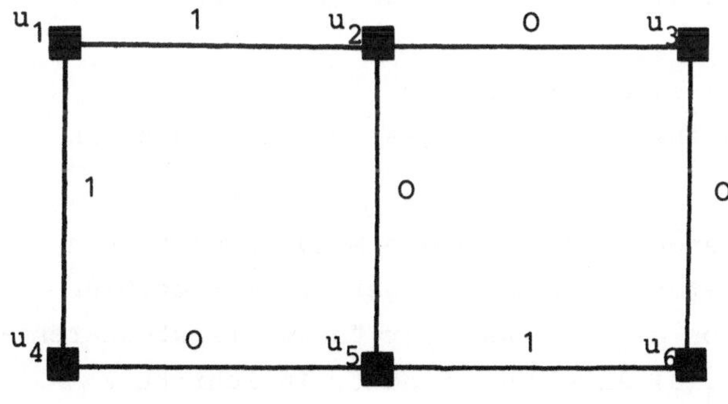

Figur 5:
$I_1(u_1) = \{u_1, u_2, u_4\}$
$I_0(u_1) = \{u_3, u_5, u_6\}$
$I_1(u_3) = \{u_3\}$
$I_0(u_3) = \{u_1, u_2, u_4, u_5, u_6\}$

Vorbemerkungen zum Diagnosealgorithmus:

Es liege ein in Modell 3 t-diagnostizierbarer Testgraph G=(N,E) sowie ein Syndrom vor. In jedem Durchlauf der 'WHILE'-Schleife werden in d) (updating) die in diesem Durchlauf diagnostizierten Knoten und damit inzidente Kanten aus dem Graphen entfernt, wird t um die Zahl der in diesem Durchlauf gefundenen defekten Knoten verringert und werden alle aus N entfernten Knoten auch aus allen Mengen $I_0(u)$ $(u \in N)$ entfernt sowie die Werte $|I_0(u)|$ und $n_G(u)$ berichtigt.

Diagnosealgorithmus:

Schritt 1: Berechne $I_1(u), I_O(u)$ und deren Kardinalitäten sowie $n_G(u)$ für alle $u \in N$.

Schritt 2: WHILE $(t>0)$ AND $(N \neq \emptyset)$ DO

BEGIN a) Jedes $u \in N$ mit $|I_O(u)| > t$ ist defekt.

b) Jedes $u \in N$ mit $|I_1(u)| = 1$ und $n_G(u) > t$ ist defekt.

falls a) und b) nicht anwendbar, wende c) an:

c) Suche ein $u \in N$ mit $|I_1(u)| = \max\{|I_1(v)| \,|\, v \in N\}$. Dann sind alle $v \in I_1(u)$ intakt, alle $v \in I_O(u)$ defekt.

d) Updating.

END (WHILE).

Anmerkungen: In jedem Durchlauf der 'WHILE'-Schleife wird mindestens ein Knoten diagnostiziert, so daß der Algorithmus schließlich abbricht. Der Beweis der Korrektheit muß folgende Punkte enthalten und ist in [8] durchgeführt:

1) Der in jedem Durchlauf der 'WHILE'-Schleife vorliegende Restgraph ist t-diagnostizierbar in Modell 3, wobei t der gerade aktuelle Wert im Algorithmus ist.
2) Die Zuweisungen in a) und b) sind korrekt.
3) Falls a) und b) beide nicht anwendbar sind, ist die Zuweisung in c) korrekt.

Laufzeitbetrachtung: Stets wird angenommen, daß die Mengenoperationen Vereinigung und Differenz in konstanter Zeit durchgeführt werden. Dann hat Schritt 1 einen Zeitbedarf von $O(n^2)$, wobei der "depth-first-search"-Algorithmus zur Berechnung der $I_1(u)$ Anwendung findet. In Schritt 2 werde die 'WHILE'-Schleife r mal durchlaufen $(r \leq t)$ und im i-ten Durchlauf werden s_i defekte Einheiten gefunden, d.h. $\sum_{i \leq r} s_i \leq t$. Da a), b) und c) in linearer Zeit $k_1 n$ durchgeführt werden und d) im i-ten Durchlauf eine Laufzeit von $k_2 n s_i$ hat (k_1, k_2 Konstanten), ergibt sich eine Gesamtlaufzeit von Schritt 2 von nicht mehr als

$$\sum_{i \leq r} (k_1+k_2) n s_i = (k_1+k_2) n \sum_{i \leq r} s_i \leq (k_1+k_2) n t = O(nt).$$

Damit beträgt die Zeitkomplexität des gesamten Diagnosealgorithmus $O(n^2)$.

Abschließende Betrachtungen

Für die Selbstdiagnose von Multiprozessorsystemen wurde die Strategie von Vergleichstests vorgestellt, die zu 3 möglichen Testmodellen

führte. Die Eigenschaften der 3 Modelle wurden untersucht, Probleme ihrer Realisierbarkeit aufgegriffen sowie ein Vergleich der 3 Modelle angestellt. Wesentliches Ergebnis war, daß schwächere Modellannahmen mit komplizierteren Teststrukturen und schwierigerer Diagnose bezahlt werden müssen, während stärkere Modellannahmen einfachere Teststrukturen und leichtere Diagnose zur Folge haben.
Aus diesen Betrachtungen ergaben sich Anhaltspunkte, welches der 3 Modelle sich für welche Art von Systemen für die Anwendung der Vergleichsteststrategie am geeignetsten erweist.

Diese Arbeit wurde durch die Deutsche Forschungsgemeinschaft unterstützt. Der Autor ist außerdem Herrn M. Dal Cin für anregende Diskussionen über den Gegenstand dieser Arbeit zu Dank verpflichtet.

Literatur:

[1] Rennels D.A.: Distributed Fault-Tolerant Computer Systems, Computer 13, pp.55-65 (1980).

[2] Harary F.: Graph Theory, Addison-Wesley (1969).

[3] Preparata F.P., Metze G., Chien R.T.: On the Connection Assignment of Diagnosable Systems, IEEE Trans.Electron.Comp., Vol.EC-16, pp.848-854 (1967).

[4] Malek M.: A Comparison Connection Assignment for Diagnosis of Multiprocessor Systems, in Proc. 7th Symp. on Comp.Architecture, La Baule, pp.31-35 (1980).

[5] Ammann E., Dal Cin M.: Efficient Algorithms for Comparison-Based Self-Diagnosis, in: Proc. of the Workshop on Self-Diagnosis and Fault-Tolerance, Tübingen (1981).

[6] Barsi F., Grandoni F., Maestrini P.: A Theory of Diagnosability of Digital Systems, IEEE Trans.Comp., Vol.C-25, pp.585-593 (1976).

[7] Hakimi S.L., Amin A.T.: Characterisation of Connection Assignment of Diagnosable Systems, IEEE Trans.Comp., Vol. C-23, pp.86-88 (1974).

[8] Ammann E.: unveröffentliche Aufzeichnungen, Tübingen (1981).

[9] Reingold E.M., Nievergelt J., Deo N.: Combinatorial Algorithms, Prentice Hall (1977).

FEHLERDIAGNOSE UND FEHLERBAUMANALYSE

G. Weber
Institut für Datenverarbeitung in der Technik
Kernforschungszentrum Karlsruhe GmbH

Zusammenfassung

Auf Fehlerdiagnose und Fehlerbaumanalyse aufbauend werden folgende Aufgabenstellungen behandelt:

- Eine effiziente Suche aller am Ausfall eines Systems beteiligten Komponenten ist auszuführen.
- Alle Zustände, die einem Systemausfall benachbart sind, sollen festgestellt werden. Die dazu verwendeten Methoden werden formal abgesichert und durch Beispiele veranschaulicht.

1. Einleitung

Mit der hohen Komplexität von zahlreichen Systemen sind heutzutage Sicherheits- und Zuverlässigkeitsüberlegungen von großer Bedeutung. Verschiedene Methoden und Techniken, die bei Entwurf, Konstruktion und Betrieb von Reaktoren, Wiederaufarbeitungsanlagen, chemischen Anlagen u.s.w. eingesetzt werden, ergeben mehr Sicherheit und Zuverlässigkeit. Dies ist insbesondere auf eine Erhöhung von Zuverlässigkeit und Instandhaltbarkeit auf der Komponentenebene zurückzuführen. Jedoch können diese Verbesserungen durch die Komplexität des Systems zumindest abgeschwächt werden. Darum sind weitere Methoden der Zuverlässigkeitssicherung erforderlich. Eine systematische Lösung dieser sicherheitsrelevanten Probleme ist notwendig. So verwendet die Zuverlässigkeitssicherung eine Anzahl von Strategien. Typische Beispiele sind die Behandlung von Zuverlässigkeitsfragen beim Entwurf (z.B. Verwendung von Diversität) und der Einsatz von Fehlerdiagnose im Betrieb (z.B. automatische Erkennung von ausgefallenen Einheiten).

In dieser Arbeit soll eine Methodologie der Fehlerdiagnose für komplexe Systeme gezeigt werden. Unsere Methode ist anwendbar auf Systeme, die durch Fehlerbäume dargestellt werden können. Sie benötigt Überlegungen aus Schaltalgebra, Fehlerdiagnose von digitalen Schaltnetzen und Fehlerbaumanalyse (Abschnitte 2,3,4). Die Beziehungen zwischen diesen Disziplinen werden aufgezeigt. Sie beruhen insbesondere auf Booleschen Funktionen, die in der ganzen Arbeit verwendet werden.

Es kann auf dieser Basis gezeigt werden, daß Techniken der Fehlerdiagnose und Fehlerbaumanalyse nützlich sind, folgende Probleme zu behandeln (Abschnitt 5):

- Eine effiziente Suche aller ausgefallenen Komponenten (wenn das System ausgefallen ist), soll ausgeführt werden.

- Eine effiziente Suche aller Zustände, die in der Nähe eines Systemausfalls sind (wenn das System noch intakt ist), soll ausgeführt werden.

Die erste Technik wird die Verfügbarkeit erhöhen, die zweite die Zuverlässigkeit und Sicherheit.

In einer Reihe von Sätzen werden Aussagen gemacht über die Form und Existenz der Tests. Insbesondere wird der methodische Zusammenhang zwischen Fehlerdiagnose von Schaltnetzen und Fehlerdiagnose von durch Fehlerbäume darstellbaren Systemen festgestellt (Abschnitte 6,7).

Ein Beispiel eines Systems aus der chemischen Industrie soll den Zusammenhang der Fehlerbaumanalyse und Fehlerdiagnose demonstrieren(Abschnitt 8).

2. Schaltalgebra

2.1 Einige Grundbegriffe

Zunächst sollen einige grundlegende Begriffe der Schaltalgebra angeführt werden. Die Schaltalgebra arbeitet mit binären Variablen x_i, deren Werte durch 0,1 gegeben sind. Eine (kombinatorische) Schaltfunktion ist eine Abbildung

$$f: B^n \to B$$

wobei $B = \{0,1\}$ und B^n die Menge der 2^n binären n-Tupel bezeichnet. Jede Schaltfunktion ist eine Boolesche Funktion. Eine Schaltfunktion kann einem n-Tupel $(x_1,x_2,\ldots,x_n)$ von Eingangsvariablen eine Ausgangsvariable y zuordnen. Sie wird als

$$y = f\,(x_1,x_2,\ldots,x_n)$$

geschrieben. Eine technische Realisierung einer Schaltfunktion heißt kombinatorisches Schaltnetz. Man kann Schaltnetze aus Standardeinheiten zusammensetzen. Diese werden Gatter genannt. So sind z.B. UND, ODER, NICHT solche Gatter.

2.2 Darstellung einer Schaltfunktion

Eine Schaltfunktion kann mit verschiedenen Mitteln dargestellt werden:

- Wahrheitstafel, Karnaughdiagramm, Kanonische Form
- Boolesches Polynom, (Primimplikanten, Minimalschnitte)
- Schaltnetz, Fehlerbaum

Folgende Verknüpfungen werden durchgehend verwendet:

$x_1 + x_2$	$\sum_{i=1}^{l} p_i$	Disjunktion (Boolesche Summe)
$x_1 \cdot x_2$	$\prod_{j=1}^{l} p_j$	Konjunktion (Boolesches Produkt)
$x_1 \oplus x_2$		Exklusives ODER
$\bar{x}$		Negation

Tab. 1

2.3 Boolesches Polynom und Primimplikanten

Eine Schaltfunktion f "überdeckt" eine andere Funktion g wenn f immer den Wert 1 annimmt, wenn g den Wert 1 annimmt.

Ein Primimplikant p einer Funktion f ist ein Monom, das von f überdeckt wird. Wenn jedoch wenigstens eine Variable von p entfernt wird, so liegt ein Monom vor, das nicht mehr von f überdeckt wird (Beispiele 7.1, 8.2).

Jedes kombinatorische Netzwerk kann durch ein Boolesches Polynom folgendermaßen dargestellt werden:

Jedes irredundante Polynom, das äquivalent zu einer Schaltfunktion $f(\underline{x})$ ist, kann als Boolesche Summe von Primimplikanten geschrieben werden:

$$f(\underline{x}) = \sum_{i=1}^{l} p_i$$

Es ist möglich, alle Primimplikanten von $f(\underline{x})$ algorithmisch zu finden. Man kann jedoch auch eine einzelne irredundante (vollständige) Überdeckung von $f(\underline{x})$ durch Primimplikanten algorithmisch finden.

2.4 Benachbarte Monome

Von den Primimplikanten ausgehend kommen wir nun zu einer weiteren Verwendung der Booleschen Monome. Sei ein Primimplikant p_j als Monom gegeben. Dann wird jedes Monom, das gleich viele Variable wie p_j hat, sich aber durch genau eine Variable (z.B. durch $\bar{x}_k$ statt x_k) von p_j unterscheidet als benachbartes Monom p^x_{jk} bezeichnet.

Beispiel:

$$p_j = x_1x_2 \text{ ergibt } p^x_{j1} = \bar{x}_1x_2,\ p^x_{j2} = x_1\bar{x}_2$$

Es ist oft zweckmäßig, bei größeren Tabellen zu einer binären Darstellung überzugehen (s. Tab. 3).

Benachbarte Monome sind geeignet, die Zustände, die durch bestimmte Fehler in Netzwerken entstehen, zu beschreiben. Man kann sie algorithmisch finden. Weitere Begriffe werden später eingeführt.

3. Fehlerdiagnose

3.1 Einige Grundbegriffe

Wir nehmen ein kombinatorisches Schaltnetz an. Es bestehe aus Standardeinheiten (UND, ODER, NICHT, sowie Eingänge und Ausgänge). Es sei durch eine Schaltfunktion (Boolesche Funktion) beschrieben.

Die folgenden statischen Fehlertypen sind zugelassen:

- Signal (bzw. Boolesche Variable) ständig 0 (s-a-0)
- Signal (bzw. Boolesche Variable) ständig 1 (s-a-1)

In Anlehnung an die amerikanische Literatur verwenden wir hier "stuck at 0" (s-a-0) und "stuck at 1" (s-a-1).

Andere Fehlerarten, z.B. intermittierende Fehler, werden hier nicht betrachtet. Sie haben keinen direkten Bezug zur Fehlerbaumanalyse.

Sei C ein Schaltnetz, das durch eine Schaltfunktion $f(x_1, x_2, \ldots, x_n)$ dargestellt wird (kurz $f(\underline{x})$). Dabei sei α zunächst ein beliebiger (statischer) Fehler, durch den eine Anzahl von Variablen den Wert der Funktion $f(\underline{x})$ auf $f_\alpha(\underline{x})$ ändern.

Mit Hilfe der Booleschen Differenz $f(\underline{x}) \oplus f_\alpha(\underline{x})$ kann man Tests finden /1/.

4. Fehlerbaumanalyse

4.1 Einige Grundbegriffe

Zweck der Fehlerbaumanalyse ist es, die logischen Verknüpfungen von Komponentenausfällen oder Teilsystemausfällen zu ermitteln, die zu einem vorher definierten unerwünschten Ereignis führen. Dieses unerwünschte Ereignis kann z.B. aus einem Systemausfall bestehen. Die Ergebnisse der Analyse tragen zur Systembeurteilung im Hinblick auf die Sicherheit bei. Ziele der Analyse sind im einzelnen:

- die systematische Identifizierung aller möglichen Ausfallkombinationen von Komponenten, die zu einem unerwünschten Ereignis führen,
- die Ermittlung von Zuverlässigkeitskenngrößen (z.B. Nichtverfügbarkeit, Ausfallhäufigkeit des Systems) /2/.

Der Fehlerbaum kann informell folgendermaßen beschrieben werden: Der Fehlerbaum ist ein graphische Darstellung der logischen Zusammenhänge zwischen den Fehlerbaumeingängen (Komponentenausfällen), die zu einem unerwünschten Ereignis führen.

Wir definieren nun den Fehlerbaum. Ein Fehlerbaum ist ein endlicher gerichteter Graph ohne Zyklen. Jeder Knoten kann in genau einem von mehreren Zuständen sein. Für jeden Knoten ist eine Funktion gegeben, welche seinen Zustand in Abhängigkeit von den Zuständen der Vorgänger spezifiziert. Die Zustände der Knoten ohne Vorgänger werden als unabhängige Variable des Fehlerbaums betrachtet /3/.

Anmerkungen

- Es wird hier angenommen, daß nur zwei Zustände pro Knoten möglich sind. So erhält man Boolesche Funktionen.
- Die Definition des Fehlerbaums entspricht der eines kombinatorischen Netzwerkes.

4.2 Strukturfunktion

Wir führen nun eine Boolesche Funktion ein, die den Fehlerbaum beschreibt. Sie hängt offensichtlich eng mit den Schaltfunktionen zusammen. Diese Boolesche Funktion legt den Zustand jedes Knotens mithilfe seiner Vorgänger fest (dabei werden insbesondere Konjunktion, Disjunktion und

Negation verwendet).

Definition der Strukturfunktion

Seien die unabhängigen Variablen (x_1, x_2, ..., x_n) Boolesche Variable, für die gilt:

$$x_i = \begin{cases} 0 & \text{Komponente i intakt} \\ 1 & \text{Komponente i defekt.} \end{cases}$$

Die Boolesche Funktion

$$\phi\ (x_1, x_2, \ldots, x_n)$$

heißt Strukturfunktion. Für sie gilt:

$$\phi\ (x_1, x_2, \ldots, x_n) = \begin{cases} 0 & \text{System intakt} \\ 1 & \text{System defekt.} \end{cases}$$

Sie bestimmt vollständig den Zustand des Systems.

Anmerkung

Die Strukturfunktion gilt für alle Fehlerbäume, die z.B. mit UND, ODER, NICHT - Toren aufgebaut sind. Sie kann jedoch keine sequentiellen Systeme beschreiben. Folgenden Spezialfall wollen wir noch ansprechen: die Kohärenz. Genügt ein durch eine Strukturfunktion dargestelltes System S den folgenden Bedingungen (a) und (b), so heißt es kohärent.

(a) Wenn S intakt ist, so kann kein Übergang einer Komponente vom Defekt- zum Intaktzustand das System zum Ausfall bringen. (Positivität der Strukturfunktion).

(b) Sind alle Komponenten von S intakt, so ist auch S intakt.
Sind alle Komponetne von S defekt, so ist auch S defekt.

Liegt z.B. ein Fehlerbaum vor, der nur UND- und ODER-Tore (aber keine Negationen) enthält, so ist das damit dargestellte System kohärent.
Für kohärente Systeme gibt es genau eine Überdeckung mit Primimplikanten (Minimalschnittdarstellung). Sie ist immer minmal und irredundant /4/.

5. Zwei Diagnoseprozeduren

5.1 Problemstellung

Nun soll überlegt werden, inwiefern die Techniken der Fehlerdiagnose für Systeme verwendbar sind, die nicht mehr als kombinatorische Schaltnetze angesehen werden können. Hierzu müssen wir jedoch einige Annahmen machen. Einige methodische Überlegungen und eine Demonstration an einem System aus der chemischen Industrie sollen daraufhin zeigen, ob dieser Ansatz sinnvoll ist.

- Gegeben sei ein System, das mit Hilfe eines Fehlerbaumes modelliert werden kann.
- Für sicherheitsrelevante Komponenten sei es möglich, Fehlersymptome automatisch zu erfassen.
- Die Fehlersymptome der Komponenten seien feststellbar bei intaktem und defektem System.

Wir gehen hier nicht auf die Implementierung der automatischen Diagnose ein. Es gibt jedoch technische Systeme, bei denen eine automatische Entdeckung der Abweichungen vom Sollwert vorgesehen ist (z.B.bei einigen Untersystemen der Wiederaufarbeitungsanlage).

Es soll mit den Diagnoseprozeduren folgendes angestrebt werden:

- Redundante Informationen sind wegzulassen.
- Die Fehlalarmrate ist niedrig zu halten (um die Verfügbarkeit nicht unnötig zu erniedrigen).

Wir schlagen folgende Diagnoseprozeduren vor:

5.2 Suche nach Ausfallursachen (Prozedur a)

Ein wirksamer Test, der zu einer praktisch verzögerungsfreien Fehlerdiagnose und Fehlererkennung führt auf der Komponentenebene eines ausgefallenen Systems. Prozedur a hat folgende Schritte:

1. Gegeben ein System S durch eine Strukturfunktion
2. Suche nach Minimalschnitten p_j
3. Suche nach Mintermen a_j

Bemerkung

Die systematische Suche nach einem p_j (das den Wert 1 angenommen hat) und nach von p_j überdeckten Mintermen heißt Prozedur a (oder Menge der a-Tests). Man kann diese Prozedur auch auf nichtkohärente Systeme ausdehnen.

Ergebnis

Verkürzte Fehlersuche durch eine rationelle Darstellung, Erhöhung der Verfügbarkeit des Systems. Beispiele siehe Abschnitte 7 und 8.

5.3 Suche nach dem Systemausfall benachbarten Zuständen (Prozedur b)

Ein wirksamer Test, der Zustände findet, die dem Systemausfall benachbart sind. Der Test beruht auf der Darstellung durch Minimalschnitte und durch Monome, die dazu benachbart sind. Prozedur b hat folgende Schritte:

1. Gegeben ein System S durch seine Sturkturfunktion
2. Suche nach Minimalschnitten p_j und benachbarten Monomen p_{jk}^x
3. Suche nach Mintermen b_{jk}

Bemerkung

Die systematische Suche nach p_{jk}^x und nach ihnen zugeordneten Mintermen heißt Prozedur b (oder Menge der b-Tests). Man kann diese Prozedur ebenfalls auf nicht kohärente Systeme ausdehnen.

Ergebnis

Dieser Test erhöht die Zuverlässigkeit. Die Nichtverfügbarkeit durch Reparatur bleibt jedoch in annehmbaren Grenzen. Beispiele siehe Abschnitte 7 und 8.

Die Beziehungen der Prozeduren a und b zu den Tests für s-a-0 und s-a-1-Fehler bei zweistufigen Schaltnetzen mit UND/ODER-Gattern werden in Abschnitt 7.3 untersucht.

6. Tests

6.1 Allgemeine Annahmen

Gegeben sei ein zweistufiges Schaltnetz vom UND/ODER-Typ oder ein mehrstufiges Schaltnetz, das in ein äquivalentes zweistufiges Schaltnetz transformiert werden kann (d.h. ohne daß Fehler verdeckt werden oder daß neue Fehler hinzukommen).

Wir nehmen an, daß dieses Schaltnetz durch eine irredundante Summe von Primimplikanten dargestellt werden kann. Seine Schaltfunktion f ist:

$$f(x_1, x_2, \dots, x_n) = \sum_{i=1}^{l} p_i$$

Dabei bezeichne p_i den i-ten Primimplikanten, der dem i-ten Gatter G_i entspricht.

Jedem UND-Gatter entspricht ein Primimplikant. Ein Schaltnetz mit n Eingängen kann 2n verschiedene Einzelfehler (s-a-0, s-a-1) sowie 3^n-1 verschiedene Mehrfachfehler (Einzelfehler, Doppelfehler, ...) haben.

6.2 Tests für s-a-0-Fehler

Wir behandeln zunächst die Tests für s-a-0-Fehler, die der Diagnose-Prozedur a entsprechen. Ein s-a-0-Fehler an einem beliebigen Eingang des UND-Gatters G_j hat zur Folge, daß auch der Ausgang dieses Gatters s-a-0 ist. Dies ist unabhängig vom Wert der übrigen Eingänge dieses Gatters. Ein derartiger Fehler eliminiert den entsprechenden Primimplikanten p_j der Schaltfunktion $f(\underline{x})$. Um festzustellen, daß ein gegebener Primimplikant eliminiert wurde, ist es hinreichend, einen Minterm a_j als Kombination von Eingangssignalen zu verwenden, der von p_j überdeckt wird, jedoch von keinem andern Primimplikanten überdeckt wird.

Für alle "wesentlichen Primimplikanten" (d.h. die bei keiner Überdeckung wegfallen) existiert ein solcher Minterm. Insbesondere für kohärente Strukturen existieren imer solche Minterme (was mit der Minimalschnittdarstellung zusammenhängt).

Um das UND-Gatter G_j auf s-a-0-Fehler zu testen, ist es notwendig und hinreichend, einen Minterm a_j zu haben, so daß

$$a_j \in p_j \overline{\sum_{\substack{i=1 \\ i \neq j}}^{l} p_i} = p_j \prod_{\substack{i=1 \\ i \neq j}}^{l} \overline{p_i}$$

Die systematische Zusammenstellung der Minterme a_j $(j = 1,2,\ldots,l)$ zur Festellung der s-a-0-Fehler heißen wir auch a-Tests /4/, /5/.

Aus den Booleschen Polynomen für f und f_α erhält man mit der Booleschen Differenz $f \oplus f_\alpha$:

$$p_j \cdot f\bar{f}_\alpha = p_j \prod_{i \neq j} \bar{p}_i.$$

Man kann die Minterme a_j algorithmisch finden.

6.3 Tests für s-a-1-Fehler

Wir behandeln nun die Tests für s-a-1-Fehler, die der Diagnose-Prozedur b entsprechen. Ein s-a-1-Fehler am Eingang x_{jk} des UND-Gatters G_j verursacht, daß G_j von x_{jk} unabhängig wird, aber nicht verschwindet. Um den k-ten Eingang des UND-Gatters G_j bezüglich eines s-a-1-Fehlers zu testen ist es notwendig und hinreichend einen Minterm b_{jk} zu haben, für den gilt:

$$b_{jk} \in p_{jk}^{x} \overline{\sum_{i=1}^{l} p_i} = p_{jk}^{x} \prod_{i=1}^{l} \overline{p_i}$$

Dabei ist p^x_{jk} ein Boolesches Monom, das dem Primimplikanten p_j benachbart ist. Die systematische Zusammenstellung der Minterme b_{jk} zur Feststellung der s-a-1-Fehler heißen wir auch b-Tests /4/, /5/.
Man kann die Minterme b_{jk} algorithmisch finden.

7. Beispiel für Tests

An einem einfachen Schaltnetz sollen nun die Tests illustriert werden.

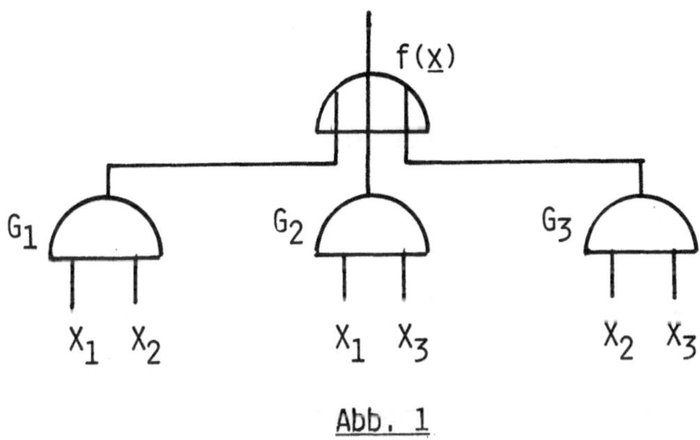

Abb. 1

Wir erhalten folgende Schaltfunktion:

$$f(x_1, x_2, x_3) = x_1x_2 + x_1x_3 + x_2x_3$$

7.1 Beispiel für s-a-0-Fehler

Ein s-a-0-Fehler bei UND-Gatter G_1 ergibt (vgl. 6.2):

$$p_1 \cdot \bar{p}_2 \cdot \bar{p}_3 = x_1x_2(\bar{x}_1 + \bar{x}_3)(\bar{x}_2 + \bar{x}_3) = x_1x_2\bar{x}_3$$

Damit ist bereits ein Minterm a_1 festgelegt.

Jeder (wesentliche) Primimplikant überdeckt mindestens einen Minterm, der von keinem andern Primimplikanten überdeckt wird. Damit kann man auch eindeutig einen zum Systemausfall führenden Primimplikanten eines durch Fehlerbaum dargestellten Systems nachweisen.

7.2 Beispiel für s-a-1-Fehler

Ein s-a-1-Fehler beim Eingang x_{11} ergibt (vgl. 6.3):

$$p^x_{11}\ \bar{p}_1\bar{p}_2\bar{p}_3 = \bar{x}_1x_2(\bar{x}_1 + \bar{x}_2)(\bar{x}_1 + \bar{x}_3)(\bar{x}_2 + \bar{x}_3) = \bar{x}_1x_2\bar{x}_3$$

Damit ist bereits ein Minterm b_{11} festgelegt.

Jeder s-a-1-Fehler kann damit nachgewiesen werden. Es zeigt sich jedoch, daß s-a-1-Fehler an mehr als einem Eingang auftreten können (in diesem Beispiel an genau 2 Eingängen). So ergeben sich nur 3 verschiedene b_{jk}. Wir erhalten hier 3 Äquivalenzklassen mit je 2 s-a-1-Fehlern. Bei einem durch Fehlerbaum dargestellten System kann man eindeutig festlegen, welche Booleschen Monome (Zustände) dem Systemausfall benachbart sind. Von welchem p_j ein solches Monom p_{jk}^x hergeleitet wurde, ist jedoch für eine Erkennung der zu reparierenden Komponenten ohne Bedeutung. Wir wollen die Menge T aller Tests zusammenfassen:

$$T = \{110,\ 101,\ 011;\ 100,\ 010,\ 001\}$$

7.3 Allgemeine Aussagen über Tests

Wir können nun folgende Aussagen über die Existenz und Äquivalenz von Tests machen.

Existenz der Tests

Satz 1: Die Menge T der a-Tests und b-Tests entdeckt alle Einfachfehler und Mehrfachfehler.

Die Tests sind alle in 6.2 und 6.3 gegeben. Beweis siehe /4/.

Äquivalenzsätze

Satz 2 (a-Tests)
Die folgenden zwei Aussagen sind äquivalent:
(I) Um das UND-Gatter G_j eines kombinatorischen Schaltnetzes, das zwei Stufen hat (UND/ODER-Typ) und das durch eine Schaltfunktion $f(\underline{x})$ dargestellt ist, bezüglich eines s-a-0-Fehlers zu testen, ist es notwendig und hinreichend, einen Minterm a_j zu haben, für den gilt:

$$a_j \in p_j \prod_{\substack{i=1 \\ j \neq i}}^{l} \bar{p}_i$$

(II) Um den Primimplikanten q_j eines durch einen Fehlerbaum darstellbaren Systems, das durch seine Strukturfunktion

$$\phi(\underline{x}) = \sum_{i=1}^{l} p_i$$

gegeben sei, darauf zu testen, ob dieser die Ursache für den Systemausfall ist, ist es notwendig und hinreichend, einen Minterm a_j zu haben, für den gilt:

$$a_j^! \in q_j \prod_{\substack{i=1 \\ j\neq i}}^{l} \bar{q}_i$$

Ein entsprechender Äquivalenzsatz gilt für b-Tests (s-a-1-Fehler und Zustände, die zum Systemausfall benachbart sind, Satz 3).

Anmerkung

Aus den Sätzen 1,2,3 folgt noch eine Aussage über die Existenz der Tests bei Systemen, die durch Fehlerbäume darstellbar sind.

Satz 4: Die Menge der a-Tests und b-Tests entdeckt alle Primimplikanten, die zum Systemausfall führen sowie alle Monome, die dem Systemausfall benachbart sind.

Damit haben wir die wichtigsten Aussagen über Existenz und Äquivalenz der eingeführten Tests zusammengefaßt.

8. Anwendung der Tests

8.1 Systembeschreibung

Wir zeigen nun an einem anschaulichen Beispiel die Anwendung der entwikkelten Tests.

Ein System diene in einer großtechnischen Anlage zur Abkühlung einer heißen Flüssigkeit (z.B. HNO_3) Abb. 2. Das dabei in Betracht kommende "Unerwünschte Ereignis" sei Eintritt des heißen HNO_3 in die übrige Anlage. Dieses System wurde ausführlich in der Literatur behandelt /6/ und sein Fehlerbaum diskutiert. Dabei soll folgendes möglich sein:

- Eine effiziente Suche der den Systemausfall verursachenden Kombination von Komponenten (wenn das System ausgefallen ist)
- Eine effiziente Suche aller Zustände, die einem Systemausfall benachbart sind.

Die wichtigsten Komponenten sind

- Ventil (1)
- Wärmetauscher (2)
- Temperaturfühler (3)
- Temperaturregler (4)
- Kühlwasserventil (5)
- Kühlwasserpumpe (6)

Kühlwasser
HNO3
(heiss)
(1)
(3)
HNO3
Wärme-
tauscher
(2)
Temperatur-
fühler
(5)
Temperatur-
regler
(4)
Kühl-
wasser
(6)
f(x)
A1
A2
x10
A3
x7
A4
A5
A6
x8
x9
A7
x6
x3
x4
A8
x5
A9
x1
x2
x4

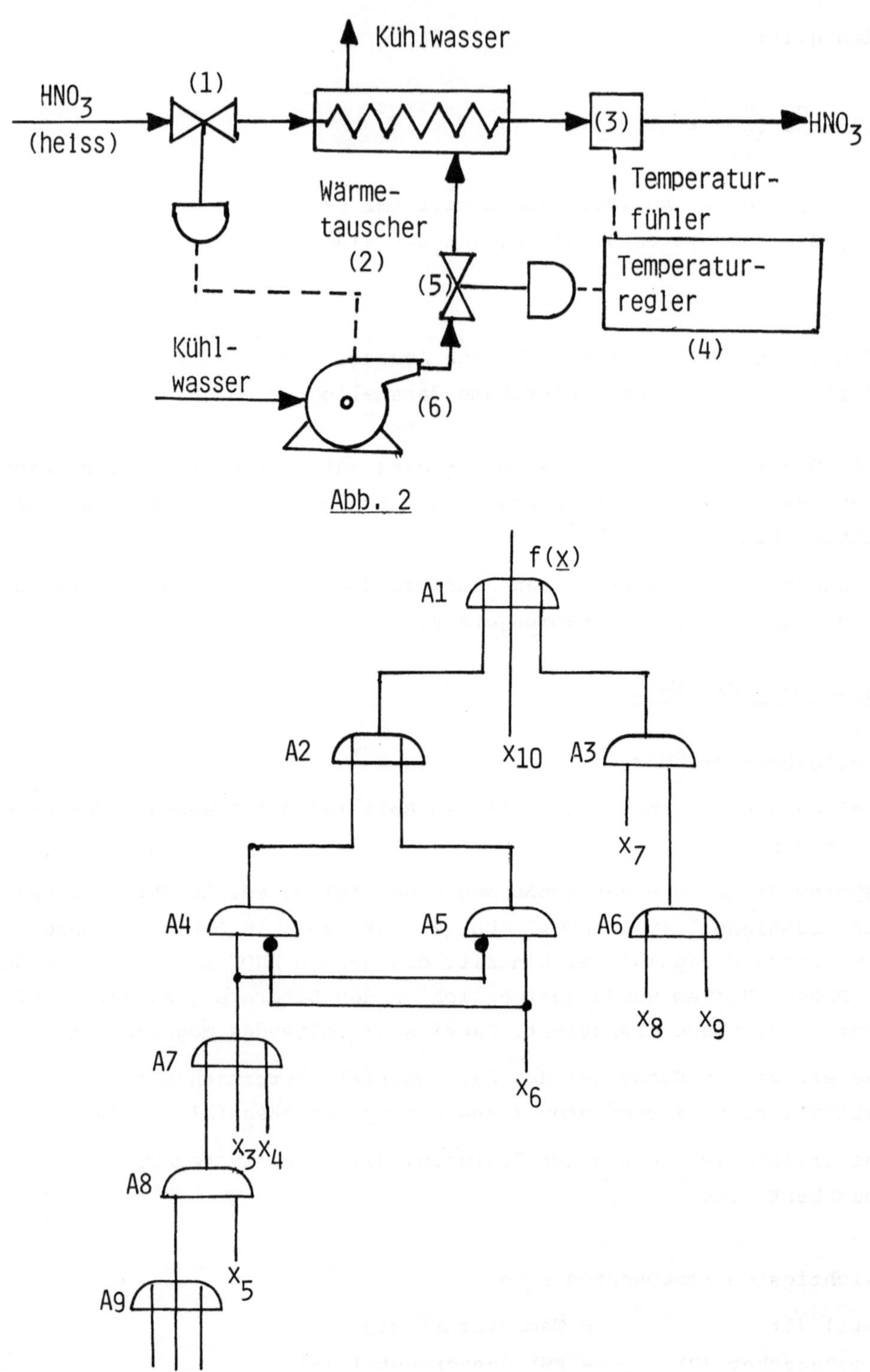

Abb. 2

Abb. 3

Es gibt für die Komponenten jeweils eine bzw. mehrere Arten von Ausfällen. Weiterhin kann auch eine Verstopfung den Betrieb stören. Es ist möglich, den Normalbetrieb und die wichtigsten Abweichungen vom Sollwert ("Ausfälle") in einem Flußdiagramm zu modellieren. Daraus kann man systematisch einen Fehlerbaum entwickeln. Es würde zu weit führen, diese Schritte hier näher auszuführen. Vom Fehlerbaum, dem man dabei erhält, soll nur ein Unterbaum gezeigt werden (Abb. 3). Er hat insbesondere mit dem Versagen des Kühlwassers zu tun.

8.2 a-Tests (2 Schritte)

1. Aus der Strukturfunktion, die diesem Unterbaum entspricht, erhalten wir folgende Primimplikantendarstellung:

$$\phi(\underline{x}) = x_1x_5\bar{x}_6 + x_2x_5\bar{x}_6 + x_3\bar{x}_6 + x_4\bar{x}_6 + \bar{x}_1\bar{x}_2\bar{x}_3\bar{x}_4x_6 + \bar{x}_3\bar{x}_4\bar{x}_5x_6 + x_{10} + x_7x_8 + x_7x_9$$

2. Wir erhalten die a-Tests aus 6.2 und $\phi(\underline{x})$:

a_j	1	2	3	4	5	6	7	8	9	10
1	1	0	0	0	1	0				
2	0	1	0	0	1	0				
3	0	0	1	0	0	0				
4	0	0	0	1	0	0				
5	0	0	0	0	1	1				
6	1	1	0	0	0	1				
7	0	0	0	0	0	0	0	0	0	1
8							1	1	0	0
9							1	0	1	0

Tab. 2

8.3 b-Tests (2 Schritte)

1. Die Suche nach Primimplikanten ist wieder dieselbe.
2. Wir erhalten die b-Tests aus 6.3 und $\phi(\underline{x})$.

Nun tabellieren wir

- Primimplikanten p_j, benachbarte Monome p_{jk}^x
- Minterme b_{jk}

		1	2	3	4	5	6	7	8	9	10	1	2	3	4	5	6	7	8	9	10	
$p_1 = x_1 x_5 \bar{x}_6$		1	-	-	-	1	0	-	-	-	-	32	16	8	4	2						
p^x_{1k}	k=1	0	-	-	-	1	0	-	-	-	-	0	1	0	0	1	0	0	0	0	0	18
	2	1	-	-	-	0	0	-	-	-	-	1	0	0	0	0	0	0	0	0	0	32
	3	1	-	-	-	1	1	-	-	-	-	1	0	0	0	1	1	0	0	0	0	35
$p_2 = x_2 x_5 \bar{x}_6$		-	1	-	-	1	0	-	-	-	-											
p^x_{2k}	k=1	-	0	-	-	1	0	-	-	-	-	1	0	0	0	1	0	0	0	0	0	34
	2	-	1	-	-	0	0	-	-	-	-	0	1	0	0	0	0	0	0	0	0	16
	3	-	1	-	-	1	1	-	-	-	-	0	1	0	0	1	1	0	0	0	0	19
$p_3 = x_3 \bar{x}_6$		-	-	1	-	-	0	-	-	-	-											
p^x_{3k}	k=1	-	-	0	-	-	0	-	-	-	-	0	0	0	1	0	0	0	0	0	0	4
	2	-	-	1	-	-	1	-	-	-	-	0	0	1	0	0	1	0	0	0	0	9
$p_4 = x_4 \bar{x}_6$		-	-	-	1	-	0	-	-	-	-											
p^x_{4k}	k=1	-	-	-	0	-	0	-	-	-	-	0	0	1	0	0	0	0	0	0	0	8
	2	-	-	-	1	-	1	-	-	-	-	0	0	0	1	0	1	0	0	0	0	5
$p_5 = \bar{x}_1 \bar{x}_2 \bar{x}_3 \bar{x}_4 x_6$		0	0	0	0	-	1	-	-	-	-											
p^x_{5k}	k=1	1	0	0	0	-	1	-	-	-	-	1	0	0	0	0	1	0	0	0	0	33
	2	0	1	0	0	-	1	-	-	-	-	0	1	0	0	0	1	0	0	0	0	17
	3	0	0	1	0	-	1	-	-	-	-	0	0	1	0	1	1	0	0	0	0	11
	4	0	0	0	1	-	1	-	-	-	-	0	0	0	1	1	1	0	0	0	0	7
	5	0	0	0	0	-	0	-	-	-	-	0	0	0	0	1	0	0	0	0	0	2
$p_6 = \bar{x}_3 \bar{x}_4 \bar{x}_5 x_6$		-	-	0	0	0	1	-	-	-	-											
p^x_{6k}	k=1	-	-	1	0	0	1	-	-	-	-	0	1	1	0	0	1	0	0	0	0	25
	2	-	-	0	1	0	1	-	-	-	-	1	0	0	1	0	1	0	0	0	0	37
	3	-	-	0	0	1	1	-	-	-	-	1	1	0	0	1	1	0	0	0	0	51
	4	-	-	0	0	0	0	-	-	-	-	1	1	0	0	0	0	0	0	0	0	48
$p_7 = x_7 x_8$		-	-	-	-	-	-	1	1	-	-											
p^x_{7k}	k=1	-	-	-	-	-	-	0	1	-	-	0	0	0	0	0	0	0	1	0	0	
	2	-	-	-	-	-	-	1	0	-	-	0	0	0	0	0	0	1	0	0	0	
$p_8 = x_7 x_9$		-	-	-	-	-	-	1	-	1	-											
p^x_{8k}	k=1	-	-	-	-	-	-	0	-	1	-	0	0	0	0	0	0	0	0	1	0	
	2	-	-	-	-	-	-	1	-	0	-	0	0	0	0	0	0	1	0	0	0	
$p_9 = x_{10}$																						

Tab. 3

Bemerkungen

- p_9 ist ein Einzelfehler. Er muß durch konstruktive Maßnahmen beseitigt werden. Hier würde der b-Test nicht ansprechen.
- Durch eine Übertragung der binären Minterme ins Dezimalsystem sieht man leicht, daß sich kein b_{jk} in mehr als einem p^x_{jk} befindet. Bei p^x_{7k}, p^x_{8k} ist dies unmittelbar zu überblicken.

8.4 Zusammenfassende Betrachtung

Es zeigt sich durch Überlegungen aus Schaltalgebra, Fehlerdiagnose und Fehlerbaumanalyse, daß die dabei entstehenden Methoden auf Systeme angewandt werden können, die einen weiten Bereich der Technik umfassen. Die in Abschnitt 5 vorgeschlagenen Tests lassen sich durch Überlegung (Abschnitt 6,7) rechtfertigen. In Abschnitt 8 wurde ein Beispiel ausgeführt. Andere, ebenfalls behandelte Beispiele liegen z.B. im Bereich der Kerntechnik. Auf jeden Fall können die a-Tests die Verfügbarkeit, die b-Tests die Zuverlässigkeit erhöhen. Eine Weiterführung dieser Untersuchungen ist im Gange.

Literatur

/1/ Breuer, M. A., Friedman, A. D.
Diagnosis and Reliable Design of Digital Systems
Pitman Publishing Ltd., London (1977)

/2/ DIN 25424 Fehlerbaumanalyse, Methode und Bildzeichen, Teil 1
Berlin (1981)

/3/ Murchland, J. D., Weber, G.G.
A Moment Method for the Calculation of a Confidence Interval for the Failure Probability of a System
Proc. 1972 Ann. Symp. on Reliability and Maintainbility (1972)

/4/ Kohavi, Z.
Switching and Finite Automata Theory,
2^{nd}Ed., Mc Graw-Hill Book Company New York (1978)

/5/ Görke, W.
On Test Generation for Combinatorial Logic Circuits by Use of Functional Experiments only (Interner Bericht Nr. 25/80)
Universität Karlsruhe, Fakultät für Informatik (1980)

/6/ Lapp, S. A., Powers, G. J.
Update of Lapp-Powers Fault-Tree Synthesis Algorithm
IEEE Trans. on Reliability, Vol. R-28 p. 12-15 (April 1979)

KERNTEST: EIN AUF DER MIKROEBENE UNTERSTÜTZTER PROZESSRECHNER-SELBSTTEST

Sven-Axel Nilsson
SIEMENS AG, Gerätewerk Karlsruhe

Es wird ein Kerntest vorgestellt, der als Basis eines Selbsttests dient. Es handelt sich dabei um ein Verfahren, das den Test des Testkerns auf der Mikroprogramm-Ebene unterstützt. Als Testkern wird dabei der Teil eines Rechners verstanden, der zum Testen des ersten Testobjekts per Programm erforderlich ist. Zum Testkern zählen in diesem Fall die beteiligten Komponenten des Zentralprozessors wie Rechenwerk, Steuerwerk nebst Mikroprogramm und die prozessor-internen Busse. Außerdem zählen zum Testkern der Systembus und der Festwertspeicher, der das Selbsttestprogramm enthält, das nach dem Kerntest gestartet wird.
Der hier vorgestellte Kerntest reduziert die Anzahl der von Anfang an beteiligten Komponenten auf die genannten Komponenten des Zentralprozessors. Er überprüft einfach und schrittweise nacheinander die übrigen Komponenten.
Der Bericht führt auf, welche Strategie und Voraussetzungen erforderlich sind, um den Kerntest in Prozeßrechnern zu ermöglichen und wie der Kerntest aufgebaut werden kann. Außerdem folgt eine Abschätzung des Aufwandes.

1. Einleitung

Unter einem Selbsttest wird allgemein ein Testverfahren verstanden, das auf dem zu testenden Rechner selbst abläuft [2; 3; 6; 7; 8; 11]. Selbsttestverfahren bauen üblicherweise die Tests schrittweise aufeinander auf, indem bereits überprüfte Komponenten für den Test weiterer Komponenten benutzt werden.

Ein besonderes Problem stellt die Testbasis, der sogenannte Testkern dar. Unter dem Testkern sollen alle Komponenten verstanden werden, die am ersten Testabschnitt beteiligt sind [4; 8]. Dieser erste Testabschnitt überprüft zweckmäßigerweise gerade die Funktionsfähigkeit des Testkerns und wird deshalb im folgenden mit "Kerntest" bezeichnet.

Die Erfahrung hat immer wieder gezeigt, daß ein Kerntest, der allein per Programm abläuft, bei den üblichen Rechnerstrukturen nicht vollständig ist [7; 8]. Einige Selbsttests verzichten sogar auf den Test des Testkerns [11], was jedoch den gesamten Selbsttest in Frage stellt.

2. Neue Lösung: Einbettung des Kerntests in den Zentralprozessor

Hier wird der Kerntest auf die Mikroprogrammebene verlagert und mit einer einfachen zusätzlichen Zählerschaltung sowie mit Hilfe der Signaturanalyse ein effizienter Kerntest ermöglicht. Dieses Verfahren, das wie Bild 1 zeigt, parallel zum Testverlauf die Testzeit und das Testergebnis überwacht, wurde bereits in [8] vorgeschlagen. Für Mikrorechner wurden in [1; 3; 8] bereits Lösungen vorgestellt, die eine prozessor-externe Realisierungsform darstellen. Ihre Effizienz kann jedoch durch eine Verlagerung in den Prozessor selbst weiter gesteigert werden.

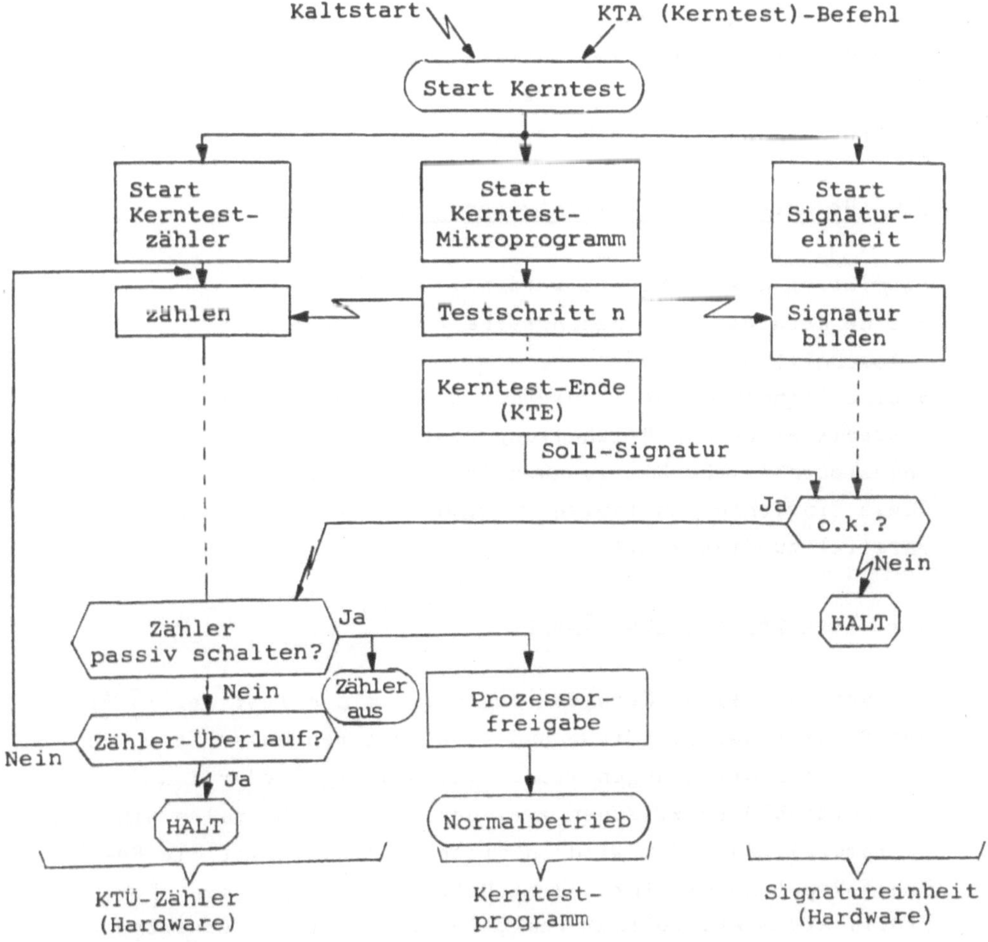

Bild 1: Kerntest mit paralleler Zeit- und Signatur-Überwachung

Durch die genannten Maßnahmen wird erreicht, daß

1. der Testkern noch kleiner wird
2. Fehler der nicht unter Test stehenden, aber am Test beteiligten Komponenten ebenfalls entdeckt werden,
3. eine Fehldiagnose, so z.B. das Freisetzen eines fehlerhaften Rechners, praktisch ausgeschlossen ist.

Darüber hinaus ermöglicht die Zähler- und Signaturschaltung bei Kaltstart eine detaillierte Fehlerdiagnose. Der Kerntest ist außerdem so konzipiert, daß er zur Fehlererkennung auch während des Betriebes aufgerufen werden kann. Dies ermöglicht eine Fehlerfrüherkennung, falls das Programm z.B. in Pausenzeiten aufgerufen wird. Entdeckt eine andere Ebene oder Einrichtung Fehler (z.B. ein Anwenderprogramm oder das Betriebssystem), dessen Ursachen nicht bekannt sind, so kann der Kerntest zu Diagnosezwecken aufgerufen werden.

3. Beschreibung des Kerntestprogramms

Beim Start des Kerntests werden

- eine Kerntest-Überwachungsschaltung (siehe auch Abschnitt 4.1) und
- eine Signatureinheit, die aus Signaturgenerator, -register und -prüfschaltung besteht,

angestoßen (siehe hierzu auch Abschnitt 4.2).
Diese Einrichtungen laufen während des gesamten Kerntests parallel zu diesem mit.

3.1 Test der internen Busse

Der vorgeschlagene Kerntest beginnt mit dem Test der internen Busse Y und D. (Diese und alle weiteren unter Test stehenden Einrichtungen werden auf ständig 0 oder 1 und auf Kurzschlüsse zwischen zwei benachbarten Signalen hin überprüft). Außerdem wird in diesem Testabschnitt die Befehls-Pipeline mit ihren drei Befehlscode-Registern überprüft. Als Mikroprogramm realisiert, umfaßt dieser erste Testabschnitt lediglich 16 Mikroworte.

3.2 Test des Systembusses

Nach dem Test der internen Busse folgt der Test des Systembusses, der aus dem Adreßbus $\overline{AB}$, dem Datenbus $\bar{D}$ und dem Steuerbus besteht.

Um den Steuerbus testen zu können, muß der Zugriffsverwalter zunächst initialisiert und der Pufferspeicher passiviert werden. Wie Bild 2 zeigt, ist der Zugriffsverwalter eine Hardware-Einrichtung, die zwischen dem Prozessor und dem Adreßbus geschaltet ist. Die Initialisierung erfolgt durch Mikroroutinen, die ohnehin vorhanden sind, so daß sie lediglich in das Kerntestprogramm eingebunden werden müssen. Auf die Testbarkeit derartiger Einrichtungen wird in [5] ausführlicher eingegangen.

Der Systemtest ist in Testabschnitte gegliedert. Im ersten Abschnitt erfolgt eine Leseprüfung. Der Test adressiert vier verschiedene, reservierte Festwertspeicherzellen nacheinander, liest die dort abgelegten Testmuster als Istwert und vergleicht sie mit vier im Mikroprogramm abgelegten Sollwerten.

Im zweiten Abschnitt erfolgt ein Schreib-/Lese-Test mit Hilfe des Schreib-/Lese-Speichers. Der Test ist so gestaltet, daß nach Testabschluß im fehlerfreien Fall der ursprüngliche Wert der Speicherzellen wieder hergestellt ist.

3.3 PROM-Test

Nach dem erfolgreichen Verlauf der ersten mikroprogrammierten Testabschnitte geht die Kontrolle an ein sogenanntes Basistestprogramm WUFF [10] über. Das Basistestprogramm ist auf der Maschinenebene programmiert. Um den Testkern klein zu halten, befindet sich der Rumpf dieses Programms im Festwertspeicher. Es empfiehlt sich, vor dem Start des Basistestprogramms die Konsistenz und Interpretationsfähigkeit dieses Programms zu überprüfen. Durch eine derartige Maßnahme steigt die Wahrscheinlichkeit beträchtlich, daß das Basistestprogramm auch so abläuft wie es programmiert ist.

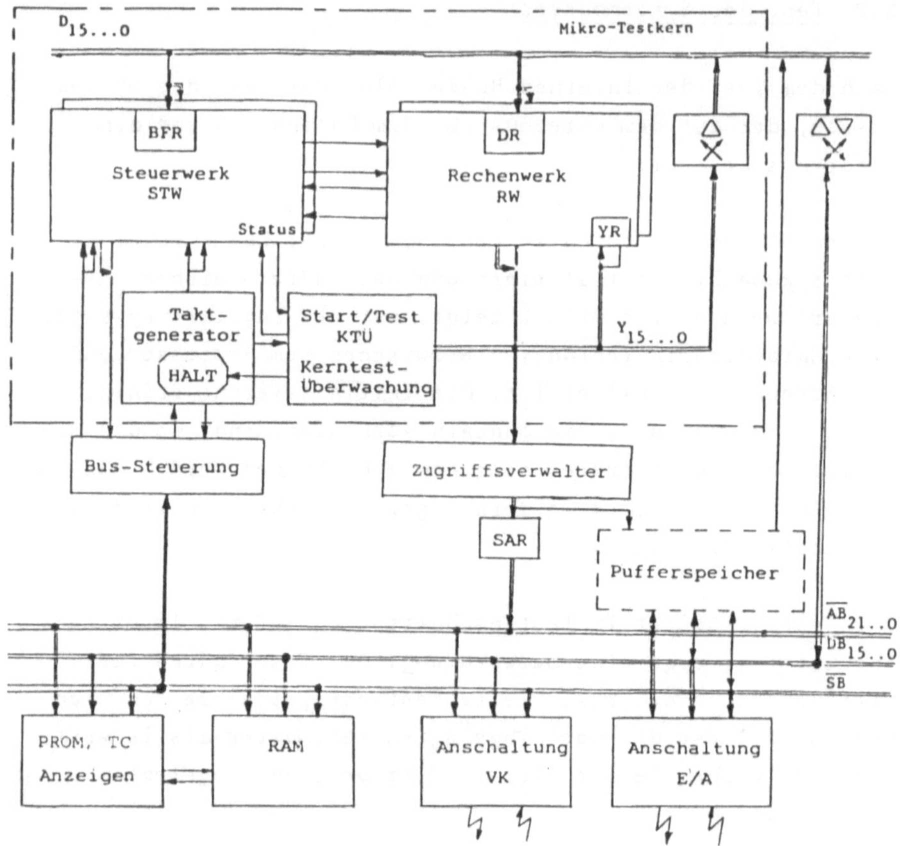

Bild 2: Blockschaltbild des Prozeßrechners mit Kerntest-Überwachung

Aus diesem Grund erfolgt vor dem Aufruf des Basistestprogramms die Überprüfung des Festwertspeichers. Hierzu wird der Inhalt wortweise über den Zugriffsverwalter inklusiv Adreßbus adressiert und über die Busse D und $\overline{D}$ in den Prozessor gelesen. Der Zugriff erfolgt damit genau so, wie er auch später während der Befehlsphase abläuft. Im Prozessor wird aus den gelesenen Werten eine Quersumme gebildet, die schließlich als Istwert mit dem ebenfalls im Festwertspeicher abgelegten Blockprüfzeichen verglichen wird. Falls auch in diesem Test keine Fehler entdeckt werden, geht die Kontrolle an das Basistestprogramm über.

3.4 Befehlstest

Dem Kerntest folgt der Basistest, in dem insgesamt 14 Befehle verwendet werden, um die dort programmierten Tests vorzunehmen.

Der Basistest umfaßt

- Test des Urladegeräts,
- Urladen,
- Test der Bildschirmbedienstation (Virtuelle Konsole).

Damit der Basistest wie programmiert verläuft, ist es erforderlich, den oben erwähnten Grundbefehlssatz oder gar den gesamten Befehlssatz auf Lauffähigkeit hin zu überprüfen. Für diesen Befehlstest bieten sich die folgenden zwei Testverfahren an.

1) Befehlstest auf der Mikroprogrammebene

Hinter jedem Maschinenbefehl verbirgt sich bekanntlich ein Mikroprogramm. Um nun auf der Mikroprogrammebene einen (Maschinen-) Befehlstest durchzuführen, sind folgende Punkte zu realisieren:

a) Das Kerntest-Mikroprogramm ist als Haupt-Mikroprogramm auszulegen.
b) Das Kerntest-Mikroprogramm ruft nacheinander in einer Schleife alle übrigen Mikroprogramme (also alle Maschinenbefehle) als Unterprogramme auf.
c) Die Maschinenbefehle haben am Ende ihrer Mikroprogramme einen bedingten UP-Rücksprung, der im "Kerntestmodus" für einen Rücksprung in das Kerntest-Hauptprogramm sorgt. Sonst wird wie bisher der nächste Maschinenbefehl aktiviert.
d) Das Kerntest-Hauptprogramm "generiert" in der unter a) geforderten Schleife den nächsten Maschinenbefehl und aktiviert diesen.

Dieses Verfahren setzt im wesentlichen voraus, daß das Kerntest-Hauptprogramm unabhängig vom Verlauf des gerade ablaufenden Maschinenbefehls und abgekoppelt vom Systembus, den Code des nächsten Maschinenbefehls in das Befehlsregister laden kann. Aus diesem Befehlscode leitet sich nämlich die Startadresse der nächsten Mikrosequenz ab.

2) Befehlstest auf der Maschinenebene

Da der hier vorgestellte Kerntest durch einen Zeitnehmer und eine Signatureinrichtung ständig überwacht wird, kann der Befehlstest auch unter externer Kontrolle, d.h. mit Hilfe des Basistestprogramms, durchgeführt werden.
In diesem Fall geht die Kontrolle nach dem letzten Mikroprogramm-Testabschnitt an das Basistestprogramm über, ohne daß der Zeitnehmer und die Signatureinheit abgeschaltet werden.

Am Ende des extern gesteuerten Testabschnitts wird im fehlerfreien Fall durch einen KTE-Befehl (KTE Kerntest-Ende), der als Parameter die Signatur dieses Testabschnitts enthält, die Signatur geprüft (siehe Bild 1). Im positiven Fall wird der Zeitnehmer gestoppt und passiv geschaltet. Der Prozessor läuft folglich im "Normalmodus" weiter.

Bleibt der Kerntest-Ende-Befehl zu lange aus oder wird er mit einer falschen Signatur abgesetzt(siehe Abschnitt 4.2), verläuft mit anderen Worten der Basistest fehlerhaft, so wird der Prozessor gestoppt. Damit sind auch irreguläre Testverläufe abgesichert. Entdeckt schließlich der Basistest einen Fehler, so kann mit Hilfe des KTE-Befehls sofort ein Prozessorstopp herbeigeführt werden, indem der KTE-Befehl eine bewußt falsche Signatur enthält.

Der Befehlstest 1) stellt vor allem im Hinblick auf Fehlerdiagnose und Laufzeit ein Optimum dar. Sie stellt aber andererseits vor allem im Punkt d) gewisse Anforderungen an die Rechnerstruktur, die von vornherein beim Entwurf eines Rechners berücksichtigt werden müssen.

Demgegenüber bietet der Befehlstest 2) eine große Flexibilität, weil das Basistestprogramm als Maschinenprogramm leichter änderbar ist. Aus diesem Grunde wird hier der zweiten Lösung der Vorzug gegeben, obwohl bei dieser gewisse Fehler zeitlich begrenzt zu irregulären Testläufen führen können.

4. Zusatzschaltung zur Kerntest-Überwachung

Um eine Absicherung gegen Fehlerwirkungen von Testkernelementen zu haben, die nicht unter Test stehen, bietet sich eine Zeitnehmerschaltung in Kombination mit einer Signatureinrichtung an. Diese Kerntest-Überwachung KTÜ soll im folgenden näher erläutert werden. Bild 2 zeigt, wie diese Schaltung in den Rechner zu integrieren ist.

4.1 Zeitnehmerschaltung und Fehleranzeige

Mit einer Kerntest-Zeitüberwachung über eine Zählerschaltung, die hier vorgeschlagen wird, sind folgende Vorteile verbunden:

1) Die Testzeit kann mikrozyklen-genau vorbestimmt werden.
2) Ein Zähler zeigt an, bei welchem Mikroschritt der Fehler entdeckt wurde, denn bei Fehlererkennung wird der Zentralprozessor nebst Testzeitzähler gestoppt. Die Auswertung dieses Zählerstandes ermöglicht auf einfache Weise eine effiziente Fehlerdiagnose. Der Zähler und seine Auswertung sind außerdem praktisch durch die Fehler nicht verfälschbar.

Als Nachteile sind vor allem folgende zwei Punkte zu nennen:

a) Die Schaltung ist abhängig vom Takt
b) Die Schaltung ist aufwendiger als die in [8] vorgeschlagene Monoflop-Schaltung.

Durch die einfache Diagnosemöglichkeit überwiegen die Vorteile der Zählerschaltung, so daß diese Schaltung Verwendung finden soll.

Für den Kerntest werden weniger als 4.000 Mikroschritte benötigt. Unterstellt man, daß der Basistest weniger als 60.000 Mikroschritte benötigt, dann reicht ein 16-Bit-Zähler aus. Dieser Zähler läßt sich leicht mit zwei Bausteinen vom Typ 74LS393 entsprechend Bild 3 realisieren. Wie diesem Bild ebenfalls zu entnehmen ist, erfolgt eine direkte Ausgabe des jeweils aktuellen Zählerstandes. Dadurch ist wie bereits erwähnt eine wesentliche Unterstützung der Fehlerdiagnose gegeben. Der Rechner geht nämlich unmittelbar nach der Fehlerkennung in den Halt-Zustand, so daß der Zählerstand indirekt den entdeckten Fehlertyp angibt.

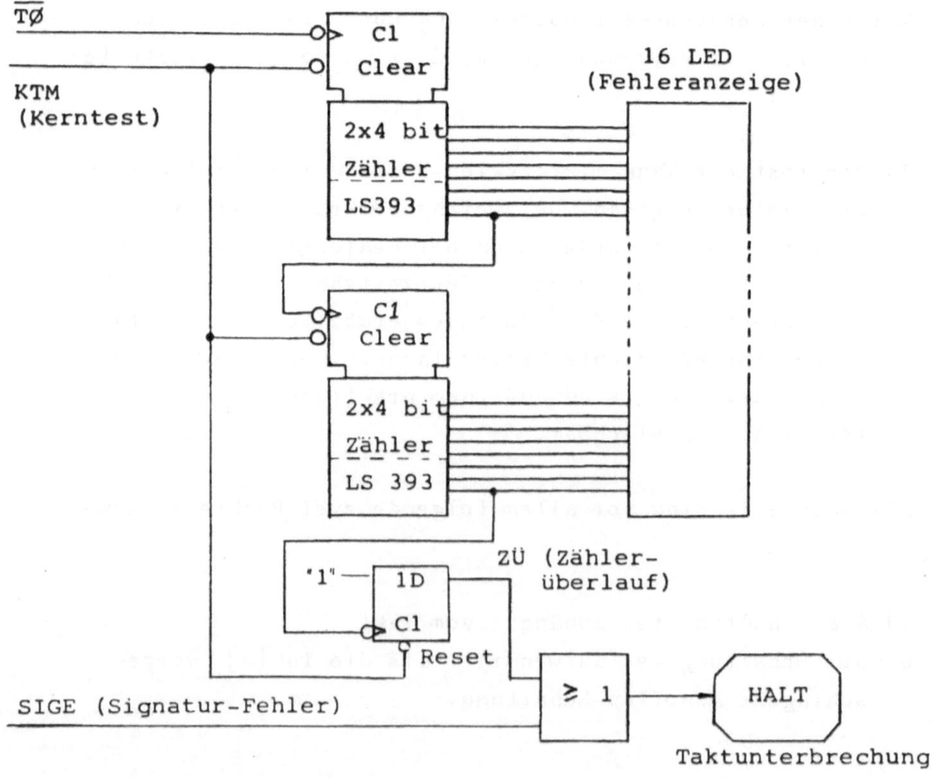

Bild 3: Zeitnehmer- und Fehleranzeige-Schaltung

4.2 Signatureinheit

Die Signatureinheit generiert während des gesamten Kerntests eine Signatur. Diese Signatur wird nach einem bestimmten zyklischen Code aus der Folge der Werte gebildet, die während der Laufzeit des Kerntests über den Y-Bus geleitet werden. Damit ist es möglich, aus erzeugten Operanden, den Operandenadressen sowie der Befehlsfortschaltung des Befehlszählers eine Signatur zu bilden.

Die Signatur dient als Schlüssel, um im fehlerfreien Fall am Ende des Kerntests den Zähler abzuschalten, also um am Testende den Prozessor in den normalen Betriebsmodus zu überführen. Durch diese Schaltung wird es praktisch unmöglich, daß bei einem irregulären Testverlauf der Prozessor freigeschaltet wird. Ein irregulärer Testverlauf ist aufgrund von bestimmten Testkernfehlern nicht ausgeschlossen. Diese Art von Testkernfehlern kann mit Hilfe der Signatureinrichtung entdeckt und abgefangen werden.

Die Signaturauswertung erfolgt durch einen speziellen Befehl, den KTE-Befehl. Das Absetzen des KTE-Befehls führt, wie bereits in Abschnitt 2 ausgeführt, zum vorzeitigen Abbruch der Testsequenz, sofern der Befehl eine falsche Sollsignatur ausweist. Auf diese Art kann ein Fehlerabbruch programmiert werden. Fehler, die der überwachte Basistest-Abschnitt entdeckt, lassen sich auf diese Weise einfach erfassen.

5. Eigenschaften und Randbedingungen

Der Hardware-Mehraufwand beläuft sich auf weniger als zehn Bauelemente oder - anders ausgedrückt - die Überwachungseinrichtung erfordert einen Mehraufwand von ca. 1,5 % bezogen auf den Testkern, der ca. 600 Bauelemente umfaßt.

Da der Mikrospeicher im allgemeinen nicht voll ausgenutzt ist, kann das Kerntest-Mikroprogramm bei dem hier projektierten Umfang von weniger als 100 Mikroworten in den ohnehin eingesetzten Mikrospeicher integriert werden, so daß hier kein hardwaremäßiger Mehraufwand zu verzeichnen ist.

Der KTE-Befehl ist als neuer Befehl in den Maschinenbefehls-Vorrat aufzunehmen. Da bei der betrachteten Maschine die Kodierung des Befehlsvorrats jedoch nicht vollständig ausgenutzt ist, bringt diese Randbedingung kein prinzipielles Problem mit sich.

Für den Fall, daß der Kerntest auch während der Laufzeit aufgerufen werden soll, ist außerdem ein KTA-Befehl (KTA Kerntest-Anfang) erforderlich. Die Verwendung des Kerntests während der normalen Betriebszeit setzt allerdings voraus, daß die Unterbrechbarkeit dieses Kerntests gewährleistet ist. Für den Kerntest wird eine Laufzeit von weniger als 10 ms angesetzt. Hierbei ist der Befehlstest, der Teil des Basistests ist, berücksichtigt.

Fernerhin ist zu beachten, daß jede Änderung des Kerntests eine Aktualisierung des Signatur-Sollwerts nach sich zieht. Bei den bestehenden Maschinen ist das Basistestprogramm WUFF beispielsweise nach der Produktionsfreigabe jedoch nicht mehr verändert worden.

6. Zusammenfassung und Ausblick

Sollen in einem Selbsttestverfahren die Diagnoseprogramme so ablaufen, wie sie programmiert sind, sollen also ein irregulärer Selbsttest und eine Fehldiagnose vermieden werden, muß ein fehlerfreier Testkern vorhanden sein. Bedingt durch die sequentielle Arbeitsweise eines Rechners können Fehler nur nacheinander getestet werden. Andererseits umfaßt der Testkern viele Komponenten, die alle den Test beeinflussen und nicht gleichzeitig getestet werden:

Deshalb sind ein:

- möglichst kleiner Testkern und
- eine zusätzliche Überwachung des Kerntests erforderlich.

Die hier vorgeschlagene Methode kommt beiden Forderungen nach und ist vom Aufwand her so bemessen, daß sie in ein Serienprodukt integriert werden kann. Selbstverständlich kann ein Selbsttest nur bei Aufruf Fehler entdecken und verbraucht dann Rechenzeit. Allein zur Verkürzung der Reparaturzeit und zur Verbesserung der Systemtests wie auch der Wartung ist ein effizienter Selbsttest von schwer quantisierbaren also unschätzbarem Wert [9].

Literaturverzeichnis

[1] Bü Buren;, G., Schütz, W.:
Mikroprozessor Selbsttest durch Signatur-Vergleich.
Elektronische Rechenanlagen 22 (1980), Heft 5, Seite 237 bis 242

[2] Eb Ebel, B.: Mikroprozessor Selbsttest
Elektronische Rechenanlagen (1978), H4, Seite 186 bis 194

[3] Gio Giordano, A.; Nilsson, S.-A.:
Ein vollständiger Selbsttest eines Mikrorechner-Testkerns.
Tagung III/79 des German Chapter of the ACM. München, Teubner-Verlag 1979, Seite 217 bis 230

[4] Ho Hoffmann, W.:
Variables Testkonzept für Mikroprozessorsysteme.
Elektronik 13 (1981), Seite 75 bis 77

[5] Ma Marhöfer, M.:
Testbarkeit von Schutzsystemen.
GI-Fachtagung, München März 1982: Fehlertolerierende Rechnersysteme. Springer-Verlag

[6] Mae Maehle, E.:
Entwurf von Selbsttestprogrammen für Mikrocomputer.
Aus Remmele, W. (Hrsg.): Microcomputing
Tagung III/79 des German Chapter of the ACM,
München, Seite 204 bis 216

[7] Mael Maehle, E.:
Self-Test Programs and their Application to Fault-Tolerant Multiprocessor Systems.
Workshop on Self-Diagnoses and Fault-Tolerance,
Universität Tübingen 1981

[8]. Ni Nilsson, S.-A.:
Selbsttestverfahren für Mikrorechner.
VDI-Berichte,
Nr. 328, Nov. 1978, Seite 77 bis 85

[9] Nil Nilsson, S.-A.:
Konzept und Architektur eines fehlertoleranten Mehrmikrorechner-Systems.
Hochschulsammlung Naturwissenschaft,
Reihe Informatik, Band 9,
Hochschulverlag Freiburg 1981

[10] Sie Siemens AG:
Zentraleinheiten R20 und R30,
Technische Beschreibung

[11] Sri Srini, V. P.:
Fault Diagnosis of Microprocessor Systems.
Computer (1977), H. 1, Seite 60 bis 64

ADAPTIVE SELBST-TESTENDE SYSTEME

E. Dilger*, Th. Risse
Institut für Informationsverarbeitung
Universität Tübingen

*zur Zeit:
International Christian University
Mitaka, Tokyo 181, Japan

Zusammenfassung

Vorgestellt werden Beschreibungsmethoden und Verfahren zum Entwurf fehlertoleranter, selbstdiagnostizierender Systeme. Insbesondere die Diagnosealgorithmen dieser Systeme lassen sich verbessern, wenn Information zur Diagnose verwendet wird, die im Laufe der Zeit über gewisse Systemparameter gewonnen werden kann. Mit Hilfe analytischer Methoden und mit Hilfe von Simulationen wird die Güte dieser Strategien gezeigt. Weiterhin konnten bisherige Annahmen über Reparatur- bzw. Erneuerungszeiten abgeschwächt werden.

1. Einleitung

In den letzten Jahren wurden verschiedene Modelle zur Beschreibung und zum Entwurf fehlertoleranter, selbstdiagnostizierender Systeme vorgeschlagen. Dabei lassen sich im wesentlichen zwei Vorgehensweisen unterscheiden:

1) Modelle für statische Eigenschaften solcher Systeme. Dabei werden Algorithmen zur Diagnose entworfen, Systeme auf ihre Testbarkeit (vgl. z.B. (2)) untersucht und in dieser Hinsicht optimale Test- und Systemdesigns entwickelt (vgl. z.B. (11)).

2) Modelle für dynamische Eigenschaften solcher Systeme. Diese Modelle bedienen sich z.B. erneuerungstheoretischer Methoden, beschreiben also das Zeitverhalten dieser Systeme mit (Semi-) Markoffschen Prozessen, (vgl. z.B. (1)) oder mittels operational analysis (4) .

Beide Vorgehensweisen wurden etwa in (5) verknüpft.

Wir werden hier Systeme betrachten, die sich periodisch selbst testen. Es wird angenommen, daß diese Systeme aus einzelnen Komponenten zusammengesetzt sind, die die Fähigkeit haben, sich und andere Komponenten des Systemes zu testen (etwa fehlertolerierende Mehrrechner-Systeme). Die Teststruktur solcher Systeme sei dabei durch das Modell von Preparata, Metze und Chien (11) beschrieben. Das Zeitverhalten wird durch eine zeitdiskrete Markoff-Kette modelliert.

Im periodischen Ablauf von Arbeitsphase, Test, Diagnose, Reparatur fällt Information an, die in den bisherigen Modellen nicht genutzt wurde. Die jeweils bei den einzelnen Tests gewonnenen Testergebnisse gestatten es nämlich, bis dato vorliegende Schätzungen über Systemkenngrößen wie etwa individuelle Ausfallraten oder die Wahrscheinlichkeiten spezieller Testergebnisse zu verbessern. So lassen sich dann on-line solche Parameter unter realistischen Arbeitsbedingungen statistisch ermitteln. Ebenso werden zeitliche Veränderungen wie z.B. Alterung erkannt. Grundlegende Betrachtungen zu dieser lerntheoretisch motivierten Vorgehensweise finden sich in (Brause, Dilger, Risse (3)).
Es zeigt sich, daß eine analytische Beschreibung solcher Systeme im allgemeinen zu komplex wird (in Spezialfällen lassen sich zumindest Näherungen analytisch herleiten). Dieser Umstand zwingt dazu, das 'Lernverhalten' allgemeiner Systeme aus Simulationsläufen abzuleiten. Anhand von Simulationen von Systemen mit verschiedenen Testgraphen läßt sich zeigen, wie das System im Laufe der Zeit seine Parameter wie z.B. Ausfallraten seiner Moduln ermittelt und so auch seine Schwachstellen identifiziert.

2. Modellannahmen

Wir nehmen an, daß das Mehrrechner- oder Mehrprozessor-System aus N einzelnen, selbstständigen Einheiten zusammengesetzt ist, die die Fähigkeit haben, andere Einheiten des Systemes zu testen, d.h. Aussagen über die Funktionsfähigkeiten anderer Einheiten zu machen. Die Zustände, in denen Einheiten sich befinden können, seien 'fehlerfrei' oder 'fehlerhaft'. Des weiteren nehmen wir an, daß eine fehlerfreie Einheit den Zustand der zu testenden Einheit richtig erkennt. Die Entscheidung lautet '1', wenn eine Einheit eine andere Einheit für fehlerfrei hält und '0' sonst. Ferner soll jede fehlerfreie Einheit sich einen Überblick über den Zustand des Gesamtsystemes verschaffen können, wobei zu beachten ist, daß eine fehlerhafte Einheit sowohl fehlerhafte Testaussagen liefern kann als auch Informationen über Testaussagen anderer Einheiten verfälscht weiterleiten kann. Wir verwenden hierbei das Modell von Preparata, Metze und Chien (11) zusammen mit dem Diagnose-Modell von Kuhl und Reddy (8), (9), (10).
Einheiten und Testverbindungen eines solchen Systemes werden durch einen Diagnosegraphen dargestellt: die Knoten des Graphen entsprechen den Einheiten unseres Systemes, die Kanten den Testverbindungen, die

gleichzeitig auch die möglichen Verbindungen zur Weiterleitung der Information über den Zustand des Gesamtsystemes sind. Eine Kante im Diagnosegraphen von Knoten i zu Knoten j bedeutet also, daß Einheit Nr. i die Möglichkeit besitzt, Einheit Nr. j zu testen und Information über andere Testergebnisse mit Einheit Nr. j auszutauschen. Die Zustände des Systemes werden durch sogenannte Fehlermuster

$$F = (F(1),\ldots,F(N)) \in \{0,1\}^N$$

beschrieben, i.e. binäre Vektoren, deren i-te Komponente angibt, ob die i-te Einheit fehlerfrei (1) oder fehlerhaft (0) ist. Bezüglich weiterer Details dieses Diagnosemodelles, insbesondere t-Diagnostizierbarkeit, t_a-Diagnostizierbarkeit und dergl. sei auf Preparata, Metze und Chien (11) und auf Kuhl und Reddy (8), (9) verwiesen.

Weitere Modellannnahmen

1. Die Lebensdauern $T_n(i)$ der i-ten Einheit nach der n-ten Erneuerung oder Reparatur seien identisch exponentiell verteilt. Sie seien unabhängig von den Lebensdauern anderer Einheiten.

2. Tests werden periodisch nach Arbeitsintervallen der Länge Δ durchgeführt, d.h. Arbeitsphasen der Länge Δ wechseln ab mit Test- und Reparaturphasen der Länge Θ.

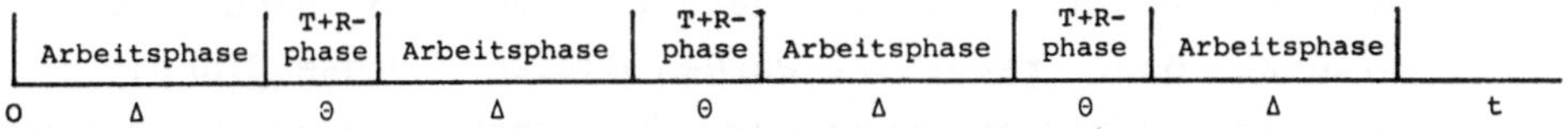

Arbeitsphase	T+R-phase	Arbeitsphase	T+R-phase	Arbeitsphase	T+R-phase	Arbeitsphase	
0 Δ	Θ	Δ	Θ	Δ	Θ	Δ	t

Figur 1

3. Während der Test- und Reparaturphasen sei das System nicht verfügbar. Wir nehmen an, daß $\Theta \ll \Delta$ ist.

4. Wir nehmen ferner an, daß während eines Systemtests, der aus der Durchführung einer Testrunde im Sinne von Kuhl und Reddy (9) besteht, das System ein Syndrom

$$S = (S(1), \ldots ,S(L)) \in \{0,1\}^L$$

produziert, wobei L die Anzahl der Testverbindungen im Diagnosegraphen ist. Während einer jeden Testrunde erzeugt sich jede Einheit P einen Fehlervektor aus den Informationen über den Zustand anderer Einheiten, die der Einheit P zugegangen ist. Das Syndrom zusammen mit den Fehlervektoren fassen wir zu einem erweiterten Syndrom

$$S^* = (S(1), \ldots , S(K)) \in \{0,1\}^K$$

zusammen, wobei $K=L+N^2$ ist (vergleiche dazu Kuhl und Reddy (8) und Greilich (6)).

5. Einheiten, die als fehlerhaft erkannt sind, werden erneuert oder repariert.

6. Die bedingte Wahrscheinlichkeit π = P(Testergebnis ist '0' / testende Einheit ist fehlerhaft) sei unabhängig vom Testzeitpunkt und vom Zustand der Einheiten des Systemes.

3. Diagnose

Ein wie oben definiertes Fehlermuster kann nun verschiedene Syndrome und Fehlervektoren erzeugen und ein erweitertes Syndrom kann im allgemeinen von verschiedenen Fehlermustern herrühren. Um deshalb die Menge der fehlerhaften Einheiten identifizieren zu können, muß man zuerst alle Fehlermuster betrachten, die mit dem Syndrom konsistent sind, d.h. die das erweiterte Syndrom hätten erzeugen können. Schließlich ist zu entscheiden, welches der ursprüngliche Fehlerzustand war.
Dies kann auf mehrere Arten geschehen:

1. Eine der Einheiten wertet das Syndrom aus und entscheidet, welche der Einheiten als defekt anzusehen sind und damit ersetzt bzw. repariert werden müssen. Diese Einheit leitet dann auch die Erneuerung bzw. Reparatur und den Wiederanlauf ein (zentrale Diagnose, Annahme einer 'golden unit').

2. Alle Einheiten werten das erweiterte Syndrom aus, verwenden also ihre Fehlervektoren und kommen zu einer Entscheidung, welche Einheiten defekt und damit erneuerungs- bzw. reparaturbedürftig sind. Durch spezielle Schutzmechanismen (vgl. etwa Robinson und Roberts (12)) ist nun sicherzustellen, daß fehlerhafte Einheiten nicht unnötige Rekonfigurationen einleiten (dezentrale, verteilte Diagnose).

Wir haben also in beiden Fällen einen Prozess vorliegen, der uns zu einem (erweiterten) Syndrom ein Fehlermuster liefert, gemäß dem die Reparatur vorgenommen wird. Wir nennen diese Abbildung zwischen erweiterten Syndromen und Fehlermustern einen Diagnosealgorithmus oder eine Strategie

$s : \{S\} \to \{F\}$

Näheres zu dieser Problematik ist in Kameda (7), Kuhl und Reddy (8), (9), Greilich (6) und in Brause, Dilger und Risse (3) zu finden. Ähnlich wie in (5) kann nun das Verhalten eines solchen Systemes durch eine zeithomogene Markoffkette beschrieben werden. Der Zustandsraum des Systems ist dabei die Menge der möglichen Fehlermuster.

Wenn der Zustand des Systems vor Beginn der n-ten Test- und Reparaturphase mit b(n) und nach der n-ten Test- und Reparaturphase mit a(n) bezeichnet wird (also jeweils Zustand zu den Zeitpunkten $\Delta+(n-1)(\Delta+\Theta)$ bzw. $n(\Delta+\Theta)$) und wenn F_i und F_j Fehlermuster sind, so kann die Arbeitsphase vermöge der Ausfallsmatrix $\mathbb{F}=(f_{i,j})$ beschrieben werden. Dabei ist

$f_{i,j} = P(\ b(n)=F_i \ /\ a(n-1) = F_j\ )$.

Gemäß unserer Annahme, daß Ausfälle einzelner Einheiten unabhängig sind, läßt sich $f_{i,j}$ folgendermaßen berechnen:

$$f_{i,j} = \prod_{k=1}^{N} r_{i,j}(k)$$

Die $r_{i,j}(k)$ berechnen sich dabei nach der folgenden Tabelle ($F_i(k)$ bezeichne die k-te Komponente des Vektors F_i):

$F_j(k)$	$F_i(k)$	$r_{i,j}(k)$
0	0	1
0	1	0
1	0	$1- R_k(\Delta+\Theta)$
1	1	$R_k(\Delta+\Theta)$

$R_k(\Delta+\Theta)$ ist dabei die Wahrscheinlichkeit, daß die k-te Einheit eine Periode überlebt, i.e. $R_k(\Delta+\Theta) = \exp(-\lambda_k(\Delta+\Theta))$. Aufgrund der Exponentialverteilung ist die Ausfallmatrix unabhängig von der Zeit.

Wenn eine Strategie s gegeben ist, kann die Test- und Reparaturphase durch die Reparaturmatrix $\mathbb{D}^s=(d^s_{i,j})$ beschrieben werden, wobei

$d^s_{i,j} = P(\ a(n)= F_i \ /\ b(n)=F_j\ )$

gilt. In Dal Cin und Dilger (5) wurde gezeigt, daß auch die Reparaturmatrix (natürlich bei zeitunabhängiger Strategie s) nicht von der Zeit abhängt.

Die Wahrscheinlichkeit dafür, daß sich das System nach der n-ten Test- und Reparaturphase (also zum Zeitpunkt $n(\Delta+\Theta)$) im Zustand F_i befindet, ist nun gleich der i-ten Komponente des Vektors

$A(n) = (\mathbb{D}^s\ \mathbb{F})^n\ A(0)$,

wenn A(0) die Anfangsverteilung der Zustände des Systemes bezeichnet.

Mit Hilfe der Grenzverteilung

$$A = \lim_{n\to\infty} (\mathbb{D}^s \mathbb{F})^n A(0)$$

bzw. der Lösung der Eigenwertgleichung

$$A = \mathbb{D}^s \mathbb{F} A$$

erhalten wir die Aufenthaltswahrscheinlichkeiten für den stationären Zustand.

Wenn nun durch den binären Vektor $C = (C(1),\ldots,C(2^N))$ das Zuverlässigkeitsnetz des Systemes beschrieben wird, d.h. $C(i)=1$ genau dann, wenn das System im Zustand F_i arbeitsfähig ist, so läßt sich die mittlere Verfügbarkeit während des n-ten Intervalles, die definiert ist als

$$\frac{1}{\Delta+\Theta} \int_{n(\Delta+\Theta)}^{(n+1)(\Delta+\Theta)} P(\text{System ist verfügbar z.Zt. } t)\, dt$$

folgendermaßen berechnen:

$$\frac{1}{\Delta+\Theta} (\int_0^\Delta \mathbb{F}(t)\, dt\, (\mathbb{D}^s\mathbb{F})^n A(0))^T C$$

Für den Verfügbarkeitskoeffizienten erhält man

$$\frac{1}{\Delta+\Theta} \int_0^\Delta (\mathbb{F}(t)\, dt\, A)^T C$$

wobei $F(t)$ analog zu F gebildet wird mit dem Argument t anstelle von $\Delta+\Theta$.

Eine gute Näherung gewinnt man aus der Trapezregel für kleine $\Delta+\Theta$

$$\Delta(A+ \mathbb{F}(\Delta)\, A)^T C/2(\Delta+\Theta)$$

4. Erlernen der Zuverlässigkeiten

Wie wir gesehen haben, hängt die Verfügbarkeit solcher selbsttestender Systeme zum einen sehr stark von den Werten $R_i=\exp(-\lambda_i(\Delta+\Theta))$ ab, zum zweiten von einer geschickten Wahl der Diagnosestrategie. Um 'gute' Systeme zu bekommen und um diese möglichst genau beschreiben zu können, ist es deshalb nötig, einerseits über möglichst exakte Werte für R_i bzw. λ_i zu verfügen und andererseits diese Kenntnis auch in die zu wählende Diagnosestrategie einfließen zu lassen.

In (3) wurde vorgeschlagen, aus der Kenntnis der vorgenommenen Reparaturen die Größen R_i bzw. λ_i zu schätzen und eine Diagnosestrategie zu verwenden, die das Risiko einer falschen Entscheidung unter Verwendung der geschätzten Werte minimiert. Es zeigt sich, daß auch bei Verwendung der (zeitunabhängigen) pessimistischen Strategie (d.h. wenn sicher mehr als t Einheiten defekt sind, wird das gesamte System erneuert) die Schwachstellen des Systems erkannt werden können.

Statistische Eigenschaften solcher Schätzer:

Nur der Klarheit der Darstellung halber sei im folgenden wieder $\lambda_i = \lambda$ angenommen. Angenommen, man könnte den wirklichen Zustand des Systemes unverfälscht beobachten, dann wäre die relative Anzahl $\hat{R}$ von Einheiten, die eine Arbeitsphase überlebt haben, ein Schätzer für $R^* = P(T > \Delta + \Theta)$ bzw. $\hat{\lambda} = 1/\Delta \ln(1/\hat{R})$ für die Ausfallrate der Einheiten mit all den schönen Eigenschaften, die man sich für eine ordentliche statistische Auswertung wünscht (vgl. Sachs (12)):

1. $\hat{R}$ ist erwartungstreu, d.h. der Mittelwert der Schätzer, gewonnen in beliebig vielen Versuchen bei gleichem Stichprobenumfang konvergiert gegen das de facto vorliegende R^*.
2. $\hat{R}$ ist konsistent, d.h. mit beliebig wachsendem Stichprobenumfang konvergiert $\hat{R}$ gegen R^*.
3. $\hat{R}$ ist effizient, d.h. $\hat{R}$ hat die kleinste Streuung und Varianz unter allen möglichen anderen Schätzern.
4. $\hat{R}$ ist suffizient, d.h. alle verfügbare Information wird verwendet und geht in die Schätzung ein.

In unserem Fall jedoch ist der Systemzustand anhand des Syndromes prinzipiell eben nicht eindeutig zu erschließen. Der Schätzer $\hat{R}$ verliert daher in unserem Modell zumindest gerade die ersten beiden Eigenschaften:

1. $\hat{R}$ ist i.A. nicht erwartungstreu : z.B. aufgrund etwa der pessimistischen Strategie, die zu wählen sich dann empfiehlt, wenn hohe Verfügbarkeit erforderlich ist und der Diagnoseaufwand gering gehalten werden soll.
2. $\hat{R}$ ist etwa dann nicht konsistent, wenn z.B. Alterung der Ersatzsysteme berücksichtigt werden soll.

Daß trotzdem die Verwendung dieses Schätzers vernünftig (zudem naheliegend und vielleicht sogar einzigmöglich) ist, wird sich im Folgenden am Beispiel ausgewählter Systeme zeigen.

Im Falle von symmetrischen Graphen (D_{1t}-design) konnte analytisch gezeigt werden, daß dieser Ansatz gute Schätzwerte für λ bzw. R liefert (für λ ist der relative Schätzfehler kleiner als 12% falls (realistischerweise) $\Delta < 0{,}01\ 1/\lambda$). Die analytische Abschätzung wurde in (3) für die zentrale Diagnose vollzogen. Kuhl und Reddy (9) haben jedoch gezeigt, daß t-diagnostizierbare Systeme auch t_a-diagnostizierbar sind. Daher liefert auch im dezentralen Diagnose-Modell die pessimistische Strategie wieder eine obere Schranke für die Zahl der notwendigen Reparaturen und damit ebenso eine solche für absolute und relative Abweichung der Schätzer für die Zuverlässigkeit bzw. für die Ausfallrate einer Komponente von den de facto vorliegenden Größen. Eine quantitative Vorstellung vermitteln die Graphiken in (3), die anhand analytischer Überlegungen gewonnen wurden. Das Lernverhalten

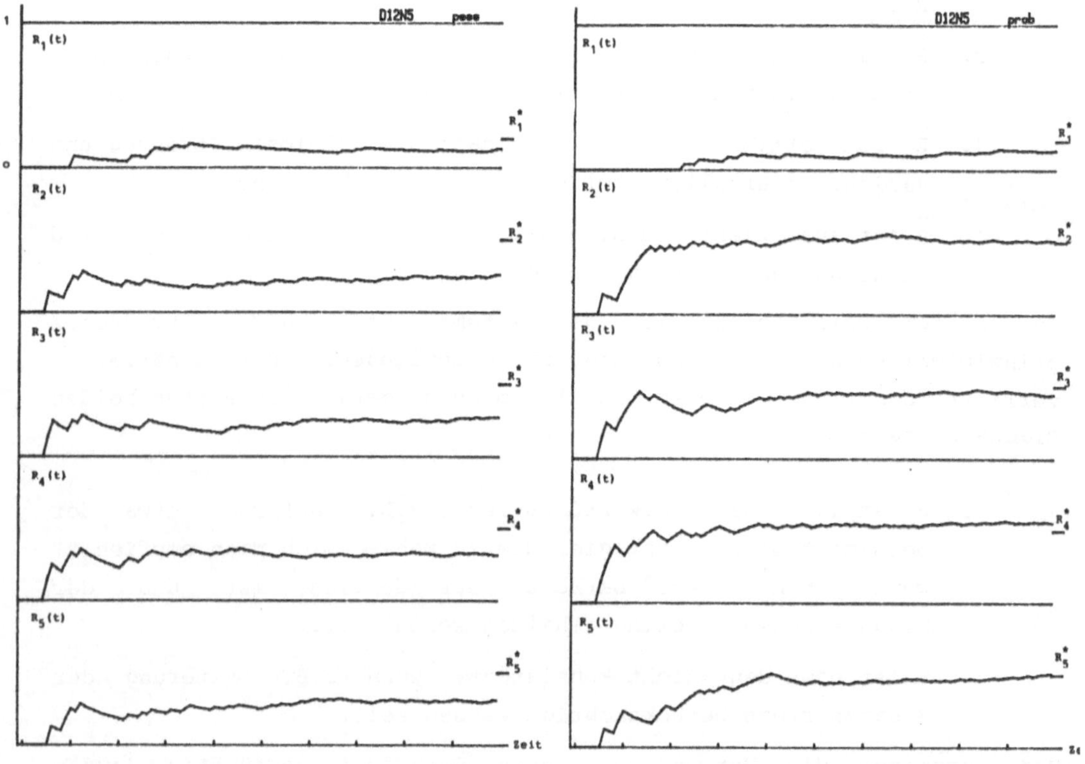

Figur 2 Figur 3

des exemplarischen D_{12}-Graphen sei hier anhand der Gegenüberstellung zweier Simulationsläufe mit probabilistischer (i.e. bei sicher mehr als t defekten Einheiten wird der Systemzustand als gerade derjenige diagnostiziert, der mit der größten Wahrscheinlichkeit das vorliegende Syndrom hätte erzeugen können) bzw. pessimistischer Diagnose-strategie vorgestellt. In Abhängigkeit von der Zeit sind die Schätzer für die Zuverlässigkeit der jeweiligen Einheit und am rechten Rand die de facto vorliegenden Zuverlässigkeiten aufgetragen. Es wird z.B. deutlich, daß die pessimistische Strategie die Zuverlässigkeiten prinzipiell unterbewertet und daß die probabilistische Strategie - wie zu erwarten - die Zuverlässigkeiten genauer zu erlernen gestattet.
Unter Verwendung der für symmetrische Graphen (vgl. (3)) explizit anzugebenden Diagnose-Matrix lassen sich nun auch die Erwartungswerte des relativen Fehlers sowie die Varianzen der Schätzer in Abhängigkeit vom Zeitpunkt bestimmen. Die beiden folgenden Darstellungen sollen für realistische λ einen Eindruck der quantitativen Verhältnisse vermitteln.

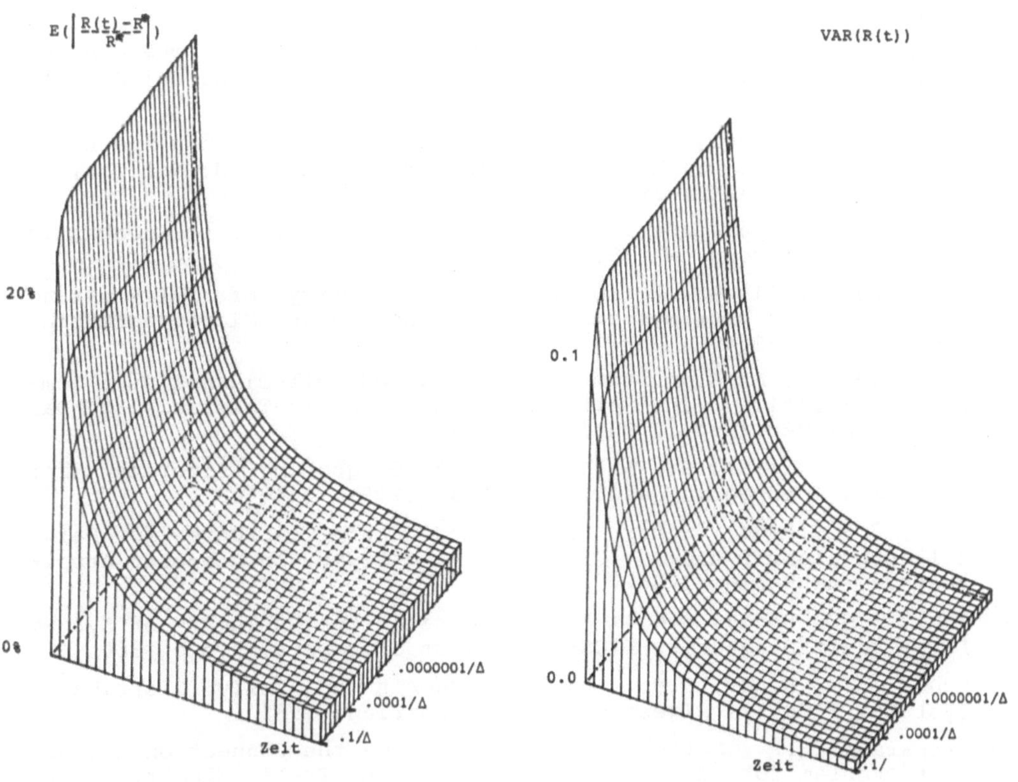

Figur 4

Figur 5

Ausblick

Wie wir gezeigt haben, bedingt die Verwendung einer zeitabhängigen Diagnosestrategie die Nichthomogenität der zugehörigen Markoffketten, was die Behandlung dieser Systeme mittels Markoffketten wesentlich erschwert. Andererseits läßt sich die Problemstellung auch nicht ohne weiteres vermittels lerntheoretischer Methoden behandeln, da der augenblickliche Zustand des Systemes nicht direkt beobachtbar ist und man daher auf die Verwendung von Information, die das (unzuverlässige) System über sich selbst liefert, angewiesen ist. In dieser Arbeit konnte gezeigt werden, daß die Verwendung dieser unzuverlässigen Information unter realistischen Annahmen zu brauchbaren Ergebnissen führt. Sicherlich lassen sich die hier für symmetrische Testgraphen gewonnenen Ergebnisse auch auf allgemeinere Teststrukturen ausdehnen.

Diese Arbeit wurde teilweise durch die Deutsche Forschungsgemeinschaft unterstützt.

Literatur

(1) Barlow, R., Proschan, F.: Mathematical Theory of Reliability, New York 1967

(2) Bennetts, R.G.: Digital Circuit Testability Measures: The CAMELOT Program, in: Self-Diagnosis and Fault-Tolerance, M. Dal Cin, E. Dilger (Eds.), Tübingen 1981

(3) Brause, R., Dilger, E., Risse, T.:Diagnosing Algorithms and Learning, in : Self-Diagnosis and Fault-Tolerance, M. Dal Cin, E. Dilger (Eds.), Tübingen 1981

(4) Buzen, J.P.: Operational Analysis - an Alternative to Stochastic Modeling , Lincoln, MA 1977

(5) Dal Cin, M., Dilger, E.: On the Diagnosability of Self-Testing Multimicroprocessor Systems, Microprocessing and Microprogramming 7 (1981), 177-184

(6) Greilich, H.: An Algorithm for Distributed Self-Diagnosis -a Computer Simulation, in: Self-Diagnosis and Fault-Tolerance, M. Dal Cin, E. Dilger (Eds.), Tübingen 1981

(7) Kameda, T., Toida, S., Allan, F.J., A Diagnosing Algorithm for Networks, Information and Control 29 (1975), 141-148

(8) Kuhl, J.G., Reddy, S.M.: Distributed Fault Tolerance for Large Multiprocessor Systems, Proc. 7-th Ann. Symp. on Computer Architecture, La Baule, 1980

(9) Kuhl, J.G., Reddy, S.M.: Some Extensions to the Theory of System Level Fault Diagnosis, FTCS-10, Digest of papers, Kyoto 1980

(10) Kuhl, J.G., Reddy, S.M.: Fault-Diagnosis in Fully Distributed Systems, FTCS-11, Digest of papers, Portland 1981

(11) Preparata, F.P., Metze, G., Chien, R.: On the Connection Assignment Problem for Diagnosable Systems, IEEE Trans. Electr. Comp. Vol EC-16, 848-854 (1967)

(12) Robinson, J.G., Roberts, E.S.: Software Fault-Tolerance in the Pluribus, AFIPS-Conference Proceedings, Vol 47, (1978)

(13) Sachs, Lothar : Angewandte Statistik, Springer, Berlin 1974

Dr. E. Dilger, Dipl.Math. Th. Risse,
Institut für Informationsverarbeitung
Univerität Tübingen
Köstlinstraße 6
7400 Tübingen

Modellierung fehlertoleranter Prozessautomatisierungssysteme

Heinz Neumann
Lehrstuhl für Prozessrechner
Technische Universität München

Zusammenfassung: Die Modellierung von Mehrrechnersystemen zur Leistungs- und Zuverlässigkeitsmodellierung stellt ein wichtiges Entwurfshilfsmittel dar. Bislang verwendete Modelle basierten entweder auf der Simulation der Hardware oder einer mathematischen Analyse. Um die Vorteile der Analyse - kurze Rechenzeiten - mit den Vorteilen der Simulation - genaue Systemabbildung - verbinden zu können, wird ein kombiniertes Simulations/Analysemodell vorgestellt. Der Schwerpunkt dieser Arbeit liegt in der Beschreibung des Simulationsmodells.

1. Einführung

Die Entwicklung der modernen Halbleitertechnologie - insbesondere auf dem Gebiet der Mikroprozessoren- erlaubt heute den Entwurf von kostengünstigen Mehrrechnersystemen zur Prozesslenkung. Durch die Konfiguration der Einzelrechner kann dabei je nach Bedarf ein System mit höherer Verarbeitungsleistung oder mit höherer Zuverlässigkeit gebildet werden. Für den Einsatz von Mikroprozessoren in sicherheitstechnisch relevanten Anwendungen wird eine Konfiguration als hochzuverlässiges System gewählt. Ein System dieser Art ist aber ebenso gut zur Ertragssteigerung einsetzbar, da es eine Verlängerung der Wartungsintervalle erlaubt sowie Nutzungsausfälle und Qualitätseinbußen z.B. durch gestörte Regelvorgänge stark reduziert.
Oft sind aber durch eine Steigerung der Verarbeitungsleistung ebenfalls Ertragssteigerungen erreichbar. Man kann im allgemeinen die Aufgabe des gesamten Rechnersystems in Teilaufgaben zerlegen, welche entweder durch ein zuverlässigeres oder durch ein leistungsstärkeres System einen

höheren Ertrag bringen. Erlaubt das Rechnersystem eine dynamische Konfiguration, so gibt die Modellierung in diesen Fällen Aufschluß über die günstigste Konfiguration für die jeweilige Teilaufgabe.

Als Modellierungswerkzeuge dienen dabei bislang entweder die mathematische Analyse des Systems oder die Simulation; entsprechende Beispiele kann man in /1.1-1.5/ finden. Aus Gründen der Vereinfachung wird in beiden Modellierungsarten von konstanten Ausfallraten ausgegangen. Weiterhin wird das Gesamtsystem als eine Einheit betrachtet und modelliert, was bei der Simulation zu großem Speicherbedarf und langen Rechenzeiten führt und sie damit als Werkzeug für den Entwicklungingenieur wenig geeignet machte. Meist werden mit ihr nur abgeschätzte Ergebnisse überprüft.

Die mathematische Modellierung hingegen bietet kurze Rechenzeiten bei geringerem Speicherbedarf. Der Anwender muß aber in der Lage sein, das zu modellierende System durch abstrakte Parameter hinreichend zu beschreiben (z.B. Zahl der Einheiten, Zahl der Degradationsstufen, Degradationsvektor, Fehlerrate aktiver und Ersatzmodule, usw. siehe /1.1/). Eine feinere Modellierung führt wegen der größeren Zahl von Parametern zu komplexen Algorithmen oder ist nicht mehr geschlossen darstellbar. Um die Zusammenhänge zwischen Zuverlässigkeit, Leistung und Nutzen in einer für den Entwickler geeigneten Weise modellieren zu können, stellt die Kombination von Simulation und mathematischer Analyse eine Lösungsmöglichkeit dar. Dabei werden die abstrakten Parameter für die analytischen Modelle durch Simulation bestimmt.

Um die Simulationszeiten zu reduzieren, ist es notwendig, nur Teile eines Systems zu simulieren. Komplexe Systeme müssen dann durch rekursive Anwendung modelliert werden, was eine deutliche Zeitersparnis bringt, aber die Möglichkeit zur Eingabe zeitabhängiger Fehlerraten bedingt, da als Ergebnis eines vorangegangenen Simulationslaufes im allgemeinen keine konstante Ausfallrate des zusammengesetzten Systems zu erwarten ist. Nach der Beschreibung der einzelnen Rechnereinheiten durch die Simulation erfolgt die Modellierung der Aufgabendurchführung in einem analytischen Modell. Hierbei können unterschiedliche Konfigurationen der Subsysteme zu einem Mehrrechnersystem auf Grund der kurzen Rechenzeiten besser untersucht werden.

2. Kombiniertes Simulations/Analysemodell

Die Modellierung gliedert sich aus den aufgeführten Gründen in zwei Teile, einen "hardwarebeschreibenden" Simulations- und einen " anwendungsabhängigen" Analyseteil (Bild 1).

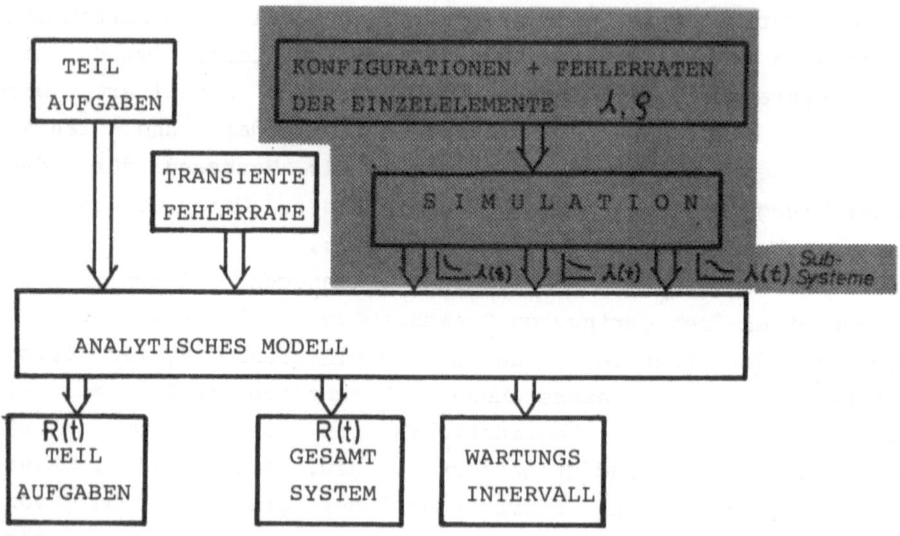

Bild 1. Aufteilung der Modellierung

Die Eingabeparameter für das Gesamtsystem sind:

- Fehler- und Reparaturraten von Einzelkomponenten der Subsysteme
- Zuverlässigkeitsschaltbilder der Subsysteme
- transiente Fehlerrate der Subsysteme
- Konfiguration des Gesamtsystems
- Teilaufgabenparameter
  - -- Anforderungsrate
  - -- Verarbeitungsdauer
  - -- maximal zulässige Antwortzeit
  - -- notwendige Rechnerkonfiguration
  - -- Ertragals Funktion von der Antwortzeit

Von diesen Parametern werden die hardwarebeschreibenden Parameter für jedes Subsystem durch Simulation zu einem Verlauf der Ausfallrate über der Zeit verdichtet.
Mit Hilfe des analytischen Modells wird aus den anwendungs-

abhängigen Parametern, den Simulationsergebnissen und der Beschreibung der Konfiguration der Subsysteme der Verlauf der Ausfallwahrscheinlichkeit für jede Teilaufgabe berechnet. Dabei können transiente Fehler berücksichtigt werden. Weitere Ergebnisse sind die Überlebenswahrscheinlichkeit des Systems bis zu einem Gesamtausfall und die Größe der Wartungsintervalle. Aus der mittleren Ausführungszeit für eine Teilaufgabe und dem damit verbundenen Ertrag wird der Gesamtertrag des Rechnersystems bestimmt.

3.Das Simulationsmodell

Um die Beschreibung des Simulationssystems weitgehend zu vereinfachen, wurden folgende Parameter ausgewählt:

- die Verbindungsstruktur des zu simulierenden Systems
- die Ausfallraten der Einzelkomponenten (zeitabhängig)
- die Reparaturraten bzw. die Reparaturintervalle
- den Simulationszeitraum
- die Anzahl der Simulationswiederholungen für statistisch relevante Aussagen

Das somit bekannte statistische Verhalten der Teilsysteme erlaubt in Zusammenhang mit der gegebenen Blockstruktur Aussagen über das statistische Verhalten der gesamten Struktur. Dazu wurde folgendes Simulationskonzept entwickelt:

Durch das Simulationsprogramm wird jedem Subsystem i (Bauteil, Kombination von Bauteilen aus einer vorangegangenen Simulation bzw. Block im vereinfachten Zuverlässigkeitsschaltbild) ein eigener Fehlergenerator (FG) zugeordnet, der Fehler in dieses Subsystem injiziert. Die vom Generator gelieferten Fehler treten dann mit der Fehlerrate λ_{Fi} auf, wie dies für -dieses Subsytem durch Angabe der Ausfallrate spezifiziert wurde.

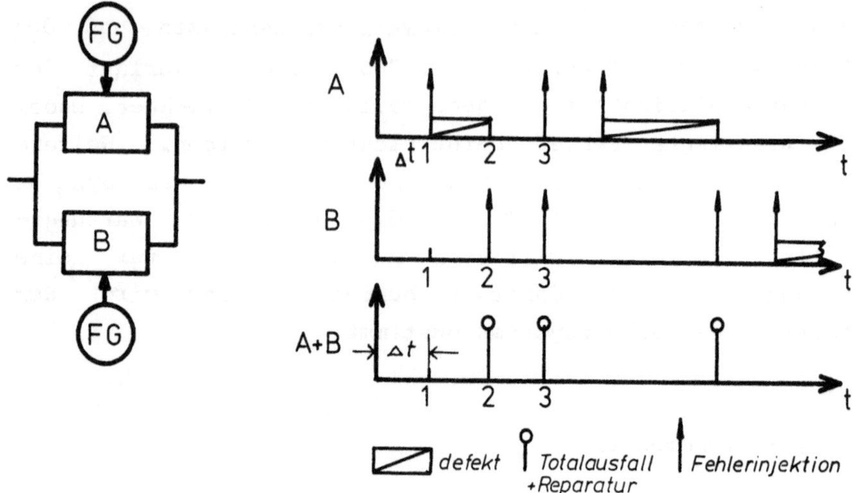

Bild 2. Fehlerinjizierung in Subsysteme

Bild 2 zeigt ein Beispiel für die Injizierung von Fehlern in Subsysteme. Der kontinuierliche Lauf der Zeit wird dazu in diskrete Zeitintervalle mit der Breite Δt aufgeteilt. Diese Intervalle stellen gleichzeitig die maximale Zeitauflösung dar, mit der man Veränderungen im System feststellen kann.
Das in Bild 2 aus zwei parallel geschalteten Subsytemen bestehende Gesamtsystem fällt dann aus, wenn beide Einzelsysteme ausgefallen sind (Duplexsystem). Dies tritt in dem gezeigten Beispiel zum Zeitpunkt t2 zum ersten mal auf. Das Simulationssystem erlaubt nun die Auswahl von zwei Strategien. Entweder wird bei einem Totalausfall das gesamte System wieder Instand gesetzt und mit der Simulation fortgefahren (Bestimmung der Mean Time Betweeen Failure MTBF), oder die Simulation wird erneut gestartet, bis die gewünschte Zahl von Simulationen durchgeführt wurde (Bestimmung der Mean Time To First Failure MTFF).
Bei der Simulation fehlertoleranter Systeme muß dafür gesorgt werden, daß einzelne defekte Subsysteme, die noch nicht zu einem Totalausfall geführt haben, repariert werden können. Dazu werden für jedes einzelne Subsystem Reparaturgeneratoren (RG) bereitgestellt. Durch Reparieren der defekten Subsysteme vor Eintritt eines Totalausfalles wird die MTBF des Gesamtsystemes erhöht. Die Angabe einer Reparaturrate hat aber nur in redundanten Systemen (z.B.Duplex oder TMR System) einen Einfluß auf die Simulationsergebnisse, da nur hier Einzelfehler toleriert werden können.
Mit dem beschriebenen Konzept ergibt sich folgender Simulationsablauf:

In einem ersten Teil der Simulation werden Blockstruktur in Form eines Zuverlässigkeitsschaltbildes, Fehlerraten, Reparaturraten und Simulationsdauer spezifiziert. Daran schließt sich die eigentliche Simulation mit Fehlerinjizierung, Subsystemreparatur, Ereignisabspeicherung und Prüfung auf Totalausfall an. In Bild 3 sind zwei mögliche Systemzustände für ein System aus vier Subsytemen dargestellt. Die Analyse auf Totalausfall besteht dabei aus der Suche nach einem intakten Pfad durch das System von E nach A. Der linke Teil des Bildes zeigt dabei ein System mit zwei defekten Subsytemen, welches aber noch intakt ist (Pfad E-2-3-A ist noch intakt). Der rechte Teil des Bildes kennzeichnet hingegen ein defektes Gesamtsystem bei gleicher Anzahl defekter Subsysteme.

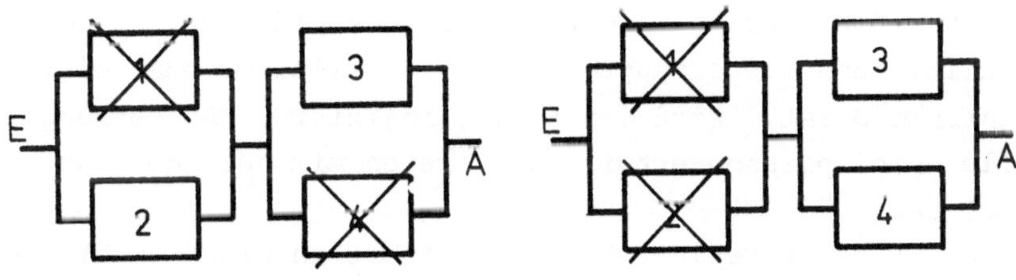

Bild 3. Beispiel für Systemzustände

Der Übergang fehlerfreier Subsysteme in den defekten Zustand erfolgt dabei mit der Fehlerrate λF. Erst nach der Fehlerzuweisung an alle Subsysteme und der Analyse auf Totalausfall (nach Abschluß einer Simulationsrunde, deren Dauer der kleinsten darstellbaren Zeitstufe entspricht) kann ein defektes Subsystem mit der Reparaturrate λR in den fehlerfreien Zustand zurückkehren.

Fehler- und Reparaturgeneratoren sorgen dafür, daß die Zustandsübergänge der Subsysteme mit den geforderten Raten erfolgen. Das statistische Signifikanz der Simulationsergebnise hängt damit direkt von der Güte dieser Generatoren ab.
Zur Erzeugung der Fehlerrate wird ein Zufallszahlengenerator verwendet, der im Intervall (O-a) gleichverteilte Zufallszahlen liefert. Um diese Forderung zu erfüllen wurde ein GFSR-Generator (Generalized-Feedback-Shift-Register-Generator /1.6/) gewählt, der an der verwendeten Rechenanlage des Lehrstuhls (PDP 11/40) bei einer Wortlänge von 15 Bit Zahlen zwischen 0 und 32767 bei einer Periodenlänge von $2 \cdot 10^9$ liefert.

Durch die Vorschrift

$$S = \lambda F \ (a + 1) - 1 \qquad \text{mit } \lambda F = \text{Fehler}/\Delta t$$

wird eine Schranke gebildet, die das Intervall (O,a) unterteilt. Wenn die erzeugte Zufallszahl kleiner oder gleich der Schranke S ist, wird ein Fehler injiziert. So erzeugte Ausfälle sind poissonverteilt und treten mit der konstanten Rate λF auf.
Die Eingabe einer Fehlerrate $\lambda F = 0$ führt zu einer Schranke $S = -1$. Keine Zufallszahl aus dem Intevall (O,a) kann somit die Bedingung für den Fehlerfall erfüllen und dieses Subsytem wird nicht ausfallen. Für $\lambda F = 1$ wird $S = a$, womit die Fehlerbedingung immer erfüllt ist.
Die Reparaturrate der Reparaturgeneratoren wird auf gleiche Weise erzeugt.

Eingabe der Simulationsparameter:

Um bei der Eingabe einer Struktur nach Bild 2 oder 3 eine einheitliche Beschreibung zu erhalten und um den Ein- und Ausgang des Gesamtsystems zu kennzeichnen, werden noch ein jeweils immer fehlerfreier Eingangs- und Ausgangsblock (ohne reales Hardwaregegenstück) hinzugefügt. Bild 4 zeigt die Struktur von Bild 2 in der Block-Beschreibung des

Simulationssystems. Um die Struktur einzugeben genügt es nach Spezifikation der gesamten Anzahl von Blöcken (hier: 4), für jeden Block die Nummer seiner unmittelbaren Folgeblöcke anzugeben (hier für Block 1 sind die Folgeblöcke 2 und 3 usw.)

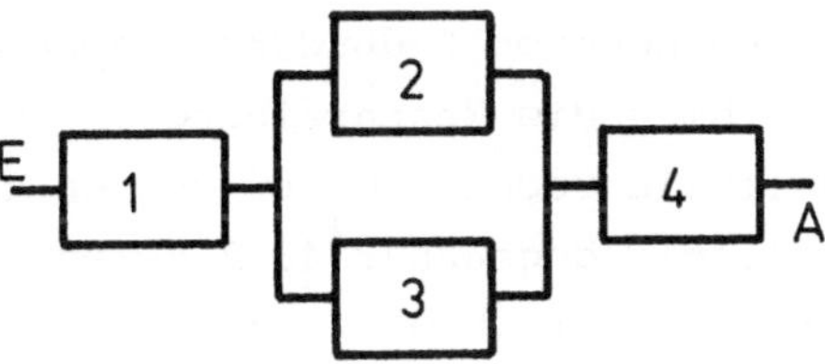

Bild 4. Blockschaltbild

Kommen im Zuverlässigkeitsschaltbild identische Blöcke vor (z.B. bei einem TMR-System), so werden diese bei der Strukturbeschreibung fortlaufend nummeriert, ihre Identität wird erst bei der Zuweisung von Fehlergeneratoren berücksichtigt, da damit grössere Freiheit bei komplexeren Systemen erreicht wird.
Eine weitere Vereinfachung gegenüber dem reinen Zuverlässigkeitsschaltbild ist bei der Blockbeschreibung möglich. So kann bei der Darstellung eines TMR-Systems der im Zuverlässigkeitsschaltbild und bei der analytischen Berechnung notwendige Pfad, welcher alle drei Einheiten in Serienschaltung zeigt, entfallen, da er bei dieser Art der Simulation bereits in den restlichen drei Pfaden berücksichtigt wird.

Nach der Eingabe der Verbindungsstruktur der Blöcke erfolgt die Zuweisung von Fehlergeneratoren und Reparaturgeneratoren. Da die eigentliche Wertzuweisung an die Generatoren (λF und λR) zeitabhängig erfolgen kann, sind hier zwei Varianten möglich. Folgt die Zeitabhängigkeit der Fehlerrate einer Weibull-Verteilung, oder lässt sie sich in Segmente unterteilen, die Weibull-Verteilungen folgen, so genügt hierzu die Angabe der Weibull-Parameter für die

jeweils gültigen Simulationszeitabschnitte (Zahl der Simulationsrunden). Kann der Verlauf der Ausfallraten über der Zeit auf diese Weise nicht angenähert werden, so kann für jede Simulationsrunde ein beliebiger Wert für λF direkt angegeben werden. An dieser Stelle ist es ebenso möglich, die bei einem vorangegangenen Simulationslauf ermittelten Werte direkt einzufügen, womit eine iterative Anwendung des Simulationssystems möglich wird. Dies kann insbesondere dann vorteilhaft eingesetzt werden, wenn bereits redundante Subsyteme zu Systemen höherer Redundanz verschaltet werden (TMR aus TMR), da hier die Beschreibung in einem einzigen Zuverlässigkeitschaltbild recht komplex werden kann (für TMR aus TMR 7 Blöcke iterativ gegenüber 43 Blöcken direkt). Neben der vereinfachten Beschreibung ist damit auch eine wesentliche Verkürzung der Simulationszeit verbunden.
Für die Beschreibung der Reparaturgeneratoren können zwei unterschiedliche Reparaturstrategieen gewählt werden. Bei der statischen Reparatur werden alle defekten Blöcke gleichzeitig nach jeweils einer spezifizierten Rundenzahl repariert. Dies ermöglicht etwa die Simulation eines festen Wartungszyklusses. Bei der dynamischen Reparatur steht für jeden Block ein Reparaturgenerator zur Verfügung der mit einer konstanten Reparaturrate vorbesetzt werden kann und der nach Eintritt des Fehlerfalles diesen Block mit dieser Rate wieder repariert.

Praktische Anwendung des Simulationssystems:

Das Simulationsystem ist in erster Linie dazu bestimmt, die Gewinnung abstrakter Daten aus einem realen System zu erleichtern. Diese Daten sollen dann in einem analytischen System weiter verwendbar sein, um daraus Aussagen zu erhalten, die über die reinen Zuverlässigkeitskennwerte hinausgehen. Ebenso soll auch die Modellierung komplexer Systeme mit den so gewonnenen Daten schneller analytisch durchgeführt werden. Dennoch ist es notwendig, bereits bei der Simulation der Subsysteme genaue Aussagen über die Fehlerhäufigkeiten und über die betroffenen Einheiten zu erhalten, um so Schwachstellen im System besser lokalisieren zu können.

Simulationsergebnisse:

In einem Systemvektor wird der aktuelle Zustand (fehlerfrei, defekt) jedes Blockes vermerkt. Dieser Vektor wird zusammen mit der jeweiligen Rundenzahl und Laufzahl beim Übergang eines Blockes in einen anderen Zustand abgespeichert. In einer sich an die eigentliche Simulation anschließenden Auswertung werden daraus folgende Daten gewonnen:

- Anzahl der Läufe ohne Totalausfall
- Anzahl der Totalausfälle und deren Zeitpunkte
- Anzahl der Ausfälle pro Lauf und Runde getrennt für jeden Block
- MTFF bzw.MTBF
- Häufigkeit der Beteiligung der einzelnen Blöcke an einem Totalausfall
- Verlauf der Ausfalldichte des Gesamtsystems über der Zeit
- Verlauf der Überlebenswahrscheinlichkeit über der Zeit

Im Anhang sind beispielhaft die Ergebnisse einiger allgemein bekannter Systeme angefügt. Neben der Beschreibung der simulierten Struktur durch die Angabe der Verbindungsstruktur werden die Zuweisung der Fehlergeneratoren sowie deren zeitabhängige Fehlerraten zur Kontrolle wiederholt. Der Verlauf der Überlebenswahrscheinlichkeit wird dabei gemittelt in Form eines Printplot dargestellt, um bei einer zu kleinen Zahl von Simulationsläufen dennoch einen Eindruck von dem prinzipiellen Verlauf zu erhalten. Mit zunehmender Zahl der erreichten Daten wird die Zahl der Elemente, die gemittelt werden verringert. Für die analytische Modellierung werden die exakten Daten der Ausfalldichte übergeben. Ein Vergleich der Ergebnisse der Simulation mit den theoretischen Ergebnissen, bzw. den Ergebnissen des analytischen Modells ergaben bei 1000 Läufen eine Abweichung der MTBF von -4% für das serielle und von -2,5% für das parallel/serielle System.

4. Die analytische Modellierung

In der analytischen Leistungs- oder Zuverlässigkeits-

modellierung wird sehr häufig auf Markov-Modelle zurückgegriffen, da diese auf einfache und anschauliche Weise eine Beschreibung verschiedener Systemzustände und der Übergänge in andere Zustände erlauben. Dabei ist aber eine Grundvoraussetzung, daß ein Nichtaltern der Bauelemente (konstante Fehlerrate) angenommen wird. Da zusammengesetzte Systeme im allgemeinen diese Forderung nicht erfüllen, ist deren unmittelbare Modellierung in solchen Modellen nicht möglich. Will man dennoch die Ergebnisse der Simulation in Markov- bzw. Semimarkov- Modellen analysieren, um deren Vorteile nutzen zu können, so ist eine genaue Analyse der Zeitverhältnisse zur Bestimmung von Zeitabschnitten annähernd konstanter Ausfallrate notwendig (Annäherung der Ausfallrate über der Zeit durch eine Treppenfunktion).
Um eine sinnvolle Intervallbreite zur abschnittweisen Modellierung zu finden, wird der Gradient der Ausfallratenkurve herangezogen. Der jeweils am Beginn eines Intervalls gültige Wert der Ausfallrate ergibt sich aus den Simulationsergebnissen. Die Modellierung des Gesamtsystemverhaltens bei Auftreten transienter Fehler ist damit durch die automatisch wiederholte Anwendung von einem wie in /1.1/ beschriebenen System und die Zusammenfassung der Ergebnisse möglich. Bei bekannter Taskdauer und deren Anforderungsrate ist damit deren Ausführungswahrscheinlichkeit in Abhängikeit der Zeit, des Wartungsintervalles und der Systemkonfiguration bestimmbar.
Mit diesen Hilfsmitteln sind die prinzipiellen Voraussetzungen geschaffen, um in einem zukünftigen analytischen Modell unter Verwendung der durch die Simulation gewonnenen Werte für die Subsysteme Wege für eine automatische Optimierung der Gesamtsystemkonfiguration bezüglich der Aufgabe des Systems und eines wahrscheinlichen Gesamtnutzens zu entwickeln.

Literatur:

/1.1/ Ng Y.: "Reliability Modelling and Analysis for Fault Tolerant Computers"; Dissertation University of Los Angeles (1976)

/1.2/ Chelson P.: "Reliability Math Modelling Using the Digital Computer"; Techn. Report of the Jet Propulsion Laboratory, Pasadena, TR32-1089

/1.3/ Chelson P.: "Reliability Computation from Reliability Block Diagrams"; Techn.Report of the Jet Propulsion Laboratory,Pasadena, TR32-1543

/1.4/ Fleming J.: "RELCOMP - A Computer Program for Calculating Sysytems Reliability and MTBF";IEEE Trans.on Reliability R-20/3, S.102 (1971)

/1.5/ Levyt H.: "A Simulation Program for Reliability Prediction of Fault Tolerant Systems"; FT-Computing Paris FTC 5 IEEE N.9, S.104 (1975)

/1.6/ Lewis T.: "Distribution Sampling for Computer Simulation" Lexington Verlag, Mass. USA, ISBN 0-669-97139-1 (1975)

Anhang: Seriensystem

```
FOLGENDE BLOC/STRUKTUR WURDE ABGESPEICHERT.
*******************************************

BLOCK  1 IST VERBUNDEN MIT DEN BLOECKEN NR.:  2,

BLOCK  2 IST VERBUNDEN MIT DEN BLOECKEN NR.:  3,

BLOCK  3 IST VERBUNDEN MIT DEN BLOECKEN NR.:  4,


 ZUWEISUNG DER REPARATURGENERATOREN:
 ***********************************

 BLOCKNR.  GEN NR.  L-WERT
    2        1      0.000004099
    3        1      0.000000099
```

```
ZUWEISUNG DER FEHLERGENERATOREN:
********************************

BLOCKNUMMER         GENERATORNUMMER
     2 -----------------  1
     3 -----------------  2


GENERATOR NUMMER  1:

     BEREICH          LAMBDA
        1-  200       0.000969400
      201-  400       0.000469401
      401-  600       0.000099999
      601-  800       0.000049999
      801- 1000       0.000009999

GENERATOR NUMMER  2:

     BEREICH          LAMBDA
        1- 1000       0.000099999
```

```
**********************************************************************************************************************
**********************************************************************************************************************
                                 E R G E B N I S S E   D E R   G E S A M T S I M U L A T I O N
**********************************************************************************************************************
**********************************************************************************************************************


DAS SIMULATIONSPROGRAMM HAT    1000  SIMULATIONSLAEUFE MIT MAXIMAL    1000  SIMULATIONSRUNDEN BEARBEITET.

**********************************************************************************************************************

DIE GESAMTSIMULATION UMFASSTE INSGESAMT 6.900530E+05 SIMULATIONSRUNDEN.

**********************************************************************************************************************

DAVON KONNTEN   624 LAEUFE OHNE CATASTROPHIC-FEHLER ZUENDE GEBRACHT WERDEN.

**********************************************************************************************************************

DIE EINZELNEN BLOECKE HATTEN FOLGENDE AUSFALLHAEUFIGKEITEN:
```

BLOCKNUMMER	GESAMTAUSFAELLE	AUSFAELLE/LAUF	AUSFAELLE/RUNDE	CATASTROPHIC-FEHLERANZAHL
2	300	0.30000	0.00043	299
3	77	0.07700	0.00011	77

```
UEBERLEBENSWAHRSCHEINLICHKEIT DES GESAMTSYSTEMS BIS ZUM AUFTRETEN DES ERSTEN CATASTROPHIC-FEHLERS
IN ABHAENIGIGKEIT DER RUNDENZAHL, EINGETEILT IN     11 KLASSEN MIT DER KLASSENBREITE VON     91 RUNDEN.

     0        10%       20%       30%       40%       50%       60%       70%       80%       90%       100%
     I....+....I....+....I....+....I....+....I....+....I....+....I....+....I....+....I....+....I....+....I
    0-..............................................................................*
     I..............................................................................*
     I..............................................................................*
     I..............................................................................*
   91-........................................................................*
     I........................................................................*
     I........................................................................*
     I........................................................................*
  182-......................................................................*
     I......................................................................*
     I......................................................................*
     I......................................................................*
  273-....................................................................*
     I....................................................................*
     I....................................................................*
     I....................................................................*
  364-..................................................................*
     I..................................................................*
     I..................................................................*
     I..................................................................*
  455-.................................................................*
     I.................................................................*
     I.................................................................*
     I.................................................................*
  546-................................................................*
     I................................................................*
     I................................................................*
     I................................................................*
  637-................................................................*
     I................................................................*
     I................................................................*
     I................................................................*
  728-...............................................................*
     I...............................................................*
     I...............................................................*
     I...............................................................*
  819-..............................................................*
     I..............................................................*
     I..............................................................*
     I..............................................................*
  910-.............................................................*
     I.............................................................*
     I.............................................................*
     I.............................................................*
 1001-
     *
```

Duplex - Simplex - System

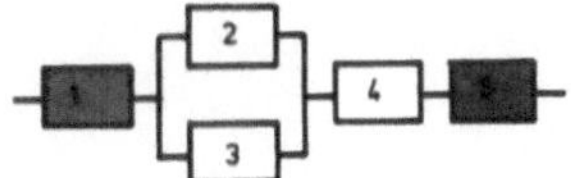


```
FOLGENDE BLOCKSTRUKTUR WURDE ABGESPEICHERT:
*******************************************

BLOCK  1 IST VERBUNDEN MIT DEN BLOECKEN NR.:  2,  3,
BLOCK  2 IST VERBUNDEN MIT DEN BLOECKEN NR.:  4,
BLOCK  3 IST VERBUNDEN MIT DEN BLOECKEN NR.:  4,
BLOCK  4 IST VERBUNDEN MIT DEN BLOECKEN NR.:  5,


ZUWEISUNG DER REPARATURGENERATOREN:
***********************************

BLOCKNR.   GEN.NR.   L-WERT
    2         1      0.000099999
    3         2      0.000099999
    4         3      0.000000099


ZUWEISUNG DER FEHLERGENERATOREN:
********************************

BLOCKNUMMER          GENERATORNUMMER
     2 ------------------ 1
     3 ------------------ 2
     4 ------------------ 3

GENERATOR NUMMER  1.

     BEREICH           LAMBDA
        1- 1000         0.001969479

GENERATOR NUMMER  2.

     BEREICH           LAMBDA
        1- 1000         0.004969474

GENERATOR NUMMER  3.

     BEREICH           LAMBDA
        1- 1000         0.000099999

**************************************************************************************************************
**************************************************************************************************************
                               E R G E B N I S S E   D E R   G E S A M T S I M U L A T I O N
**************************************************************************************************************
**************************************************************************************************************


DAS SIMULATIONSPROGRAMM HAT     230  SIMULATIONSLAEUFE MIT MAXIMAL     1000  SIMULATIONSRUNDEN BEARBEITET.

**************************************************************************************************************

DIE GESAMTSIMULATION UMFASSTE INSGESAMT 1.230760E+05 SIMULATIONSRUNDEN.

**************************************************************************************************************

DAVON KONNTEN    34 LAEUFE OHNE CATASTROPHIC-FEHLER ZUENDE GEBRACHT WERDEN.

**************************************************************************************************************

DIE EINZELNEN BLOECKE HATTEN FOLGENDE AUSFALLHAEUFIGKEITEN:
      BLOCKNUMMER       GESAMTAUSFAELLE       AUSFAELLE/LAUF        AUSFAELLE/RUNDE   CATASTROPHIC-FEHLERANZAHL
           2                  216                0.06400                0.00176                         208
           3                  247                0.90800                0.00201                         211
           4                   11                0.04400                0.00009                          11
UEBERLEBENSWAHRSCHEINLICHKEIT DES GESAMTSYSTEMS BIS ZUM AUFTRETEN DES ERSTEN CATASTROPHIC-FEHLERS
IN ABHAENIGIGKEIT DER RUNDENZAHL, EINGETEILT IN       9 KLASSEN MIT DER KLASSENBREITE VON     111 RUNDEN.

      0        10%       20%       30%       40%       50%       60%       70%       80%       90%      100%
      I....+....I....+....I....+....I....+....I....+....I....+....I....+....I....+....I....+....I....+....I
    0-.......................................................................................*
      I......................................................................................*
      I......................................................................................*
      I......................................................................................*
      I......................................................................................*
  111-............................................................................*
      I...........................................................................*
      I...........................................................................*
      I...........................................................................*
      I...........................................................................*
  222-..............................................................*
      I.............................................................*
      I.............................................................*
      I.............................................................*
      I.............................................................*
  333-.................................................*
      I................................................*
      I................................................*
      I................................................*
      I................................................*
  444-...................................*
      I..................................*
      I..................................*
      I..................................*
      I..................................*
  555-............................*
      I...........................*
      I...........................*
      I...........................*
      I...........................*
  666-......................*
      I.....................*
      I.....................*
      I.....................*
      I.....................*
  777-..............*
      I.............*
      I.............*
      I.............*
      I.............*
  888-............*
      I...........*
      I...........*
      I...........*
      I...........*
  999-
      *
```

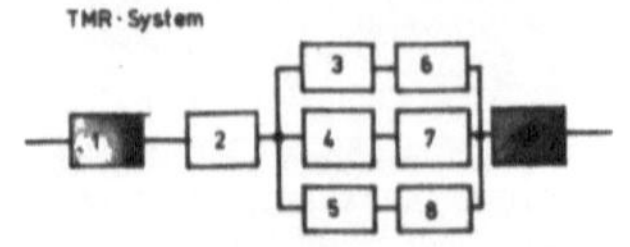


```
FOLGENDE BLOCKSTRUKTUR WURDE ABGESPEICHERT.
*******************************************

BLOCK  1 IST VERBUNDEN MIT DEN BLOECKEN NR.:   2.
BLOCK  2 IST VERBUNDEN MIT DEN BLOECKEN NR.:   3.   4.   5.
BLOCK  3 IST VERBUNDEN MIT DEN BLOECKEN NR.:   6.
BLOCK  4 IST VERBUNDEN MIT DEN BLOECKEN NR.:   7.
BLOCK  5 IST VERBUNDEN MIT DEN BLOECKEN NR.:   8.
BLOCK  6 IST VERBUNDEN MIT DEN BLOECKEN NR.:   9.
BLOCK  7 IST VERBUNDEN MIT DEN BLOECKEN NR.:   9.
BLOCK  8 IST VERBUNDEN MIT DEN BLOECKEN NR.:   9.
```

```
ZUWEISUNG DER FEHLERGENERATOREN.
********************************

BLOCKNUMMER         GENERATORNUMMER
    2 -------------------- 1
    3 -------------------- 2
    4 -------------------- 2
    5 -------------------- 3
    6 -------------------- 3
    7 -------------------- 4
    8 -------------------- 4

GENERATOR NUMMER  1.

     BEREICH          LAMBDA
       1-  200        0.000969400
     201-  400        0.000469401
     401-  600        0.000999939
     601-  800        0.000469401
     801- 1000        0.000969400

GENERATOR NUMMER  2.

     BEREICH          LAMBDA
       1-  200        0.009969467
     201-  400        0.004969474
     401-  600        0.000969400
     601-  800        0.004969474
     801- 1000        0.009969467

GENERATOR NUMMER  3.

     BEREICH          LAMBDA
       1-  200        0.009969467
     201-  400        0.004969474
     401-  600        0.000969400
     601-  800        0.004969474
     801- 1000        0.009969467

GENERATOR NUMMER  4.

     BEREICH          LAMBDA
       1-  200        0.009969467
     201-  400        0.004969474
     401-  600        0.000969400
     601-  800        0.004969474
     801- 1000        0.009969467
```

```
ZUWEISUNG DER REPARATURGENERATOREN.
***********************************

ES WIRD STATISCH NACH JEWEILS  50 ZYKLEN REPARIERT
```

```
*****************************************************************************************************
*****************************************************************************************************
                        E R G E B N I S S E   D E R   G E S A M T S I M U L A T I O N
*****************************************************************************************************
*****************************************************************************************************

DAS SIMULATIONSPROGRAMM HAT   1000  SIMULATIONSLAEUFE MIT MAXIMAL   1000  SIMULATIONSRUNDEN BEARBEITET.

*****************************************************************************************************

DIE GESAMTSIMULATION UMFASSTE INSGESAMT 1.321040E+05 SIMULATIONSRUNDEN.

*****************************************************************************************************

DAVON KONNTEN     5 LAEUFE OHNE CATASTROPHIC-FEHLER ZUENDE GEBRACHT WERDEN.

*****************************************************************************************************

DIE EINZELNEN BLOECKE HATTEN FOLGENDE AUSFALLHAEUFIGKEITEN.
```

BLOCKNUMMER	GESAMTAUSFAELLE	AUSFAELLE/LAUF	AUSFAELLE/RUNDE	CATASTROPHIC-FEHLERANZAHL
2	115	0.11500	0.00087	115
3	933	0.93300	0.00706	577
4	933	0.93300	0.00706	577
5	972	0.97200	0.00735	662
6	972	0.97200	0.00735	662
7	932	0.93200	0.00705	576
8	932	0.93200	0.00705	576

```
UEBERLEBENSWAHRSCHEINLICHKEIT DES GESAMTSYSTEMS BIS ZUM AUFTRETEN DES ERSTEN CATASTROPHIC-FEHLERS
IN ABHAENGIGKEIT DER RUNDENZAHL. EINGETEILT IN     11 KLASSEN MIT DER KLASSENBREITE VON     91 RUNDEN.

      0        10%       20%       30%       40%       50%       60%       70%       80%       90%      100%
      I....+....I....+....I....+....I....+....I....+....I....+....I....+....I....+....I....+....I
    0-....................................*
      I...................................*
      I...................................*
      I...................................*
   91-.................*
      I................*
      I................*
      I................*
  182-...........*
      I..........*
      I..........*
      I..........*
  273-.......*
      I......*
      I......*
      I......*
  364-......*
      I.....*
      I.....*
      I.....*
  455-......*
      I.....*
      I.....*
      I.....*
  546-.....*
      I....*
      I....*
      I....*
  637-....*
      I...*
      I...*
      I...*
  728-..*
      I.*
      I.*
      I.*
  819-.*
      I*
      I*
      I*
  910-*
      I*
      I*
      I*
 1001-
```

Modelle zum Entwurf fehlertolerierender Mehrrechnersysteme und deren Simulation

Max Syrbe und Franz Saenger

Fraunhofer-Institut für Informations- und Datenverarbeitung, Karlsruhe

Zusammenfassung

Modulare Rechnerbausteinsysteme erlauben für einen bestimmten Anwendungsfall die Bildung unterschiedlicher Systemstrukturen, die sich meistens bezüglich Leistung, Verfügbarkeit und Kosten deutlich unterscheiden. In früheren Arbeiten wurde gezeigt, daß eine quantitative Analyse und Synthese auf drei miteinander verbundenen Modellen (Bedienmodell, Zuverlässigkeitsnetz, Diagnostikgraph) aufbauen muß, die bei dynamischer Redundanz selbst dynamisch sind. In dieser Arbeit wird gezeigt, welche Methodenklassen die Verwendung der Modelle im praktischen Falle unterstützen. Dabei wird die insbesondere für Prozeßautomatisierungsaufgaben entscheidende Dynamik herausgestellt. Weiter wird ein Weg gezeigt, aus der Struktur eines verallgemeinerten Bedienmodells die anderen beiden Modelle abzuleiten.

1. Einführung

Vielseitige Anforderungen wachsender Komplexität an Rechnersysteme jeder Größe und die Verfügbarkeit neuer Technologien, wie Ein-Chip-Mikrorechner und Daten-Kommunikations-Systeme, führen zu einer neuen Produktklasse, den modularen Rechnerbausteinsystemen, die auch Rechnerkartensysteme genannt werden. Fortgeschrittene Produkte dieser Klasse lassen den Aufbau vielfältiger Systeme zu [1 bis 4], insbesondere auch dezentrale, verteilte Mehrrechnersysteme gekoppelt über meist geschlossene (lokale) Kommunikationsnetze, neuerdings aber auch über offene, d.h. öffentliche Kommunikationsdienste, wie DATEX-P. Sie lassen auch fehlertolerierende Strukturen zu, wovon die mit dynamischer Redundanz, weil besonders wirtschaftlich, den weiteren Betrachtungen zu Grunde liegen (Bild 1). Die mit statischer Redundanz lassen sich als einfacherer Fall mit gleichen Mitteln behandeln.

Die große Gestaltungsfreiheit der modularen Rechnerbausteinsysteme erlaubt für jeden speziellen Anwendungsfall die Bildung unterschiedlicher Systemstrukturen als Lösung, die sich bezüglich Leistung, Verfügbarkeit und Preis sowie weiterer Betriebseigenschaften unterscheiden. Damit ist die Aufgabe gestellt, den Entwurf solcher Systeme bzw. die Auswahl und Auslegung über wertanalytische Verfahren hinaus durch quantitative Modellbeschreibungen als Entwurfshilfe zu unterstützen. In früheren Arbeiten

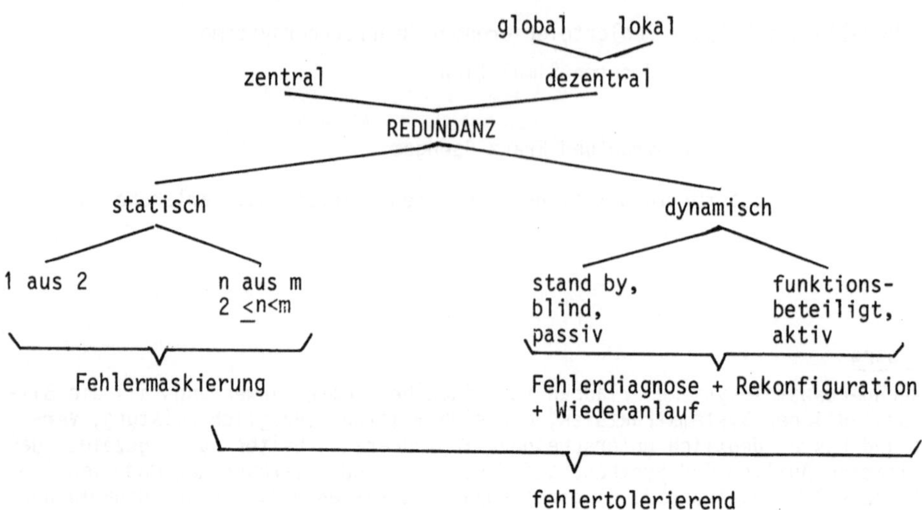

Bild 1: Übersicht der Redundanz-Arten und ihre Zuordnung zu Fehlertoleranz-Prinzipien

wurde gezeigt [5,6], daß ein fehlertolerierendes System, d. h. die allgemeinste Form der angesprochenen Systemstrukturen, nur definiert ist über drei Mengen (notwendige Bedingung):

(1) Der Menge der Geräte- und Programm-Module $\{m_i\}$,

(2) der Menge der zu tolerierenden Fehler $\{f_i\}$,

(3) der Menge der Tests $\{t_i\}$ jeweils zugeordnet zu $\{f_i\}$.

Das fehlertolerierende System $\{m_i, f_i, t_i\}$ wird auch hinreichend definiert durch Ergänzung von Strukturfestlegungen mittels dreier Modelle,

(I) dem Bedienmodell (Warteschlangenmodell),
(II) dem Verfügbarkeitsnetz und
(III) dem Diagnostikgraphen.

Diese Modelle liefern gleichzeitig quantitative Angaben zur Leistung, Verfügbarkeit und Fehlerdiagnostizierbarkeit. Die Modulmenge $\{m_i\}$ bestimmt die aufzuwendenden Kosten. Die Modelle fehlertolerierender Systeme mit dynamischer, insbesondere funktionsbeteiligter Redundanz sind aber nicht fest, d. h. nicht stationär. Die Fehlertoleranz wird durch Rekonfiguration mit Wiederaufsetzen und damit durch Modelländerung mit Anlaufvorgängen erreicht. Dies bedeutet, daß beim Systementwurf - steht im folgenden auch für Auswahl und Auslegung - mehrere Modellvarianten quantitativ und einschließlich des Einschwingverhaltens zu untersuchen sind.

Bei der wachsenden Verbreitung solcher Systeme ist eine methodische Unterstützung des geschilderten Systementwurfs auf eine Weise nötig, die der unterschiedlichen, verschieden graduierten Ausbildung der Betroffenen Rechnung trägt. Dies führt zu einer Implementierung der Methoden auf Rechnern, d. h. zu einem rechnergestützten Entwurf unter besonderer Beachtung einer guten Mensch-Rechner-Kommunikation.

2. Dekomposition und Aggregation von fehlertolerierenden Systemen: das Mengengerüst

Jeder Systementwurf beginnt am zweckmäßigsten mit der Dekomposition (Zerlegung) der Aufgabenstellung in Teilaufgaben mittels systemanalytischer [7] und mit Spezifikations-Methoden [8], die in einer Teilfunktionsmenge endet. Diese ist auf die Module des Rechnerkartensystems und auf Programm-Module abzubilden (Top-down-Entwurf). Eine andere Möglichkeit ist die Aggregation der der Aufgabenstellung entsprechenden Lösung aus den Modulen des oder der Rechnerkartensysteme und z. B. aus Standard-Programm-Modulen (Bottom-up-Entwurf). Beide Vorgehensweisen werden durch Rechnerkartensysteme, die busorientiert aufgebaut sind [9], und eine Programmierung mit Hochsprachen (z. B. PEARL, PASCAL), die Module bzw. Tasks bildet [10], besonders unterstützt [5]:

- o jede Baugruppe hinter einem oder zwischen zwei Busanschlüssen bildet einen Gerätemodul,
- o jede Task eines Anwenderprogrammes (selbständig einplanbares Teilprogramm) bildet einen Programm-Modul,
- o das Ablaufsystem (Betriebs- und Laufzeitsystem) läßt sich meistens
  - entweder aufspalten in Teile, die wie Anwender-Task's höchster Priorität behandelt werden (z. B. Unterbrechungs- und Taskverwaltung) und in Teile, die den Anwender-Task's selbst zugeordnet werden (z. B. Laufzeitprozeduren) und in Teile, die in den Prozessor integriert betrachtet werden (z. B. Tests) - in diesem Falle tritt das Ablaufsystem nicht als eigenständige Bedienstelle (Automat) auf - ,
  - oder es wird eine spezielle Bedienstelle insbesondere für die Unterbrechungs- und Taskverwaltung eingerichtet - in diesem Falle hat die den Prozessor abbildende Bedienstelle für Anwender-Task's keine eigene Warteschlange - .

Alle solche Entwurfstätigkeit führt letztlich auf ein Mengengerüst, wie dies durch die notwendige Definitionsbedingung fehlertolerierender Systeme gefordert ist. Eine geeignete Darstellung ist mit Tabellen möglich, wie am Beispiel des den früheren Arbeiten ebenfalls zugrundegelegten verteilten, fehlertoleranten Multi-Mikrorechner-Systems, dem RDC-System, gezeigt werden soll, und zwar an dem Anwendungsfall "Automatisierung von Tieföfen", der seit 1979 in Betrieb ist. Das System, sowie die Aufgabenstellung und Lösung kann hier nicht nochmals beschrieben werden, sie ist in

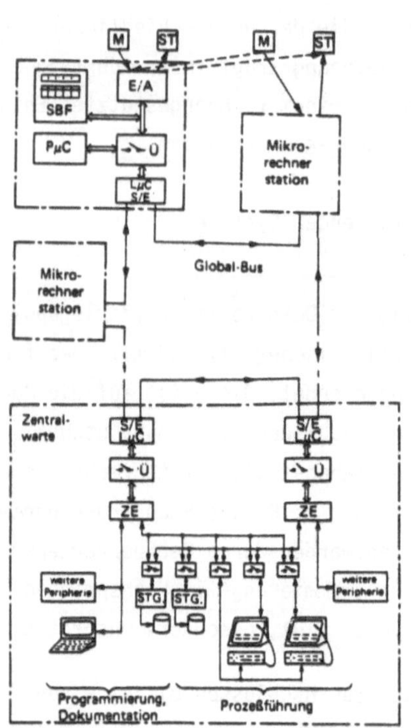

Bild 2: Geräteaufbau des RDC-Systems im Anwendungsfall "Automatisierung von Tieföfen"
M ... Meßfühler,
ST ... Stellglied,
E/A... Prozeßsignal-Ein-/Ausgabe,
SBF... Stationsbedienfeld,
PμC... prozeßsteuernder Mikrorechner,
LμC... leitungssteuernder Mikrorechner,
S/E... Sender, Empfänger,
Ü ... Überwacher.

[11,12] nachlesbar. Hier sei nur als Übersicht der Geräteaufbau in Bild 2 und der Programmaufbau in Bild 3 angegeben. Damit kann auch die Tabellendarstellung des obengenannten Mengengerüstes angegeben werden. Das Mengengerüst wird zweckmäßig in zwei Tabellen dargestellt: erstens einer Tabelle zur Erfassung der den Systemmodulen $\{m_i\}$ zugeordneten Fehler und Tests $\{f_i, t_i\}$ und zweitens

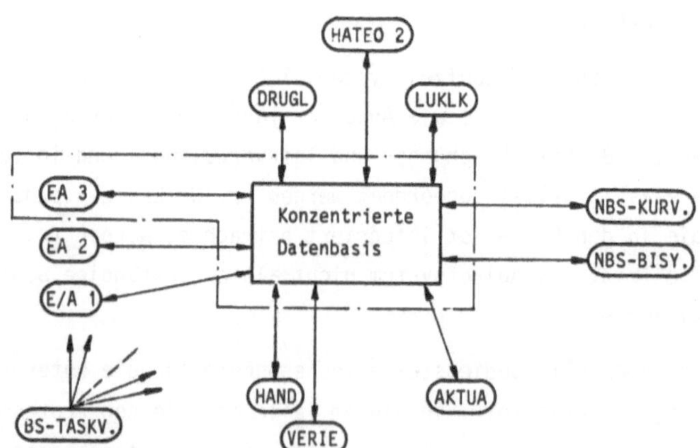

Bild 3: Programmaufbau des RDC-Systems im Anwendungsfall "Automatisierung von Tieföfen" nach Bonn
DRUGL, HATEO 2, LUKLK ... Regelungs-TASK's,
HAND, VERIE ... Steuerungs-TASK's
AKTUA ... Bedienung SBF,
E/A 1 bis E/A 3 ... Prozeßsignal-Ein/Ausgabe,
NBS-KURV., NBS-BISY ... Datenübertragung zur Warte,
BS-TASKV. ... Taskverwaltung des Betriebssystems

einer Tabelle zur Erfassung der Modulkenndaten und der dynamischen Struktur des Systems (Rekonfigurationsdaten). Aufgrund des Umfanges geschieht dies hier nur in Form von Tabellenausschnitten. Tabelle 1 zeigt die Erfassung der einander zugeordneten Modul-, Fehler- und Testmenge des Anwendungsbeispiels, weiteres siehe [11]. Bei 2 (oder n)-Fehler-Diagnostizierbarkeit (Definition nach McPherson und Kine) [5] stehen in der letzten Spalte mehrere Testträger. Auch Programm-Moduln können mit eingeschlossen werden, was hier nicht weiter ausgeführt werden kann. Tabelle 2 auf der nächsten Seite zeigt die Erfassung der Modul-Kenndaten und der dynamischen Struktur des Systems. In der letzten Spalte "Modulträger" stehen bei Programm-Moduln (und gleichgestellten Datenbasen) mehrere Modulträger (Gerätemoduln), die mit Rekonfigurationsbedingungen verknüpft sind. Zur Formulierung ist z. B. die Notation des Ladeteils von MEHRRECHNER-PEARL [13] direkt verwendbar.

Die vorgestellten Tabellen können die Basis für rechnergestützte Entwurfsmethoden bilden, denn auf sie können die Modelle der folgenden Abschnitte aufsetzen. Sie werden allerdings anfangs nur mehrschrittig im Wechselspiel mit den Modellen aufzubauen sein.

Modul		seine Fehler	zugehörige Tests		Testträger (Gastmodul)	
Nr.	Name	Nr. Name	Nr.	Name	Nr.	Name
01	PµC	011 Belegungsfrequenz	11	Zähltest	02	BSU, LµC
		012 Datenfehler	12	Bus-Paritych.	02	BSU
		013 Speicherblock.	13	Zugriffszeit	02	BSU
		014 Deadlock	14	Totmannsign.	03	BSU, LµC

Tabelle 1: Die ein System definierenden Modul-, Fehler- und Testmenge in Ausschnitten

Modul							Modulträger (Gastmodul)
Nr.	Name	Knz.	Kenndaten				Notation Ladeteil MEHRRECHNER-PEARL mit Modulnr. statt Name
			μ	p	λ	$\overline{x}$	
01	PμC	HT	1000	-	-	-	Baugruppenträger mit Stromversorgung: hier nicht einbezogen
02	BSU	HO	1000	-	-	-	w. v.
101	BS-TASKV.	SS	-	0	40	1	TO STA 1 LDPRIO Ø INITIAL STARTNO 1
102	NBS-KURV.	SS	-	0	20	1	wie oben
103	NBS-BISY.	SS	-	0	100	1	wie oben
104	HAND	SZ	-	1	6,7	3	TO STA 1 LDPRIO 1 INITIAL STARTNO 2 TO STA 2 LDPRIO 2 (STA 1 PR) RESIDENT
105	VERIE	SZ	-	1	0,67	60	wie oben
106	DRUGL	SZ	-	2	5	62	wie oben
107	HATEO 2	SZ	-	2	0,5	60	wie oben
108	LUKLK	SZ	-	3	2	40	wie oben
109	AKTUA	SZ	-	3	1	10	wie oben
110	EA 1	SZ	-	4	5	32	wie oben
111	EA 2	SZ	-	4	2	40	wie oben
112	EA 3	SZ	-	4	0,5	80	wie oben

Tabelle 2: Modulkenndaten und Systemstrukturen in Ausschnitten mit

Kennzeichen (Knz.):

HT ..... Hardware-Modul, Programm-Modulträger

HO ..... Hardware-Modul ohne Programm

SS ..... Software-Modul stochastisch eingeplant, Poissonverteilung

SZ ..... Software-Modul zyklisch eingeplant

Kenndaten:

μ ..... Bedienrate [ms/s] (auch gewichtete, mittlere Zahl von Operationen pro s möglich)

p ..... Priorität mit wachsender Zahlen fallend

λ ..... mittlere Einplanungsrate des Moduls [s^{-1}]

$\overline{x}$ ..... Bediendauer [ms] (auch gewichtete Zahl der Operationen möglich)

3. Dynamische Bedienmodelle, Berechnungsverfahren hierzu

Wie bereits erläutert, müssen die inzwischen zur Leistungsanalyse von komplexen Rechnersystemen gut eingeführten Bedienmodelle (Warteschlangenmodelle) [14,15], so ergänzt und benutzt werden, daß die durch die Rekonfiguration bedingte strukturelle Dynamik und die durch den Wiederanlauf bedingten Einschwingvorgänge berechenbar sind.

Gesteuerte Strukturänderungen und gleichzeitig auch die Prioritierung von Funktionen (insbesondere des Ablaufes von Programm-Moduln) lassen sich durch Einführen von Schaltstellen berücksichtigen. Bild 4 zeigt das so ergänzte Bedienmodell des Anwendungsbeispiels. Außer dem Normalbetrieb ist aufgrund der doppelten E/A-Anschlüsse die wechselseitige Übernahme der Programm-Moduln des Nachbarn bei Leistungsrücknahme möglich (doppelte Abtastperiode) sowie die Fernsteuerung der E/A bei Doppelfehler.

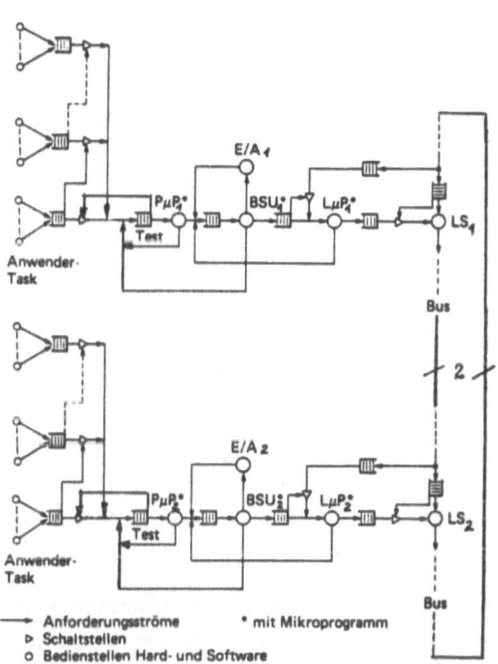

Bild 4: Bedienmodell zweier bezüglich Fehlertoleranz kooperierender RDC-Mikrorechner-Stationen gemäß Bild 2 und Tabelle 2

Bild 5 auf der nächsten Seite zeigt zur Verbesserung der Übersicht den entsprechenden Konfigurationsgraph. Er kann durch das Zuverlässigkeitsnetz ersetzt werden (siehe unten).

Die Berücksichtigung (wieder-)anlaufbedingter Einschwingvorgänge verlangt das Einbeziehen deterministischer und stochastischer Komponenten der Anforderungsströme in die Berechnungsverfahren. Dies soll für drei Methodenklassen für das Anwendungsbeispiel gezeigt werden:

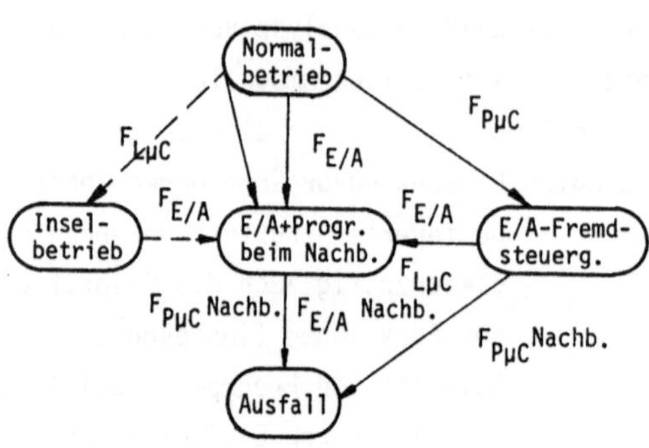

- o Analytische Berechnungsverfahren [15,16],
- o Simulation mit GPSS-FORTRAN als kompilierendes Verfahren [17],
- o Simulation mit DISKOS als interpretierendes Verfahren [18].

Bild 5: Konfigurationsgraph einer RDC-Mikrorechnerstation bei doppeltem Anschluß der Prozeß-Signal-E/A (zu Bild 2 und 4)

3.1 Analytische Berechnung

Analytische Berechnungsmethoden haben sich für stationäre Leistungskenndaten seit drei bis vier Jahren zunehmend eingeführt [14], wobei auch vereinfachte Netze von Bedienstellen behandelt werden können [15]. Einschwingvorgänge in prioritierten, geschlossenen Bediensystemen mit gemischt stochastischen und deterministischen Anforderungsströmen, wie dies in dem Anwendungsbeispiel der Fall ist (Bild 4), lassen sich weit schwieriger analytisch berechnen [16], so daß hier nicht darauf eingegangen werden kann. Hier ist mit einem gemischt analytisch-graphischen Verfahren der Einschwingvorgang der 9 zyklisch gestarteten, prioritierten Anwender-Programm-Moduln unter Berücksichtigung der 3 stochastischen Betriebssystem-Moduln bestimmt, wovon zwei die Kommunikation mitumschließen (Tabelle 2). Die Belastung der Bedienstelle PµP mit Tests ist vernachlässigbar gering, kann aber bei Einschwingvorgängen der Diagnostik auch von Bedeutung sein.

Das Verfahren bestimmt die Einschwingvorgänge graphisch. Die Programm-Module 104 bis 112 (Tabelle 12), die zyklisch eingeplant werden, werden mit ihrer jeweiligen Bedienstellenbelegung unter Berücksichtigung ihrer Priorität und Unterbrechbarkeit ohne Verlust über der Zeit dargestellt (Bild 6). Anschließend wird zur Berücksichtigung der Bedienstellenbelegung durch die höchstprioren stochastisch eingeplanten Programm-Module 101 bis 103 der Zeitmaßstab im Verhältnis dieser Belegung (mittlere

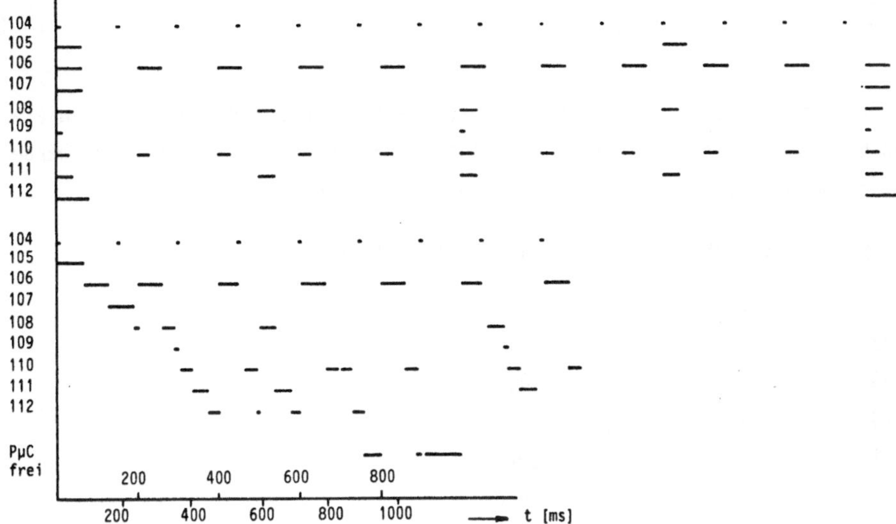

Bild 6: Graphische Bestimmung des Einschwingverhaltens der zyklisch eingeplanten Programm-Moduln 104 bis 112 und Berücksichtigung der stochastisch eingeplanten Moduln 101 bis 103 durch Anpassung des Zeitmaßstabes

Einplanungsrate) zur Bedienrate angepaßt. Diese Methode wird aufgrund der kurzen Bediendauer dieser Module weitgehend richtige Ergebnisse bringen. Der letzte Modul der niedrigsten Priorität, der Modul 112 ist erst nach 905 ms zum erstenmal nach Anlauf bzw. Wiederanlauf abgearbeitet. Zur Zeit laufen Untersuchungen, inwieweit von Griffin angegebene Lösungen für transiente Vorgänge auch hier geeignet sind [16].

Für den stationären Zustand läßt sich die mittlere Systemzeit T_p je stochastisch eingeplanten Modul der Priorität p und gegebener Bedienzeit $\overline{x}_p$ nach [19] berechnen:

$$T_p = W_p + \overline{x}_p = \underbrace{\frac{\sum_{i=0}^{p} \lambda_i \overline{x_i^2} / 2}{1 - \sigma_p}}_{\text{Verzögerung durch Module gleicher und höherer Priorität, die bereits im System sind}} + \underbrace{\sum_{i=0}^{p-1} \frac{\lambda_i \overline{x}_i}{\mu} T_p}_{\text{Verzögerung durch Unterbrechung bei neu ankommenden Modulen höherer Priorität}} + \underbrace{\overline{x}_p}_{\text{Bediendauer}} \qquad (1)$$

mit μ, p, λ und $\overline{x}$ wie in Tabelle 2 definiert und mit der Summe σ_p der Auslastungen bis zur Priorität p:

$$\sigma_p = \frac{1}{\mu} \sum_{i=0}^{p} \lambda_i \overline{x}_i \ . \qquad (2)$$

Mittels der Gln. (1) und (2) lassen sich nach geeigneten Umformungen z. B. die Wartezeiten berechnen, die auch durch Simulation gemäß Abschnitt 3.2 bestimmt werden (Bild 7, siehe dort). Damit ist eine Querkontrolle gegeben:

Modul-Nr.	Priorität	mittlere Wartezeit W_p [ms]
101	0	0,06
102	0	0,20
103	0	0,27
110	4	310,1
111	4	339,0
112	4	606,0

Dabei konnten noch nicht unterschiedliche λ_i und $\overline{x}_i$ gleicher Prioritätsklasse berücksichtigt werden. Die angegebenen Wartezeiten sind aufgrund fester Reihenfolgen (Unterprioritäten) je Prioritätsklasse ermittelt.

3.2 Simulation mit GPSS-FORTRAN

GPSS-FORTRAN [17], eine Weiterentwicklung von GPSS, ist ein Programmpaket, das zusammen mit einem FORTRAN IV-Übersetzer der Simulation stochastischer, diskreter und vorzugsweise transaktionsorientierter Systeme dient. Es wurde hier eingesetzt, das System nach Bild 4 und Tabelle 2 zu simulieren. Dabei zeigten sich Schwierigkeiten, den Einschwingvorgang zu erfassen. GPSS-FORTRAN ist vorzugsweise geeignet, Wahrscheinlichkeits-/bzw. Wahrscheinlichkeitsdichte-(Häufigkeits-)verteilungen mit Mittelwert und Standardabweichung zu bestimmen. Bild 7 zeigt von oben nach unten die Wahrscheinlichkeitsverteilung für die Betriebssystem-Module (höchste Priorität), die für die Anwender-Programm-Module der niedrigsten 5. Prioritätsstufe und die Wahrscheinlichkeitsdichteverteilung der PµP-Auslastung σ_5 im Normalzustand. Hierbei ist allerdings eine stochastische Einplanung auch der periodisch abzuarbeitenden Module angenommen. Dies ist aufgrund der stochastisch schwankenden Wartezeiten innerhalb einer Periode nicht völlig falsch. Für die Rekonfigurationszustände gemäß Bild 5 kann mittels dieser Simulation die Einplanperiode dieser Anwender-Programm-Module so bestimmt werden, daß die bereits hohe PµP-Auslastung des Normalzustandes auch in Rekonfigurationszuständen nicht überschritten wird.

Zur Zeit wird untersucht, ob und ggf. wie mit GPSS-FORTRAN auch Einschwingvorgänge zu analysieren sind.

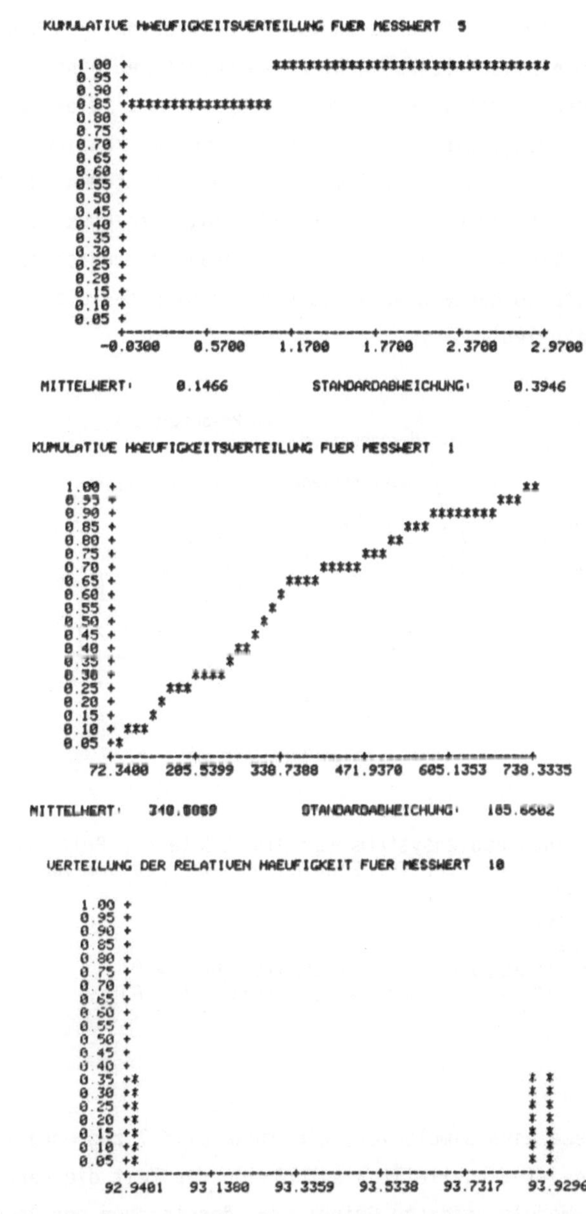

Bild 7: Wahrscheinlichkeitsverteilung der Wartezeit der Betriebssystem-Module (höchste Priorität, oben) und der Anwender-Programm-Module der niedrigsten Priorität (mitte) sowie die Wahrscheinlichkeitsdichteverteilung der PµP-Auslastung σ_5 (unten) im Normalzustand

3.3 Simulation mit DISKOS

Die dargelegten Probleme zur Simulation von prioritierten, geschlossenen, gemischt stochastisch-deterministisch beanspruchten Bediensystemen einschließlich deren Einschwingvorgänge legen es nahe, auch Simulationsprogramme zu erproben, die speziell für Zeitverläufe ausgelegt sind: Simulationssysteme für kontinuierliche Systeme wie DISKOS [18]. Hierbei wird das Grundelement von Bediensystemen "Warteschlange und Bedienstelle" ersetzt durch einen mit der Bedienrate gegengekoppelten Integrator (Bild 8). Bei prioritierten Bediensystemen muß dabei die durch höherprioritierte Anforderungen bereits vorhandene Auslastung der Bedienstelle beachtet werden, wie z. B. in Gl. (1) dargelegt.

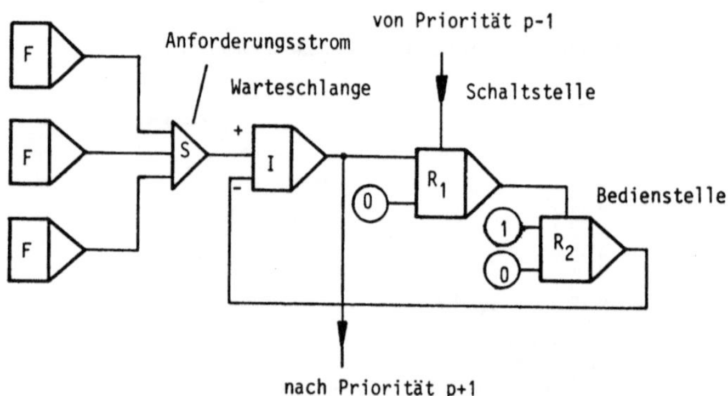

Bild 8: Simulation eines Bediensystems für die Module der Priorität p mit DISKOS
F ... Funktionsgenerator für Einplanung von Programm-Moduln verschiedener Bediendauer
S ... Summierer
I ... Integrator
R_1... Relais (Sperrung oben bei Schaltsignal > 0)
R_2... Relais (Sperrung oben bei Schaltsignal $\leq$ 0)

Vorläufige Ergebnisse einer Simulation, wie diese Bild 7 zugrunde lag, zeigt Bild 9. Von oben nach unten ist dargestellt als Funktion der Zeit die Länge der Warteschlange der Betriebssystem-Module (höchste Priorität=, desgleichen der Anwender-Programm-Module der niedrigsten 5. Prioritätsstufe sowie die PµP-Auslastung σ_5 ebenfalls als Funktion der Zeit. Von besonderem Einfluß sind hierbei Einhaltung der und Start bei der leeren Warteschlange, Abbildung der Bediendauer in Amplitude und Zeit sowie Integrationsverfahren und Integrationsschrittweite.

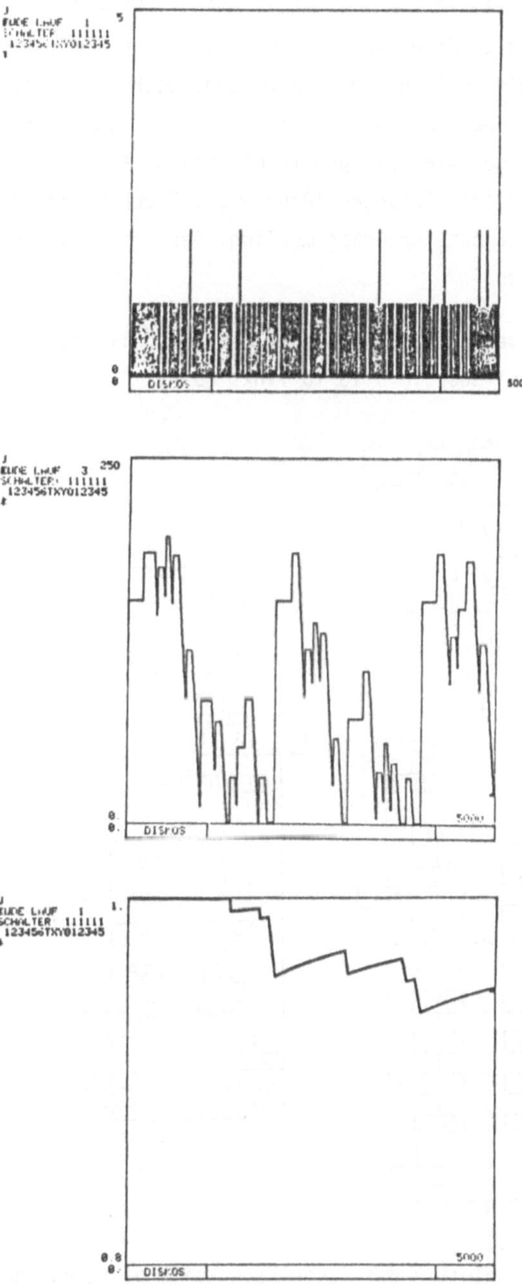

Bild 9: Länge der Warteschlange als Funktion der Zeit der Betriebssystem-Module (höchste Priorität, oben), desgleich der Anwender-Programm-Module niedrigster Priorität (Mitte) sowie die PµP-Auslastung σ_5 (unten) beim Anlauf bzw. Wiederanlauf

4. Ableitung des Zuverlässigkeitsnetzes aus dem Bedienmodell

Bei einem rechnergestützten Entwurfsverfahren sollte der Umfang der Handeingaben so einfach und so gering als möglich gehalten werden. Deshalb ist die Frage gestellt, inwieweit sich aus den Tabellen 1 und 2 ggf. verbunden mit einem Bedienmodell gemäß Bild 4 sich das zugehörige Zuverlässigkeitsnetz selbsttätig ableiten läßt. Dies ist unter Ausnutzung der Modulmarkierungen "Programm", "Gerät" und "Modulträger" sowie des Bedienmodells als gerichteter Graph möglich. Der Lösungsansatz besteht in einem dreischrittigen Verfahren:

"1. Schritt: Lösche alle Programm-Module im Bedienmodell (Das Anwendungsbeispiel Bild 4 geht über in Bild 10 links oben).

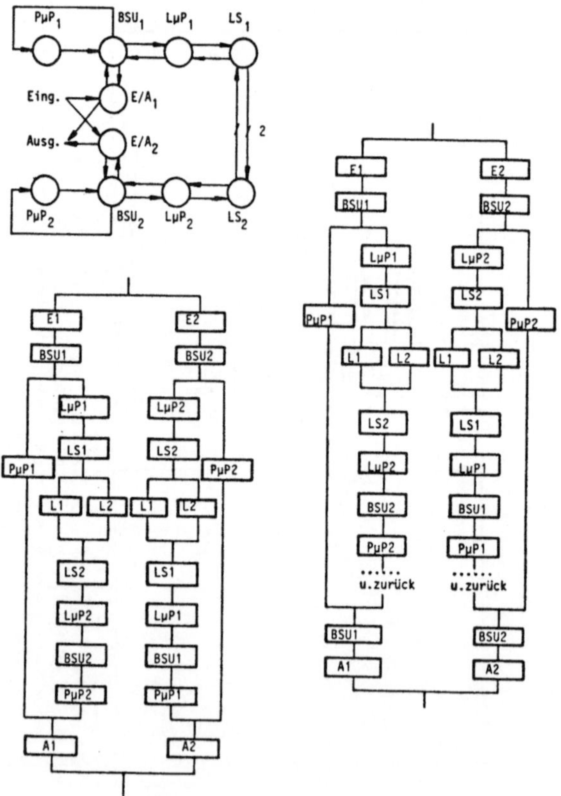

Bild 10: Schrittweises Ableiten des Zuverlässigkeitsnetzes aus dem Bedienmodell (Bild 4)

2. Schritt: Suche alle Wege vom betrachteten Dateneingabe-Gerätemodul zum zugehörigen Datenausgabe-Gerätemodul über alle vorgesehenen Modulträger gemäß Tabelle 2 (Bild 10 links oben geht über in Bild 10 rechts).

3. Schritt: Zur Bestimmung der "Geräte-Verfügbarkeit" lösche alle auf einem Weg mehrfach durchlaufenen Module (Bild 10 rechts geht über in Bild 10 links unten)."

Bei Bestimmung der "Funktions-Verfügbarkeit" entfällt der 3. Schritt. Mehrfach benutzte Geräte werden dann mehrfach gewichtet gemäß der höheren Wahrscheinlichkeit einer Fehlerwirkung während des Ablaufes eines Bedienvorganges. Dies kann bei fehlertolerierenden Systemen sinnvoll sein, da die Rekonfigurations-(Reparatur-)zeiten in der Größenordnung der Bedienzeiten von Anwender-Programm-Moduln sind.

Die weitere Analyse des Zuverlässigkeitsnetzes kann die Berechnung der Gesamtverfügbarkeit durch schrittweises Zusammenfassen erst serieller Module, dann paralleler Module und so weiter umfassen gemäß Gl. (3) und (4):

Seriell: $V_s = V_1 \cdot V_2$, (3)

Parallel: $V_p = V_1 + V_2 - V_1 \cdot V_2$. (4)

Ein anderes Analyseziel kann das Auffinden dasjenigen Moduls i betreffen, dessen Verfügbarkeit V_i die Gesamtverfügbarkeit V_G besonders verändert:

$$\frac{\partial V_G}{\partial V_i} \overset{!}{=} \max. \qquad (5).$$

5. Ableitung des Diagnostikgraphen

Mit Tabelle 1 ist auch der Diagnostikgraph definiert: durch die ersten beiden Spalten der "Fehlerträger", durch die letzte Spalte der oder die "Testträger". Damit läßt sich der gerichtete Diagnostikgraph sowohl selbsttätig zeichnen (Anwendungsbeispiel ausschnittsweise Bild 11) als auch das System $\{m_i, f_i, t_i\}$ in Untersysteme unter-

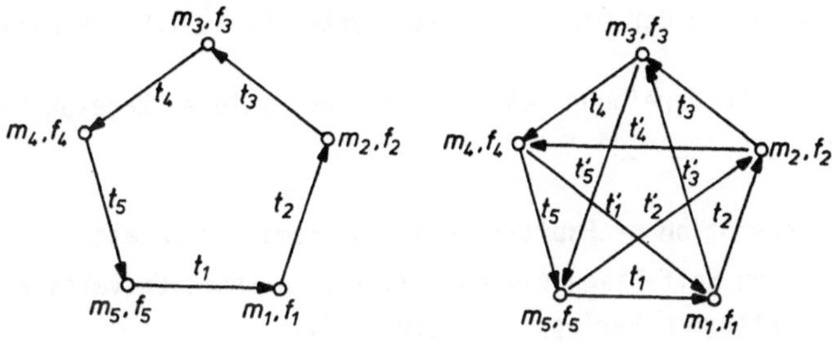

Bild 11: Diagnostikgraph, links ein 1-Fehler-diagnostizierbares, rechts ein 2-Fehler-diagnostizierbares System

schiedlicher k-Fehler-Diagnostizierbarkeit [5] zerlegen. Diese Zerlegung kann zum Ausgangspunkt der Verbesserung der Diagnostizierbarkeit dienen, wobei das dynamische Testverhalten und die Belastung der Gerätemodule durch die Tests beachtet werden müssen [20], die in das Bedienmodell eingehen. Zur Zeit wird untersucht, ob aus einem entworfenen Diagnostikgraph (Tabelle 1 oder Graphik) eine selbsttätige Ergänzung des Bedienmodells um alle Tests auf eine Weise möglich ist, die sich gut für eine Implementierung in ein rechnergestütztes Entwurfssystem eignet.

6. Anerkennung

Diese Arbeit veröffentlicht Ergebnisse aus zwei Forschungsvorhaben, einem theoretisch-orientierten, gefördert von der Deutschen Forschungsgemeinschaft unter dem Kennzeichen Sy 6/7-1 und einem anwendungsorientierten, gefördert von dem Bundesministerium für Forschung und Technologie, Projektträger GMD, Förderkennzeichen 08IT10342. Die Verantwortung für den Inhalt liegt ausschließlich bei den Autoren. Die Autoren danken den Herren Dipl.-Ing. R. Baehre und Dipl.-Ing. P. Peschke für ihre engagierte Unterstützung der Anwendung der Bedienmodell-Berechnungsverfahren.

7. Literatur

[1] Intel Corp.: Systems Data Catalog. Intel Corp., Santa Clara, CA, January 1981.

[2] Motorola Inc.: VME bus - Specification Manual. Mostek Corp. Motorola Inc. Signetics/Philips, Rev. A, Oct. 1981.

[3] Straetmans, H.: Hardware und Software der Siemens-Systeme 300 für fehlertolerante Rechnersysteme. Siemens Energietechnik, Jg. 3/1981, H. 3, S.107-110.

[4] Diehl, H.: Das Multi-Mikroprozessor-System MMPS als Netz von selbständigen Knoten. Vortrag Workshop der GMD "Verteilte Systeme", 4.11.81 in Birlinghoven.

[5] Syrbe, M.: Über die Beschreibung fehlertoleranter Systeme. Regelungstechnik 28. Jg, 1980, H. 9, S. 280-289.

[6] Syrbe, M.: The Description of Fault-Tolerant Systems - A Necessity of the Practice. Workshop on Self-Diagnosis and Fault-Tolerance, Universität Tübingen, 9.-19. Juli 1981, Attempto-Verlag, Tübingen 1981.

[7] VDI-Verlag: VDI-Taschenbuch T 35: Wertanalyse. VDI-Verlag GmbH, Düsseldorf, 1973.

[8] Lauber, R.: Modelle zur Beschreibung des Entwurfs von Prozeßautomatisierungssystemen. rt, 27 (1979),S. 373-379.

[9] Warren, C.: Understanding bus basics helps resolve design conflicts. EDN May 27, 1981, S. 159-173
und
Warren, C.: Compare µC-bus specs to find the buy you need. EDN June 24, 1981, S. 157-187.

[10] Hinderer, W.: Rekonfiguration und Wiederanlauf in fehlertoleranten Systemen. FhG-Berichte 2-80. Mitteilungen aus dem Fraunhofer-Institut für Informations- und Datenverarbeitung - IITB - 1980, S. 41-45.

[11] Heger, D.: Systemergänzungen und Piloterprobung eines fehlertoleranten Echtzeitrechnersystems mit verteilten Mikroprozessoren (RDC-System). BMFT-Forschungsbericht DV 81-007, Mai 1981.

[12] Heger, D.: Dezentrales Mikroprozessorsystem mit Farbbildschirmen zentral geführt. INTERKAMA-Kongreß 1980. Fachberichte Messen, Steuern, Regeln, Springer-Verlag Berlin, Heidelberg, New York, 1980, S. 503-516.

[13] Steusloff, H.: Zur Programmierung von räumlich verteilten, dezentralen Prozeßrechensystemen. Dissertation, Universität Karlsruhe, Fakultät für Informatik, 1977, S. C11 bis C22.

[14] Spragins, J.: Analytical Queueing Models. IEEE Computer 13 (1980) 4, S.9-11.

[15] Allen, A.O.: Queueing Models of Computer Systems. IEEE Computer 13 (1980) 4, S. 13-24.

[16] Giffin, W.C.: Queueing. Grid Inc., Columbus, Ohio, 1978.

[17] Schmidt, B.: GPSS-FORTRAN, Informatik-Fachberichte Bd. 6, Springer Verlag, Heidelberg 1977.

[18] Keller, A.: Bedienungsanleitung zum Programmsystem DISKOS. Fraunhofer-Institut für Informations- und Datenverarbeitung, Karlsruhe, 1981.

[19] Kleinrock, L.: Queueing Systems. Volume II: Computer Applications. John Wiley & Sons Inc.,1976, S. 124 ff.

[20] Greilich, H.: Dynamisches Testverhalten und Leistungsbestimmung selbstdiagnostizierender Systeme. Diplomarbeit, Universität Tübingen, Institut für Informationsverarbeitung, 1979.

QULAITÄTSSICHERUNG FÜR FEHLERTOLERANTE SOFTWARE-SYSTEME

H. L. Hausen

Institut für Software-Technologie
Gesellschaft für Mathematik und Datenverarbeitung
Schloss Birlinghoven, Postfach 1240, D-5205 St. Augustin 1

Übersicht

Es wird dargestellt wie Werkzeuge und Methoden der Qualitätssicherung für fehlertolerante Software eingesetzt werden können. Die Bedingungen und Grundsätze für die Verbindung von Mitteln fehlertoleranter Software-Systeme mit den Instrumenten und den Resultaten der Qualitätssicherung werden diskutiert. Auf den wechselseitigen Nutzen der Verbindung von Inspektion, Test und Verifkation einerseits sowie Fehlererkennung und Fehleranalyse andererseits wird besonders eingegangen. Vorangestellt sind kurze Einführungen in die Themenbereiche Qualitätssicheung, Softwarefehler und Fehlertoleranz für Software.

Schlagwörter

Anforderungs-Spezifikation, System-Spezifikation, Algorithmus, Programm, Inspektion, Verifkation, Test, Fehlererkennung, Fehlervermeidung, Fehleranalyse, Fehlerbehebung, Softwarefehler, Hardwarefehler, Fehlertoleranz.

0 Vorbemerkung

Qualitätssicherung von Software hat in den letzten Jahren zunehmend an Bedeutung gewonnen, an vielen Stellen werden Probleme der Software-Qualität und ihrer Sicherstellung diskutiert und in manchen Projekten werden Methoden und Werkzeuge für die verschiedenen Aufgaben der Qualitätssicherung ausgearbeitet (siehe z.B. [Mill78a, Haus82, SEN78]). Es ist zu erwarten, daß sich diese Entwicklung fortsetzt, da einerseits in immer mehr und insbesondere in mehr kritischen Bereichen Datenverarbeitungs-Systeme eingesetzt werden und da andererseits die Softwarekosten relativ zu den Hardwarekosten weiterhin steigen werden.

Die Qualitätssicherung hat die Aufgabe zu prüfen, ob das erstellte Software-Produkt die Anforderungen erfüllt. Solche Qualitätsanforderungen betreffen heute nicht mehr nur Fehlerfreiheit und Effizienz, sondern auch andere Eigenschaften wie z.B. Sicherheit, Benutzungsfreundlichkeit, Änderbarkeit oder Fehlertoleranz. Die Aufgaben der Qualitätssicherung sind insbesondere dadurch erschwert, daß es noch keine allgemein akzeptierten Maße und Meßverfahren für Software-Qualität gibt.

Während die Qualitätskontrolle sich früher im wesentlichen oft auf eine Phase des Software-Lebens-Zyklus beschränkte - nämlich auf eine Validationsphase nach der Implementierung (vgl. die entsprechenden Modelle für den Softwarelebenszyklus [Budd81, Kero81]) - geht man heute davon aus, daß die Qualitätssicherung parallel zur Konstruktion und Nutzung der Software durchgeführt werden sollte [Howd78a], d.h. daß jedes (Zwischen-) Ergebnis des Produktions-Prozesses sofort nach seiner Fertigstellung zu überprüfen ist. Damit sollen Fehler möglichst früh gefunden werden. Protokolle aus der Nutzungsphase sollten ebenfalls frühzeitig zur Überprüfung der Qualitätsmerkmale herangezogen werden. Denn Kosten für die Behebung von Fehlern steigen stark mit wachsender Zeitdifferenz zwischen ihrer Entstehung und ihrer Erkennung und Beseitigung [Wegn79].

Für die Behandlung von Fehlerzuständen in fehlertoleranten Systemen gilt, daß die Fehler effektiv festgestellt und korrekt analysiert werden müssen, damit die adäquaten Recovery-Funktionen ausgewählt und die richtigen Fehlerbehebungsmaßnahmen eingeleitet werden können. Qualitätssicherung kann hierzu einen wertvollen Beitrag leisten; denn Erkennung und Analyse von Fehlern in den unterschiedlichen Beschreibungen von Software-Systemen ist eine ihrer zentralen Aufgaben.

1 Gegenstand der Qualitätssicherung für Software

Im diesem Abschnitt sollen Aufgaben und Probleme der Qualitätssicherung kurz geschildert werden. Da die einzelnen Begriffe aus diesem Gebiet nocht nicht allgemeingültig definiert sind, werden auch eininge der später verwendeten Begriffe kurz erläutert.

Software-Qualitätssicherung kann aufgegliedert werden in

- Software-Validation und
- Organisation der Qualitätssicherung.

Planung, Steuerung und Kontrolle der Arbeiten zur Prüfung der Zwischen- und Endprodukte eines Software-Entwicklungsprozeßes sind die zentralen Aufgaben der Organisation der Qualitätssicherung [Mill78a].

Unter dem Begriff Software-Validation werden alle technischen Aufgaben der Analyse von Zwischen- und Endprodukten eines Software-Produktionsprozesses zusammengefaßt. Die Validation kann wiederum unterteilt werden in die Inspektion, den Test und die Verifikation von Software. Gegenstand dieser Prüfungen sind die Anforderungs-Spezifikationen, die System-Spezifikationen, die Programme und die informellen System-Beschreibungen (System-Handbuch, Benutzer-Handbuch, u.ä.).

Inspektion von Software bedeutet Prüfen durch lesen, erklären, erklären lassen und verstehen von System-Beschreibungen, Software-Spezifikationen und Programmen. Als Organisationsformen sind sowohl Einzelarbeiten als auch Arbeit in Gruppen geeignet. Für die Inspektion müssen bei den Beteiligten oft tiefgehende Kentnisse über die Problemstellungen des Anwendungsgebietes und über die unterschiedlichen Beschreibungsmitteln für Software-Systeme (Spezifikations-Sprachen, Programmier-Sprachen, u.ä.) vorhanden sein. Die Prüfenden müssen weiterhin mit Kommunikations- und Präsentationstechniken vertraut sein. Das Hauptproblem der Software-Inspektion ist die kombinierte Verarbeitung von formalen Beschreibungen (Spezifikationen und Programmen) und Darstellungen in natürlicher Sprache (Handbüchern).

Im Test werden Software-Systeme analysiert, indem ihr dynamisches Verhalten simuliert oder in einer der realen Umgebung entsprechenden Umgebung ausprobiert wird. Zum Test gehören auch die Konsistenzprüfungen der verschieden Darstellungen und Beschreibungen. Die Konsistenz von Beschreibungen kann meist durch formale Methoden und Verfahren (Syntax-Analyse, Analyse der statischen Semantik) geprüft werden.

Eine wesentliche Basis der Prüfung des dynamischen Verhaltens eines Software-Systems ist seine Struktur, beschrieben durch Berechnungspfade. Für den Test eines Software-Systems müssen deshalb die zu testenden Pfade, die Testdaten sowie die Beziehungen zwischen Testdaten und Testpfaden genau festgelegt werden (siehe dazu [Mill78b, Howd75, Howd78b, SOGE81]). In einem Test können nur die im vorliegenden System möglichen Pfade geprüft werden, nicht die möglicherweise fehlenden aber notwendigen. Selbst das Fehlen von notwendigen Pfaden kann im allgemeinen nicht durch die dynamische Analyse festgestellt werden. Hauptproblem des Testens ist somit die Festlegung der notwendigen und hinreichenden Testpfade und die Bestimmung der richtigen Testpfad-Testdaten-Kombinationen, damit das dynamische Verhalten eines Systems an den besonders kritischen Stellen durch Beobachtung geprüft und plausibel gemacht werden kann. Ein Test zeigt, ob das geprüfte System in den untersuchten Systemzuständen fehlerfrei ist oder nicht. Aussagen über die Fehlerfreiheit eines Systems, die durch einen Test gewonnen wurden, können sich demzufolge nur auf die getesteten Systemzustände oder auf Klassen von Systemzuständen beziehen [SOGE81].

Verifikation eines Software-Systems heißt beweisen, daß die Programme des Systems relativ zu den Spezifikationen korrekt sind. Für die Verifikation sind formale Spezifikationen und formale Definitionen der verwendeten Spezifikations- und Programmier-Sprachen sowie ein auf diese Beschreibungsmittel abgestimmtes Beweisverfahren notwendig.

Prinzip bei der Verifikation ist, daß schrittweise, d.h. für jede Operation, gezeigt wird, daß die axiomatisierte Beschreibung des Endzustandes eines Berechnungsvorgangs aus dem ebenfalls axiomatisch beschriebenen Anfangszustand abgeleitet werden kann [Lond79]. Hauptproblem für die Verifikation ist die Ermittlung der notwendigen und hinreichenden formalen Beschreibungen, da diese oft von den einzelnen Beweisschritten abhängig sind (siehe dazu auch verschiedene Beiträge in [SEN 80 und SEN 81]).

Für eine effektive Qualitätssicherung ist eine Kombination von Methoden und Werkzeugen aus den genannten Bereichen der Validation notwendig; denn nicht jeder Analysewunsch (Ermittlung eines Fehlers eines bestimmten Fehlertyps) kann mit Methoden oder Werkzeugen aus einem oder zwei der Bereiche erfüllt werden [Haus82]. Während Inspektion besonders geeignet ist zum Auffinden funktionaler und logischer Fehler und der Test besonderes effektiv ist für die Ermittlung von Implementierungsfehlern ist die Verifikation das geeignete Mittel um Fehler in der Übertragung von Spezifikationen in Algorithmen zu ermitteln.

Besondere Merkmale der Software-Qualität in der Qualiätssicherung für Software sind:

- Korrektheit
  Ein Software-System ist korrekt, wenn in strengem Sinne bewiesen wurde, daß das System die geforderten Aufgaben in vollem Umfange erfüllt, nicht mehr und nicht weniger.

- Leistungserfüllung
  Die Beurteilung der Erfüllung der geforderten Leistung eines Systems umfaßt hauptsächlich die Betrachtung der Meßgrößen für Durchsatz, Antwortszeit, Verfügbarkeit und Resourcennutzung.

- Zuverlässigkeit
  Ein System, daß bei Ausführung unter zulässigen Bedingungen unerwartete Ereignisse behandeln kann ohne in undefinierte Zustände zu kommen, gilt als zuverlässig.

- Robustheit
  Wenn ein System bei der Ausführung unter unzulässigen Bedingungen erwartete oder unerwartete Ereignisse verarbeiten kann und dabei nicht einen undefinierten Zuständ kommt, gilt es als robust.

- Benutzernutzen
  Der Umfang der Erfüllung der gestellten Anforderungen an ein System gibt den Nutzen für den Benutzer an.

Schon aus dieser unvollständigen Liste von Merkmalen wird deutlich, daß eine strikte Trennung eigentlich nicht möglich ist. Zum Zwecke der Betonung einzelner Aspekte der Prüfung und Beurteilung von Software ist jedoch eine derartige Unterteilung notwendig.

Für die Betrachtung der Qualität von fehlertoleranten Systemen ist insbesondere das Verhältnis zwischen Korrektheit einerseits und Zuverlässigkeit und Robustheit andererseits wichtig. Wir werden im folgenden die Korrektheit auf die richtige Übertragung von Spezifikationen in Algorithmen einschränken und Zuverlässigkeit sowie Robustheit hauptsächlich auf die tatsächlich implementierten Programme beziehen.

2 Softwarefehler

Für die Erkennung und Behebung von Fehlern in Software-Systemen ist es notwendig, diese genau zu analysieren und zu klassifizieren. Darüberhinaus ist für die automatische Verarbeitung von Fehlerzuständen in fehlertoleranten Systemen noch eine Zuordnung der Fehler und Fehlerklassen zu den Fehlerbehebungsprozeduren notwendig.

In Anlehnung an Kopetz, [Kope76], können wir Fehler einteilen nach dem bzw. der logischen oder physikalischen

- Ort der Fehlererkennung (Inputfehler, Schnittstellenfehler, etc.)

- Zeitpunkt der Fehlererkennung und der Dauer des Fehlers (z.B. Erkennung in der Entwicklungs- oder in der Betriebsphase, Fehler tritt nicht zyklisch ein),

- Objekt in dem ein Fehler erkannt wurde (z.B. System-Spezifikation, Algorithmus, Modul, Programm, Dokumentation),
- Ursache eines Fehlers (falsche Spezifikation, Hardwarewechsel, Fehler in der Umgebung, u.ä.)

und den

- Wirkungen eines Fehlers (unzulässiges Systemverhalten bei kritischen, noch akzeptierbares bei unkritischen Fehlern).

Eine Fehlerklasse besonderer Art sind die Ausführungsfehler. Zu den Ausführungsfehlern wollen wir alle die Fehler zählen, die durch menschliches Versagen oder durch Fehlverhalten der (Hardware-) Maschine eintreten können. Menschliches Versagen ist es zum Beispiel, wenn Prozessoren falsche Datenträger zugeordnet werden oder wenn ein Software-System mit Daten beschickt wird, die zwar syntaktisch und semantisch richtig aber pragmatisch unsinnig sind (z.B. Auswahl von Personen für Rehabilitationsmaßnahmen für die Krankheit X mit Daten über Personen, die an der Krankheit Y leiden - vorgekommen 1981 bei einer Landesversicherungsanstalt -).

3 Fehlertolerante Software

Den Begriffsklärungen für Qualitätssicherung in Kapitel 1 folgend wollen wir Fehlertoleranz als ein Mittel sehen, um zuverlässige und robuste Software zu erhalten. In diesem Sinne sei ein Software-System fehlertolerant, wenn es Verfahren anbietet und einsetzten kann, die geeignet sind, Systemzusammenbrüche sowie andere unerwünschte und undefinierte Systemzustände zu verhüten. Diese Verfahren müssen in der Lage sein unerwünschte Systemzustände zu

- beheben,
  d.h. sie müssen eingesetzt werden können, damit aus dem zunächst unsicheren Systemzustand ein sicherer Zustand hergestellt werden kann, der eine möglichst verlustfreie Weiterarbeit (z.B. durch Ersetzen des fehlerhaften Software-Teils durch eine fehlerärmere Version) möglich macht

  und zu

- vermeiden,
  d.h. sie müssen dazu beitragen, daß Systeme a-priori fehlerfrei werden oder sicherstellen, daß einmal festgestellte Fehlersituationen nicht wieder eintreten können (z.B. durch Ersetzen des fehlerhaften Teils durch einen semantisch neutralen Dummy in Verbindung mit einer Meldung an die Systempflege).

Damit dies auch möglich wird, sollte ein fehlertolerantes Software-System Methoden und Verfahren anbieten, um Fehler zu

- erkennen,
  d.h. es sollte Hilsmittel bereitstellen, die adäquat sind, um sowohl die permanenten als auch die temporären Fehler effektiv zu ermitteln,
- analysieren,
  d.h. es sollte Hilfsmittel unterstützen, die helfen den Fehlertyp zu identifizieren (siehe Fehlerklassen in Kapitel 2).,

Diese Vorstellungen über ein fehlertolerantes System sind Idealvorstellungen. Ihre Realisierung würde einen nicht zu vertretenden Mehraufwand an Herstellungskosten und Betriebskosten hervorrufen.

Ein anderer Ansatz für ein fehlertolerantes Software-System geht davon aus, daß es lediglich Stützpunkte für spezielle Methoden und Werkzeuge zur Identifikation von Fehlern und zur Fehler-Diagnose bereitstellt. Dadurch erhält man die Möglichtkeit besonders effektive Verfahren zur Fehlerbehandlung einzusetzen, die dann auch aufwendig sein können, da sie den normalen Betrieb ja nicht belasten und die dann so systemunabhängig gestaltet werden können, daß sie für mehr als ein System einsetztbar sind.

Aus meiner Sicht sind beide Ansätze lediglich für Spezialfälle zu realisiern. Da die Anzahl und die Komplexität von Entwicklungsfehlern beliebig hoch sein kann, sollten fehlertolerante Software-Systeme mit interaktiven Hilsmitteln zur Fehlererkennung und Analyse ausgerüstet sein. Lediglich für Recovery sollten automatische Instrumente bereitgestellt werden. Man sollte deshalb vorsehen, daß

- Fehleridentifikation und Fehlervermeidung im Betriebszustand eines Systems mit einfachen, wirksamen Mitteln erzielt

und daß

- Fehleranalyse und Fehlerbehebung mit möglichst korrekten und effektiven, aufwendigen und nicht direkt zum System gehörenden Instrumenten ohne (starken) Einfluß auf den normalen Betriebsablauf durchgeführt

werden kann. Fehleridentifikation und -vermeidung können in blockstrukturierten oder modularen System durch entsprechend Funktionen, die das Blockkonzept bzw. das Modulkonzept erweitern, leicht eingebaut werden [Rand75]. Für die Analyse der Fehler können dann auch die bewährten Mittel der Qualitätssicherung eingesetzt werden (siehe Kapitel 4).

An dieser Stelle soll diese kurz Einführung genügen. Für eine erweiterte Einführung sei auf [Konr80, Kope76 und Rand75] hingewiesen. In [Konr80] ist auch eine umfangreiche klassifizierte Liste zu finden, die Hinweise auf vertiefende Literatur gibt.

4 Qualitätssicherung und Fehlertoleranz

In diesem Abschnitt wird dargelegt wie die Methoden und Werkzeuge der Qualitätssicherung für Software im Kontext von fehlertoleranten Software-Systeme angewandt werden können oder sollten und welche Ergänzungen und Erweiterungen für diese Instrumente sowie für die Software notwendig sind. Weiterhin wird dargelegt wie Qualitässicherung und Fehlertoleranz-Funktionen und -Bauteile zusammen wirken können.

4.1 Hypothesen und Ansichten

Software-Systeme sind in Programme gegossene Algorithmen. Algorithmen wiederum können als mathematische Objekt gesehen werden. Ihre Korrektheit kann im mathematischen Sinne bewiesen werden. Programme in Anwendungs-Systemen sind keine mathematischen Gebilde. Ihre Richtigkeit oder Zuverlässigkeit oder Robustheit kann letzendlich nur plausibel gemacht werden.

Weiterhin gilt: Reale Software-Systeme sind immer fehlerbehaftet. Allein schon die Implementierungs- sowie die Installationsbedingungen auf einer speziellen Hardware (Wortlänge, Zykluszeit, ...) führen dazu, daß dasselbe Software-System (oder dieselbe algorithmische Formulierung eines Systems) auf verschiedenen Hardware-Systemen zu einem verschieden Verhalten des Systems, zumindest für die Randwerte, führt.

Jeder einzelne Prozeß in einem laufenden größerem Software-System kann fehlerhaft sein. A-priori-Prüfungen, d.h. Produktprüfungen während der Entwicklung oder vor der Inbetriebnahme, können

- die Korrektheit der Algortihmen zeigen,
- antizipiertes Fehlverhalten analysieren und die Reaktion des Systems auf dieses Fehlverhalten prüfen,
- aufzeigen, daß in fehlertoleranten Systemen die notwendigen und verlangten Operationen und Objekte zur Fehlerbehandlung vorhanden sind,
- Informationen über das Verhalten eines Software-Systems liefern, die für die Fehlerbehandlung im Betriebszustand notwendig sind (z.B. Beschreibungen der Speicherzustände in bestimmten ausgewählten Situationen, die für einen Wiederanlauf eines Prozesses gebraucht werden).

A-priori-Prüfungen allein reichen für fehlertolerante Software-Systeme - und auch für andere - nicht aus. Abhängig von den spezifischen Anforderungen eines Betriebs (batch, dialog, ...) sowie von den konkreten Prozeßbedingungen (kontinuierlich, diskret, ...) muß eine Analyse des Systemverhaltens während der Laufzeit unter Betriebsbedingungen im Nutzungsbereich eines Systems stattfinden. Laufzeitprüfungen ohne Rückgriffsmöglichkeit auf Ergebnisse von Prüfungen, die während der Entwicklung eines Systems vorgenommen wurden, sind nur eingeschränkt brauchbar. Ein Fehler muß, neben seiner Zuordnung zu einer Fehlerklasse, auch eindeutig identifizierbar sein als

- Fehler einer speziellen Installation,
- Fehler, dessen Ursprung in der Umgebung des betrachteten Software-System liegt (Hardwarefehler, Dialogfehler, ...),
- Fehler, der ursächlich mit den Prozessen im betrachteten Software-System zusammenhängt (z.B. Adressraumkonflikt) ,
- logischer Fehler im Algortihmus,
- notationeller Fehler im Programm (z.B. Syntaxfehler),
- logischer Fehler in der Systemspezifikation,
- logischer Fehler in der Spezifikation der Anforderungen

oder als Fehler eines anderen system-speziellen Fehlertyps.

4.2 Grundsätze

Reale Software-Systeme sind fehlerhaft; denn Laufzeitfehler und andere Betriebsfehler sind unvermeidbar (siehe Kapitel 2). A-priori-Prüfungen von Software-Systemen dokumentieren das IST-Verhalten des entwickelten Systems unter Laborbedingungen. Abnahmeprüfungen zeigen das zulässige IST-Verhalten und geben somit das verlangte minimale SOLL-Verhalten an. Laufzeit-Analysen zeigen das tatsächliche IST-Verhalten im speziellen Anwendungsfall einer speziellen Installation eines Software-Systems. Die Differenz zwischen SOLL und IST ist eine wichtige Quelle für Informationen für die Fehlerdiagnose.

Die Methoden und Werkzeuge für die a-priori-Analyse, für die Abnahme-Analyse und für die Laufzeit-Analyse müssen aufeinander abgestimmt sein damit die jeweiligen Ergebnisse in einer akuten Fehlersituation zur Fehlerbehandlung herangezogen werden können. Auf Fehlertoleranz ausgelegte Systeme sollten deshalb für die a-priori-Prüfung, für die Abnahme-Prüfung und für die Laufzeit-Prüfung

- gleiche Stützpunkte in den Programmen anbieten und
- abggestimmte Methoden und Werkzeuge nutzen

damit ein SOLL-IST-Vergleich auf der Ebene gleicher Techniken möglich wird. Dieser kann nur korrekt durchgeführt werden, wenn vergleichbare Daten für die Bestimmung eines abnormen Systemverhaltens vorhanden sind.

A-posterori-Prüfungen von Software, d.h. Identifikation und Diagnose von Fehler in der Betriebsphase, und Laufzeitkontrollen müssen die für die Betriebsphasen-Fehlerdiagnose notwendigen Informationen über aktuelle Systemzustände und bestimmen die Art und die Form einer Fehlerbehandlung in einer aktuellen Fehlersituation.

4.3 Recovery und Standby für fehlertolerante Software

Die Verständigung über das Zutreffen oder Nichtzutreffen von Software-Qulaitätsmerkmalen ist ein sozialer und darum nicht voll automatisierbarer Prozeß [DeMi79]. Fehler können beliebig häufig und kompliziert sein [Rand75]. Deshalb sollten fehlertolerante Software-Systeme Fehlererkennung und -vermeidung zwar automatisiern, Fehleranalyse und -behebung aber in einem interaktiven Prozeß möglich machen.

Fehlertolerante Software-Systeme sollten modular und blockstrukturiert sein, denn diese beiden Konzepte können leicht um spezielle Funktionen zur Erkennung von fehlerhaften Modulen und Blöcken ergänzt werden. Fehlervermeidung besteht dann im einfachsten Falle darin, daß die Fehler-Module und -Blöcke durch semantisch neutrale Bausteine (Dummies) ersetzt werden. Fehleranalyse für derartige Systeme kann sich auf die Analyse der als fehlerhaft identifizierten Module und Blöcke beschränken und Fehlerbehebung geschieht dann durch den einfachen Austausch des fehlerhaften Moduls oder Blocks.

Die Ergänzung für Module und Blöcke in fehlertoleranten Systemen besteht in einem Recovery-Block [Rand75] oder besser Recovery-Abschnitt. Sinn dieses Abschnitts ist es, die akzeptable Bearbeitung eines Modules oder Blocks in Abhängikeit von vorgegebenen Bedingungen zu prüfen. Auf der Basis dieser Fehlererkennung können dann die Maßnahmen zur automatischen Fehlernotversorgung (Wiederherstellung des alten Systemzustandes und Umgehung des Fehlerfalles), Fehlervermeidung (s.o.) sowie zur Fehleranalyse und -behebung angestoßen werden.

Module können nicht nur zur Gestaltung der inneren Struktur eines Software-Systems sondern auch zur Definition der Schnittstellen zum Benutzer und zur Basismaschine verwendet werden. Damit sind die Recovery-Abschnitte auch für die Kontrolle dieser Fehlerquellen anwendbar.

Die Programme für die Recovery-Abschnitte werden aus den System-Spezifikationen abgeleitet. Wenn Software-Systeme fehlertolerant sein sollen, dann sollte die System-Spezifikation auch eine Spezifikation der Recovery-Abschnitte enthalten. Auf der Basis dieser Spezifikation können die Recoveryabschnitte genauso wie die anderen Systemteile mit Inspektion und Test geprüft werden. Verifikation von Recovery-Abschnitten dürfte nicht möglich sein, da die dafür notwendigen Axiomatisierungen dieser Abschnitte meist nicht vorliegen. Die Inspektion ist besonders geeignet für die Prüfung der pragmatischen Zusammenhänge der Software-Bauteile.

Standby für Software kann gesehen werden als bereithalten von komplett geprüften Software-Bauteilen, die sich durch nichts von den entsprechenden komplett verifzierten Algorithmen unterscheiden. Die meisten Programmme in angewandten Software-Systemen unterscheiden sich von den Algorithmen, die aufgrund einer System-Spezifikation entwickelt wurden, dadurch, daß sie auf die speziellen Umgebungsbedingungen zugeschnitten werden und dadurch daß sie optimiert worden sind.

Optimierte Software-Bauteile können aber nicht vollständig geprüft werden, da für die Optimierungen immer spezielles Expertenwissen ausgenutzt wird, dessen korrekte Anwendung nicht vollständig nachgeprüft werden kann. Optimierte Bauteile entziehen sich der Verifikation, da die dafür notwendigen Axiomatisierungen der effizienter gestalteten Schritte meist nicht angegeben werden kann. Da die Struktur optimierte Teile fast immer sehr komplex ist, können sie auch nicht vollständig getestet werden. Optimierte Bauteile sind somit besonders fehleranfällig.

Einfache und wenig komplexe Algorithmen können verhältnismäßig leicht verfiziert werden. Die entsprechenden Programme können deshalb (nahezu) fehlerfrei sein. Nachteil solcher Programme ist aber, daß sie meist sehr ineffizient sind. Sie sollten deshalb nur als temporärer Ersatz eines optimierten Software-Bauteils in der Fehlernotversorgung verwendet werden.

So könnte zum Beispiel ein Baustein für Sortieren, der aus einer optimierten Kombination von Merge- und Quicksort besteht, temporär durch einen voll geprüften Shellssort- oder Bublesort-Baustein ersetzt werden.

Die Ersetzung eines unzureichend arbeitenden Bauteils kann automatisch erfolgen. Dazu muß der Recovery-Abschnitt um eine Umschaltvorrichtung ergänzt werden, die im Fehlerfall das fehlerhafte Bauteil deaktiviert und das Standby-Bauteil aktiviert.

4.4 Zusammenwirken von a-priori- und a-posterori-Prüfungen

A-priori- und a-posterori-Prüfungen können auf zwei Wegen zusammengeführt werden, nämlich über die Verwendung von

(1) Methoden und und Werkzeuge im jeweils anderen Bereich

sowie von

(2) Ergebnissen im jeweils anderen Bereich.

Zu (1):

Methoden und Werkzeuge der Qualitätssicherung lassen sich in erster Linie in der Analyse und beschränkt in der Behebung von Betriebsphase-Fehlern einsetzen. Insbesondere die Inspektions-Hilfsmitteln sind für die Fehleranalyse anwendbar, da in der Inspektion die nicht zu ersetzenden kognitiven Fähigkeiten der Prüfer zum Einsatz kommen. Plausibilitätskontrollen können auf interaktivem Wege unter Verwendung der Beschreibungen der Querbezüge zwischen den Systemteilen (cross references, erstellt in der a-priori-Inspektion) und der System-Struktur (Berechnungspfade, erstellt im dynamischen Test) von erfahrenen Teams besonders effektiv gemacht werden. In einem Team für eine Betriebsphasen-Inspektion sollten auch Mitglieder aus dem Team der a-priori-Prüfungen vertreten sein.

Testhilfsmittel sind ebenso zum direkten Einsatz in der Fehleranalyse geeignet. Die Fehlererkennung liefert u.a. eine Beschreibung des Systemzustandes im Fehlerfall (Daten und Berechnungspfad). Aus den a-priori-Prüfungen können Testdaten, Testpfade und Testreports übernommen werden. Mit allem zusammen können dann die Testprozeduren auf die fehlerhaften Module und Blöcke angewendet und deren interne Fehler ermittelt werden.

Werkzeuge und Methoden der Verfikation und des Test können schließlich wieder zur Absicherung der fehlerbereinigten Bauteile angewandt werden. Hierzu können die Ergebnisse (z.B. Test-Reports über spezielle Berechnungspfade) aus der a-priori-Prüfung verwendet werden um festzustellen, ob nicht durch bzw. bei der Behebung eines speziellen Fehlers neue Fehler entstanden sind.

Die zur Fehlererkennung und -vermeidung in fehlertolerante Systeme eingebauten Recovery-Abschnitte können ihrerseits in der a-priori-Prüfung ausgenutzt werden. In der Verfikation können die Definitionen der unzulässigen Berechnungen zur Formulierung des Programm-Beweises verwendet werden. Im Test können sie zur Kontrolle der einzelnen Testfälle herangezogen werden.

Die drei Mittel der a-priori-Prüfungen Inspektion, Test und Verfikation liefern somit wichtige Informationen für die Fehlererkennung und -analyse. Insgesamt wird durch die Verwendung dieser Hilfsmittel die Fehlererkennung und -analyse effektiver und die nach der Fehlerbehebung wieder eingebauten Systemteile werden tatsächlich fehlerfreier.

Zu (2):

Die Recovery-Abschnitte enthalten Bedingungen. Diese Bedingungen zur Kontrolle der akzeptablen Bearbeitung von Modulen und Blöcken sind formal-logische Ausdrücke. Die a-priori-Prüfungen liefern die notwendigen Hinweise zur Formulierung dieser Ausdrücke. Die a-posterori-Prüfungen, insbesondere die Fehlererkennung und die Fehleranalyse, zeigen welche Bedingungen nicht erfüllt waren bzw. liefern Hinweise auf fehlende Bedingungen. Die Resultate beider Prüfungen werden in der Reformulierung der Bedingungen benötigt.

Im Test werden die möglichen Berechnungspfade ermittelt und geprüft. Mit Hilfe dieser Testpfade können im Fehlerfall die Berechnungspfade ermittelt werden, die zum Fehler geführt haben. Weiterhin kann festgestellt werden, an welcher Stelle in einem Berechnungspfad ein Fehler aufgetreten ist und damit kann dann auch der Punkt für das Wiederaufsetzen festgelegt werden.

Die Inspektion liefert die Cross-Reference-Beziehungen in einem System. Dadurch sind sowohl die möglichen Wege für die Fortpflanzung von Fehlern als auch die Operationen, die durch einen Fehler direkt beeinflußt werden, festgelegt. Damit wird die Abschätzung der Seiteneffekte eines Fehlers möglich. Diese Abschätzung ist notwendig, wenn entschieden werden muß, ob ein Prozeß oder ein ganzes System abgebrochen werden muß.

4.5 Auswirkungen von Hardwarefehler

Ausführungsfehler der Hardware können als temporäre oder als permante Ereignisse auftreten. Wärend die software-seitige Identifikation permanter Hardwarefehler verhältnismäßig leicht erfolgen kann - nämlich als Identifikation des Moduls, der die spezielle Software-Hardware-Schnittstelle realisiert - , ist die Analyse von temporären Fehlern oft ein sehr schwieriges Problem.

Häufig reicht die Dauer eines temporären Fehlers nicht aus, um die für eine Analyse notwendigen Daten festzuhalten. In diesen Fällen muß dann meist ein Test in einer extra zu schaffenden Umgebung gemacht werden. Häufig kann so auch nur festgestellt werden kann, daß ein zunächst vermuteter Software-Fehler in Wahrheit ein temporärer Hardware-Fehler ist.

5 Zusammenfassung

Es gibt heute eine Vielzahl von Methoden und Werkzeugen zur Analyse von Software-Systemen [Abel81, Darl80, Haus81a, Haus81b]. Diese lassen sich grob einteilen in die Bereiche Inspektion, Test und Verifikation. Abhängig vom verlangten Qualitätsmerkmal und vom Aufwand, der getrieben werden kann, werden bzw. müssen bestimmte Verfahren und Techniken eingestezt werden [Fuij78, Grie76].

Alle diese Verfahren gehen davon aus, daß die Anforderungen an ein Software-System vollständig spezifiziert sind und daß sie sich, falls überhaupt, nur geringfügig ändern. Analoge Annahmen werden gemacht für den Entwurf und die Spezifikation eines Systems. Unter diesen Annahmen könnte die Analyse von Fehlern in Software-Systemen auf die Prüfung der Konsistenz der jeweiligen Beschreibung (Anforderungs-Beschreibung,

System-Spezifikation und Programm-Text) und die Kontrolle der korrekten Überführung einer Beschreibung in die nächstfolgende beschränkt werden. Fehlerbehebung ist dann nur die Korrektur von Beschreibungen.

Fehler treten jedoch nicht nur in den Beschreibungen sondern auch in der logischen Struktur und in dem Verhalten eines Software-Systems in seiner konkreten Einsatzumgebung auf. Wenn man zusätzlich noch annimmt, daß sich auch die funktionalen Anforderungen an ein Software-Produkt während des life-cycles ändern können, sollte ein sicheres Software-System Funktionen und Komponenten anbieten, die die Identifikation, Analyse und Behebung von Fehlern während seiner Anwendung unterstützen. Hierzu gehören insbesondere solche Komponenten, die Analyse und Behebung von Fehlern an den Schnittstellen zu der Umgebung des Software-Systems (z.B. Benutzer-Schnittstelle, Software-Hardware-Schnittstelle) unterstützen. In diesem Papier wird dafür die Einführung spezieller Recovery-Abschnitte in Module und Blöcke vorgeschlagen.

Methoden und Verfahren der Software-Qualitätssicherung müssen auch auf solche Komponenten und Funktionen eines Software-Systemes angewendet werden können. Unter der Hypothese, daß Fehlertoleranz ein Qualitätsmerkmal für ein sicheres Software-Systems ist, wird dargestellt, welche Methoden und Verfahren der Software-Qualitätssicherung angewendet werden sollten und wie diese in den gesamten Prozeß der Prüfung eines Software-Produkts eingegliedert werden können.

Ein Wort des Dankes

Bei meiner Kollegin M. Müllerburg möchte ich mich sowohl für fachliche Hinweise und Kritik als auch für ihre kritische Durchsicht des vorliegenden Textes bedanken.

6 Literatur

Abel81 E. Abel; E. Harraß; H.J. Schoenen; A. Schwald
Einsatz von Methoden der Software-Produktion in der Bundesrepublik Deutschland
(GMD-Studie: Untersuchung über Maßnahmen zur Verbesserung der Software-Produktion)
Oldenbourg, München, 1981

Boeh79 B.W. Boehm
Software Engineering: R&D Trends and Defense Needs
in [Wegn79]

Budd81 R. Budde; P. Schnupp; A. Schwald
Theoretische Ansätze auf dem Gebiet der Software-Technologie
(GMD-Studie: Untersuchung über Maßnahmen zur Verbesserung der Software-Produktion)
Oldenbourg, München, 1981

Darl80 J.L. Darlington
The Role of Verification Methods in Software Production
working paper, GMD-IST, INVENT

DeMi79 R.A. DeMillo; R.J. Lipton; A.J. Perlis
Social Processes and Proofs of Theorems and Programs
in: CACM 22, No.5 (May 1979)
responses in CACM 22, No.11 (Nov.1979)

Fuji78 M.S. Fujii
Indepentdent Verification of Highly Reliable Programs
in: [Mill78a]

Gilb76 T. Gilb
Software Metrics
Studentliteratur, Lund (1976)

Good79 J.B. Goodenough
A Survey of Program Testing Issues
in: [Wegn79]

Grie76 D. Gries
An Illustration of Current Ideas on the Derivation of Correct Programms
in: IEEE Trans. on S.E., SE-2 (1976)

Haus81a H.-L. Hausen; M. Müllerburg
Conspectus of Software Engineering Environments
in: Proc. 5th Int. Conf. on Software Engineering, San Diego, March 1981, IEEE

Haus81b H.-L. Hausen; M. Müllerburg
Software-Produktions-Umgebungen: Entwicklungsstand und Trends
in: Werkzeuge der Programmiertechnik, G. Goos (ed.), Informatik-Fachberichte Nr.43, Springer-Verlag, März 1981

Haus82 H.-L. Hausen; M. Müllerburg
Qualitäts-Sicherung und -Kontrolle
gleich Inspektion plus Test plus Verifikation
in: Softwaretechnik-Trends, G. Bockhorn (Hrsg.)
Mitteilungen der GI-Fachgruppe'Software-Engineering'
Heft 4, Januar 1982

Howd75 W.E. Howden
Methodology for the Generation of Program Test Data
in: IEEE Trans. on Comp., C-24 (May 1975)

Howd78a W.E. Howden
Introduction to Software Validation
in: [Mill78a]

Howd78b W.E. Howden
Theoretical and Empirical Studies of Program Testing
in: IEEE Trans. on Software Engineering, SE-4 (July 1978)

Howd80 W.E. Howden
Functional Testing and Design Abstraction
in: The Journal of Systems and Software 1 (1980) pp.307-313

Kero81 P. Kerola; P. Freeman
A Comparison of Lifecycle Models
in: 5th. Int. Conf. on Software Engineering, San Diego, March 1981, IEEE

Konr80 W. Konrad
Fault-Tolerant Aspects of Distributed Compueter Systems
Interner Bericht 33/80
Universität Kaiserslautern, Fachbereich Informatik

Kope76 H.Kopetz
Softwaresuverlässigkeit
Carl Hanser Verlag, München Wien 1976

Lond79 R.L.London
Program Verification
in: [Wegn79]

Mill78a E. Miller; W.E. Howden
Tutorial: Software Testing & Validation
IEEE Catalog No.EHO 138-8, 1978

Mill78b E. Miller
Introduction to Software Testing Technology
in: [Mill78a]

Rand75 B. Randell
System Structure for Software Fault Tolerance
University of Newcastle upon Tyne
Computing Laboratory, Technical Report Series, No. 75

SEN 78 Software Engineering Notes, Vol.3, No.5 (Nov.1978)
Proc of the Software Quality and Assurance Workshop

SEN 80 Software Engineering Notes, Vol.5, No.3 (July 1980)
Contribution from the VERkshop on Formal Verification

SEN 81 Software Engineering Notes, Vol.6, No.3 (July 1981)
Contribution from the VERkshop II

SOGE81 Sogesta
Summer School on Computer Program Testing
29 June - 3 July, 1981, Urbino, Italy

Snee80 H. Sneed
Software-Entwicklungsmethodik
Verlagsgesellschaft Rudolf MüllerGmbH, Köln-Braunsfeld 1980

Wegn79 P. Wegner (ed.)
Research Directions in Software Technology
MIT press, Cambridge, Mass., London (1979)

EINE STRATEGIE FÜR ENTWURF UND SPEZIFIKATION VON SOFTWARE IM HINBLICK AUF FEHLERTOLERANZ

FEVZI BELLI
ESG ELEKTRONIK-SYSTEM-GESELLSCHAFT MBH, MÜNCHEN

Zusammenfassung: Es wird ein Verfahren zur Einführung von Redundanz in ein gegebenes System vorgestellt, mit deren Hilfe Fehler verschiedener Typen automatisch erkannt und korrigiert werden können. Die in das System einzuführende Redundanz wird für jeden Fehlertyp einzeln bestimmt und minimiert und für Kombinationen von diesen optimiert. Das vorgestellte Verfahren wird zu einer Strategie für die Entwicklung von Softwaresystemen erweitert, die dann gegenüber solchen Fehlern tolerant sind. Betrachtete Systeme bestehen aus einem Operationsteil und einer Umgebung, die miteinander kommunizieren. Sie können durch reguläre Ausdrücke modelliert und spezifiziert werden. Der Operationsteil kann aus Hard- oder Software bestehen, die Umgebung kann darüber hinaus Schnittstellen zum Menschen enthalten.

Abstract: A Method will be presented with whose help specific types of errors can be automatically detected and corrected by adding redundancies into a given system. These redundancies will be determined and minimised for each type of errors and optimised for combinations of these errors. The presented method will be expanded into a strategy for developing software systems which can tolerate these types of errors. Such systems consist of an operational section and an environment which are interactive. These features can be modelled and specified using Regular Expressions and can be made up of either Hardware or Software while the environment can also include a man-machine interface.

1 Einleitung

Immer mehr Rechnersysteme werden in sicherheitskritischen Gebieten eingesetzt. Als Folge davon steigen die Anforderungen an solche Systeme, vor allem bzgl. ihrer Zuverlässigkeit und Verfügbarkeit. Ab einem gewissen Grad der Komplexität können diese Anforderungen nur dann erfüllt werden, wenn das System auch bei Auftreten von Fehlern seine Funktion erfüllen kann, d.h. wenn es fehlertolerant ist.

Die Betrachtungen bzgl. der Fehlertoleranz konzentrierten sich bisher in starkem Maße auf Hardware. Gerade bei kritischen Anwendungen ist jedoch der Einfluß der Software auf das Systemverhalten nicht vernachlässigbar. Daher ist die Einbeziehung der Software in diese Betrachtungen unvermeidlich, wenn eine hohe Gesamtsystemfehlertoleranz erzielt werden soll.

Softwarefehler können zunächst bei der Systementwicklung auftreten; derartige Entwurfs- und Spezifikationsfehler müssen durch Verifikationsmethoden z.B. durch Test- oder Beweisverfahren festgestellt werden. In dieser Arbeit werden solche Fehler nicht weiter betrachtet; sie sind der Gegenstand der sog. "fault-intolerance" nach /AVI/. Vielmehr werden solche Fehler betrachtet, die während der Laufzeit in den Daten entstehen, die der Kommunikation und Steuerung verschiedener Systemteile dienen, wenn diese kooperieren. Solche Fehler können entstehen, falls

- der Operationsteil einer Komponente als Datenerzeuger des betrachteten Systemteils nicht richtig funktioniert, z.B. als Folge von fehlerhafter Systementwicklung oder von Hardwarefehlern, und dadurch fehlerhafte Ausgabedaten erzeugt oder
- die systeminterne Datenübertragung gestört ist, z.B. durch Fehler in den Übertragungseinrichtungen, Kommunikationsprotokollen etc. oder
- die externe Umgebung das betrachtete System mit fehlerhaften Eingabedaten versorgt, z.B. mit falschen Benutzereingaben, fehlerhaften Daten anderer Systeme etc.

(/GOO/ klassifiziert Softwarefehler in analoger Weise in "domain-" und "range-"Fehler.)

Fehler in der Eingabe eines Systemteiles können also zu falschen Ergebnissen führen, obwohl dieses sonst richtig funktioniert. Das Gesamtsystem ist in solchen Fällen gefährdet, wenn die einzelnen Systemteile derartigen Fehlern gegenüber nicht tolerant sind.

Nachfolgend wird eine Strategie zur Entwicklung fehlertoleranter Systeme vorgestellt. Der Grundgedanke dabei ist, alle möglichen Kommunikationsfehler der Benutzungsphase bereits in der Entwicklungsphase so zu berücksichtigen, daß sie eindeutig erkannt und korrigiert werden können. Der Systementwurf hat also nicht nur die gewünschten Leistungen zu spezifizieren, sondern auch das Fehlverhalten in der Kommunikation.Die für die Fehlererkennung bzw. -korrektur benötigte Redundanz wird durch lokale Analyse an fehlerhaften Eingabesequenzen gewonnen und gezielt in das System bzw. in seine Komponenten eingeführt und minimiert. Aufgrund dieser Redundanz ist das System später während der Laufzeit imstande, auftretende Fehler der betrachteten Klassen effizient und selbständig zu behandeln. Die Voraussetzung zur exakten Bestimmung der Redundanz ist die Spezifikation der Software durch reguläre Ausdrücke (Diese sind den regulären Sprachen äquivalent, die eine Klasse der formalen Sprachen als Grundlage der Programmiersprachen bilden.). Für Entwurf und Spezifikation von Systemen heben sich reguläre Ausdrücke durch viele positive Eigenschaften hervor. Im nächsten Abschnitt werden zur Demonstration dieser Eigenschaften einige Beispiele angegeben.

Die zur Behandlung der meisten Fehler in der Kommunikation benötigten Hypothesen werden im Abschn. 3 definiert. Im Abschn. 4 wird gezeigt, daß solche Fehler effizient durch lokale Analyse erkannt, lokalisiert und korrigiert werden können. Darüber hinaus wird auch ein Verfahren angegeben, mit dessen Hilfe alle Prototypen von Fehlern der hier betrachteten Klassen systematisch konstruiert werden können. Durch eine vollständige Analyse dieser Fehler wird für das gegebene System festgestellt, ob alle Fehler eindeutig nur an einer bzw. an n Stelle(n) korrigiert werden können, und ob für eine Korrektur nur ein korrigierendes Symbol in Frage kommt etc.

Im Abschn. 5 wird das spezifische Verfahren angegeben, das für ein gegebenes System anhand seines regulären Ausdrucks gezielte Erweiterungsvorschläge liefert, mit deren Hilfe Fehler automatisch angezeigt und korrigiert werden können. Die dazu notwendige Redundanz wird für die Fehlererkennung bzw. -korrektur bzgl. verschiedener Hypothesen schrittweise bestimmt. Besitzt das System alle diese Eigenschaften vorher nicht und soll es nachträglich um diese bereichert werden, so kann die notwendige Gesamtredundanz optimiert werden. Im Abschn. 6 wird dieses Verfahren zusammen mit anderen Entwurfsgrundsätzen zu einer Strategie erweitert, die für eine effiziente Entwicklung eines fehlertoleranten Systems benutzt werden kann.
Die Ausbaumöglichkeiten sowie ein Überblick über weitere Entwicklungen werden im Abschn. 7 behandelt.

2 Reguläre Ausdrücke als Entwurfs- und Spezifikationsmittel

Der Grundgedanke der Verwendung der regulären Ausdrücke zur Beschreibung interaktiver Prozesse besteht darin, daß das betrachtete System durch Sequenzen von Kommunikationsmitteln (Eingaben als Ereignisse) gesteuert wird /KLE/.
Die Notation durch reguläre Ausdrücke als generierende Systeme ist kurz und präzise und sie kann leicht in gerichtete Graphen oder endliche Automaten als erkennende Systeme überführt werden /SA1/. Operationen auf ihren Elementen bilden einen Kalkül. Darüber hinaus sind effiziente Verfahren zur Analyse und Verifikation der Systemeigenschaften (wie Vollständigkeit, Konsistenz, Minimalität etc.) sowie zur Synthese vorhanden (Für grundlegende Betrachtungen s. z.B. /GIL/, /SA2/ etc. und für Softwareentwicklung einschließlich Verifikation /BAU/, /CHO/, /HEN/, /HOR/, /PAR/, /SAL/ etc. und dort angegebene Literaturhinweise). Auch ihre graphische Darstellung kann hierarchisch aufgebaut werden, z.B. mit Hilfe der h-Graphen, deren Knoten nicht einfach durch andere ersetzt werden, sondern als Inhalt wieder gerichtete Graphen haben können, für deren Knoten wieder dasselbe gilt /PRA/. Die Mächtigkeit der regulären Ausdrücke kann ausserdem durch einfache Modifikationen (z.B. zur Darstellung von Synchronisationsmechanismen, Nebenläufigkeit etc.) erhöht werden (s. Abschn. 7). Reguläre Ausdrücke können also für verschiedene Phasen der Entwicklung einheitlich bzw. integrierend verwendet werden und lassen verschiedene Interpretationen und anschauliche, leicht ineinander überführbare Darstellungsformen zu.
Die Verwendung regulärer Ausdrücke für die Softwarespezifikation wird z.B. in /SHA/ ausführlich behandelt. Daher wird hier die Betrachtung auf spezielle Techniken eingeschränkt, die in späteren Abschnitten benutzt werden. Reguläre Ausdrücke werden auch für den Softwareentwurf verwendet. In /HUG/ wird z.B. vorgeschlagen, die Entwurfsmethode von M. Jackson mit Hilfe von regulären Ausdrücken zu formalisieren. Diese datenstrukturorientierte Methode ist zwar heuristisch, läßt jedoch wegen ihres Einflusses auf wesentliche Qualitätseigenschaften viel hoffen /BE2/.

Ein regulärer Ausdruck besteht aus Symbolen zur Notation der Kommunikationsmittel und folgenden Operationen auf diesen:

- Sequenz (Konkatenation), dargestellt durch einen Punkt ".", der weggelassen werden kann und bedeutet einfache Aneinanderreihung der Symbole (Diese Operation entspricht der logischen Konjunktion und dem Mengendurchschnitt).
- Auswahl (Selektion), dargestellt durch ein Pluszeichen "+" (Diese Operation entspricht der logischen Exklusion und der Mengenvereinigung).
- Iteration (Schleife, Kleenesche Sternoperation), dargestellt durch Einklammerung der Symbole in spitze Klammern "⟨...⟩ ", bedeutet eine Konkatenation des Klammerninhalts, die beliebig oft (auch null mal) wiederholt wird.

Die Symbole des Ausdrucks können bedeuten
- einfache Zeichen eines Alphabets,
- Sequenzen von Zeichen,
- komplexe Ereignisse (z.B. Benutzer-, Systemreaktionen), d.h. wieder reguläre Ausdrücke.

Beispiel 1: Bedeuten z.B. a,b Ereignisse irgendwelcher Art (Eingabesymbole, Benutzerreaktionen etc.), so bedeuten

ab : b folgt a, d.h. b ist Nachfolger von a
a+b: entweder a oder b
⟨b⟩: Wiederholung von b, beliebig oft (auch null mal)

Beispiel 2: Etwas komplizierter sind die Ausdrücke

$T1= [\langle ba\langle b+c\rangle\rangle]$, $T2= [\langle a+b\rangle]$, $T3= [\langle ba\langle b+c\rangle\rangle\langle a+b\rangle]$

Hier können [,],a,b,c Operationen eines Benutzers auf einer Datei wie

[: Öffnen, a: Löschen, b: Lesen, c: Drucken,]: Schließen

bedeuten. Diese Ausdrücke können als Spezifikation wie folgt interpretiert werden: T1 besagt, daß nach dem Öffnen der Datei der erste Satz gelesen und gelöscht werden kann, und zwar in dieser Reihenfolge. Anschließend können Sätze beliebig oft gelesen oder gedruckt werden. Diese beiden Operationsfolgen können ebenfalls beliebig oft wiederholt werden. Zum Schluß muß die Datei geschlossen werden. T2 besagt, daß nach dem Öffnen gelesen oder gelöscht werden kann, und zwar beliebig oft in beliebiger Reihenfolge. Auch hier muß zum Schluß die Datei geschlossen werden. T3 ist eine Sequenz von beiden, wobei die erste Operationsfolge auch leer sein kann.
Jeder Pfad, jede Kette durch diese Ausdrücke, wie z.B. babababa, babbbb, babaccc, ... durch T3, bildet eine richtige Sequenz im Sinne des betrachteten Systems, wobei die Ereignisse a,b, ... weiterhin durch andere Ausdrücke verfeinert werden können, oder auch lediglich einzelne Zeichen im Sinne der Syntaxbeschreibung einer Sprache sein können.

Graphische Darstellung und charakteristische Eigenschaften regulärer Ausdrücke

Die Umsetzung der Ausdrücke in graphische (Zustandsgraph) und tabellarische Form (Automatentafel) demonstrieren wir an einem Ausdruck T=T3 von Beispiel 2.
Zunächst werden die Symbole in T so indiziert, als wäre ihre syntaktische Funktion lediglich durch ihre Position bestimmt:

$$T' = [^1 \langle b^1 a^1 \langle b^2+c^1\rangle\rangle \langle a^2+b^3\rangle]^1$$

Aus T' kann abgelesen werden, welche Symbole welchen anderen folgen können. Dem Symbol $[^1$ können z.B. $a^2, b^1, b^3,]^1$ folgen, denn die Symbolpaare $[^1a^2, [^1b^1, [^1b^3, [^1]^1$ sind zulässige Konkatenationen als Teilsequenzen. Die Indizes sind vor allem für Symbole wichtig, die mehrfach vorkommen, und je nach Kontext unterschiedlich interpretiert werden können. So können Symbole Zuständen eines erkennenden Automaten E als Akzeptor für den Ausdruck T zugeordnet werden:

Anfangszustand =: 0, $0[= [^1$ =: 1,

$1a = a^2$ =: 2, $1b = b^1+b^3$ =: 3, $1] =]^1$ =: 4,

$2a = a^2$ = 2, $2b = b^3$ =: 5, $2] =]^1$ =4,

3a = ...

etc.

Ist also der Automat, z.B. im Anfangszustand und liest er das Symbol [ein, so kann es sich um das Symbol $[^1$ handeln, und der Automat geht in den Zustand 1 über. Liest er in diesem Zustand das Symbol a ein, so ist es a^2 und der Automat geht in den Zustand 2 über etc. Andere Symbole (z.B. a^1 im Zustand 1) überführen den Automaten in einen Fehlerzustand. Die Zustände und ihre Übergänge in andere Zustände in Abhängigkeit von Eingabeelementen werden in Bild 1 als Automatentafel bzw. Zustandsgraph dargestellt.

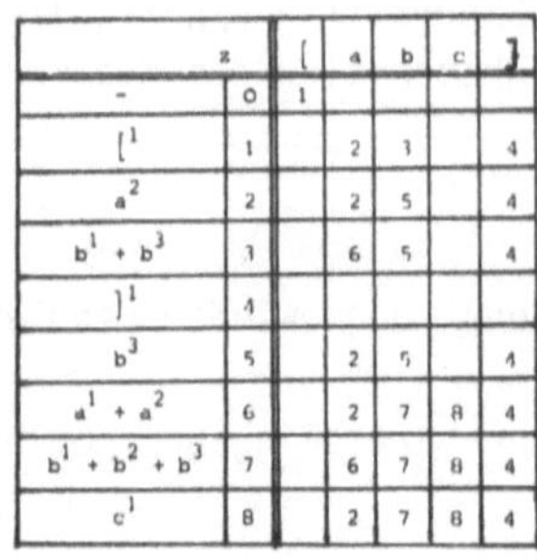

z		[	a	b	c	]
-	0	1				
$[^1$	1		2	3		4
a^2	2		2	5		4
$b^1 + b^3$	3		6	5		4
$]^1$	4					
b^3	5		2	5		4
$a^1 + a^2$	6		2	7	8	4
$b^1 + b^2 + b^3$	7		6	7	8	4
c^1	8		2	7	8	4

Automatentafel für E.

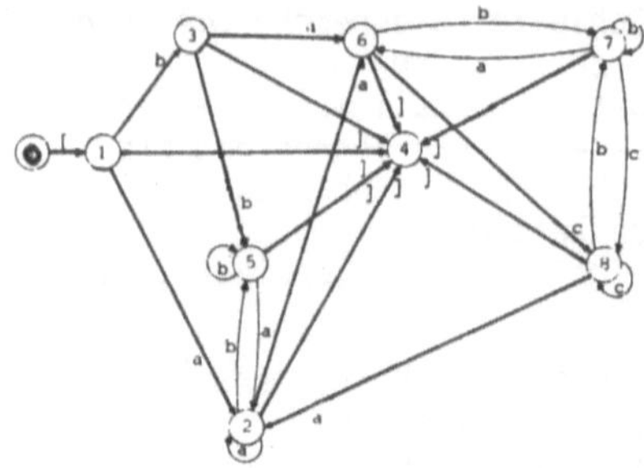

Graph für E.

Bild 1

(Die Zustände werden einfachheitshalber mit 0,1,2, ... statt mit z0,z1,z2, ... bezeichnet. Mengen werden mit a+b statt mit $\{a,b\}$ bezeichnet.)

Um die Beziehung zwischen den Symbolen und den Zuständen herzustellen, kann in T' der Index j eines jeden Symbols s^j durch die Menge aller Zustände ersetzt werden, die diesen Index j von s^j enthalten:

$$T'' = [^1 \langle b^{3+7} a^6 \langle b^7 + c^8 \rangle\rangle \; \langle a^{2+6} + b^{3+5+7} \rangle]^4$$

(Die Indizes in T' und T" sind nicht zu verwechseln: In T' beziehen sie sich auf die Positionen der Symbole innerhalb des Ausdrucks, in T" dagegen auf die Zustände des Automaten E.)

Diese Operation nennen wir <u>Vorwärtsindizierung</u> eines regulären Ausdrucks T. Wir bilden nun das Spiegelbild von T, notieren es als T* und indizieren dieses wie T':

$$T'^{*} =]^1 \langle b^3 + a^2 \rangle \; \langle\langle c^1 + b^2 \rangle a^1 b^1 \rangle [^1$$

Der Zustandsgraph und die Automatentafel zu T* werden analog zu E erstellt und der Akzeptor wird E* genannt (s. Bild 2).

z*		[	a	b	c	]
-	0					1
^{1}	1	5	2	3	4	
$a^1 + a^2$	2	5	2	3	4	
$b^1 + b^2 + b^3$	3	5	2	3	4	
c^1	4		6	7	4	
$[^1$	5					
a^1	6			8		
b^2	7		6	7	4	
b^1	8	5	6	7	4	

Automatentafel für E*.

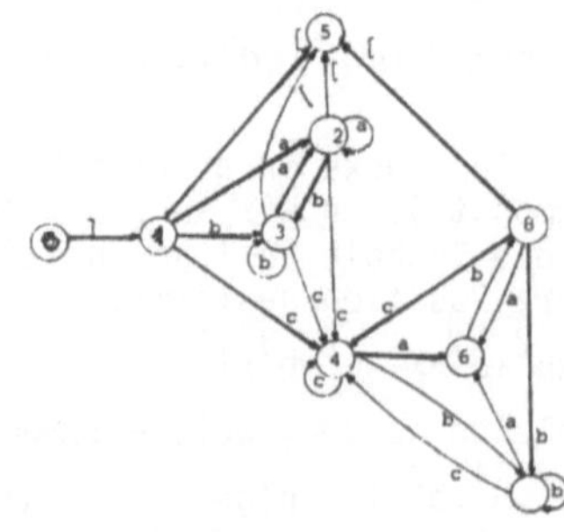

Graph für E*.

Bild 2

Auch für T* stellen wir die Beziehung zwischen den Symbolen und den Zuständen des Automaten E* her:

$$T^{*''} =]_1 \langle b_3 + a_2 \rangle \; \langle\langle c_4 + b_{3+7} \rangle a_{2+6} b_{3+8} \rangle [_5$$

Diese Operation nennen wir <u>Rückwärtsindizierung</u>. Zur Unterscheidung von den Indizes in T" wurde in T*" die Indizierung unten vorgenommen. Nach nochmaliger Spiegelung erhalten wir:

$$T_{''} := T^{*''*} = [_5 \langle b_{3+8} a_{2+6} \langle b_{3+7} + c_4 \rangle\rangle \; \langle a_2 + b_3 \rangle]_1$$

Nehmen wir die untere und die obere Indizierung gleichzeitig vor, so erhalten wir:

$$T_{\shortparallel}^{\shortparallel} = [^1_5 \langle b^{3+7}_{3+8} a^6_{2+6} \langle b^7_{3+7} + c^8_4 \rangle\rangle \; \langle a^{2+6}_2 + b^{3+5+7}_3 \rangle]^4_1$$

Diese doppelte Indizierung nennen wir Codierung des Ausdrucks T. Sie ist für die weiteren Betrachtungen von grundlegender Bedeutung, denn sie liefert alle Werkzeuge für die Fehlerbehandlung.
Das erste dieser Werkzeuge ist die Kompatibilitätsrelation C . Sie besteht aus allen Indexpaaren (i,j), die in einem codierten Symbol s^i_j aus $T_{\shortparallel}^{\shortparallel}$ vorkommen: $T_{\shortparallel}^{\shortparallel} = \,..s^{\,.+i+..}_{\,.+j+..}..$
Wir schreiben iCj oder isj: Die Zustände i,j sind über dem Symbol s kompatibel. Im Bild 3 wird die Relation C als Tabelle angegeben.
Es ist wichtig zu betonen, daß die Kompatibilitätsrelation für jedes reguläre Ereignis charakteristisch ist, sie ist also unabhängig von der Darstellung durch unterschiedliche reguläre Ausdrücke.

Das zweite Werkzeug bilden die Rechts- bzw. Linkskontextrelationen (r'',$l_{\shortparallel}$). Sie liefern für jedes indizierte Symbol s^i bzw. s_j den unmittelbaren zulässigen Kontext. Das kann direkt aus $T_{\shortparallel}^{\shortparallel}$ gelesen werden, für das obige Beispiel ergeben sich z.B.

$$r''([^1) = a^2 + b^3 +]^4, \quad l_{\shortparallel}(b_7) = a_6 + b_7 + c_4 \quad \text{etc.} \quad \text{(s. Bild 3)}$$

In /EG1/ wird nachgewiesen, daß r'', $l_{\shortparallel}$ für ein Symbol nicht von vorher bzw. nachher eingelesenen Symbolen der Sequenz abhängen. Die "Vor-" bzw. "Nachgeschichte" steckt in der Codierung.

Mit Hilfe der Kompatibilitäts- und Kontextrelationen kann nun ein Automat $E_{\shortparallel}^{\shortparallel}$ konstruiert werden, der genau die codierten Sequenzen $w_{\shortparallel}^{\shortparallel}$ akzeptiert, die im Sinne des betrachteten Systems korrekt sind. Dafür werden für jedes s^i_j mit isj die Folgezustände gebildet. Sie ergeben sich als rechter Kontext von s^i_j:

$$r_{\shortparallel}^{\shortparallel}(s^i_j) := \left\{ t^m_n \mid t^m \in r''(s^i) \wedge t_n \in r_{\shortparallel}(s_j) \right\}$$

Für das obige Beispiel ergeben sich folgende Symbolfolgen:

$[^1_5 a^2_2$, $[^1_5 b^3_3$, $[^1_5 b^3_8$, $[^1_5]^4_1$,

$a^2_2 a^2_2$, $a^2_2 b^5_3$, $a^2_2]^4_1$,

etc.

Der Zustandsgraph für $E_{\shortparallel}^{\shortparallel}$ wird das Diagramm D für das betrachtete System genannt. Es wird dadurch vereinfacht dargestellt, daß die Symbole $s_{\shortparallel}^{\shortparallel}$ den Zuständen "direkt" zugeordnet werden, d.h. die Symbole $s_{\shortparallel}^{\shortparallel}$ als Eingabe auf den Kanten und als Zustände, gegen die diese Kanten konvergieren, sind identisch. Im Bild 3 wird D für das Beispiel angegeben.

i [j	i a j	i b j	i c j	i] j
1 [5	2 a 2	3 b 3	8 c 4	4] 1
	6 a 2	3 b 8		
	6 a 6	5 b 3		
		7 b 3		
		7 b 7		
		7 b 8		

C - Tabelle.

l''	s''	r''	$l_{\shortparallel}$	$s_{\shortparallel}$	$r_{\shortparallel}$
---	$[^1$	$a^2+b^3+]^4$	---	$[_5$	$a_2+b_3+b_8+]_1$
$[^1+a^2+a^6+b^5 \quad +c^8$	a^2	$a^2+b^5+]^4$	$[_5+a_2+b_3+c_4$	a_2	$a_2+b_3+]_1$
b^3+b^7	a^6	$a^2+b^7+c^8+]^4$	b_8	a_6	$b_7+b_8+c_4$
$[^1$	b^3	$a^6+b^5+]^4$	$[_5+a_2+b_3+c_4$	b_3	$a_2+b_3+]_1$
$a^2+b^3+b^5$	b^5	$a^2+b^5+]^4$	$a_6+b_7+c_4$	b_7	$b_7+b_8+c_4$
$a^6+b^7+c^8$	b^7	$a^6+b^7+c^8+]^4$	$[_5+a_6+b_7+c_4$	b_8	a_6
$a^6+b^7+c^8$	c^8	$a^2+b^7+c^8+]^4$	$a_6+b_7+c_4$	c_4	$a_2+b_3+b_7+b_8+c_4+]_1$
$[^1+a^2+a^6+b^3+b^5+b^7+c^8$	$[^4$	---	$[_5+a_2+b_3+c_4$	$]_1$	---

Kontext-Tabelle.

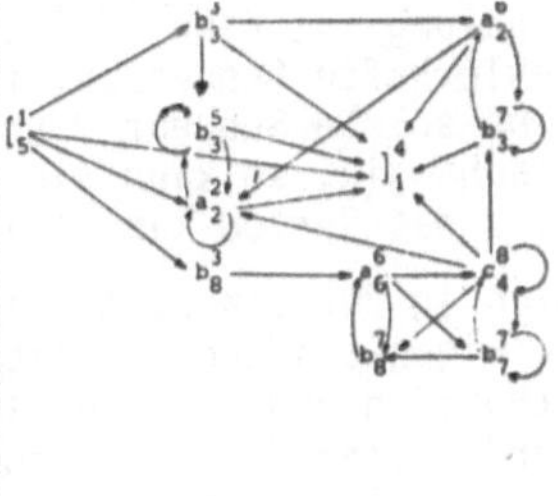

Diagramm von $E_{\shortparallel}^{\shortparallel}$

Bild 3

Konventionelle Systementwicklung

Für die Systementwicklung wurde bisher angenommen, daß für die Darstellung eines Lösungsvorschlages zuerst der reguläre Ausdruck aufgestellt wird. Es kann auch der umgekehrte Weg verfolgt werden: Zunächst wird der Lösungsvorschlag graphisch dargestellt. Anschließend wird durch Analyse dieses Graphen der reguläre Ausdruck gewonnen, z.B. nach dem Algorithmus von Gluschkow /SA1/. Die Codierung des Ausdrucks erfolgt analog.

3 Fehler und Fehlertoleranz

Die meisten Fehler in der Eingabesequenz eines Systemteiles können mit Hilfe einer der folgenden Hypothesen behandelt werden, d.h. die Sequenz wird korrigiert, wenn
- zwischen zwei benachbarte Symbole der Sequenz ein Symbol hinzugefügt wird. Das nennen wir G-Korrektur.
- zwischen zwei benachbarten Symbolen der Sequenz ein Symbol gegen ein bestimmtes anderes Symbol ausgetauscht wird. Das nennen wir H-Korrektur.
- zwischen zwei benachbarten Symbolen der Sequenz ein Symbol gelöscht wird. Das nennen wir J-Korrektur.

Betrachten wir diese Hypothesen an einer Teilsequenz von Eingabeelementen:

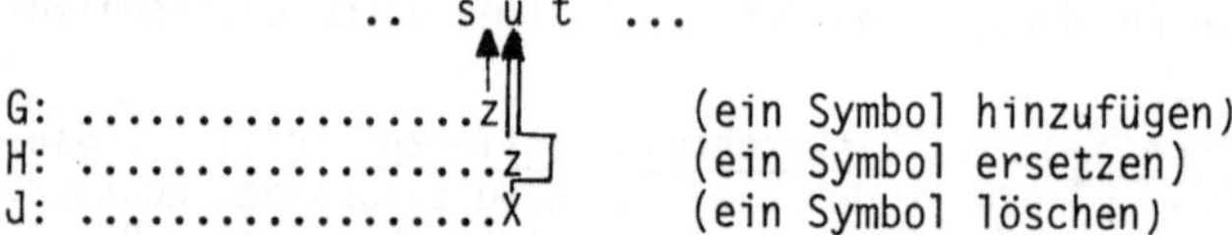

Bedeuten die Symbole s,u,t,z z.B. Zeichen eines Eingabealphabets, so können mit diesen Hypothesen Schreibfehler behandelt werden, die entstehen weil

G: zwischen zwei benachbarten Zeichen ein Zeichen vergessen wird oder
H: zwischen zwei benachbarten Zeichen ein Zeichen falsch ist oder
J: zwischen zwei benachbarten Zeichen ein Zeichen zuviel ist.

Bisher wurde die Fehlerbehandlung mittels eines Symbols betrachtet. Werden nun statt eines Symbols n Symbole gleichzeitig betrachtet und diese Hypothesen dementsprechend geändert ("Zwischen zwei Symbolen n Symbole vergessen, falsch oder zuviel"), so können alle Kommunikationsfehler behandelt werden. Die Hypothesen werden mit G^n, H^n, J^n als Potenzen von G, H, J notiert. $G+H^2+J$ bedeutet z.B. , daß in der Sequenz genau ein Symbol fehlt oder zuviel ist oder zwei Symbole fehlerhaft (z.B. durch Vertauschung) sind. Bedeuten die Symbole Zeichen eines Eingabealphabets, so können nach empirischen Untersuchungen 80% aller Schreibfehler mit dieser Kombination von Hypothesen behandelt werden /PET/.
Haben die Symbole komplexere Bedeutung, z.B. nach Beispiel 2, so können diese Hypothesen vergessene, fehlerhafte oder überflüssige Arbeitsschritte behandeln, so z.B. den Versuch des Löschens eines Satzes vor der Dateiöffnung etc.

Ist für eine als fehlerhaft erkannte Eingabesequenz eine dieser Hypothesen nur an einer Stelle anwendbar, so ist in dieser Sequenz die fehlerhafte Stelle eindeutig lokalisierbar. Solche Fehler werden Q-erkennend genannt, wobei $Q \in G+H+J$ ist. Sind an dieser Sequenz zwei Hypothesen P und Q gleichzeitig anwendbar, so sind sie PQ-abhängig, sonst sind sie PQ-unabhängig , wobei $P,Q \in G+H+J$ ist. Eine eindeutige Fehlerbehandlung ist dann möglich, wenn bei der Korrektur nur ein Symbol korrigierend wirkt. Fehlerhafte Sequenzen, für die das zutrifft, werden Q-korrigierbar genannt. Ist eine solche Sequenz Q-erkennend und Q-korrigierbar und sind alle Hypothesen paarweise unabhängig, so kann sie eindeutig korrigiert werden: Sie ist Q-selbstkorrigierbar, d.h. das System kann solche Q-Fehler selbständig erkennen und korrigieren.

Wichtig für ein System ist zu wissen, ob alle als fehlerhaft erkannten Sequenzen diese Eigenschaften besitzen. Die Lösung dieses Problems setzt eine systematische Konstruktion und Analyse aller fehlerhaften Sequenzen als Fehlerprototypen voraus. Außerdem sind Verfahren notwendig, mit deren Hilfe fehlerhafte Stellen in diesen Sequenzen lokalisiert und zu deren "Heilung" Korrekturvorschläge erstellt werden. Erst dann kann das eigentliche Problem in Angriff genommen werden: Wie ist ein gegebenes System zu modifizieren, damit alle, im Sinne dieses Systems fehlerhaften Sequenzen Q-erkennend, -korrigierbar sind, und die Hypothesen sich gegenseitig ausschließen? Mit anderen Worten, wie soll in dieses System eine Redundanz vom minimalen Umfang gezielt eingefügt werden, damit es Fehlern definierter Typen gegenüber tolerant wird?

Im folgenden werden diese Probleme behandelt.

4 Behandlung von Fehlern, Analyse des Sytems

Die Behandlung fehlerhafter Eingaben besteht aus folgenden Schritten:
- Feststellen, daß die Eingabesequenz fehlerhaft ist.

- Identifizieren der Teilsequenz, in der eine Q-Korrektur vorgenommen werden kann.
- Lokalisieren der fehlerhaften Stellen und Erstellen von Korrekturvorschlägen nach den Hypothesen.
- Durchführung von Korrekturen.

Erkennung fehlerhafter Eingaben

Zu diesem Zweck werden Eingabesequenzen durch die Akzeptoren, die zu dem regulären Ausdruck konstruiert wurden (s. Abschn. 2), zuerst vorwärts und anschließend rückwärts indiziert (d.h. eingelesen). Die "Spuren" der Zustände an den Elementen der Sequenz werden wie am T'' notiert. Sind alle diese Spuren, d.h. Zustände über die jeweiligen Symbole paarweise kompatibel, so ist die Sequenz richtig; treten dagegen Inkonsistenzen auf, so ist sie fehlerhaft. Wir demonstrieren das an einer Sequenz w:

$$w = [bbbacabba]$$

$$\Longrightarrow w'' = [^1 b^3_7 b^5_7 b^5_8 a^2_6 c_4 a_2 b_3 b_3 a_2]_1 \quad \text{(s. Bild 3)}$$

Beim Vorwärtsindizieren kann die Sequenz ab 5. Element (a^2_6) nicht mehr eingelesen werden. Beim Rückwärtsindizieren geschieht das am 2. Element (b^3_7). Der Automat wird in diesen Fällen in einen Fehlerzustand überführt. Es handelt sich also um eine fehlerhafte Sequenz.

Lokalisierung der fehlerhaften Stellen

Wie sind nun in dieser als fehlerhaft erkannten Sequenz die Stellen zu bestimmen, an denen eine Korrektur durchgeführt werden kann?
Dazu wird zunächst der Ausschnitt der Sequenz bestimmt, die zwischen den Symbolen liegt, welche beim Vorwärts- und Rückwärtsindizieren als "letzmögliche " akzeptiert werden; nach dem Lesen dieser Symbole ist der Akzeptor in den Fehlerzustand überführt. Für das obige Beispiel wird dieser Ausschnitt unterstrichen:

$$w'' = [^1 \underline{b^3_7 b^5_7 b^5_8 a^2_6} c_4 a_2 b_3 b_3 a_2]_1$$

In /EG1/ wird nachgewiesen, daß Korrekturen (wenn überhaupt) nur hier durchgeführt werden können. Daher wird dieser Ausschnitt <u>Korrekturbereich</u> genannt.

Erstellen von Korrekturvorschlägen nach den Hypothesen

Korrekturen können zwischen den Elementen innerhalb des Korrekturbereiches durch korrigierende Elemente durchgeführt werden, die "in die Landschaft passen": Das korrigierende Element muß als linken bzw. rechten Kontext die Elemente haben, zwischen die es eingesetzt wird. Mit Hilfe der Kontext- und C-Tabelle (Bild 3) erläutern wir das am obigen Korrekturbereich:

$$k'' = b^3_7 b^5_7 b^5_8 a^2_6 c_4 a_2$$

G: ......a^6_6 , denn $a^6 \in r''(b^3) \wedge a_6 \in l''(b_7) \wedge 6a6$

H: ....$a^6_6 \,..\, a^2_2 + b^5_3$, denn w.o. und $a^2 + b^5 \in r''(a^2) \wedge a_2 + b_3 \in l''(a_2) \wedge 2a2 \wedge 5b3$

J: ....X , denn $a^2 \in r''(a^2) \wedge 2a2$

Analyse der Fehlerbehandlungseigenschaften des Systems

Allein durch die Analyse des obigen Beispiels kann festgestellt werden, daß das betrachtete System nicht H-erkennend und -korrigierbar ist und die Hypothesen paarweise abhängig sind (s. Abschn. 3).

Zur vollständigen Analyse des Systems werden alle Korrekturbereiche verschiedener Länge als Fehlerprototypen systematisch konstruiert. Das geschieht dadurch, daß alle Kombinationen von Symbolen des codierten regulären Ausdrucks erstellt werden, die "sich nicht vertragen", d.h. in einer korrekten Sequenz nicht benachbart sein können. Zur Konstruktion werden wieder die Kontexttabelle und die Relation C benötigt. Korrekturbereiche der Länge 1 ergeben sich, wenn alle Symbole zwischen andere Symbole eingebettet werden, die gemäß Kontexttabelle nicht ihr linker bzw. rechter Kontext sein können. Für T3 aus Beispiel 2 ergeben sich z.B. für c: a^2ca_6, b^3ca_6, b^5ca_6. Korrekturbereiche der Länge 2 werden durch Konkatenation aller Symbolpaare $^6(s^i_{\,}t_n)$

gebildet, die nicht verträglich sind, d.h. für die gilt: $s^i t_n$, $t^m \notin r''(s^i)$, $s_j \notin l_{''}(t_n)$, für alle m,n. Für das Beispiel sind das $[^1 c_4 a_2$, $[^1 c_4 b_3$, ...

Zur Erstellung der Korrekturbereiche der Länge>2 werden ihre Akzeptoren konstruiert, und zwar in Analogie zu $E_{''}$; diesmal geht es jedoch nicht um korrekte Sequenzen, sondern fehlerhafte, die der Automat akzeptieren soll. Dazu werden alle Symbole bestimmt, die als linker bzw. rechter Begrenzer auftreten können, d.h. diejenigen Symbole, die der Akzeptor des regulären Ausdrucks beim Vorwärts- bzw. Rückwärtslesen nicht mehr annehmen kann. Für das Beispiel sind diese a_6^2, b_7^3 als als Links- bzw. b_7^3, b_7^5 als Rechtsbegrenzer, denn z.B. bei a_6^2 hat a^2 als linken Kontext a^2, a kann aber als linker Kontext von a_6 nicht auftreten (s. Kontexttabelle). Bei b_7^3 ist dagegen zwar c_4 ein rechter Kontext von b_7, c gehört jedoch nicht zum rechten Kontext von b^3.

Als nächstes werden mit Hilfe der Kontexttabelle Folgezustände dieser Begrenzer gebildet. Für das Beispiel sind das:

a_6^6: $a_6^2 b_7^5$, $a_6^2 b_8^5$, $b_7^5 b_7^5$, $b_7^5 b_8^5$, $b_8^5 a_6^2$

b_7^3: $b_7^3 b_7^5$, $b_7^3 b_8^5$, $b_7^5 b_7^5$, $b_7^5 b_8^5$, $b_8^5 a_6^2$

Denn es ist für a_6^2: $b^5 \in r''(a^2) \wedge b_7 \in r_{''}(b_7) \wedge \neg 2a6 . \wedge \neg 5b7$ etc. Damit ergibt sich folgendes Diagramm Dk:

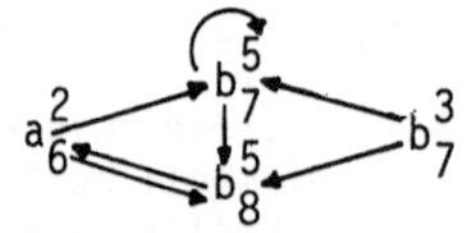

a_6^2 → b_7^5 (mit Schleife), b_7^5 → b_8^5, a_6^2 ⇄ b_8^5, b_7^3 → b_7^5, b_7^3 → b_8^5

Dk für T.

Bild 4

Die Analyse dieses Graphen ergibt alle fehlerhaften Sequenzen der Länge>2, denn in ihm sind alle Links- und Rechtsbegrenzer mit ihren Folgezuständen untergebracht. Nehmen wir als Beispiel folgenden Korrekturbereich und führen alle Korrekturmöglichkeiten durch:

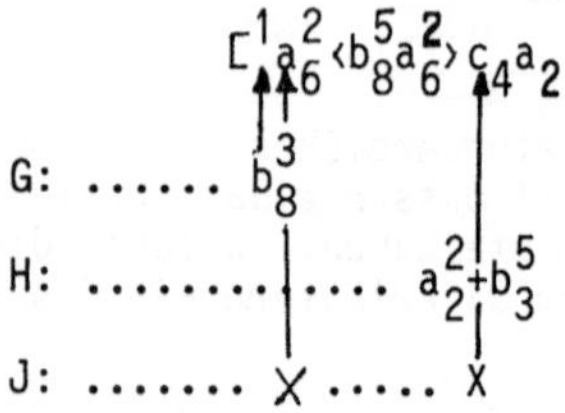

$[^1 a_6^2 \langle b_8^5 a_6^2 \rangle c_4 a_2$

G: ...... b_8^3

H: ....|.... $a_2^2 + b_3^5$

J: .... X X

Wie man bereits jetzt sieht, ist dieses System nicht J-erkennend und alle Hypothesen sind paarweise abhängig. Die Analyse weiterer Korrekturbereiche zeigt, daß es auch nicht H-erkennend, aber G-erkennend ist.

Schließlich muß noch festgestellt werden, ob das betrachtete System Q-korrigierbar ist, d.h. ob für jede G- oder H-Korrektur nur ein Symbol in Frage kommt (Für jede J-Korrektur kann nur ein Symbol gestrichen werden. Daher sind alle J-Fehler J-korrigierbar.). Dieser Schritt der Analyse wird dadurch ausgeführt, daß für alle Symbole im $T_{''}$ mit Hilfe der Kontexttabelle festgestellt wird, ob sie zu keiner Q-Korrektur benutzt werden können. Falls das nicht der Fall ist, muß festgestellt werden, ob je zwischen zwei Symbolen mehr als eine solche Möglichkeit besteht. Das obige Beispiel ist also nicht H-korrigierbar.

5 Einfügung der Redundanz

Wird durch die Analyse für das betrachtete System festgestellt, daß es nicht Q-erkennend, oder -korrigierbar ist, oder die Hypothesen voneinander abhängig sind, so kann es Fehler nicht selbständig erkennen und korrigieren.

Durch eine Erweiterung kann das System diese Eigenschaften nachträglich gewinnen. Betrachten wir dazu einen Ausschnitt aus einem Korrekturbereich mit einer H-Korrektur:

$$\ldots\ s^i_j u^k_l t^m_n\ \ldots \qquad (1)$$

$$H:\ \ldots\ z^{i'}_{l'} \quad \text{d.h.} \quad z^{i'} \in r''(s^i) \wedge z_{l'} \in l''(t_n) \wedge i' \subset l'$$

Existiert in diesem Korrekturbereich noch eine solche Stelle u^k_l bzw. existiert an dieser Stelle noch ein solches Symbol $z^{i'}_{l'}$, so ist die H-Erkennung bzw. H-Korrigierbarkeit bereits gestört.

Grundidee

Diese Stelle würde nicht entstehen, wenn eine der folgenden Bedingungen gilt (alle anderen Stellen bzw. Hypothesen können analog behandelt werden):

- Eines der Symbole aus der Umgebung der Korrekturstelle (s^1, t_n) hat anderen linken oder rechten Kontext, d.h. $u^k \notin r''(s^i) \vee u_l \notin l''(t_n)$.
- Das zu korrigierende Symbol u^k_l hat anderen rechten oder linken Kontext, d.h. $t^m \notin r''(u^k) \vee s_j \notin l''(u_l)$.
- das korrigierende Symbol $z^{i'}_{l'}$ hat anderen rechten oder linken Kontext, d.h. $z^{i'} \notin r''(s^i) \vee z_{l'} \notin l''(t_n)$.

Wenn also eines der Symbole s^i_j, t^m_n, u^k_l, $z^{i'}_{l'}$ anderen rechten bzw. linken Kontext hat, würde eine der Bedingungen bereits erfüllt werden, was für den gewünschten Effekt hinreichend ist.

Das ist mit Sicherheit dann der Fall, wenn eines dieser Symbole in dem regulären Ausdruck in einem anderen Kontext (a,b) eingebettet wird:

$$s^i_j \dashrightarrow a s^i_j b \qquad (2)$$

wobei nur eines der Erweiterungselemente a,b leer sein kann. Dadurch wird erreicht, daß $r''(s^i) = b''$ oder $l''(s_j) = a''$ wird, da ja die Generierungseigenschaften des Systems geändert wurden (Die Strichelungen " sollen die Codierung andeuten, die nach der Erweiterung entstehen.). In /BE1/ wird nachgewiesen, daß durch die Erweiterung keine Folgekorrekturen entstehen, wenn Erweiterungselemente (a,b) in (2) nach bestimmten Kriterien ausgewählt werden.

Behandlung der Störungen in den iterativen Kommunikationsabläufen

Eine wesentliche Schwierigkeit kann bei der Betrachtung der Korrekturbereiche der Länge>2 entstehen: Die <u>isomorphen Iterationen</u>, d.h. Iterationen, die gleiche Symbole in verschiedener Reihenfolge und Codierung enthalten, wie z.B. im folgenden Ausdruck.

Beispiel 3: $T = [\langle ab\rangle c \langle ba\rangle]$
$\implies T'' = [^1 \langle a^2 b^3 \rangle c^4 \langle b^5 a^6 \rangle]^7$

(In diesem Ausdruck sind nach der Codierung die unteren und oberen Indizes identisch, daher werden nur die oberen notiert. Ausdrücke mit dieser Eigenschaft werden <u>indexgleichverteilt</u> genannt und beschreiben eine echte Teilmenge der regulären Sprachen.) Hier sind die Iterationen ⟨ab⟩ und ⟨ba⟩ isomorph. Betrachten wir das Diagramm D für diesen Ausdruck:

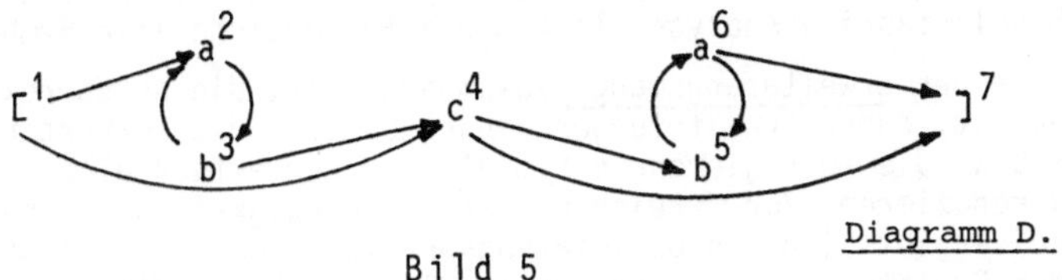

Bild 5

Durch die Analyse des Ausdrucks erhalten wir u.a. den Korrekturbereich:

$$k''_2 = [^1 a^2_6 b^3_5 \langle a^2_6 b^3_5 \rangle a^2_6]_7$$

$$H:\ \ldots\ c^4 \ldots c^4$$

Werden hier einige Iterationsschritte ausgeführt, so entsteht z.B.

$$\ldots\ a^2_6 b^3_5 a^2_6 b^3_5 a^2_6 b^3_5\ \ldots$$
$$\uparrow\ \ \uparrow\ \ \uparrow$$
$$H: \ldots c^4 \ldots c^4 \ldots c^4 \ldots$$

Solche Stellen in Korrekturbereichen werden durch besondere Strukturen in T bzw. in seinem Diagramm verursacht, wie hier durch c^4 , das die beiden Iterationen "verbindet". Solche Elemente werden <u>kritische Q-korrigierende Verbindungen</u> genannt (hier: Q=H).

In /BE1/ wird nachgewiesen, daß solche kritischen Verbindungen entstehen, wenn in dem Diagramm zwischen isomorphen Iterationen Elemente existieren, die
- für Q=G zwischen einem Element einer Iteration und einem Element anderer Iteration liegen, das bei gleicher Reihenfolge vom Anfang der Iteration <u>um ein Element weiter</u> liegt.
- für Q=H zwischen einem Element einer Iteration und einem Element anderer Iteration liegen, das bei gleicher Reihenfolge vom Anfang der Iteration <u>gleich entfernt</u> liegt.
- für Q=J zwischen einem Element einer Iteration und einem Element anderer Iteration liegen, das bei gleicher Reihenfolge vom Anfang der Iteration <u>um zwei Elemente weiter</u> liegt.

Um solche Verbindungen aufzuzeigen, konstruieren wir folgendes Diagramm:

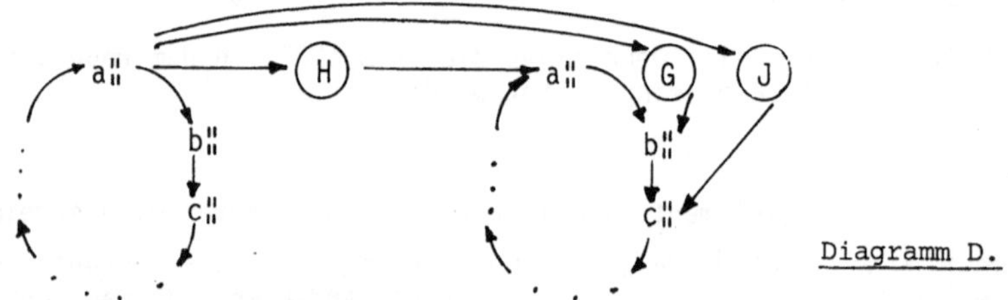

Bild 6

Die "Zerschlagung", d.h. die Auftrennung solcher Verbindungen ist besonders wichtig, denn sie erzeugen unendlich viele Korrekturstellen, d.h. Fehlerquellen. Besitzt das System isomorphe Iterationen als zyklische Interaktionsschritte, und ist es zu erwarten, daß diese in der Benutzungsphase öfter vorkommen, so sind die etwaigen kritischen Verbindungen zwischen ihnen bereits in der Entwurfsphase (s. auch Abschn. 6) zu vermeiden, z.B. durch Vorschaltung von redundanten Arbeitsschritten. Wird das nicht getan, so wird es schwer sein, bei Auftreten von Störungen in solchen iterativen Kommunikationsabläufen durch vergessene bzw. verlorengegangene oder fehlerhafte oder überflüssige Eingaben das System ohne Benutzereingriff in den normalen Ablauf zurückzuführen.

Verallgemeinerung der Grundidee

Nach demselben Prinzip können nun für alle Hypothesen alle Korrekturbereiche behandelt werden, in denen eine eindeutige Q-Erkennung bzw. Q-Korrigierbarkeit gestört ist oder die Hypothesen paarweise abhängig sind. Auch eine Verallgemeinerung auf Q^n ist möglich. Dafür werden durch vollständige Analyse aller Korrekturbereiche alle Symbole $s^i_j, u^k_l, t^m_n, z^{i'}_{n'}$ nach (1) zu einer <u>Erweiterungsmenge</u> zusammengefaßt, die an Korrekturen beteiligt sind. Das Ziel ist, durch Erweiterungen dieser Symbole die Korrekturstellen pro Korrekturbereich bzw. die korrigierenden Symbole pro Korrekturstelle auf höchstens eine bzw. eines zu reduzieren. Zur Erreichung der Unabhängigkeit der Hypothesen geht man analog vor. Dabei ergibt sich ein Optimierungsproblem: Auswahl derjenigen Erweiterungselemente aus der Erweiterungsmenge mit der größten Wirkung. Die Anzahl solcher Elemente, die zur Erreichung des gewünschten Effekts zusammengestellt werden, muß dabei möglichst klein bleiben. Unter <u>Wirkung</u> der Erweiterung eines Elementes wird die Anzahl der Korrekturstellen, korrigierenden Symbole etc. verstanden, die von der Erweiterung betroffen d.h. zerschlagen werden. Damit wird evident, daß kritiche Q-korrigierende Verbindungen grundsätzlich bei der Erweiterung berücksichtigt werden müssen, da sie ja unendlich viele solche Stellen verursachen können.
Die Verallgemeinerung auf Q^n (d.h. n Q-Fehler müssen gleichzeitig korrigiert werden) geschieht durch Überführung der n gleichzeitigen Korrekturen in die sequentielle Korrektur der Fehler in n Schritten.

Auswahl der Erweiterungselemente

Schließlich einige Bemerkungen zur Auswahl der Erweiterungselemente (a,b) in (2): Grundsätzlich muß beachtet werden, daß durch die Erweiterung das betrachtete System verfremdet wird. Die Erweiterung kann nach den Grunsätzen der "Systemphilosophie" oder nach didaktischen Aspekten geschehen. Zur Erweiterung können auch Elemente genommen werden, die bisher im Ausdruck nicht vorhanden waren. Sie verdeutlichen die Stellen, an denen die Redundanz eingeführt wurde. Somit warnen sie den Benutzer an solchen Stellen zur Vorsicht und versorgen das System mit zur Fehlertoleranz nötiger Redundanz. Aus ähnlichen Überlegungen wird z.B. in /BUD/ vorgeschlagen, die speziellen Reparaturmechanismen in Programmen, nämlich die "recovery blocks" (s. Abschn. 7), in begin-end-blocks durch Zusätze wie "start-recovery" und "stop-recovery" zu signalisieren. Fremde Elemente können aber auch das System entstellen und die Benutzung erschweren, d.h. das System "schwerfällig" machen. Solche Schwierigkeiten erübrigen sich bis zu einem gewissen Grad, wenn die Kommunikation zwischen maschinellen Systemteilen besteht, d.h. die etwaigen Korrekturen nur selbständig zu erfolgen haben(s. auch Abschn. 6).

Erweiterung des Beispielausdrucks

Für T3 aus Beispiel 2 ergeben sich folgende zu erweiternde Elemente s^i_j mit zugehöriger Wirkung $Wi(s^i_j)$ für die H-Erkennung:

s^i	$a^2_{''}$	a^2_6	$a^{''}_2$	$a^6_{''}$	$a^2_2+b^5_3$	b^3_8	$b^{''}_3$	$b^7_{''}$	b^7_8	$b^7_7+c^8_4$	$c^8_{''}$	$c^{''}_4$
$Wi(s^i_j)$	27	12	9	9	27	3	9	6	18	12	19	27

Bild 7

(Für die genaue Herleitung s. /BE1/.)

Es gibt keine kritischen H-korrigierenden Verbindungen, daher müssen die Symbole s^i_j zusammengefaßt werden, die in minimaler Anzahl das gewünschte leisten. Diese sind a^2_2, a^6_6, b^5_5 . Als Erweiterungen ohne Fremdelemente können genommen werden:

$$a^2_2 \;\text{--->}\; a^2_2 a \;,\quad a^6_6 \;\text{--->}\; b a^6_6 b \;,\quad b^5_3 \;\text{--->}\; a b^5_3 \qquad (3)$$

Mit Fremdelementen kämen in Frage:

$$a^2_2 \;\text{--->}\; a^2_2\# \;,\quad a^6_6 \;\text{--->}\; \_a^6_6\_ \;,\quad b^5_3 \;\text{--->}\; \$b^5_3 \qquad (4)$$

Durch (3) erhält man den Ausdruck:

$\mathring{T}$= [‹bbab‹b+c›› ‹aa+ab›] (5)

Durch (4) dagegen:

$\mathring{\mathring{T}}$= [‹b_a_‹b+c›› ‹a#+$b›] (6)

Die Analyse mit Hilfe von Bild 8 zeigt, daß $\mathring{T}$ H-erkennend ist ($\mathring{\mathring{T}}$: analog).

l"	s^i	r"	l"	s_j	r"
---	$[^1$	$a^2+b^3+]^4$	---	$[_5$	$]_1+a_6+a_7+b_{11}+b_{13}$
$[^1+a^5+b^6+b^9+b^{10}+b^{11}+c$	a^2	a^5+b^6	a_6	a_2	$]_1+a_6+a_7$
a^2+a^{13}	a^5	$a^2+]^4$	$a_2+b_3+c_4+[_5$	a_6	a_2
b^7	a^8	b^9	$a_2+b_9+c_4+[_5$	a_7	b_3
b^{12}	a^{13}	a^5+b^9	b_{12}	a_{10}	b_8+b_{11}
$[^1$	b^3	b^7	$a_7+b_8+c_4$	b_3	$]_1+b_{11}$
a^2	b^6	$a^2+]^4$	$a_{10}+b_8+c_4$	b_8	$b_3+b_8+b_{11}+b_{13}+c_4$
b^3	b^7	a^8	$a_7+b_8+c_4+[_5$	b_9	a_7
a^8+a^{13}	b^9	$a^2+b^{10}+c^{11}+]^4$	$a_{10}+b_8+c_4+[_5$	b_{11}	b_9
$b^9+b^{12}+c^{11}$	b^{10}	$a^2+b^{12}+c^{11}+]^4$	b_{13}	b_{12}	a_{10}
b^{10}	b^{12}	$a^{13}+b^{10}+c^{11}+]^4$	$b_8+c_4+[_5$	b_{13}	b_{12}
$b^9+b^{10}+b^{12}+c^{11}$	c^{11}	$a^2+b^{10}+c^{11}+]^4$	b_8+c_4	c_4	$[_1+a_6+a_7+b_3+b_8+b_9+b_{11}+b_{13}+c_4$
$a^5+b^6+b^9+b^{10}+b^{12}+c^{11}$	$]^4$	---	$a_2+b_3+c_4+[_5$	$]_1$	

Kontext-Tabelle

i[j	iaj	ibj	ibj(Forts.)	icj	i]j
1[5	2a6	3b11	10b3	11c4	4]1
	2a7	3b13	10b8		
	5a2	6b3	10b9		
	8a7	6b9	10b11		
	8a10	7b9	10b13		
	13a6	7b12	12b3		
	13a7	9b3	12b8		
	13a10	9b8	12b9		
		9b9	12b11		

C-Tabelle.

$$\mathring{T} = [^1_5 \langle b^{3+10+12}_{11+13} \cdot b^{7+12}_{9+12} a^{8+13}_{7+10} b^{9}_{3+8+9+11} \langle b^{10+12}_{3+8+9+11} + c^{11}_4 \rangle\rangle \langle a^{2+13}_6 a^5_2 + a^{2+13}_7 b^6_{3+9} \rangle]^4_1$$

Der erweiterte, codierte Ausdruck.

Bild 8

6 Erweiterung des Verfahrens

Die bisher angegebenen Verfahren können zusammen mit anderen Aspekten der Fehlertoleranz in einer Entwurfsstrategie zusammengefaßt werden:

Schritt 1: Entwurf des Systems zur Erfüllung der gestellten Aufgabe. Spezifikation durch reguläre Ausdrücke.
Schritt 2: Festlegung der relevanten Fehlertypen und Systemeigenschaften, wie es sich beim Auftreten von Fehlern verhalten soll ("exception handling").
Schritt 3: Toleranz gegenüber diesen Fehlern erwünscht? Wenn ja, weiter mit Schritt 4, sonst Schluß.
Schritt 4: Darstellung dieser Fehlerarten in Q-Hypothesen bzw. in Kombinationen von diesen.
Schritt 5: Darstellung möglich? Wenn ja, weiter mit Schritt 6, sonst Schluß.
Schritt 6: Analyse der Fehlerbehandlungseigenschaften des Systems mit Hilfe der Verfahren im Abschn. 4.
Schritt 7: Das System besitzt bereits die gewünschten Toleranzeigenschaften? Wenn ja, Schluß, sonst weiter mit Schritt 8.
Schritt 8: Erweiterung des Systems mit Hilfe der Verfahren im Abschn. 5 aufgrund der Festlegungen im Schritt 2.

Bemerkungen

Schritt 1: Entwurf und Spezifikation erfolgen schrittweise. Am Ende jeden Zwischenschrittes ist dabei besonders auf isomorphe Iterationen zu achten und ggfs. kritische Verbindungen zu trennen (s. Abschn. 5).
Schritt 2: Durch diesen Schritt wird die "Systemphilosophie" für die Fehlerbehandlung in Ausnahmesituationen festgelegt. Mögliche Systemreaktionen bei Auftreten von Fehlern sind (nach /GOO/):
- Systemabbruch ("Escape") oder Ignorieren der Eingabe (nach /GRA/:"Panic").
- Überlassen der Weiterführung an den Benutzer ("Signal").
- Selbständige Fehlerbehandlung nach Mitteilung an den Benutzer ("Notify").

Entscheidet man sich für die letzte Möglichkeit (, weil ein Benutzereingriff nicht möglich ist, wenn z.B. Systemteile autark laufen), so kann das System erweitert werden, um auftretende Fehler selbständig zu behandeln.
Schritt 3,4: Hier wird entschieden, ob und für welche Fehlerarten die hier angegebenen Verfahren verwendet werden können.
Schritt 5: Wenn die Hypothesen nicht auf alle Fehlertypen anwendbar sind, so sind andere Techniken zu benutzen (s. Abschn. 7).
Schritt 8: Nach der durchgeführten Erweiterung sind die Auswirkungen auf andere Systemteile und -eigenschaften zu untersuchen, z.B. auf die Effizienz.

Die schwierigste Entscheidung ist wohl die Festlegung der Fehlerbehandlungseigenschaften des Systems (Schritt 2). Hier können Kosten/Nutzenanalytische Betrachtungen herangezogen werden (s. /BLA/, /GuS/ etc.). Als Kosten wird die einzuführende Redundanz betrachtet, als Nutzen die erreichte Fehlertoleranz. Auch eine lokale Behandlung ist möglich, wie z.B. die "vorbeugende Heilung", d.h. Vermeidung typischer Fehler durch eine teilweise Erweiterung. Die Auswahl dieser Fehler kann nach statistischen (/END/, /LIT/, /PET/) oder nach psychologischen (s. /MØB/,insbes./SHN/,/WEI/) Aspekten erfolgen.

7 Schlußbemerkungen

Das vorgestellte Verfahren für Fehlertoleranz hat folgende Besonderheiten:
- Es erlaubt die Berücksichtigung der Fehler der Benutzungsphase bereits in der Entwurfsphase. Bei jedem Schritt des Entwurfs kann das System anhand seiner (Zwischen-)Spezifikation geprüft werden, ob es fehleranfällig wird.
- Die Redundanz kann dann für gewünschte Toleranzeigenschaften bzgl. dieser Fehler gezielt, d.h. schritt- oder teilweise eingeführt und minimiert werden.
- Die zugrundeliegenden Informationen werden durch lokale Analyse gewonnen, die dann am ursprünglichen regulären Ausdruck als (Zwischen-)Spezifikation des Systems so eingesetzt werden, daß gewünschte Änderungen global auftreten

Es wird betont, daß dieses Verfahren nicht mit anderen Verfahren konkurrierend einzusetzen ist, sondern vielmehr komplementär, denn die meisten anderen Verfahren betreffen nicht die Entwurfsphase, sondern erst die Realisierungsphase, d.h. wenn das System bereits entworfen ist und programmiert werden kann. Solche Verfahren (z.B. /CHR/, /GuH/, /RAN/) behandeln vor allem Fehler anderer Typen und sind bzgl. der Spezifikation weniger hilfreich.

Durch reguläre Ausdrücke können alle interaktiven Prozesse dargestellt werden, die sequentiell ablaufen. Es wird aber angemerkt, daß reguläre Ausdrücke so modifiziert werden können, daß auch Nebenläufigkeiten (/GEN/, /RI1/) oder Synchronisationsvorgänge /RI2/ darstellbar sind. Dadurch ergeben sich Möglichkeiten, das vorgestellte Verfahren auch bei der Entwicklung nicht-sequentieller Systeme anzuwenden, vorausgesetzt, diese Modifikationen erlauben eine Umsetzung in graphische Form und bilden wieder einen Kalkül.

Eine Erweiterung des Verfahrens auf kontextfreie Sprachen würde die Behandlung komplizierterer Fehler ermöglichen, z.B. (statische) Semantikfehler wie pointer-, stack-Fehler etc. Die Voraussetzung hierfür ist die Schaffung der notwendigen Hilfsmittel, wie vollständige Analyse. Auch hier sind vielversprechende Ansätze vorhanden (/EG2/, /EG3/).

Praktisch erprobt wurde die Methode firmenintern für die Implementierung eines Interpreters einer Kommandosprache.

Literaturhinweise

/AVI/ Avizienis,A., "Toward a Discipline of Reliable Computing", EURO IFIP 79, pp.701-705

/BAU/ Bauer,J.A., Finger,A.B., "Test Plan Generation Using Formal Grammars", Proc. 4th International Conf. of Softw. Eng. (1979), pp.425-432

/BE1/ Belli,F., "Erweiterung regulärer Sprachen zur automatischen Erkennung und Korrektur von syntaktischen Fehlern", Oldenburg München etc. (1979)

/BE2/ Belli,F., "Kritik an Entwurfsverfahren im Hinblick auf Qualitätsanforderungen", Proc. German Ch. ACM "Softw. Eng.-Entw. u. Spez.", Teubner Stuttgart (1981), pp.354-356

/BLA/ Black,J.P., et al., "A Case Study in Fault Tolerant Software", Softw. Pract. Exper. 11, 2 (1981), pp.145-157

/BUD/ Budde,R., "Recovery und Zuverlässigkeit von Software" Proc. German Ch. ACM "Workshop on Reliable Softw.", Teubner Stuttgart (1981), pp.127-136

/CHO/ Chow,T.S., "Testing Software Design Modelled by Finite-State Machines", IEEE Trans. on Softw. Eng. 4, 3 (1978), pp.178-187

/CHR/ Christian,F., "Exception Handling and Software-Fault Tolerance", Proc. 10th Fault-Tolerant Comp. (1980), pp.97-103

/EG1/ Eggers,B., "Zur Theorie und Praxis Selbstkorrigierender Regulärer Sprachen", TU Berlin (1971)

/EG2/ Eggers,B., "Error Reporting, Error Treatment and Error Correction in ALGOL, Part II", Lect. Notes in Econ. and Math. Syst. 78, Springer Berlin etc. (1973), pp.188-195

/EG3/ Eggers,B., Private Kommunikation (1981)

/END/ Endress,A., "An Analysis of Errors and Their Causes in System Programs", IEEE Trans. on Softw. Eng. 1, 2 (1975), pp.140-149

/GEN/ Genrich,H., "Extended Simple Regular Expressions", Lect. Notes in Comp. Sci.32, (1975), pp.231-237

/GIL/ Gill,A., "Introduction to the Theory of Finite-State Machines", McGraw-Hill New York etc. (1962)

/GuH/ Gannon,J.D., Horning,J.J., "Language Design for Programming Reliability", IEEE Trans. on Softw. Eng. 1, 2 (1975), pp.179-191

/GuS/ Gannon,T.F., Shapiro,S.D., "An Optimal Approach to Fault Tolerant Software Systems Design", IEEE Trans. on Softw. Eng. 4, 5 (1978), pp.390-409

/GOO/ Goodenough,J.B., "Exception Handling: Issues and a Proposed Notation", Comm. ACM 18, 12 (1975), pp.683-696

/GRA/ Graham,S.L., Rhodes,S.P., "Practical Syntactic Error Recovery in Compilers", Proc. ACM "Sympos. on Principles of Progr. Lang.", Boston (1973), pp.52-58

/HEN/ Henderson,P., "Finite State Modelling in Program Development", Proc. ACM "International Conf. on Reliable Software", SIGPLAN Notices (1975), pp.221-227

/HOR/ Horejs,J., "Finite Semantics for Program Testing", Proc. 4th International Conf. on Softw. Eng. (1979), pp.433-440

/HUG/ Hughes,J.W., "A Formalization and Explication of the M. Jackson Method of Program Design", Softw. Pract. Exper. 9, 3 (1979), pp.191-202

/KLE/ Kleene,S.C., "Represantation of Events in Nerve Nets", in "Automata Studies", eds. Shannon,C.E., McCarthy,J., Princeton Univ. Press, Princeton N.J. (1956), pp.3-43

/LIT/ Litecky,C., Davis,B., "A Study of Errors, Error Proneness, and Error Diagnosis in Cobol", Comm. ACM 19, 11 (1976), pp.33-37

/MÖB/ Möbus,C., "Eine Bibliographie: Psychologische Aspekte der Software-Herstellung", Notizen zum Interaktiven Programmieren (Gesellsch. f. Inform., FA 2) 7 (1981), pp.2-7

/PAR/ Parnas,D.L., "On the Use of Transition Diagrams in the Design of User Interface for an Interactive Computer System", Proc. 24th ACM National Conf. (1969), pp.379-385

/PET/ Peterson,J.L., "Computer Programs for Detecting and Correcting Spelling Errors", Comm. ACM 23, 12 (1980), pp.676-687

/PRA/ Pratt,T.W., "A Hierarchical Graph Model of the Semantics of Programs", Proc. AFIPS Summer Joint Conf. (1969) pp.813-825

/RAN/ Randell,B. et al., "Reliability Issues in Computing System Design", Comp. Surveys (ACM) 10, 2 (1978), pp.123-165
/RI1/ Riddle,W.E., "The Equivalence of Petri Nets and Message Transmission Models", SRM/97, Comp. Lab. Univ. of New Castle, UK (1974)
/RI2/ Riddle,W.E., "An Approach to Software System Behavior Description", Comp. Lang., 4 (1979), pp.29-47
/SA1/ Salomaa,A., "Theory of Automata", Pergamon Press, London etc. (1969)
/SA2/ Salomaa,A., "Formal Languages", Academic Press New York etc. (1973)
/SAL/ Salter,K.G., "A Methodology for Decomposing Systems Requirements into Data Processing Requirements", Proc. 2nd International Conf. of Softw. Eng. (1976), pp.91-101
/SHA/ Shaw,A.C., "Software Specification Languages Based on Regular Expressions", in "Software Development Tools" eds. Riddle,W.E., Fairley,R.E., Springer Berlin etc. (1980), pp.148-176
/SHN/ Shneiderman,B., "Software Psychology", Winthrop Publishers Cambridge (1980)
/WEI/ Weinberg,G.M., "The Psychology of Computer Programming", Van Nostrand Reinhold New York (1971)

Bemerkung

Für Anregungen und kritische Durchsicht der Arbeit gilt mein Dank den Herren Prof. Dr. B. Eggers (TU Berlin), Dr. E. Großpietsch (GMD Bonn) und Ch. Klauser (ESG München).

Experimente mit fehlertoleranten Prozeßsystemen im lokalen Mehrrechnersystem R^+DS

Manfred Seifert

Wissenschaftliches Zentrum Heidelberg, IBM Deutschland GmbH *

Zusammenfassung

In diesem Beitrag wird ein Experiment-System zur Erprobung von Konzepten für fehlertolerante Software vorgestellt. Das System basiert auf einem existierenden Mehrrechnersystem, von dem die Rechenanlage und das Programmsystem, insbesondere das Betriebs- und das Kommunikationssystem, kurz beschrieben werden. Die Systemerweiterungen umfassen verteilte Verwaltersysteme für die Prozeß-, Datei- und Verbindungsverwaltung. Aus deren Implementierung werden einige Daten und Erfahrungen berichtet.

1. Einführung

Die hier vorzustellenden Arbeiten gehören in den Problemkreis der Entwicklung und Erprobung von Methoden zur fehlertoleranten Auslegung der Software, d.h. des Programmsystems, verteilter Rechensysteme. Die Ziele der Arbeiten waren die Entwicklung von generellen Konstruktionsmethoden für redundante verteilte Prozeßsysteme, der Entwurf eines prinzipiellen Architekturkonzepts für ein fehlertolerantes Programmsystem mit dem vorrangigen Ziel, Fehlertoleranz als Dienst für den Benutzer bereitzustellen, und die Realisierung eines experimentellen Rechensystems zur Erprobung von Methoden und Konzept /Sei 81/.

Zur Erreichung des letztgenannten Zieles wurde das Architekturkonzept, das auf kooperierende Verwaltungssubsysteme für einzelne Betriebsmittelklassen basiert, parallel zur Entwurfsarbeit auf einem gegebenen Rechensystem in Teilen realisiert. Hierzu wurde entsprechend der entworfenen Systemarchitektur das experimentelle System R^+DS (Redundant plus Reconfigurable plus Restorable Distributed System) konzipiert. Auf der Grundlage eines vorhandenen Ausgangssystems wurde durch Erweiterungen im Rahmen mehrerer Diplomarbeiten das fehlertolerante Experiment-System erstellt.

Die Realisierung und Erprobung von ausgewählten Fehlertoleranzfunktionen sollte zum einen dem Nachweis der Funktionsfähigkeit des Entwurfs dienen und zum anderen erste Aufschlüsse über Aufwand und Leistung liefern.

2. Ausgangssystem

Die Beschreibung des Ausgangssystems erfolgt für die Rechenanlage und das Programmsystem mit den für die weitere Darstellung wesentlichen Komponenten. Weitergehende Einzelheiten sind den Diplomarbeiten oder den Herstellerunterlagen /DEC 78/ zu entnehmen.

2.1 Rechenanlage

Die zugrundeliegende Rechenanlage ist ein Mehrrechnersystem, das als lokales Netzwerk aufgebaut ist (s. Abb. 1).

---

* Die Arbeiten wurden am Institut für Informatik III der Universität Karlsruhe durchgeführt.

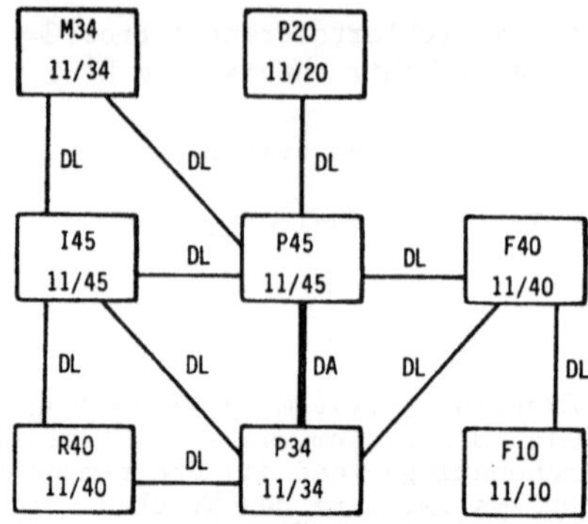

Abb. 1: Konfiguration der Rechenanlage

Die einzelnen Rechner des Netzwerkes sind Kleinrechner vom Typ PDP-11 der Firma Digital Equipment Corp., Maynard, USA. Für den Zentralspeicher der großen Rechner PDP-11/45, /40 und /34 ist ein maximaler Ausbau bis 256 K Bytes bei Verwendung einer Speicherverwaltungseinheit möglich. Über entsprechende Einheiten des E/A-Werks sind verschiedene periphere Einheiten wie Bedienstationen und Drucker angeschlossen.
Als periphere Speicher stehen an den großen Rechnern u. a. mehrere Platteneinheiten vom Typ RK05 mit einer Kapazität von 2,4 M Byte je Platte zur Verfügung.
Zur Datenübertragung zwischen den Rechnern dienen Leitungen vom Typ DL11-E als serielle, asynchrone Übertragungswege mit Übertragungsraten von 4,8 und 9,6 K Baud bei Vollduplexbetrieb. Daneben wird eine Leitung vom Typ DA11-B als paralelle Kanalkopplung mit hoher Übertragungsrate von ca. 200 K Byte/sec. im Halbduplexbetrieb verwendet.

2.2 Programmsystem

Die Systemprogramme des Programmsystems umfassen das Betriebssystem RSX-11M und das Kommunikationssystem DECnet-11M. In beiden Systemen sind Komponenten enthalten, die Teile der entworfenen Verwaltungssubsysteme realisieren. Die Komponenten leisten im wesentlichen die Funktionen der Rechnerverwaltung und einzelne Standardfunktionen der Prozeß-, Datei- und Verbindungsverwaltung (für logische Verbindungen zur Interprozeßkommunikation). Im weitern sollen nur die Prozeßverwaltung und exemplarisch für ein Betriebsmittel die Dateiverwaltung berücksichtigt werden.

Die Anwenderprogramme setzen sich aus einzelnen Benutzerprozessen zusammen. Die Prozesse bedienen sich zwar der Funktionen des Kommunikationssystems und der lokalen Betriebssysteme durch Systemprozeduren bzw. Systemaufrufe, aber sie werden nicht zusammen als verteiltes Prozeßsystem verwaltet. Jeder Prozeß muß einzeln erstellt und auf dem vorgesehenen Rechner zur Ausführung gebracht werden.

2.2.1 Betriebssystem RSX-11M

Das Betriebssystem RSX-11M (real-time system executive), daß auf jedem Rechner des Rechensystems läuft, leistet hauptsächlich die Funktionen der Rechnerverwaltung und noch einzelne Standardfunktionen der Datei- und Prozeßverwaltung. Es handelt sich bei RSX-11M um ein platten-orientiertes System mit Mehrbenutzer- und Mehrprozeßbetrieb, das speziell für Realzeit-Anwendungen ausgelegt ist. Das System besteht grob aus dem Betriebssystemkern, den Treibern und der Betriebssystemschale.

Der Kern (executive, EXEC) steuert und überwacht die Abwicklung der Programme und stellt für Benutzerprozesse Funktionen über Systemaufrufe (system directives) unter Angabe von Parameterlisten (directive parameter block, DPB) bereit. Im wesentlichen sind das Funktionen zur Speicherverwaltung, Prozeßsteuerung und E/A- und Unterbrechungsbearbeitung.

Zur Prozeßsteuerung gehören Funktionen für die Ablaufsteuerung, die interne Kommunikation und die Synchronisation der Prozesse, die zu den Standardfunktionen der Prozeßverwaltung gerechnet werden können. Ein Prozeß wird im System als Prozeßabbild (task image) bestehend aus Prozeßkopf (task header, TH), Prozeßkeller (task stack, TS) und Prozeßprogramm mit einem Daten- (task data, TD) und einem Anweisungsteil (task code, TC) gehalten. Zur Verwaltung wird zusätzlich ein Prozeß durch den Prozeßleitblock (task control block, TCB) repräsentiert, weitere Verwaltungsinformationen sind im Prozeßkopf und in einem prozeßspezifischen Speicherbereichsleitblock (partition control block, PCB) untergebracht, sodaß die Prozeßattribute in R+DS die Teile (TH, TCB, PCB) umfassen.

Für die E/A-Bearbeitung steht eine geräteunabhängige, einheitliche Schnittstelle durch einen Systemaufruf (queue i/o, QIO) zur Verfügung. Die peripheren Einheiten werden programmintern durch logische Nummern (logical unit number, LUN) repräsentiert, die in den E/A-Aufträgen angegeben werden. Ein E/A-Auftrag wird als Systemaufruf mit einer entsprechenden Parameterliste an den Kern gegeben, der daraus ein sog. E/A-Paket (i/o packet, IOP) erzeugt, und dann an den zuständigen Treiber weitergibt. Die Zuordnung von logischer Nummer zu peripherer Einheit erfolgt durch einen Verweis in einer Tabelle (logical unit table, LUT) im Prozeßkopf auf den Treiber der entsprechenden Einheit.

Die Treiber führen die Aktionen für einen E/A-Auftrag aus. Für jeden Typ eines Gerätes existiert ein Treiber, der auch mehrere Einheiten bedienen kann; z.B. gibt es einen Treiber für alle Bedienstationen. Je nach Typ gibt es für jedes Gerät oder jede Einheit einen Zustandsleitblock (status control block, SCB); hier befindet sich auch der Kopf der Warteschlange, in der die E/A-Pakete eingereiht werden.

Die Schale des Betriebssystems wird durch Systemprozesse und durch Systemprozeduren, die als Teile von Benutzerprozessen ausgeführt werden, gebildet.
Eine spezielle Form von Systemprozessen sind die E/A-Hilfsprozesse (ancillary control processor, ACP), die von bestimmten Treibern zur Unterstützung bei der Bearbeitung komplexer E/A-Aufträge aktiviert werden.

Das Dateisystem basiert auf einem Dateihilfsprozeß (file control processor, FCP) und einer Menge von Dateiprozeduren (file control services, FCS), und wickelt die Standardfunktionen der Dateiverwaltung ab.

Für jede geöffnete Datei werden prozeßspezifisch Dateileitblöcke (file window block, FWB, file control block, FCB) angelegt und in der Tabelle der logischen Nummern im Prozeßkopf des benutzenden Prozesses je ein Verweis auf den zugehörigen Dateileitblock und einen Einheitenleitblock eingetragen.
Die Dateiprozeduren, die für den Benutzerprozeß die komplexen Dateianweisungen in einzelne E/A-Aufträge umsetzen, benötigen für eine Datei noch einen Dateibeschreibungsblock (file descriptor block, FDB) und einen Dateizwischenspeicher (file storage region 1, FSR1). Für alle Zwischenspeicher eines Prozesses wird gemeinsam ein Dateiverwaltungsbereich (file storage region 2, FSR2) angelegt. Alle diese Daten sind ein spezieller Teil des Datenteils TD eines Prozesses.
Damit wird eine Datei aus der Sicht eines Benutzerprozesses durch Verwaltungs- und Nutzdaten auf dem peripheren Speicher und durch eine ganze Anzahl von Verwaltungsdaten im Zentralspeicher repräsentiert; die Dateiattribute umfassen also (LUT,FWB,FCB; FDB,FSR1,FSR2).

Das Bedienungssystem von RSX-11M basiert auf einem Systemprozeß (monitor console routine, MCR), der die Kommunikation zwischen dem Benutzer an der Bedienstation und dem Betriebssystem in Form von Kommandos und Meldungen abwickelt.
Zur Schale des Betriebssystems gehören auch noch einige Programme, die die Programmerstellung und -ausführung unterstützen. Damit ergibt sich die in Abb. 2 gezeigte Grobstruktur des Betriebssystems.

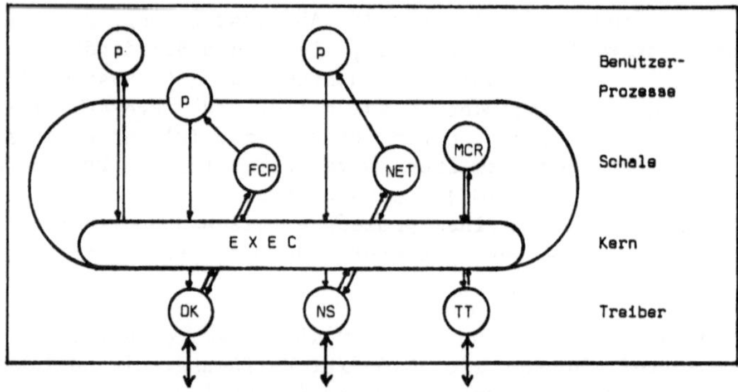

Abb. 2: Wesentliche Komponenten in RSX-11M

2.2.2 Kommunikationssystem DECnet-11M

Das Kommunikationssystem DECnet-11M (Phase II) stellt im wesentlichen die Standardfunktionen der Verbindungsverwaltung und einzelne Standardfunktionen der Datei- und Prozeßverwaltung bereit.

Der Kern von DECnet-11M leistet die Funktionen eines Nachrichtentransportsystems. Die in der Transportebene ablaufenden Prozesse stellen den Benutzerprozessen zur Interprozeßkommunikation logische Verbindungen zur Verfügung. Der Kern ist in RSX-11M als Pseudogerät NS (network service) repräsentiert und die Funktionen werden durch einen Pseudotreiber (NS driver) und einen Netzwerk-Hilfsprozeß (NETACP) ausgeführt. Die Benutzerprozesse geben Kommunikationsanweisungen in Form von E/A-Aufträgen an diesen Pseudotreiber (s. Abb. 2).

Die Schale des Kommunikationssystems wird wie beim Betriebssystem durch Systemprozesse und Systemprozeduren gebildet. Die bereitgestellten Funktionen sind nach dem ISO-Referenzmodell in der Darstellungs- und Anwendungsebene angesiedelt.
Von DECnet-11M wird an Standardfunktionen für die Dateiverwaltung lediglich der abgesetzte Dateizugriff durch Dateizugriffsprozeduren und einen Dateiprozeß bereitgestellt. Ein verteiltes Dateiverwaltungssystem ist nicht vorhanden. Durch einen Dienstprozeß wird die Übertragung von ganzen Dateien ermöglicht.
An Standardfunktionen für die Prozeßverwaltung werden durch Systemprozeduren und einen Systemprozeß lediglich Funktionen zum abgesetzten Starten und Beenden von Prozessen bereitgestellt.

3. Systemerweiterungen

Zur Erprobung der entwickelten Methodik und der entworfenen Architektur wurden für die Verwaltungssubsysteme Erweiterungen zum Ausgangssystem geschaffen, die die Erstellung und Ausführung von fehlertoleranten Prozeßsystemen ermöglichen /Sei 82/.

Dabei wurden für die Prozeßverwaltung die notwendigen Standardfunktionen geschaffen, um Aufrufe zur Ausführung verteilter Prozeßsysteme anzunehmen und deren Ausführung zu überwachen. Die notwendigen Fehlertoleranzfunktionen zur Rekonfiguration und Restauration von Benutzersystemen mit redundanten Komponenten und von Verwaltersystemen mit Stellvertreterfunktionen wurden für die Verwaltungssubsysteme der Prozeß-, Datei- und Verbindungsverwaltung entworfen und und mit gewissen Einschränkungen implementiert.

Alle Verwaltersysteme sind als replizierte Prozeßsysteme ausgelegt; d.h. auf jedem Rechner ist der gleiche Verwalterprozeß vorhanden. Die Verwalter sind entweder Systemprozesse oder E/A-Hilfsprozesse, deren Funktionen durch Kommandos über das Bedienungssystem bzw. durch Systemaufrufe an Pseudotreiber verfügbar sind.

Die Implementierung der Verwaltersysteme erfolgte in einer ersten Version relativ unabhängig. Es wurde eine einheitliche Schnittstelle für die lokale Kommunikation zwischen den Verwaltern bzw. Funktionseinheiten festgelegt und davon ausgehend zum getrennten Testen eine geeignete Umgebung für die einzelnen Systeme geschaffen.
Die Verwaltersysteme sollten so implementiert werden, daß keine Änderungen am Ausgangssystem notwendig würden. Zur Aufwandsbegrenzung sollten alle Informationen und Funktionen des Ausgangssystems optimal genutzt werden, d.h. es sollte systemnah programmiert werden.

Im folgenden werden die Systeme zur Prozeß- und Dateiverwaltung aus der Sicht des Benutzers bzw. der Benutzersysteme in Form von Eingaben und Systemaufrufen vorgestellt und nur grundlegende interne Datenstrukturen und Programmteile beschrieben; auf die Verbindungsverwaltung wird nur kurz eingegangen. Detaillierte Angaben sind in den einzelnen Diplomarbeiten zu finden.

3.1 Prozeßverwaltung

Für die Prozeßverwaltung wurden zwei Teilsysteme erstellt. Die Standardfunktionen und die Rekonfigurationsfunktionen werden durch ein System von RJP (reconfigurable job processor)-Verwaltern (kurz: RJ-System) abgewickelt /Sch 80/. Die Restaurationsfunktionen werden durch ein System von RTP (recoverable task processor)-Verwaltern (kurz: RT-System) dem RJ-System zur Verfügung gestellt /Kra 79/.

3.1.1 Standard- und Rekonfigurationsfunktionen

Das RJ-System stellt einfache Standardfunktionen für die Erzeugung und den Start von Benutzersystemen bereit und führt alle notwendigen Rekonfigurationsfunktionen bei Ausfall und Wiederanlauf von Prozessen und bei Auftrennung und Vereinigung von Systemen durch.

1) Initialphase

Das RJ-System nimmt Aufrufe entgegen, um verteilte Benutzersysteme auf dem Rechensystem abzuwickeln und zu überwachen. Hierzu wird von einem Verwalter im Dialog mit dem Benutzer eine Prozeßsystemdefinition entgegengenommen.

Der Benutzer übergibt zuerst eine Systemzeile bestehend aus Systemname, absoluter Startzeit des Systems und dem Namen des Rechners, an dem der Ausführungsverlauf dokumentiert werden soll.
Der Systemzeile folgen dann mehrere Prozeßzeilen für jeden zum System gehörenden Prozeß mit Angaben über den Prozeßnamen, die Wichtigkeit des Prozesses, die Anzahl der aktuellen Ersatzexemplare, der Namen der Rechner, auf denen der Prozeß bzw. die Ersatzexemplare ausgeführt werden sollen, und dem Wiederstartzähler.
Die Wichtigkeit eines Prozesses gibt dem RJ-System an, ob bei endgültigem Ausfall dieses Prozesses das Prozeßsystem abgebrochen werden muß (wichtiger Prozeß) oder aufgrund vorhandener funktioneller Redundanz weitergeführt werden kann (unwichtiger Prozeß). Außerdem wird vom RJ-System zwischen aktuellen Ersatzprozessen (Prozeßprogramm und Rücksetzdaten) und inaktuellen Ersatzprozessen (nur Prozeßprogramm vorhanden) unterschieden; bei Ausfall von aktuellen Exemplaren werden dann inaktuelle zu aktuellen Exemplaren.

Das RJ-System erzeugt aufgrund der Beschreibung die systembezogenen und die prozeßbezogenen Verwaltungsdaten und verteilt sie an alle an diesem Prozeßsystem beteiligten Verwalter.
Danach wird der Start der einzelnen Prozesse auf den ausführenden Rechnern veranlaßt. Hierbei setzt das RJ-System voraus, daß vorher alle Programme der Prozesse auf alle Rechner transportiert und dem lokalen Betriebssystem bekannt gemacht worden sind (d. h. alle Exemplare sind vorhanden und befinden sich in einem konsistenten Anfangszustand).

2) Normalphase

Während der normalen Ausführung des Benutzersystems erfolgen durch das RJ-System keine weiteren Aktionen für das Prozeßsystem. An Standardfunktionen zur Prozeßsteuerung stehen nur die Funktionen von RSX-11M und DECnet-11M zur Verfügung.
Bei Ausfall oder Wiederanlauf von Rechnern und/oder Prozessen werden aber alle notwendigen Maßnahmen ausgeführt, um das Benutzersystem vollständig verfügbar zu erhalten.

Bei Rechnerausfall, erkennbar durch den Ausfall aller Verbindungen, ist zuerst das Verwaltersystem selbst in ein Restsystem zu rekonfigurieren. Hierzu wird der ausgefallene Verwalter bei allen intakten Verwaltern aus der Liste der aktiven gestrichen und in die Liste der ausgefallenen eingetragen; dies bewirkt, daß von diesem Zeitpunkt an, wiederholt von den aktiven Verwaltern ein Verbindungsaufbau zu dem ggf. wiederanlaufenden Verwalter versucht wird. Zur weiteren Behandlung des Ausfalls eines Rechners werden von allen Verwaltern alle Benutzersysteme überprüft, inwieweit sie durch den Ausfall betroffen sind.

Hierzu wird zuerst eine Liste der auf diesem Rechner verwalteten passiven Prozeßexemplare durchgesucht. Für jeden Prozeß, bei dem durch den Rechnerausfall das aktive Exemplar ausgefallen ist, wird ermittelt, ob das auf diesem Rechner verwaltete Exemplar an erster Stelle in der zyklischen Ordnung ab dem zuletzt aktiven Exemplar steht und daher aktiviert werden soll. Nur der für dieses Exemplar zuständige Verwalter führt alle diesen Prozeß betreffenden weiteren Aktionen aus, während andere Verwalter, die zwar auch ein Ersatzexemplar halten, aber nicht das zu aktivierende, nur noch auf Anweisungen des zuständigen Verwalters reagieren.
Der zuständige Verwalter ändert die Verwaltungsdaten entsprechend der neuen Konfiguration ab und teilt die Änderung allen beteiligten Verwaltern mit. Wenn alle Prozesse eines Prozeßsystems überprüft sind, wird der jeweilige für das zu aktivierende Exemplar zuständige RT-Verwalter zum Rücksetzen des Prozesses beauftragt. Ist dies für das gesamte Prozeßsystem erfolgt, so werden die betroffenen Prozesse wiedergestartet.

Als nächstes wird eine Liste der auf diesem Rechner verwalteten aktiven Exemplare durchgesucht, um festzustellen, ob ein Ersatzexemplar ausgefallen ist und ob noch die geforderte Anzahl von aktuellen Ersatzexemplaren verfügbar ist. Ist dies nicht der Fall, so muß ein evtl. vorhandenes inaktuelles Exemplar aktualisiert werden (durch den lokalen RT-Verwalter). Die geänderten Verwaltungsdaten werden ebenfalls wieder an alle beteiligten Verwalter übermittelt.
Ist ein Prozeß bei keinem seiner Exemplare betroffen, so werden auch keine weiteren Aktionen unternommen.

Die Erkennung eines isolierten Prozeßausfalls wird durch das RT-System geleistet und dem lokalen RJ-Verwalter gemeldet. Daraufhin wird der RT-Verwalter zum Rücksetzen des Prozesses aufgefordert und anschließend der Prozeß wiedergestartet. Jeder Wiederstart wird registriert und bei Überschreiten der Wiederstartzahl gilt das Prozeßexemplar endgültig als ausgefallen. Der zuständig RJ-Verwalter verlangt daraufhin die Aktivierung eines Ersatzexemplars bei dem Verwalter, der das als nächstes zu aktivierende Exemplar hält.

Der Wiederanlauf eines Rechners nach einem Ausfall wird von den anderen Verwaltern durch das Zustandekommen einer Verbindung zu diesem Rechner erkannt. Der Verwalter dieses Rechners wird von den anderen Verwaltern in die Liste der wiederanlaufenden Verwalter eingetragen. Daraufhin werden diesem Verwalter die Verwaltungsdaten der Prozeßsysteme übermittelt, an denen er beteiligt ist. Dies erfolgt für jedes System nur durch den Verwalter, der für ein Prozeßsystem federführend ist. Die Federführung erhält durch eine Markierung der Verwalter, bei dem das Prozeßsystem gestartet wurde. Sollte der federführende Verwalter ausfallen, so wird die Markierung an den rangnächsten Verwalter weitergegeben.
Hat ein Verwalter alle Daten aller Prozeßsysteme erhalten, so wird er von allen anderen als aktiv betrachtet und an der laufenden Verwaltung beteiligt. Dabei wird vorausgesetzt, daß alle anderen Verwalter, insbesondere der RT-Verwalter des wiederan-

gelaufenen Rechners ebenfalls wieder aktiv geworden sind. Alle verwalteten Prozeßexemplare sind jedoch nur als passive aktuelle oder inaktuelle Ersatzexemplare wiederangelaufen.

Nach diesem Wiederanlauf wird überprüft, ob unter diesen Exemplare das Originalexemplar eines Prozesses ist. Ist dies der Fall, so wird bei der nächsten Rücksetzpunkterstellung für das aktive Exemplar ein Rollentausch durchgeführt: das aktive Exemplar wird deaktiviert und das passive Exemplar wird aktiviert und ab diesem Rücksetzpunkt gestartet.

Beim Wiederanlauf eines Prozesses nach einem isolierten Ausfall werden nach der lokalen Erkennung die gleichen Aktionen durchgeführt, wie oben beschrieben.

Wird im Verlauf des Wiederanlaufs eines Verwalters beim Übermitteln der Verwaltungsdaten der Benutzersysteme die Verdopplung eines oder mehrerer Systeme erkannt, so müssen die Aktionen zur Vereinigung von Teilsystemen durchgeführt werden. Hierzu wird von den beiden federführenden Verwaltern der ranghöchste als federführend für die nachfolgende Entdopplung ermittelt. Die beiden Benutzersysteme werden angehalten, und anhand der Verwaltungsdaten wird die Konfiguration festgestellt, bei der möglichst alle Originalexemplare aktiv sind. Zum Ausgleich des evtl. verschiedenen Ausführungsstands der Prozeßexemplare wird das neu konfigurierte Benutzersystem rückgesetzt und dann wiedergestartet.

3) Terminalphase

Die Beendigung eines Benutzersystems wird durch die Beendigung aller zugehörigen Prozesse herbeigeführt. Das RJ-System nimmt dies für jeden Prozeß zur Kenntnis und vernichtet die Verwaltungsdaten des Systems, sobald alle Prozesse als beendigt vermerkt wurden.

Zur Abwicklung der Aktionen wird ein Verwalter des RJ-Systems grob in einen Standard- (RJ-A) und einen Rekonfigurationsteil (RJ-R) unterteilt. Für den Rekonfigurationsteil lassen sich ein Bearbeitungsteil zur lokalen Veränderung der Verwaltungsdaten und ein Kommunikationsteil (RJ-L) zur Kommunikation mit den anderen Verwaltern unterscheiden. Im Bearbeitungsteil ist eine weitere Unterteilung in Teile für Rechnerausfall, Rechnerwiederanlauf, Prozeßausfall und Prozeßwiederanlauf gegeben (s. Abb. 3).

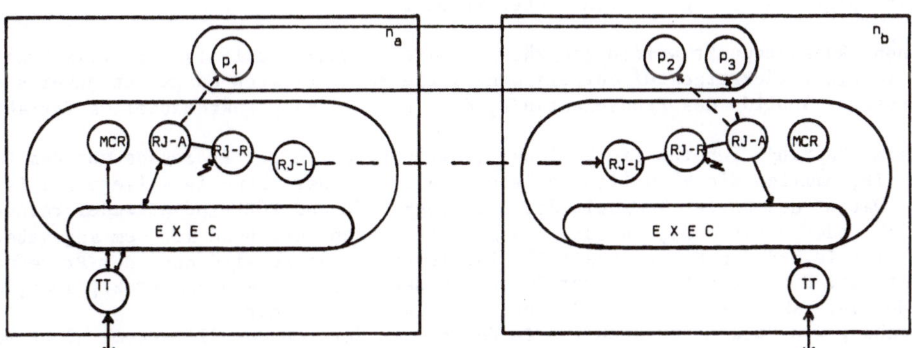

Abb. 3: Zusammenspiel der RJ-Verwalter

3.1.2 Restaurationsfunktionen

Das RT-System führt die Restaurationsfunktionen der Prozeßverwaltung aus und richtet dazu für die Prozesse eines Benutzersystems die Ersatzprozesse ein und zeichnet die Rücksetzdaten für die Rücksetzpunkte auf. Bei Ausfall eines Prozesses wird die Rücksetzbasis ermittelt und das Prozeßsystem rückgesetzt und dann wiedergestartet. Für den Wiederanlauf eines Prozesses wird ein Prozeßprogramm kopiert und alle bisher erstellten Rücksetzpunkte werden übernommen, sodaß ein neues passives Exemplar zur Verfügung steht.

1) Initialphase

Aufgrund der unabhängigen Implementierung ist es erforderlich, daß sich jeder aktive Prozeß eines Prozeßsystems beim lokalen RT-Verwalter über einen Systemaufruf anmeldet und die Rechner, auf denen die Ersatzexemplare erzeugt werden sollen, in einer Liste angibt (QIO io.ini ; initialization call).

Der lokale RT-Verwalter übermittelt daraufhin das Programm an den Verwalter auf dem ersten Rechner in der Liste, von dem es gespeichert und als Prozeß dem Betriebssystem bekannt gemacht wird. Die weiteren Ersatzexemplare werden erst dann angelegt, wenn das aktive Exemplar ausfällt und das vorhandene passive Exemplar aktiv werden soll. Diese Strategie dient zur Aufwandsbegrenzung im Rechensystem; sie setzt allerdings voraus, daß immer nur ein Ausfall zu einer Zeit bearbeitet werden muß. In der Liste werden ebenfalls alle Interaktionspartner des Prozesses aufgeführt durch Angabe des Prozeßnamens und einer Kennummer.

Beide beteiligten Verwalter legen sich für jedes Prozeßexemplar Verwaltungsdaten in Form eines Rücksetzleitblockes (recoverable task control block, RTB) mit Informationen über das Original- und die Ersatzexemplare und über die Rücksetzpunkte an.

Mit der Anmeldung wird auch dem RT-Verwalter angegeben, wo sich der Datenbereich der variablen Daten TD des Prozesses befindet. Diese Daten werden dann bei der Erstellung der Rücksetzpunkte mit berücksichtigt. Die Angabe ist nötig, da unter dem Betriebssystem RSX-11M der Benutzer selber im Programm für eine Trennung von Befehlen und Daten sorgen muß.

2) Normalphase

Zur Erstellung eines Rücksetzpunktes gibt das aktive Prozeßexemplar einen Systemaufruf mit einer Nummer zur Kennzeichnung einer Interaktion an den lokalen RT-Verwalter (QIO io.chk ; checkpoint establishment). In der ersten Version des RT-Systems wird bei der Erstellung eines Rücksetzpunkts immer auch das Auftreten einer Interaktion mit einem Partnerprozeß angenommen und dementsprechend vermerkt (d.h. jedem Rücksetzpunkt folgt eine und genau eine Interaktion).

Für einen Rücksetzpunkt werden die Rücksetzdaten sowohl lokal als auch beim Ersatzprozeß in einer Rücksetzdatei aufgezeichnet. Die Rücksetzdaten enthalten jeweils ein vollständiges Abbild des Prozeßzustands, d.h. es wird kein inkrementelles Verfahren benutzt.
Zu diesem Zustand gehören ein Teil der Verwaltungsdaten des Prozesses aus dem Prozeßkopf TH, nämlich die aktuellen Registerinhalte und der aktuelle Kellerpegel (alle anderen Daten des Kopfes TH sowie der Leitblöcke TCB und PCB sind entweder rechnerspezifisch oder statisch), und die gesamten Nutzdaten bestehend aus dem angegebenen Datenbereich TD und dem Kellerinhalt TS. Zur Identifizierung wird noch der Prozeßname vorangestellt. Die Kennzeichnung der Rücksetzpunkte erfolgt nach dem Prozeßnamen, der Nummer des Interaktionspartners und einer fortlaufenden Nummer.
Die Löschung von Rücksetzpunkten ist in der ersten Version des RT-Systems nicht vorgesehen.

Der Ausfall eines Rechners wird durch das Kommunikationssystem erkannt und den RT-Verwaltern gemeldet, die daraufhin den ausgefallenen Verwalter vermerken.
Die aktiven RT-Verwalter überprüfen ihre RTBs, ob sie ein passives Prozeßexemplar verwalten, dessen aktives Exemplar durch den Rechnerausfall ausgefallen ist. Ist dies der Fall, so wird das passive Exemplar zum neuen aktiven und die Ermittlung der Rücksetzlinie wird angestoßen. Hierzu wird eine Anforderung zum Rücksetzen auf den nächsten Rücksetzpunkt an den Verwalter des mitbetroffenen Interaktionspartners gesendet. Dieser ermittelt, ob er auch auf diesen Rücksetzpunkt rücksetzen kann, und

gibt falls zutreffend eine Quittung zurück, sodaß nun beide Prozesse rückgesetzt und wiedergestartet werden können. Hat jedoch der Partner nach dem korrespondierenden Rücksetzpunkt weitere erstellt und Interaktionen mit anderen Prozessen gehabt, so wird seinerseits eine Anforderung zum Rücksetzen an die Verwalter dieser Partner gesendet.
Dieser Vorgang wird solange fortgesetzt, bis keine weiteren Interaktionspartner mehr betroffen sind und eine konsistente Rücksetzbasis gefunden ist. Jetzt kann jeder RT-Verwalter seine betroffenen Prozesse rücksetzen. Hierzu wird das Programm in den Arbeitsspeicher geladen und die Rücksetzdaten des ermittelten Rücksetzpunktes werden in den Prozeßkopf, den Keller und den Datenbereich geschrieben. Danach kann der Prozeß wiedergestartet werden.

Der isolierte Ausfall eines Prozesses wird durch das Betriebssystem erkannt und dem RT-Verwalter gemeldet. Daraufhin wird der Prozeß bzw. das Prozeßsystem wie oben beschrieben rückgesetzt und wiedergestartet.

Der Wiederanlauf eines Rechners und damit der Wiederanlauf eines ausgefallenen Prozesses erfordert von den RT-Verwaltern die gleichen Aktionen wie beim Anmelden eines Prozesses. Der Verwalter des aktiven Exemplars übersendet dem wiederanlaufenden Verwalter die Verwaltungsdaten, das Programm und zusätzlich alle inzwischen aufgezeichneten Rücksetzdaten. Damit ist der wiederanlaufende Verwalter aktiv und auf dem aktuellen Stand.

Soll das wiederangelaufene Exemplar aktiv werden, so werden beim nächsten Auftrag zur Rücksetzpunkterstellung die Rücksetzdaten aufgezeichnet und dann die Vertauschung der Rollen vorgenommen. Hierzu wird das wiederangelaufene Exemplar geladen und mit den empfangenen Daten aktualisiert. Nachdem das bisher aktive Exemplar deaktiviert wurde, wird das neue Exemplar gestartet.

3) Terminalphase

Soll ein laufender Prozeß beendet werden, so wird vorher ein Systemaufruf zur Abmeldung beim RT-Verwalter gegeben (QIO io.fin ; finish call). Daraufhin können alle Verwaltungsdaten und Rücksetzdaten bei allen Exemplaren vernichtet werden.

Das Programm eines RT-Verwalters ist in ein Teilprogramm RTP (recoverable task processor) zur lokalen Bearbeitung der Verwaltungsdaten und in ein Teilprogramm DTP (data transfer processor) zur Aufzeichnung und Übertragung aller Daten untergliedert. Die weitere Unterteilung folgt den auszuführenden Aktionen (s. Abb. 4).
Die beiden Teilprogramme werden als E/A-Hilfsprozesse ausgeführt. Die Funktionen des RT-Verwalters werden dementsprechend in Form von E/A-Aufträgen an einen Pseudotreiber RT bereitgestellt.

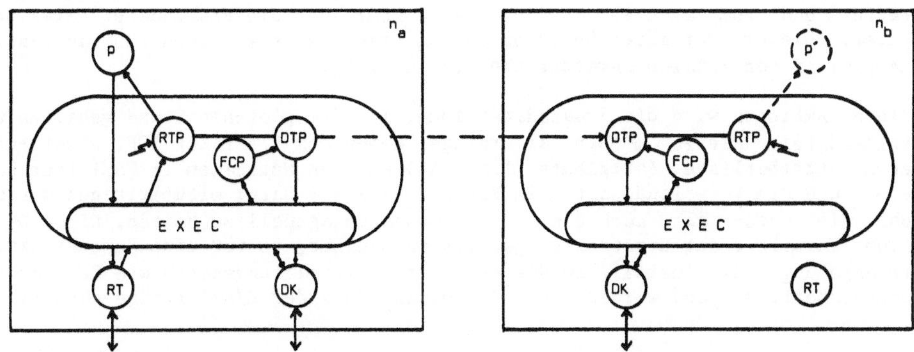

Abb. 4: Zusammenspiel der RT-Verwalter

3.2 Dateiverwaltung

Für die Dateiverwaltung von Prozeßsystemen wurden exemplarisch Dateien gewählt, die satzorientiert genutzt werden können. Über die durch DECnet-11M vorhandenen Zugriffsfunktionen hinaus wurden keine weiteren Standardfunktionen eines verteilten Dateiverwaltungssystem bereitgestellt.

Das System von RFP (reconfigurable file processor)-Verwaltern (kurz: RF-System) führt aber alle notwendigen Rekonfigurationsfunktionen und eingeschränkte Restaurationsfunktionen aus, sodaß ein Prozeß Dateien benutzen kann und diese Dateien durch eine entsprechende Kopienhaltung auch bei Ausfall und Wiederanlauf von Prozeßexemplaren immer dem aktiven Exemplar zur Verfügung stehen /May 80/.

1) Anmeldung und Erzeugung

Um die Erzeugung und Verwaltung von redundanten Dateiexemplaren zu erreichen, muß sich ein Benutzerprozeß über einen Systemaufruf explizit bei dem lokalen RF-Verwalter anmelden (QIO io.ope ; open call). Bei dieser Anmeldung übergibt er eine Liste, in der er die Dateien durch Angabe der Dateibeschreibungsblöcke (FDBs) benennt, die für die Ersatzprozesse als Ersatzdateien gehalten werden sollen. Bei der vorliegenden Implementierung ist nur ein Ersatzprozeß und damit nur eine Ersatzdatei je Datei vorgesehen. Dementsprechend wird der Liste der Name des Rechners vorangestellt, auf dem die Ersatzdateien für einen Prozeß gehalten werden sollen. Zusätzlich werden die Geräteeinheiten, auf denen die Dateien abgelegt werden sollen, und der Verweis auf den Dateiverwaltungsbereich FSR2, um den RF-Verwaltern den Zugriff zu ermöglichen, angegeben.

Mit diesen Angaben kann nun der lokale RF-Verwalter die LUN-Tabelle im Prozeßkopf des Prozesses abändern, indem er bei den Nummern der Geräteeinheiten anstelle der Verweise auf den Gerätetreiber Verweise auf seinen Pseudotreiber einsetzt. Dies bewirkt, daß alle E/A-Aufträge, die von den Dateiprozeduren an den Gerätetreiber gehen sollen, nun an den RF-Treiber und damit an den RF-Verwalter gehen. Dadurch hat der Verwalter die Möglichkeit, alle Operationen auf der Datei transparent für den Benutzerprozeß sowohl auf der Originaldatei als auch auf den Ersatzdateien ausführen zu lassen. Die Angaben werden auch zur weiteren Verwaltung, ergänzt um Angaben über den Dateibeschreibungsblock FDB und den Dateizwischenspeicher FSR1, von den beteiligten RF-Verwaltern aufbewahrt.

2) Nutzung

Der Benutzerprozeß ruft zur Nutzung der Dateien die entsprechenden Dateiprozeduren auf. In diesen Prozeduren werden aus einem Aufruf ggf. ein oder mehrere E/A-Aufträge an den Treiber der Geräteeinheit abgesetzt. Die Aufträge werden nun an den lokalen RF-Verwalter geleitet, der seinerseits einen Auftrag zum einen an den vorgesehenen Gerätetreiber und zum anderen an den RF-Verwalter, der die Ersatzdatei verwaltet, weiterleitet. Dieser Verwalter übergibt den Auftrag stellvertretend für das passive Prozeßexemplar an den lokalen Gerätetreiber (s. Abb. 5).

Durch diese Aktionen wird die Ersatzdatei immer auf dem gleichen Stand gehalten wie die Originaldatei. Hierzu müssen allerdings neben dem E/A-Paket IOP, einer evtl. vorhandenen Attributliste (attribute list, AL) und den Nutzdaten im FSR1 (nur beim Schreiben) auch die Verwaltungsdaten im FDB und FSR2 der Datei mitübertragen werden, um sowohl die Nutz- als auch die Verwaltungsdaten aktuell zu halten. Diese Daten werden vom Verwalter der Ersatzdatei jeweils aufbewahrt, um für eine Rekonstruktion der Dateiumgebung bei Ausfall zu dienen. Weitere Verwaltungsdaten wie FWB und FCB sind rechnerspezifisch und werden durch die Nachbildung der E/A-Aufträge aktuell gehalten.

Es wird jedoch in dieser ersten Version des RF-Systems kein Journal geführt, da eine Rekonstruktion der Datei auf vorhergehende Rücksetzpunkte erlaubt. Hier wird die ideale Annahme gemacht, daß direkt nach jeder Dateioperation ein Rücksetzpunkt erstellt wurde und somit die Datei immer in einem zum letzten Rücksetzpunkt des Prozesses konsistenten Zustand ist. Die übermittelten Daten könnten aber in unveränderter Form in einer zweiten Version als Rücksetzdaten für eine operationsbezogene Protokollierung in einem Journal herangezogen werden. Zusätzlich müßten von Zeit zu Zeit ganze Abbilder der Datei übertragen und im Journal aufgezeichnet werden.

Der Ausfall eines Rechners wird den RF-Verwaltern durch das Kommunikationssystem gemeldet und entsprechend vermerkt.
Die intakten Verwalter überprüfen daraufhin, ob sie eine Ersatzdatei verwalten, die nun aufgrund des Ausfalls für ein zu aktivierendes Prozeßexemplar zur Verfügung stehen soll. Ist dies der Fall, so werden alle aktuellen Verwaltungsdaten von benutzten Dateien (FDB, FSR1 und FSR2) in die entsprechenden Bereiche des zu aktivierenden Prozeßexemplars eingesetzt, damit der Ersatzprozeß auf den Stand des ausgefallenen Exemplars ist. Auch die Verweise in der LUN-Tabelle im Prozeßkopf werden geändert, da das bisher passive Exemplar die Anmeldeanweisung nicht ausgeführt hat. Damit ist die Dateiumgebung wiederhergestellt und der Ersatzprozeß kann nach dem Wiederstart unverändert auf seine Dateien zugreifen.

Der Wiederanlauf eines Rechners macht für jede Datei beim wiederanlaufenden Verwalter die selben Aktionen wie bei der Anmeldung notwendig. Hierzu erhält der wiederanlaufende Verwalter von dem Verwalter mit dem aktiven Dateiexemplar alle Verwaltungsdaten übermittelt. Zusätzlich wird eine Kopie der Datei übertragen, sodaß sowohl Nutz- als auch Verwaltungsdaten des wiederanlaufenden Exemplars aktuell sind und der RF-Verwalter ein passives Dateiexemplar zur Verfügung stellen kann.
Wird vom RJ-System ein Rollentausch bei den Prozeßexemplaren des benutzenden Prozesses vorgenommen, so muß durch die beteiligten RF-Verwalter das aktive Dateiexemplar deaktiviert und das passive wie nach einem Ausfall aktiviert werden. Diese Aktionen sind in der ersten Version des RF-Systems zwar konzipiert und teilweise vorhanden, aber nicht mehr vollständig implementiert worden.

3) Abmeldung und Löschung

Soll ein Benutzerprozeß beendet werden, so muß vorher eine Abmeldung an den lokalen RF-Verwalter gegeben werden (QIO io.clo ; close call). Daraufhin werden die veränderten Verweise in der LUT im Prozeßkopf wieder auf den ursprünglichen Stand gebracht und ansonsten alle Verwaltungsdaten gelöscht. Die Abmeldung wird auch dem Verwalter der Ersatzdatei übermittelt, der daraufhin auch alle Verwaltungsdaten löscht.

Das RF-System ist wie das RT-System in Form von E/A-Hilfsprozessen implementiert und wird über E/A-Aufträge an einen Pseudotreiber RF angesprochen. Ein RF-Verwalter ist auch hier in einen Bearbeitungsteil zur lokalen Verwaltung (RFP) und einen Übertragungsteil zur Kommunikation mit den Partnerverwaltern (SRP) aufgeteilt (s. Abb. 5).

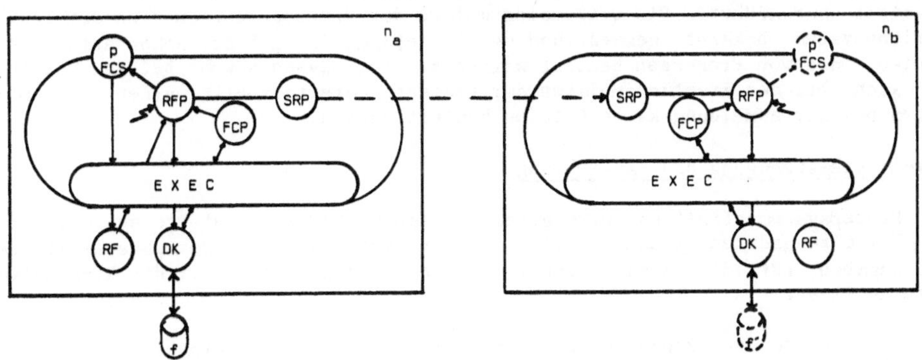

Abb. 5: Zusammenspiel der RF-Verwalter

3.3 Verbindungsverwaltung

Die Fehlertoleranzfunktionen zur Rekonfiguration und Restauration von logischen Verbindungen werden durch ein System von RLP (reconfigurable link processor)-Verwaltern (kurz: RL-System) bereitgestellt /Web 80/.

Das RL-System wird als repliziertes Prozeßsystem von E/A-Hilfsprozessen implementiert, sodaß wie beim RF-System alle Funktionen für die Benutzerprozesse transparent durchgeführt werden. Allerdings wird hier keine dynamische Umsetzung der LUN-Tabelle vorgenommen, sondern der Benutzer ordnet selbst alle logischen Nummern zur Interprozeßkommunikation dem Pseudotreiber RL zu. Ein RL-Verwalter hat dann eine Dopplerfunktion, indem jeder E/A-Auftrag bzw. jedes E/A-Paket sowohl lokal an den NS-Treiber weitergeleitet wird als auch an die beteiligten RL-Verwalter für die Ersatzexemplare übertragen wird.

Das Verwaltersystem wurde im Rahmen der Diplomarbeit bis auf Modul- und Anweisungsebene entworfen, aber nicht mehr codiert. Die Analyse von DECnet-11M ergab, daß aufgrund einiger Abweichungen der Implementierung vom DNA-Konzept schwerwiegende Änderungen in den existierenden Programmen notwendig wurden. Diese konnten im Rahmen der Diplomarbeit nicht mehr ausgeführt werden und widersprachen auch der Vorgabe, keine Änderungen am Ausgangssystem vorzunehmen.

3.4 Benutzersysteme

Ein Benutzersystem mit Ersatzkomponenten wird auf dem in der ersten Version existierenden Experiment-System R+DS wie folgt erstellt und ausgeführt:

1) Programmerstellung

a) In den Programmen der Prozesse werden Anweisungen zur An- und Abmeldung beim RT- und RF-Verwalter vorgesehen. Ebenso werden Anweisungen zur Erstellung von Rücksetzpunkten durch den RT-Verwalter an geeigneten Stellen eingebracht. Hierbei ist darauf zu achten, daß alle laufenden E/A-Aufträge abgeschlossen und auch alle anderen Systemaufrufe beendet sind, und daß keine Rücksetzpunkte in Routinen zur Behandlung asynchroner Ereignisse erstellt werden.

b) Die Programmme der Prozesse werden übersetzt und gebunden. Beim Binden müssen für die Pseudotreiber der Verwaltersysteme jeweils Zuordnungen von logischer Nummer zu Pseudogerät vorgenommen werden: je eine für RT und RF und für RL je eine pro Verbindung.

c) Die gebundenen, ausführbaren Programme werden, soweit sie nicht schon dort erstellt wurden, zu den Ausführungsrechnern mit Hilfe des abgesetzten Dateitransfers transportiert. Kopieren und Transferieren der Ersatzprozesse wird durch die RT-Verwalter ausgeführt. Die Originalexemplare der Prozesse werden dann dem lokalen Betriebssystem bekannt gemacht und der Prozeßname festgelegt. Schon existierende Dateien, die von Prozessen benutzt werden sollen, müssen sowohl bei den Original- als auch bei den Ersatzexemplaren der Prozesse bereitgestellt werden, da vom RF-System bei der Anmeldung keine Dateien kopiert werden.

2) Prozeßsystemerzeugung und -ausführung

a) Die Prozeßsystemdefinition wird einem lokalen RJ-Verwalter übergeben, der daraus die Verwaltungsdaten zusammenstellt, sie verteilt und das Prozeßsystem startet. Die Angaben für die Ersatzrechner müssen mit den Angaben bei der RT-Anmeldung übereinstimmen.

b) Sind die einzelnen Prozesse gestartet, so geben sie zu Beginn ihrer Ausführung folgende Anweisungen:

- Anmeldung beim RT-Verwalter
  Dies bewirkt den Transfer des Programms für den Ersatzprozeß und dessen Bekanntgabe beim Betriebssystem. Außerdem werden alle notwendigen Verwaltungsdaten erzeugt und verteilt.
- Anmeldung beim RF-Verwalter
  Der Verwalter verändert die Verweise bei den logischen Nummern für die angegebenen Speichereinheiten und erzeugt und verteilt die Verwaltungsdaten.
- Anmeldung beim RL-Verwalter
  Dies geschieht durch eine Anweisung zur Eröffnung der Interprozeßkommunikation.

c) Im Verlauf der Ausführung des Prozeßssystems geben die Prozesse Anweisungen zum Erstellen von Rücksetzpunkten an die RT-Verwalter. Die Nutzung der Dateien und der logischen Verbindungen erfolgt über die normalen Anweisungen; alle Aktionen der RF- und RL-Verwalter bleiben für die Benutzerprozesse transparent.
   Ebenso bleiben Ausfall oder Wiederanlauf von Prozeßexemplaren den Prozessen verborgen (von den zeitlichen Verzögerungen durch eventuelles Rücksetzen und von eventuell zu wiederholenden Ein/Ausgaben an Bedienstationen abgesehen).

d) Vor Beendigung der Prozesse werden noch die folgenden Anweisungen gegeben:

- Abmeldung beim RL-Verwalter
  Die Anweisung zur Beendigung der Interprozeßkommunikation bewirkt auch das Löschen aller Verwaltungsdaten.
- Abmeldung beim RF-Verwalter
  Die Abmeldung bewirkt das Löschen aller Verwaltungsdaten bei den beteiligten Verwaltern.
- Abmeldung beim RT-Verwalter
  Dies bewirkt das Löschen aller Verwaltungsdaten und aller Rücksetzdaten und des Programms vom Ersatzprozeß.

Danach beenden sich die Benutzerprozesse durch EXIT-Anweisungen an das Betriebssystem. Dies wird von den RJ-Verwaltern zur Kenntnis genommen. Haben sich alle Prozesse des Prozeßsystems beendet, so gilt das ganze System als beendet und es werden alle Verwaltungsdaten bei den RJ-Verwaltern gelöscht.

4. Kenndaten der Verwaltersysteme

Generell ist für die Implementierungen festzustellen, daß die nachträgliche Einbringung von verteilten Verwaltungsfunktionen und von Fehlertoleranzfunktionen in bereits bestehende Programme von Verwaltungssubsystemen schwierig war. Es wurde entweder die unnötige Doppelhaltung von Verwaltungsdaten erforderlich (z.B. in der Dateiverwaltung), oder es wurden Änderungen in den vorhandenen Standardfunktionen notwendig (wie z.B. in der Verbindungsverwaltung). Die geringsten Probleme entstanden natürlich bei der Prozeßverwaltung, da hier sowohl Standardfunktionen als auch Fehlertoleranzfunktionen gemeinsam konzipiert werden konnten.

Im folgenden soll der Speicherbedarf sowohl der Verwaltersysteme insgesamt als auch der einzelnen verwalteten Objekte angegeben werden. Dabei werden erst die nicht-redundanten Objekte der Standardeinheiten angegeben, und dann wird aufgezeigt, welche Objekte durch die Auslegung von Benutzersystemen als redundante Prozeßsysteme hinzukommen. Es ist dadurch eine Abschätzung des zusätzlichen Aufwands bei der Bereitstellung von redundanten Komponenten möglich.
Die vorgestellten Verwaltersysteme wurden alle in einer MACRO-Sprache implementiert, um die gewünschte Sytemnähe zum Betriebssystem und Kommunikationssystem zu erhalten.

Insgesamt ergibt sich für einen Rechner im Experiment-System R+DS folgende Speicherbelegung:

Betriebssystemkomponenten (RSX Kern und Schale)	64 K Bytes
Kommunikationssystemkomponenten (DECnet Kern und Schale)	32 K Bytes
	----------

Ausgangssystem	96 K Bytes
Verwalter (RJ, RT, RF, RL (erste Version))	58 K Bytes
(Ergänzungen zweite Version)	18 K Bytes
Experiment-System $R^{+}DS$	172 K Bytes

Bei einem vollen Speicherausbau mit 256 K Bytes, von denen allerdings noch 8 K Bytes für die Ein/Ausgabe-Verwaltung fest belegt sind, verbleiben also 248 - 172 = 76 K Bytes für Benutzerprozesse.
Da ein Benutzerprozeß mit Anweisungen zur Interprozeßkommunikation und zum Dateizugriff aufgrund der benötigten Systemprozeduren bis zu 64 K Bytes belegen kann, entsteht in einem Rechner schnell ein Engpaß bei der Speichervergabe. Dieser Engpaß führt dann zu häufigem Ein- und Auslagern von Prozessen und im ungünstigsten Fall zur Verklemmung des Systems.

Hier zeigt sich, daß an einen Rechner in einem fehlertoleranten verteilten System bezüglich des Speicherausbaus Anforderungen gestellt werden, die durch die verwendeten Minirechner mit 256 K Bytes nicht mehr erfüllt werden können. Neuere 16 Bit-Rechner und insbesondere die 32 Bit-Rechner mit einem Speicherausbau im Megabyte-Bereich erfüllen diese Forderungen jedoch ohne Schwierigkeiten.

4.1 Prozeßverwalter

Ein Verwalter des RJ-Systems hat einen Umfang von ca. 24 K Bytes; das System wurde von einem Diplomanden in 6 Monaten erstellt. Der Verwalter des RT-Systems hat einen Umfang von ca. 16 K Bytes; die Erstellung des Systems erfolgte ebenfalls durch einen Diplomanden in 6 Monaten. Damit ist die Prozeßverwaltung mit insgesamt 40 K Bytes Umfang und 12 Mann/Monaten Erstellungszeit am aufwendigsten.

Die Verwaltungsdaten für ein Benutzersystem werden vom RJ-System in mehreren Exemplaren auf all den Rechnern gehalten, auf denen ein Prozeß des Systems zur Ausführung kommt. Für ein redundantes Prozeßsystem werden zusätzlich weitere Exemplare der Verwaltungsdaten auf den Rechnern bereitgestellt, auf denen redundante Prozeßexemplare verwaltet werden müssen.

Die systembezogenen Attribute haben für den nicht-redundanten Fall einen Umfang von 24 Bytes und die prozeßbezogenen Attribute umfassen 12 Bytes für jeden Prozeß. Bei redundanten Prozeßsystemen sind abhängig von der Zahl m der Exemplare weitere m * 4 Bytes notwendig, also bei n Prozessen n * (12 + m * 4) Bytes.
Im RT-System wird für jedes Prozeßexemplar ein Restaurations- Verwaltungsblock RTB angelegt, dessen Umfang von der Zahl m der Exemplare und der Zahl k der Kommunikationspartner abhängt; es ergibt sich: RTB [Bytes] = 42 + (m * 6) + (k * 14).
Bei zwei Ersatzexemplaren und zwei Kommunikationspartnern z.B. sind das insgesamt 82 Bytes.

Von den lokalen Verwaltungsdaten eines Prozesses, die durch das lokale Betriebssystem verwaltet werden, sind für das RT-System von Bedeutung:

Prozeßkopf TH	172 Bytes
Prozeßleitblock TCB	56 Bytes
Bereichsleitblock PCB	34 Bytes
zusammen	262 Bytes.

Diese Daten müssen auch für ein redundantes Exemplar auf dem jeweiligen Rechner bereitgestellt werden, auf dem es aktiviert werden soll. Für ein passives Exemplar werden die Leitblöcke TCB und PCB im Arbeitsspeicher und das Prozeßabbild auf einem Externspeicher gehalten.

Zur Aufzeichnung eines Rücksetzpunktes werden lediglich die rechnerunabhängigen Daten des Prozeßkopfes TH im Umfang von 20 Bytes (Register und Kellerzeiger), der tatsächlich belegte Keller TS (Umfang ausführungsbedingt, maximal 512 Bytes, in der Regel unter 100 Bytes) und der Datenteil TD aus dem Prozeßprogramm herangezogen und zusammen mit einer Identifikation (Umfang 6 Bytes) in eine Datei geschrieben. Bei einem Umfang von z.B. je 100 Bytes für Keller und Datenteil ergibt sich dann: Rücksetzpunkt [Bytes] = 20 + 100 + 100 + 6 = 226.
Die Rücksetzpunkte werden lokal zum aktiven Exemplar und abgesetzt bei allen passiven Exemplaren aufgezeichnet; dabei kann ein Rücksetzpunkt in der Regel in einer Nachricht übertragen werden.

4.2 Dateiverwalter

Ein Verwalter des RF-Systems hat einen Umfang von ca. 9 K Bytes; das System wurde in 6 Monaten von einem Diplomanden erstellt. Eine Erweiterung um die zusätzlichen Restaurationsfunktionen dürfte ungefähr den gleichen Umfang haben und die gleiche Erstellungszeit erfordern, sodaß sich dann für das RF-System ein Umfang von 18 K Bytes bei einer Erstellungszeit von 12 Mann/Monaten ergäbe.

An allgemeinen Verwaltungsdaten wurde im RF-System ein Block von 40 Bytes vorgesehen, der für fünf Dateien eines Benutzers ausreicht.
Für jedes Dateiexemplar werden sowohl die Nutzdaten auf dem Externspeicher als auch die folgenden Verwaltungsdaten im Arbeitsspeicher gehalten:

Dateibeschreibungsblock FDB	96 Bytes
Dateizwischenspeicher FSR1 (Blockgröße + 16)	528 Bytes
Verwaltungsbereich FSR2 (pro Prozeß nur einmal)	68 Bytes
	692 Bytes
Dateileitblöcke FWB und FCB	52 Bytes
zusammen	744 Bytes.

Diese Daten werden für ein aktives Dateiexemplar benötigt. Für ein redundantes, passives Exemplar werden die Daten FDB, FSR1 und FSR2 zweimal angelegt (zusammen 1384 Bytes), da der RF-Verwalter sowohl die übertragenen Daten des aktiven Exemplars halten muß, als auch dem lokalen Dateisystem gegenüber als Benutzer der Datei erscheinen muß und dementsprechend die Verwaltungsdaten bereitzustellen hat. Die Daten werden einmal bei Erzeugung einer Datei für alle Ersatzexemplare auf den abgesetzten Rechnern erstellt.

Im Verlauf der Nutzung werden zur Aktualisierung der passiven Exemplare Verwaltungs- und Nutzdaten vom aktiven Exemplar übernommen.
Hierzu sind von den Daten nötig für Schreib- bzw. Leseoperationen:

E/A-Paket der Operation IOP	36 Bytes	36 Bytes
evtl. zugehörige Attributliste AL	24 Bytes	24 Bytes
Dateibeschreibungsblock FDB	96 Bytes	96 Bytes
Dateizwischenspeicher FSR1	528 Bytes	16 Bytes
Dateiverwaltungsbereich FSR2	68 Bytes	24 Bytes
zusammen	752 Bytes	196 Bytes.

Die einzelnen Daten werden wie angegeben in fünf Nachrichten an die abgesetzten RF-Verwalter gesendet. Eine Reduzierung des Datenvolumens ließe sich erreichen, wenn gezielt für jede Übertragung nur die durch die Operation veränderten Daten herangezogen werden. Für den Dateibeschreibungsblock z.B. wären das dann statt 96 Bytes nur 22 Bytes.

4.3 Verbindungsverwalter

Mit der Konzipierung des RL/RC-Systems war ein Diplomand 6 Monate beschäftigt. Über den Umfang der Rekonfigurations- und Restaurationseinheiten liegen keine Daten vor; sie dürften sich jedoch wie beim RF-System auf ca. 9 K Bytes je Einheit belaufen. Ein Verwalter des RL-Systems hätte dann einen Umfang von ca. 18 K Bytes und das System benötigte eine Erstellungszeit von 12 Mann/Monaten.

Zu den allgemeinen Verwaltungsdaten des RL-Systems lassen sich nur ungefähre Angaben machen; der Umfang für einen Prozeß ist ebenfalls von der Zahl n der Ersatzexemplare abhängig und beträgt grob 12 + n * 8 Bytes. Für die einzelnen zu verwaltenden Verbindungen muß eine Verbindungsliste geführt werden, mit einem Eintrag von 16 + n * 8 Bytes je Verbindung.
Eine Verbindung wird in DECnet durch weitere Verwaltungsdaten dargestellt und als Rücksetzdaten werden 82 Bytes pro Operation aufgezeichnet.

5. Schlußbemerkung

Aus den ermittelten Daten ergibt sich u.a. die Forderung nach einem größeren Speicherausbau bei den Rechnern im Megabyte-Bereich und nach einer hohen Übertragungsgeschwindigkeit, wie sie in lokalen Netzwerken erreicht wird.
Die Erfahrungen der experimentellen Implementierungen machen auch deutlich, daß bei der Konstruktion von fehlertoleranten verteilten Programmsystemen von Beginn an alle Funktionsarten zu berücksichtigen sind. Fehlertoleranzfunktionen sind keine Funktionen, die sich beliebig als Beiwerk einem Verwaltungssubsystem anfügen lassen, sondern sie sind ein elementarer Bestandteil davon.

Literatur

/DEC 78/ Digital Equipment Corp.
PDP-11, Processor and Peripherals Handbooks; RSX-11M, Version 3, Manuals; DECnet-11M (Phase II), Version 2, Manuals.
Digital Equipment Corp., Maynard, 1978

/Kra 79/ Kramer, K.
Prozeßrekonfiguration mit Hilfe von Ersatzprozessen.
Diplomarbeit, Inst. f. Informatik III, Univ. Karlsruhe, März 1979

/May 80/ Mayer, V.
Dateiverwaltungsfunktionen für die Prozeßrekonfiguration in fehlertoleranten Mehrrechnersystemen.
Diplomarbeit, Inst. f. Informatik III, Univ. Karlsruhe, Apr. 1980

/Sch 80/ Schloßhauer, B.
Rekonfigurationsfunktionen in der Auftragsverwaltung fehlertoleranter Mehrrechnersysteme.
Diplomarbeit, Inst. f. Informatik III, Univ. Karlsruhe, Okt. 1980

/Sei 81/ Seifert, M.
Rekonfiguration und Restauration von verteilten Prozeßsystemen in fehlertoleranten verteilten Rechensystemen.
Dissertation, Fak. f. Informatik, Univ. Karlsruhe, Juli 1981

/Sei 82/ Seifert, M.
Verwaltung fehlertoleranter Multi-Prozeßsysteme in lokalen Multi-Rechnersystemen.
NTG/GI-Fachtagung "Struktur und Betrieb von Rechensystemen", Ulm, März 1982

/Web 80/ Weber, H.
Ein fehlertolerantes Kommunikationssystem zur Unterstützung der Prozeßrekonfiguration in verteilten Systemen.
Diplomarbeit, Inst. f. Informatik III, Univ. Karlsruhe, Jan. 1980

Fehlertoleranz in MARS

H. Kopetz, F. Lohnert, W. Merker, G. Pauthner, TU Berlin

Zusammenfassung

MARS (MAintainable Realtime System) ist ein Verteiltes Echtzeit-System für die Prozessdatenverarbeitung, das unter den Gesichtspunkten Wartbarkeit und Zuverlässigkeit entworfen wurde. Die Systemarchitektur und die Konzepte für die Interprozesskommunikation ermöglichen es, während der Laufzeit die "kleinsten austauschbaren Einheiten" (Komponenten = Rechner einschliesslich Anwendungssoftware) auszutauschen oder neue Komponenten hinzuzufügen. Fehlertoleranz wird in MARS durch Mechanismen für die Fehlerisolation und den parallelen Betrieb von redundanten Komponenten erreicht.

1.Einleitung

Die hohen Kosten für die Wartung von Real-Zeit-Systemen erfordern neue Strukturen in Hard- und Software. Der Aufwand um ein Real-Zeit-System in einem für den Benutzer relevanten Zustand zu erhalten übersteigt die Kosten der Implementierung beträchtlich [DeRo 78]. Diese Wartungskosten werden verursacht durch

- Reparatur: Sie wird notwendig weil die Hardware ausfällt oder Entwurfsfehler in der Software enthalten sind, die beim Testen nicht entdeckt wurden.
- Erweiterungen: Die Anforderungen an jedes erfolgreiche System ändern sich im Laufe der Zeit. Um das System in einem für den Benutzer relevanten Zustand zu erhalten sind deshalb Modifikationen erforderlich.

Diese Wartungsaktivitäten dürfen nicht erst nach erfolgreicher Installation des Systems betrachtet werden, sondern müssen bereits beim Entwurf berücksichtigt werden. Ein Ziel des MARS-Projektes ist es deshalb eine Architektur zu entwerfen, die die Wartbarkeit von Hardware und Software unterstützt.

Die Integration der Wartung in den Lebenszyklus eines Systems ergibt ein, über seine Lebenszeit gesehen, fehlertolerantes System. Andererseits erfordert ein Wartungsvorgang während des Betriebs fehlertolerierende Eigenschaften eines Systems.

Im folgenden wird ein Überblick über die MARS-Architektur, die Interprozesskommunikation und über die Mechanismen zur Fehlertoleranz wie Fehlerisolation und aktive Komponenten-Redundanz gegeben. Anhand von Beispielen wird die Anwendung der vorgeschlagenen Konstrukte erläutert.

2. Die Architektur von MARS

In MARS wird konzeptionell das Gesamtsystem (Technische Anlage, Steuerungssystem, Operator etc.) als eine Menge von kooperierenden Subsystemen, in MARS als Cluster bezeichnet, betrachtet [Kope 81]. Ein Steuerungssystem kann durch einen oder mehrere MARS-Cluster realisiert werden. Die Umgebung eines jeden Clusters wird von einer Menge anderer Cluster gebildet. Die Cluster sind die Einheit für alle weiteren Betrachtungen über Wartbarkeit und Zuverlässigkeit.

MARS-Cluster verkehren mit ihrer Umgebung, d.h. mit anderen Teilen des Steuerungssystem, der Technischen Anlage und/oder dem Menschen über Cluster-Interfaces. Konzeptionell liegen Cluster-Interfaces an der Schnittstelle zur Umgebung, so dass der Informationsaustausch zwischen Cluster und Umgebung in der innerhalb eines Clusters gültigen Darstellung erfolgen kann.

MARS-Cluster sind aufgebaut aus MARS-Komponenten, die über ein lokales Kommunikationsmedium miteinander verbunden sind. Eine MARS-Komponente ist eine Hardware/Software-Einheit, die eine möglichst abgeschlossene Funktion ausführt [Kope 79]. Im allgemeinen ist dies ein vollständiger Rechner einschliesslich der speziellen Applikations-Software. Alle Komponenten verfügen über eine systemglobale Zeitbasis [Lamp 78].

MARS-Komponenten sind die kleinsten austauschbaren Einheiten (smallest replacable unit = SRU) für einen Wartungsvorgang. D.h. im Wartungsfalle (Fehler, Änderung) werden die zu ändernden Komponenten ermittelt. Sie werden dann gewartet (= repariert, rekonfiguriert oder neu erstellt) und wieder in den Cluster integriert.

Eine MARS-Komponente besteht aus der MARS-Maschine und dem MARS-Modul. Der MARS-Modul umfasst die gesamte Applikations-Software zur Implementierung der beabsichtigten Funktion einer Komponente. Realisiert wird ein MARS-Modul durch eine Menge von während der gesamten Lebenszeit des Moduls existierenden MARS-Tasks. Die Kommunikation zwischen den Tasks und zwischen den Komponenten eines Clusters erfolgt durch den Austausch von Intertask- bzw. Interkomponenten-Nachrichten.

Die MARS-Maschine nimmt folgende Aufgaben wahr:

- Übernahme und Übergabe von Nachrichten vom/zum Kommunikationsmedium
- Überprüfung und Zwischenspeicherung von Nachrichten
- Übernahme und Übergabe von Nachrichten an die Tasks
- Steuerung des Ablaufs mehrerer paralleler Tasks
- Verwaltung der lokalen Echzeituhren
- Unterstützung des Ladevorganges

Alle MARS-Maschinen innerhalb eines MARS-Clusters realisieren zusammen mit dem Kommunikationsmedium ein Kommunikationssystem, das einen zuverlässigen Transport von Nachrichten zwischen Moduln innerhalb eines Clusters in einem m-zu-n Kommunikationsmuster realisiert.

Nachrichten

Jede Nachricht verfügt innerhalb eines MARS-Clusters über einen eindeutigen Namen (Nachrichtenname). Dieser Name beschreibt die Struktur der Nachricht und weist auf ihren semantischen Inhalt hin. Im Gegensatz zu anderen Vorschlägen zur Interprozesskommunikation [Hoar 78] [Feld 79], [Kram 81] übernehmen Moduln Nachrichten bestimmter Namen und nicht Nachrichten bestimmter Sender. Dadurch wird die dynamische Erweiterbarkeit des Systems ohne Änderung der Moduln ermöglicht.

Eine klare Unterscheidung zwischen Ereignis- und Zustandsinformation ist für Real-Zeit-Systeme sinnvoll. Ereignisinformationen berichten über ein zu einem bestimmten Zeitpunkt stattgefundenes Ereignis. Zustandsinformationen zeigen einen Zustand an, der während eines Zeitintervalls gültig ist. Zwischen Zustands- und Ereignisinformation besteht ein enger Zusammenhang - die Änderung eines Zustandes ist ein Ereignis.

In MARS wird deshalb zwischen Ereignis- (event) und Zustands- (state) Nachrichten unterschieden. Diese Unterscheidung wird beim Empfänger der Nachricht getroffen.

Ereignis-Nachrichten werden "klassisch" behandelt, d.h. sie werden beim Empfänger gespeichert und beim Lesen konsumiert.

Zustands-Nachrichten werden zerstörungsfrei gelesen, d.h. auf sie kann mehrfach zugegriffen werden. Eine aktuellere Zustands-Nachricht überschreibt eine bereits vorhandene.

3. Programmierung

3.1. MARS-Moduln

Mit einem MARS-Modul werden logisch zusammengehörige Funktionen realisiert, z.B. Modellrechnung oder Ablaufsteuerung. Komplexe PDV-Systeme können in selbstständige Teilsysteme zerlegt werden, die durch autonome Moduln gesteuert werden. Moduln verfügen über lokale Daten, auf die ein Zugriff von "aussen" nicht möglich ist. Die Moduln entscheiden selbständig wann und welche Nachrichten sie akzeptieren; sie können sich damit gegen Fehler von aussen schützen. Moduln können aber ebenso als "Server" eingesetzt werden. Es lassen sich sowohl "remote procedures" realisieren wie auch die Funktionen eines Monitors bzw. Guardian [Brin 78] [Lisk 79].

Ein Modul hat folgenden Aufbau:

```
MODULE modulename MEMBER OF group;
   external message declaration;
   module body
END modulename
```

Der Modulname ist im MARS-Cluster eindeutig. Nachrichten können entweder zu Gruppen von Moduln (Gruppenname) oder an einen Modul (Modulname) gesandt werden. Bei der Gruppenadressierung werden Nachrichten dann von allen Gruppenmitgliedern empfangen. Die Zuordnung Modul/Gruppe ist statisch und erfolgt bei der Moduldeklaration. Die Mitgliedschaft in Gruppen ist nicht eingeschränkt; d.h. ein Modul kann Mitglied beliebiger Gruppen sein.

Nachrichtendeklaration

Im MARS-Modul werden die von anderen Moduln zu empfangenden bzw. zu sendenden Nachrichten deklariert. Hierbei wird für jede Nachricht ein Name, eine Kommunikationsrichtung und wahlweise ein "record", der die Struktur der zu übertragenden Nachricht definiert, festgelegt.

Eine MARS-Nachricht enthält:

message name
sender name
receiver name
send time
validity time
user defined record

Der "user defined record" ist optional (eine "leere" Nachricht ist für eine reine Signalisierungsfunktion sinnvoll). Die anderen Nachrichtenteile sind vorgegeben und werden von der MARS-Maschine aufgebaut. Bei der Deklaration von zu empfangenden Nachrichten ist in jedem Modul zusätzlich lokal angebbar, ob eine Nachricht als Zustands- oder Ereignisnachricht behandelt werden soll.

Wird eine Nachricht als Ereignis-Nachrichten deklariert, ist zusätzlich die Angabe eines Zeitintervalls erforderlich (Schlüsselwort INTERVAL). Nachrichten, die innerhalb dieses Zeitintervalls eintreffen, werden als redundant angenommen. Eine erste eintreffende Nachricht eröffnet dieses Intervall und wird gespeichert; weitere Nachrichten, die innerhalb dieses Zeitintervalls eintreffen, werden verworfen.

Aufbau des Modulrumpfes

Für die Realisierung einer autonomen Funktion in PDV-Systemen ist im allgemeinen Parallelität erforderlich; so etwa für Prozesse als Abstraktion von Peripheriegeräten. Der Rumpf eines Moduls besteht deshalb aus einer oder mehreren Tasks. Diese innere Taskstruktur ist für andere Moduln nicht sichtbar.

Eine Task hat folgenden syntaktischen Aufbau:

```
TASK taskname MEMBER OF group
   message declaration;
   local data declaration;
   task body
END taskname
```

Analog zu Moduln haben Tasks einen Namen; dieser Name ist innerhalb der Komponente eindeutig. Tasks können ebenfalls zu Gruppen zusammengefasst werden, dies ist insbesondere wichtig, um mehrere Tasks über Zustandsänderungen zu informieren.

Lokale Daten

Nach den message-declarations werden (wie in PASCAL) die tasklokalen Daten deklariert. Diese Daten sind für andere Tasks nicht sichtbar.

Ausnahmebehandlung

Um auf wichtige, externe Nachrichten schnell reagieren und Zeitbedingungen einhalten zu können, ist die im Modul zuerst deklarierte Task (priority task) ausgezeichnet. Bei Bedarf erhält sie die CPU und gibt sie erst wieder ab, wenn sie durch Warten auf Ereignisse verzögert wird. Das bedeutet, diese Task ist absolut bevorrechtigt. Trifft eine Nachricht für sie ein, so kann deren Bearbeitung praktisch verzögerungsfrei geschehen. Ausserdem kann diese Task durch ein Reset-Statement andere Tasks in ihren Initialisierungszustand zwingen.

3.2. MARS-Kommunikationsstatements

Zur Kommunikation zwischen Moduln und zwischen Tasks (modullokal) stehen zwei Statements zur Verfügung.

Das OUTPUT-Statement

Um Komponenten, die autonome Funktionen wahrnehmen, zeitlich nicht an die Verarbeitungsgeschwindigkeit anderer Komponenten zu koppeln, verzögert das Senden einer Nachricht den Sender nicht.

Das OUTPUT-Statement hat folgende Form:

```
OUTPUT messagename TO receivername VALID time
```

Durch die Ausführung dieses Statements wird eine MARS-Nachricht generiert, deren Sendezeitpunkt definiert und die Nachricht dem Kommunikationssystem übergeben. Nach Ablauf der durch "time" festgelegten Gültigkeitszeit wird die Nachricht vom Kommunikationssystem vernichtet.

Das INPUT-Statement

Mit dem INPUT-Statement können Ereignis- und Zustands-Nachrichten gelesen werden.

Die einfachste Form ist:

```
INPUT messagename
```

Die das INPUT-Statement ausführende Task wird verzögert bis eine Nachricht mit dem angegeben Namen eintrifft. Diese Nachricht wird dann eingelesen.

Durch Erweiterung des INPUT-Statements kann eine Selektion zwischen mehreren Nachrichten getroffen werden:

```
INPUT
        msg1 => s1
    OR
        msg2 => s2
```

Nach Beendigung der INPUT-Operation wird das der Nachricht im Programmtext folgende Statement ausgeführt.

Durch Angabe des/der Nachrichtennamen im INPUT-Statement wird entschieden, welche Nachrichten empfangen werden. Liegen mehrere Nachrichten gleichen Namens vor, so ist die Auswahl nicht definiert. Die Selektionsmöglichkeit kann erweitert werden; soll gezielt eine bestimmte Nachricht gelesen werden, so kann dies durch Angabe eines Prädikates (im weiteren als Filter bezeichnet) erreicht werden. Diese Filter sind boolsche Ausdrücke sowohl auf lokale Daten als auch auf Nachrichteninhalte:

```
INPUT msg WHEN filter
```

Nur wenn das "filter" wahr ist, wird die Nachricht "msg" gelesen. Insbesondere Filter auf Nachrichteninhalte ermöglichen es, das Modul gegen unerwünschte Nachrichten abzuschirmen. Für die Programmierung bringt die Filterung von Nachrichten eine wesentliche Vereinfachung.

Zum gleichzeitigen Lesen mehrerer Nachrichten kann anstelle eines einfachen Nachrichtennamens auch eine konjunktive Verknüpfung von Nachrichtennamen stehen:

```
INPUT msgl AND msg2
```

Nur wenn beide Nachrichten "msgl" und "msg2" vorliegen, werden sie gelesen und die Programmausführung wird fortgesetzt.

Die bisherigen Formen des INPUT-Statements verzögerten die Ausführung einer Task beliebig lange, wenn keine entsprechende Nachricht eintrifft. Durch Zeitüberwachung lässt sich diese Verzögerung zeitlich begrenzen:

```
INPUT
      msgl => sl
   OR
      msg2 => s2
   AFTER time => s3
```

Nach Ablauf der Zeit "time" wird das Statement S3 ausgeführt.

4. Fehlertoleranz in MARS

MARS unterstützt das Erstellen fehlertoleranter Systeme durch Fehlerisolation in Hard- und Software und durch aktive Redundanz auf Komponenten-Ebene.

4.1. Fehlerisolation

Fehler einer Komponente sollen nicht in eine andere Komponente importiert werden [Wens 78] [Hopk 78].

Fehlerisolation in Hardware ist durch die physische Verteilung der MARS-Maschinen und deren Kopplung über Busse (bei entsprechender Auslegung der Buskoppler) bereits gegeben.

Fehlerisolation in Software geschieht durch eine Plausibilitätsüberprüfung der Eingangsdaten eines Moduls; nicht-plausible Eingangsdaten werden nicht akzeptiert. Als ein erster Mechanismus hierzu übernimmt eine Komponente nur diejenigen Nachrichten vom Kommunikationsmedium, die an den zur Komponente gehörenden Modul gerichtet sind und deren Nachrichtennamen in diesem Modul deklariert sind. Durch die Typbindung der Datenobjekte der Nachricht an den Nachrichtennamen ist, insbesondere bei Erkennung einer Typverletzung zur Laufzeit (Run Time Type Checking beim Produzenten einer Nachricht), ein erster Schutz gegeben. Die Plausibilität eines Eingangsdatums (konkret: einer MARS-Nachricht) hängt weiter ab von:

(I) den Werten der Daten, die die Nachricht transportiert,
(II) von dem Auftreten der Nachricht im Zeitbereich,
(III) von dem Zustand der empfangenden Komponente,
(IV) von anderen vorliegenden Nachrichten.

Diese Plausibilitätsüberprüfung erfolgt in MARS im Rahmen der Ausführung des INPUT-Statements:

- Durch Angabe eines entsprechenden Filters werden nur plausible Nachrichten selektiert und eingelesen. Eine Wertebereichsüberwachung (betrifft Punkte I und III) lässt sich damit in einfacher Weise angeben.
- Die zeitliche Plausibilität wird sichergestellt durch Zeitüberwachung (Punkt II):
  Nachrichten, die zu spät eintreffen, werden nach dem Ablauf des "Time Out" im INPUT-Statement nicht akzeptiert; vielmehr wird die "Time Out"-Alternative ausgeführt.
  Da Nachrichten mit Fortschreiten der Zeit irrelevant werden, werden sie nach Ablauf ihrer Gültigkeitszeit verworfen.
  Durch den Zugriff auf den Sendezeitpunkt einer Nachricht mit Hilfe des Filter-Mechanismus können Nachrichten selektiert werden, die vor oder nach einem Zeitpunkt generiert wurden.
- Ist ein Eingangsdatum erst dann plausibel, wenn es durch mehr als eine Nachricht dargestellt wird (Punkt IV), kann dies durch eine konjunktive Verknüpfung auf den Empfang mehrerer Nachrichten beschrieben werden (AND-Schlüsselwort).

Die INPUT-Operation mit der selektiven Akzeptanz von plausiblen Nachrichten unterstützt die Fehlerisolation zwischen den Moduln. Begrifflich eng damit verbunden ist die Autonomie eines Moduls, d.h. ein Modul entscheidet selbst - autonom - wann er welche Nachrichten akzeptiert; er übernimmt keine beliebigen, ungeprüften Nachrichten von anderen Moduln, die womöglich fehlerhaft sind.

4.2 Aktive Redundanz

Mit der aktiven Redundanz auf Komponenten-Ebene lässt sich ein verteiltes Realzeitsystem mit gezielter Zuverlässigkeit für jede Systemfunktion entwerfen.

Unter aktiver Komponenten-Redundanz sei verstanden: Es existieren n Komponenten, von denen jede die Spezifikation einer Systemfunktion erfüllt. Die Implementierung dieser Komponenten kann durchaus verschieden sein (N-Version Programming [Kope 74] [Chen 78]). Jede dieser Komponenten erhält Eingangsdaten, führt eine Verarbeitung durch und produziert Ausgangsdaten in Form von MARS-Nachrichten. Durch die redundanten Komponenten werden diese Nachrichten vervielfältigt. Es muss innerhalb einer Komponente ein Mechanismus existieren, der redundante Nachrichten verwirft, bevor sie von der Applikations-Software, dem Modul, übernommen werden.

MARS unterstützt das Konzept der aktiven Komponenten-Redundanz durch:

- Gruppenadressierung: Eine Nachricht kann an eine Gruppe von (redundanten) Moduln gerichtet werden, wobei weder die Anzahl der Gruppenmitglieder noch deren Eigennamen dem Produzenten dieser Nachricht bekannt sind.
- Zustandsnachrichten: Hat ein Empfänger redundante Nachrichten als Zustandsnachrichten deklariert, so werden bereits durch die Semantik der Zustandsnachricht redundante Nachrichten verworfen.
- Redundante Ereignis-Nachrichten werden durch Angabe des Zeitintervalls (INTERVAL-Schlüsselwort bei der Nachrichten-Deklaration) erkannt und verworfen. Nachrichten, die innerhalb dieses Zeitintervalls eintreffen, werden als redundant angenommen.

Diese Mechanismen gewährleisten, dass, obwohl eine Komponente redundante Nachrichten empfängt, dem entsprechenden Modul diese Redundanz verborgen bleibt.

Aktive Komponenten-Redundanz maskiert demnach Ausfälle von bis zu n-1 Komponenten, wobei unter Ausfall verstanden wird, dass eine ausgefallene Komponente keine Nachrichten mehr produziert. In MARS wird angenommen, dass eine Komponente bezüglich ihres Fehlerverhaltens nur zwei Zustände einnehmen kann:

- funktionsfähig
- ausgefallen

Durch Fehlererkennung innerhalb einer Komponente, d.h. durch Komponenten-interne Redundanz in Hardware (z.B. Mikroprozessorsystem INTEL iAPX 432 [Ratt 81]) und in Software (z.B. "Run Time Type Checking" oder "Acceptance Test" [Rand 78]) wird gewährleistet, dass bei Teilversagen einer Komponente die Komponente in den Zustand "ausgefallen" überführt wird.

Während der Ausfall einer der redundanten Komponenten den weiteren Verarbeitungsmoduln verborgen ist, muss ein Mechanismus existieren, der eben diesen Ausfall erkennt. Dies ist in MARS Aufgabe einer Wartungskomponente (die ebenfalls redundant existieren kann), die den Output jeder der redundanten Komponenten überwacht. Im Wartungsmodul sind alle entsprechenden Nachrichten als Ereignis-Nachrichten (mit Intervall "0") deklariert; für ihn sind Nachrichten und damit Komponenten nicht redundant. Der Wartungsmodul erkennt ausgefallene Komponenten durch das Ausbleiben von Nachrichten von diesen Komponenten und leitet dann die Wartung dieser Komponenten ein.

Die strikte Trennung von Verarbeitungs- und Wartungsfunktionen und die unterschiedliche Behandlung von Nachrichten bei verschiedenen Empfängern ist wesentlicher Bestandteil der MARS-Philosophie, bei der die Systemarchitektur die Betrachtung von Teilsystemen aus verschiedenen Blickwinkeln gestattet.

5. Beispiele

a) Gegeben sei ein Kessel, dessen Temperatur von einem oder von mehreren redundanten, intelligenten Messwertaufnehmern periodisch abgetastet wird. Diese senden die gemessene Temperatur als MARS-Nachricht "Temperatur", die die Variable "Momentanwert" des Typs "Minimalwert..Maximalwert" enthält, an die Moduln "Temperaturauswertung". Mitglied der Modulgruppe "Temperaturauswertung" ist der Modul "Prozessführung", der u.a. eine Ablaufsteuerung vornimmt. Die Ablaufsteuerung schaltet die Heizung des Kessels ein, wartet bis die Endtemperatur erreicht ist und schaltet dann ein Rührwerk ein. Wird die Endtemperatur nicht innerhalb der maximalen Aufheizzeit erreicht, liegt eine Störung vor.

Diese Ablaufsteuerung kann in MARS sehr kompakt formuliert werden:

```
MODULE Prozessfuehrung IS MEMBER OF Temperaturauswertung
  INPUTS Temperatur
  :
  TASK Ablaufsteuerung
    STATE Temperatur = RECORD
                          Momentanwert : Minimalwert..Maximalwert
                       END
    :
    HeizungEin;
    INPUT
      Temperatur WHEN ((Sendtime >= minimaleAufheizzeit) ∧
                       ((Momentanwert-Anfangstemperatur) /
                        (Sendtime-Anfangszeit) <= K ) ∧
                       (Momentanwert >= Endwert))
                              => RuehrwerkEin;
      AFTER MaximaleAufheizeit => Stoerungsbehandlung;
    :
END Prozessfuehrung
```

In der Task "Ablaufsteuerung" ist die Temperatur-Nachricht als Zustands-Nachricht deklariert. Damit sind redundante Messwertaufnehmer, auch mit variabler Abtastperiode, möglich. Nach dem Einschalten der Heizung wartet die Ablaufsteuerung bis eine Nachricht mit einem Momentanwert >= Endwert eintrifft oder die maximale Aufheizzeit überschritten wird. Aufgrund der physikalischen Eigenschaften des Kessels (Wärmeträgheit) ist es nicht möglich, dass die Endtemperatur vor einer minimalen Aufheizzeit erreicht wird oder die Änderungsgeschwindigkeit der Temperatur eine obere Schranke K überschreitet. Nachrichten, die - fälschlicherweise - das Erreichen der Endtemperatur vor dieser minimalen Aufheizzeit melden oder eine physikalisch nicht mögliche Temperaturänderung anzeigen, sind nicht plausibel und werden durch den angegeben Filter nicht akzeptiert.

b) Gegeben sei ein Paket-Förderband. Die transportierten Pakete werden durch einen Paketdetektor erfasst. Aus Gründen der Zuverlässigkeit besteht dieser aus mehreren Lichtschranken. Jede Lichtschranke ist mit einer Interface-Komponente verbunden, die eine MARS-Nachricht "Now" sendet, wenn die Lichtschranke unterbrochen wurde.

Es existieren eine "minimale Zeit zwischen zwei Paketen" und eine "maximale Reaktionszeitdifferenz" ("Jitter") der Lichtschranken, in der auch die Laufzeitdifferenzen der produzierten Nachrichten enthalten ist. Eine eindeutige Paketerfassung ist nur möglich, wenn das "Jitter"-Intervall wesentlich kleiner ist als das Paketfolge-Intervall.

Im folgenden ist ein Auszug aus dem Programm eines "PackageCounter" gezeigt, der eine wechselnde Anzahl und damit den Totalausfall von n-1 der n Lichtschranken toleriert.

```
MODULE PackageCounter
   INPUTS Now;
   :
   TASK Counter
      EVENT Now INTERVAL Jitter;
      Initialize;
      REPEAT
         INPUT Now;
         UpdateCounter;
      UNTIL Stop
   END Counter;
   :
END PackageCounter
```

6. Ausblick

Es ist geplant, in den nächsten beiden Jahren MARS auf einem realen Verteilten System zu realisieren, das aus mindestens fünf Komponenten besteht. Dieses Prototyp-System soll zur Steuerung von Pilot-Prozessen eingesetzt werden. Ziel ist es, Wartbarkeit und Fehlertoleranz von MARS experimentell zu evaluieren. Parallel dazu sollen in Rahmen von theoretischen Untersuchungen die Probleme der Zeitsemantik und Redundanz analysiert werden.

Literatur

[Brin 78] Brinch Hansen, P. , "Distributed Processes: A Concurrent Programming Concept", Comm. ACM, Vol. 21, November 1978, p. 934-941

[Chen 78] Chen, L. , Improving Software Reliability by N-Version Programming, Computer Science Department, Los Angeles, August 1978

[DeRo 78] De Roze, B.C., Nyman, T.H.: The software life cycle - management and technological challenge within the department of defense, IEEE Trans. SE-4, July 1978, p. 309-318

[Feld 79] Feldmann, J.A., High Level Programming for Distributed Computing, Comm. ACM, Vol. 22, No. 6, June 1979, p. 353-368

[Hoar 78] Hoare, C.A.R. , "Communicating Sequential Processes", Comm. ACM, Vol. 21, No. 18, August 1978, p. 666-677

[Hopk 78] Hopkins, A.L., Smith, T.B., Lala, J.H., FTMP - A highly reliable Fault Tolerant Multiprocessor For Aircraft, Proc. IEEE, Vol. 66, No. 10, Oct. 78, p. 1146-1154

[Kope 74] Kopetz, H. , Software Redundancy in Real Time Systems, Proceedings of the IFIP Congress 74, Stockholm 1979, p. 182-186

[Kope 79] Kopetz, H. , Lohnert, F. , Merker, W. , An Outline of Projekt MARS, Technische Universität Berlin, July 1979

[Kope 81] Kopetz, H. , Lohnert, F. , Merker, W. , Pauthner, G. , MARS Zwischenbericht, BMFT-IT 1018, Mai 1981

[Kram 81] Kramer, J. , Magee, J. , Slowman, M. , Intertask Communication Primitives for Distributed Computer Control Systems, Proc. Distributed Computing Systems, April 81, p. 404-411

[Lamp 78] Lamport, L. , Time, clocks and the ordering of events in a distributed system, CACM, Vol. 21, No. 7, July 1978, p. 558-565

[Lisk 79] Liskov, B. , Primitives fo Distributed Computing, Proc. of 7th ACM SIGOPS Symp. on Operating Systems Principles, Dec. 1979, p. 33-42

[Rand 78] Randell, B. , "Reliability Issues in Computing System Design", ACM Computing Surveys, Vol. 10, No. 2, June 1978, p. 123-166

[Ratt 81] Rattner, J. , Lattin, W. , ADA determines architecture of 32-bit microprocessor, Electronics, February 24, 1981

[Wens 78] Wensley, J.H., Lamport, L. , Goldberg, J. , Green, M.W., Levitt, K.N., Melliar-Smith, P.M., Shostak, R.E., Weinstock, C.B., SIFT: The Design and Analysis of a Fault -Tolerant Computer for Aircraft Control, Proceedings of the IEEE, Vol. 66, No. 10, October 1978, p. 1240-1254

Konzepte zur Erhöhung der Zuverlässigkeit und Sicherheit von Software durch Rechnersysteme mit typengesteuerten Operationen

Gottfried Bonn und Wolf Viehweger

Fraunhofer-Institut für Informations- und Datenverarbeitung, Karlsruhe

Zusammenfassung

Es werden die Vorteile einer Rechnerarchitektur mit typengesteuerten Operationen diskutiert und eine effiziente und kostengünstige, mikroprogrammorientierte Implementierung beschrieben. Die besondere Eignung des Architekturmodells für den Einsatz in fehlertoleranten Systemen wird bezüglich Fehlerdetektion und Redundanzverwaltung als Basis für Rekonfigurationsmechanismen aufgezeigt.

1. Zielsetzung

Bei allen Rechnersystemen besteht das Problem, zuverlässige und Fehlererkennung unterstützende Software zu erstellen, die den Anforderungen der Echtzeitdatenverarbeitung genügt, gleichzeitig aber auch gegen Mißbrauch von Daten und Programmen sichert. Diese Anforderungen insgesamt führen zu aufwendigen Systemen: doch Zuverlässigkeit und Sicherheit lassen zu wünschen übrig. Der Grund hierfür liegt mit im Operationsprinzip der heute verfügbaren Rechner, die bis auf wenige Großrechner die Daten in einer unstrukturierten Darstellung speichern und in denen erst die Wirkung des Maschinenbefehls dem Inhalt der angewählten Speicheradresse eine bestimmte Bedeutung gibt. Die Kluft zwischen diesem sehr niedrigen Niveau der Maschinen und den hohen Anforderungen wird durch softwaregestützte Dekomposition, insbesondere auf der Basis abstrakter Datentypen, überbrückt, aber auf Maschinenebene ist z.B. die Gültigkeit der Operationen und Daten nicht mehr überprüfbar.

Die heute bekannten Software-Methoden zur Erstellung zuverlässiger und/oder sicherer Software durch

- Zerlegen eines Anwendungsproblems in Objekte mit begrenztem Wirkungsbereich (Object based architecture) und ihre

- eingeschränkten Bezüge (capabilities) untereinander mit

- Definition des Synchronisations- und Fehlertoleranzverhaltens

sowie durch

- gekennzeichnete Daten (tagged data)

müssen auf Maschinenebene unterstützt werden, um das Verhältnis Leistung/Kosten und damit die Akzeptanz durch Hersteller und Anwender gegenüber herkömmlichen Maschinen nicht zu verschlechtern. Ein Weg, zu kostengünstigen Lösungen zu kommen, erscheint durch intensiven Einsatz der Mikroprogrammierung möglich. In diesem Beitrag wird daher ein Architekturmodell für gekennzeichnete Daten beschrieben, das so gewählt wurde, daß der zusätzliche konstruktive Aufwand gegenüber herkömmlichen Maschinen gering ist und das damit auch für kleinere Maschinen - z.B. in verteilbaren Echtzeitsystemen - einsetzbar ist. Darüber hinaus leistet im Kontext fehlertoleranter Systeme die vorgestellte Rechnerarchitektur wirksame Unterstützung für Fehlererkennung und Rekonfigurationsalgorithmen.

2. Rechnerarchitektur mit typengesteuerten Operationen

2.1 Die Beschreibungselemente der Daten

Bis auf wenige Großrechner (Burroughs 5500 und 6700, IBM System/38) werden die Daten in einer unstrukturierten Darstellung gespeichert, d.h. der Information im Arbeitsspeicher sieht man nicht an, ob sie eine ganze Zahl, Gleitpunktzahl, Adresse, einen Befehl oder sonst etwas repräsentiert. Erst die Wirkung der (richtig ausgewählten) Operation gibt dem Inhalt der angewählten Speicheradresse eine bestimmte Bedeutung. Die Fehlererkennung auf der Ebene der Basismaschine ist hier nicht möglich und es entsteht das Problem der Fehlerfortpflanzung.

Die Nachteile der unstrukturierten Darstellung wurden von Feustel [1] erkannt, und er führte den Begriff des "tagged data" (gekennzeichnete Daten) durch Definition von 32 Datentypen ein, einschließlich der Kennzeichnung von Kellerspeichern (Stacks), Maschinen-Zuständen und Nachrichten (Messages). Die erforderlichen 5 zusätzlichen Bits werden den Daten jeweils vorangestellt (Bild 1); er erreicht damit:

- Bestimmte Programmierfehler werden durch die Beziehung Operation - Operand zur Laufzeit des Programmes erkannt.
- Die Daten sind selbstbeschreibend, was auch für den Programmtest wesentlich ist. Die Daten können in ihrer ursprünglichen, für den Menschen verständlichen Darstellung, ohne Kenntnis des Programms ausgedruckt werden. Nachteil ist die große Typenvielfalt, die zu unübersichtlichen Strukturen führt [2].

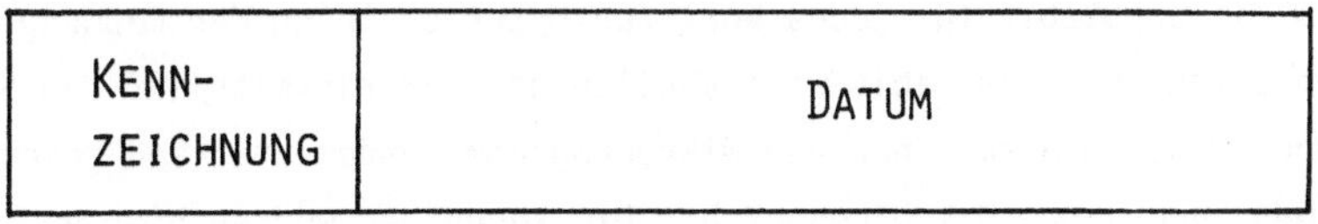

KENN-ZEICHNUNG	DATUM

Bild 1: Darstellung eines gekennzeichneten Datums (tagged data)

Diese Grundidee wurde von Myers [3] in seiner hypothetischen Maschine SWARD = software reliability directed machine weiter ausgebaut. Das wesentlichste hier interessierende Merkmal ist:

- Selbstbeschreibende Daten (typed or tagged data), enthalten nun auch Angaben über die Anordnung zusammengehöriger Elemente (ein- und mehrdimensionale Felder) und deren Bereichsgrenzen. Da für ein Kollektiv nur eine Datenbeschreibung notwendig ist, kann der zusätzliche Speicherbedarf für die Datenbeschreibung drastisch reduziert werden. Damit sind erst wirtschaftliche Lösungen denkbar.

Myers weist 27, erst zur Laufzeit erkennbare Fehlerklassen nach.
Der von Myers nicht ausgeführte Aspekt des Datenschutzes im Sinne der Geheimhaltung von Daten wird vom System/38 von IBM [4] berücksichtigt. Der Zugriff zu Objekten erfolgt über Zeiger (Pointer), die neben einer virtuellen Adresse mit 64 Bit Angaben über Zugriffsrechte zu dem Objekt enthalten. Hierzu enthält jedes Objekt ein Objekt-Profil (object profil) mit Eigentümer und berechtigten Benutzern, das mit dem jeweiligen Benutzer-Profil (user profil) verglichen wird. Die Pointer sind durch ein zusätzliches, nur dem Mikroprogramm zugängiges Bit (tag) geschützt. Versucht ein Programm, einen Pointer zu lesen oder zu verändern, so wird es mit einer Fehlermeldung abgebrochen.

Eine neuartige Realisierung auf der Basis von Standard-VLSI-Bausteinen erfolgte mit dem Projekt STARLET [5]. Die STARLET-Architektur stützt sich auf einen strukturierenden Basis-Datentyp für 1-dimensionale Felder, der die Konstruktion der in Hochsprachen verwendeten abstrakten Datentypen auf einfache Weise erlaubt. Durch die enthaltene Angabe des Elementetyps ist auch hier die Konsistenzprüfung auf Maschinenebene möglich. Die Implementierung erfolgt auf einem enggekoppelten, asymetrischen Multiprozessorsystem mit hierarchischer Funktionsverteilung. Verwendet werden 6 Standardmikroprozessoren MC68000, die sowohl durch Pipelines, als auch über einen schnellen Bus durch einen gemeinsamen Speicher miteinander verbunden sind.

Die im folgenden beschriebene Maschine benutzt eine Datenbeschreibung, die möglichst die Vorteile aller genannten Lösungen vereinigt und sich für mikroprogrammierbare Mikrorechner eignet. Sie geht von einem Wort- bzw. Byte-adressierbaren Speicher aus, erweitert um ein Schutzbit für jedes Wort zur Unterscheidung der Kennung von den eigentlichen Daten. Das Schutzbit wird ähnlich den Paritätsbits auf dem System-Daten-Bus übertragen und kann nur vom Mikroprogramm ausgewertet und gesetzt werden, also nicht mehr von einem Maschinenbefehl. Die Kennungen werden hier auf die Beschreibungen der auf Benutzerebene gebräuchlichen Datentypen und -anordnungen beschränkt, sie können aber auf andere Objekte, wie Prozeduren und Prozesse (vgl. Abschn. 4) erweitert werden.

Die Befehlsstruktur, ebenfalls auf die Benutzerebene beschränkt, geht von blockstrukturierten Programmen aus mit lokalen und globalen Referenzen. Die Adressen in Befehlen (16 Bit) beziehen sich zunächst immer auf den lokalen Bereich. Externe Referenzen verweisen auf einen im lokalen Bereich abgelegten Zeiger (Pointer), der erweiterte Zugriffsrechte und die volle virtuelle Adresse (48 Bit) enthält.

Eine im folgenden noch behandelte Liste von erkennbaren Fehlern zeigt die Wirksamkeit des Konzepts bezüglich Fehlererkennung zur Laufzeit eines Programms.

2.2 Die Darstellung der gekennzeichneten Daten

Jedes Datum oder Element ist mit einer Datenbeschreibung DBS versehen. Sie belegt mindestens 12 Bits. Hinzu kommt das Schutzbit, welches nur vom Mikroprogramm gelesen und verändert werden kann. Im einzelnen enthält die DBS Felder für folgende Angaben (vgl. hierzu Bild 2):

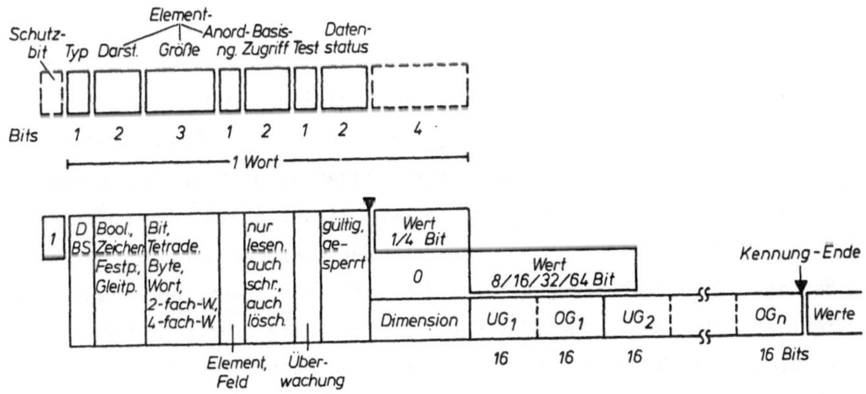

Bild 2: Die Elemente der Datenbeschreibung

Die "Elementedarstellung" (Boolesche Größe, alphanumerisches Zeichen, Festpunkt- oder Gleitpunktzahl), die "Größe" eines Elementes (Bit, 4Bit-Tetrade, 8Bit-Byte, 16Bit-Wort, 32Bit-2fach-Wort, 64Bit-4fach-Wort) und die "Anordnung" der Elemente eines Kollektivs zueinander (einzelnes Element, n-dimensionales Feld mit n=1 bis 15). Der Fall n=1 kann sowohl eine Zeichenkette (String) als auch einen Vektor bezeichnen. Aus praktischen Gründen sind einige Kombinationen: Elementedarstellung, Elementegröße verboten, z.B. Zeichen - Tetrade und Gleitpunkt - Byte. Die sinnvollen Kombinationen sind in Bild 3 aufgelistet. Die Tetrade für Festpunktzahlen wurde aufgenommen, weil sie zusammen mit der Datenbeschreibung in einem Wort darstellbar ist und Inkremente zwischen -8 und +7 häufig sind.

BOOL	BIT	00 000
ZEICHEN	8 BIT-BYTE	01 010
FESTPUNKT	4 BIT-TETRADE	10 001
	8 BIT-BYTE	10 010
	16 BIT-WORT	10 011
	32 BIT-2FACH WORT	10 100
	64 BIT-4FACH WORT	10 101
GLEITPUNKT	32 BIT-2FACH WORT	11 100
	64 BIT-4FACH WORT	11 101

Bild 3: Zugelassene Kombinationen zwischen Elementedarstellung und Elementegröße und ihre Codierung

Weitere Angaben dienen der Zugriffssteuerung zu den Daten:
Ob eine Wertzuweisung erfolgt ist, statisch durch den Compiler oder dynamisch durch das Programm, also der Wert des Datums definiert ist, wird im Feld "Datenstatus" (Bild 2) angegeben. Hier kann auch ein Sperrvermerk eingetragen sein, um eine vorübergehende Ungültigkeit, z.B. für Semaphoren, anzuzeigen. Ein Programm, das auf eine solche Markierung trifft, wird nicht abgebrochen, sondern suspendiert, bis der Sperrvermerk aufgehoben ist. Die zugelassene Art des Zugriffs (nur Lesen, auch Schreiben, auch Löschen) steht im Feld "Basiszugriff". Für eine Konstante oder Eingangsparameter einer Prozedur ist die Schreib- und damit auch die Löschsperre gesetzt. Auf die Integrierbarkeit allgemeiner Synchronisationsmechanismen wird in Abschnitt 3 noch näher eingegangen.

Eine wichtige und in anderen Architekturen nur mit einer großen gerätetechnischen Unterstützung mögliche Funktion unterstützt den Programmtest und die allgemeine Fehlersuche. Durch Setzen des Bits in Feld "Test" (Bild 2) kann man die Maschine veranlassen, alle Referenzen zu dem Datum aufzuzeichnen.

Es kann aber auch auf bestimmte Veränderungen des Wertes hin geprüft werden, z.B. wann die Variable negativ wird. Auch Aufrufzähler zur Durchsatzoptimierung sind denkbar. Im Gegensatz zu den meisten Trace-Methoden wird das Echtzeitverhalten nicht wesentlich verändert.

Kollektive benötigen weitere Angaben: Die Anzahl der Dimensionen und den unteren und oberen Grenzwert (UG und OG) für jede Dimension - das ist im Falle einer (1-dimensionalen) Zeichenkette für OG die Länge der Kette, UG ist gleich 1. Entsprechend dem Adreßbereich in einem Block sind diese Grenzen alle 16 Bit lang angegeben.

2.3 Befehlsstruktur und Adressierung

Im Gegensatz zu herkömmlichen Maschinen, bei denen im Befehlscode rudimentär die Operanden beschrieben sind (Art, z.B. Integer, und Länge, z.B. 16 Bit), entfallen diese Angaben in der vorgestellten Architektur. Der Befehlscode enthält hier nur den Operator, der auf die Operanden anzuwenden ist (Bild 4). Der Befehl "transportieren" (Z:=Q) wirkt unterschiedlich, abhängig von dem adressierten Operanden. Ohne weitere Angaben sind das die in Bild 5 angegebenen Operationen. Zeigt z.B. die Adresse des Quelloperanden auf die Datenbeschreibung eines einzelnen Elementes und die Adresse des Zieloperanden auf die Datenbeschreibung eines n-dimensionalen Feldes, so wird das Element in alle Positionen des Feldes geschrieben, also dieses Feld vorbesetzt. Bei verträglichen Datentypen, z.B. Gleitpunkt - Festpunkt kann hierbei eine Konvertierung in Richtung des Datentyps des Zieloperanden erfolgen, bei unverträglichen wird eine Fehlermeldung erzeugt.

Operator	Zieloperand	Quelloperand

Bild 4: Befehlsaufbau

In Erweiterung der gebräuchlichen Befehle sind in dieser Architektur Befehle zur Verbindung von Daten mit Adressen und das Auflösen dieser Verbindung und Operationen auf die Kennung der Daten notwendig. Zur letzten Gruppe gehören Operationen, um z.B. ein Element oder ein Kollektiv auf undefinierte(n) Wert(e) zu setzen.

Da für den Operator 16 Bit zur Verfügung stehen, kann man darin nun weitere Elemente zur Durchsatzsteigerung aufnehmen. Nützlich ist, die Möglichkeit zu wählen, ob eine Operation mit 2 oder 3 Operanden (Adressen) ablaufen soll, entsprechend dem Beispiel:

$$A := A + B \qquad (1)$$

$$C := A + B \qquad (2).$$

		Quelloperand		
		Element	1-dim. Feld	n-dim. Feld
	Element	x		
Ziel-operand	1-dim.Feld	x	x	
	n-dim.Feld	x	x	x

Bild 5: Direkte Operationen an gekennzeichneten Daten

Im Fall (2) wird keiner der Quelloperanden durch die Operation verändert. Diese Eigenschaft ist sogar zwingend bei der Matrizenmultiplikation, falls installiert, bei der die Dimension des Zielfeldes mit keiner der Dimensionen der Quellfelder übereinstimmt, es sei denn, die Matrix ist quadratisch:

$$(C)^{(m,p)} := (A)^{(m,n)} * (B)^{(n,p)} \qquad (3).$$

Die Adressen in einem Befehl weisen im einfachsten Fall direkt auf eine lokale Größe (Element, Kollektiv). Diese Konstruktion ist aber in den wenigsten Fällen möglich, es werden daher folgende Elemente (Bild 6), die ebenfalls eindeutig gekennzeichnet sind, eingeführt:

- Die Adressbeschreibung ABS (Bild 6a). Für Adreßsubstitution bzw. verschiebliche Elemente enthält sie eine änderbare Adresse (Adressen sind vom Typ Festpunktzahl für die Operatoren). In diesem Fall enthält das Feld "Index" den Wert 0. Soll jedoch mit der ABS ein Vektor aus einem Feld, ein Element aus einem Kollektiv oder aus einer Struktur angewählt werden, so enthält das Feld "Index" die Anzahl Dimensionen, die zur eindeutigen Festlegung des Elementes notwendig sind, und diese sind in der Reihenfolge ihrer Festlegung im Kollektiv an die (Basis-) Adresse angehängt (I_1 bis I_n). Z.B. bedeutet $I_1=1$ die Auswahl eines Vektors aus einem n-dimensionalen Feld, I_1 bezeichnet dann die Zeile des Vektors in der Matrix.

- Der Zeiger ZGR (Bild 6b). ZGR wird für Referenzen auf Objekte oder globale Daten verwendet. Er enthält außer weiteren Schutzangaben die volle virtuelle Adresse, z.B. 48 Bit, zur Adressierung von bis zu $2{,}8 \cdot 10^{14}$ Speicherplätzen (Byte oder Worte).

- Die Strukturbeschreibung SBS(Bild 6c). Die SBS dient zur Beschreibung zusammengehöriger Komponenten unterschiedlicher Kennungen im Unterschied zum Feld, in dem für alle Elemente die gleichen Kennungen gelten.

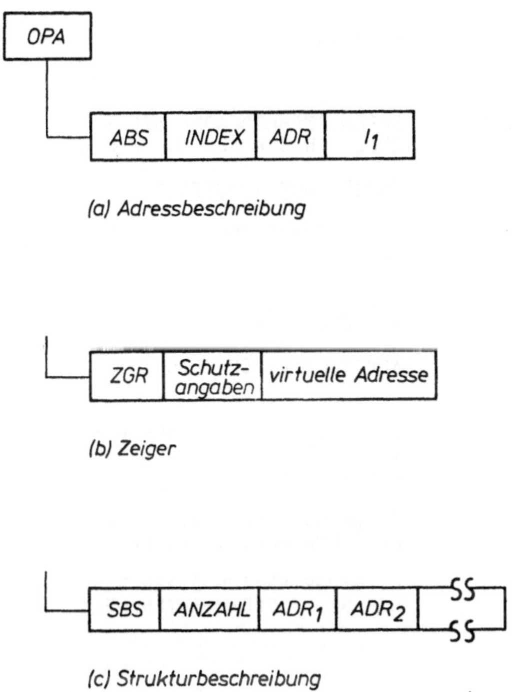

Bild 6: Adressierungsmethoden (Erklärung im Text)

Ausgehend von der Operandenadresse OPA im Befehl kann hiermit die Auswahl eines Elementes über mehrere Stufen erfolgen, wobei die Verzeigerung zusätzlich über das Zeigerelement ZGR gehen kann, wenn Blockgrenzen überschritten werden:

$$\text{OPA} \dashrightarrow \text{DBS} \quad (4)$$

$$\text{OPA} \dashrightarrow \text{ABS} \dashrightarrow \text{DBS} \quad (5)$$

$$\text{OPA} \dashrightarrow \text{ABS} \dashrightarrow \text{SBS} \dashrightarrow \text{DBS} \quad (6).$$

Mit diesen Adressierungsmethoden ist es letzlich möglich, auch einzelne Elemente aus Kollektiven miteinander zu verknüpfen, d.h. die leeren Positionen in Bild 5 können auch ausgefüllt werden. An verschiedenen Stellen des Textes wurde auf erkennbare Fehler zur Laufzeit hingewiesen, die nur durch die umfassende Kenntnis des Mikroprogramms von dem Operator und den Operanden, dem Kontext einer Operation, ermöglicht werden, im Gegensatz zu herkömmlichen Maschinen, in denen das Mikroprogramm auf Byte- oder Wortebene arbeitet und keine Information aus den Daten selbst erhält. Die Liste der erkennbaren Fehler ist in Bild 7 wiedergegeben. Diese erweiterten Möglichkeiten der Fehlererkennung bilden eine gute Ausgangsbasis für den Aufbau fehlertoleranter Systeme (vgl. Abschn. 4).

FEHLER-NUMMER	BEZEICHNUNG	BEISPIEL
(1)	UNGÜLTIGE OPERATION	BEFEHLSZÄHLER ADRESSIERT ZELLE AUSSERHALB DES BLOCKS
(2)	ADRESSIERUNGSFEHLER	"DBS" OHNE SCHUTZBIT
(3)	UNBEKANNTE DATEN-BESCHREIBUNG	"SCHUTZBIT" OHNE GÜLTIGE DBS
(4)	FELDBEGRENZUNGS-ÜBERSCHREITUNG	INDEX IN DER ABS IST GRÖSSER ALS GRENZE IN DBS
(5)	NICHT ZUGELASSENER OPERAND	ADDITION EINES ZEICHENS
(6)	NICHT VERTRÄGLICHE OPERANDEN	VERGLEICH EINER ZEICHENKETTE MIT EINEM FELD VON FESTPUNKTZAHLEN
(7)	NICHT ZUGELASSENER DATENZUGRIFF	DATUM SOLL VERÄNDERT, DARF ABER NUR GELESEN WERDEN
(8)	UNBESTIMMTER WERT	LESEZUGRIFF AUF EINEN BISHER NICHT DEFINIERTEN WERT

Bild 7: Fehlermeldungen aus der Beziehung Operator - Operand

2.4 Strukturerweiterung für gekennzeichnete Daten

Die Funktionen der arithmetisch-logischen Einheit ändern sich gegenüber bekannten Maschinen nicht. Die sonst üblichen Register zur Komposition komplexer Abläufe durch "primitive" Befehle werden nun nicht mehr von der Maschinenprogrammierung benötigt, wohl aber vom Mikroprogramm, das nun diese Aufgaben übernimmt. Die für die Verarbeitung von gekennzeichneten Daten notwendigen Strukturerweiterungen betreffen damit allein das Mikroprogrammsteuerwerk und den um 1 Bit erweiterten System-Daten-Bus und den Arbeitsspeicher zur Übertragung und Speicherung des Schutzbits.

Neu ist die Auswertung der Kennungen der adressierten Elemente unter Berücksichtigung der Operation und gegebenenfalls des Programm- und Systemzustandes (Bild 8).

Das Steuerwerk enthält dazu Register, in die diese Informationen übernommen werden und deren Ausgänge auf ein Entscheidungsnetzwerk PLA (= programmable logic array) geschaltet sind. Dieses Entscheidungsnetzwerk liefert zum einen Zähler, Masken und Schiebevektoren für die arithmetisch-logische Einheit zur Modifikation der Daten und zum anderen quasi-Adressen, die auch codiert Fehlermeldungen enthalten, für ein sog. "Mapping-ROM", das die durchzuführenden Funktionen den Anfängen der Mikroprogrammsequenzen zuordnet. Funktionsfolgen (Adressrechnung, auch für Felder, Datenkonvertierungen usw.) werden durch den Verarbeitungsschrittzähler angewählt.

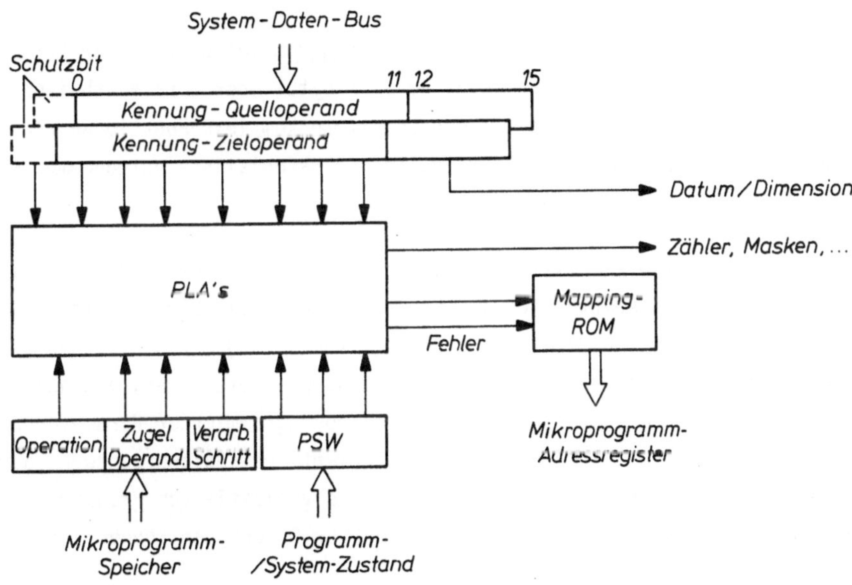

Bild 8: Strukturerweiterung im Mikroprogrammsteuerwerk zur Verarbeitung von gekennzeichneten Daten

2.5 Speicherplatz- und Datendurchsatzbetrachtungen

Durch die zusätzliche Beschreibung der Daten mit 12 Bit für einen einzelnen Wert und mindestens 48 Bit (= 3 Worte) für eine Feldbeschreibung steigt der Speicherplatzbedarf für die Datenbasis an, bei einem 16-Bit-Wert um 100 %. Der Zuwachs ist aber nur noch 30 %, wenn ein 1-dimensionales Feld mit 5 Gleitpunktzahlen à 32 Bit gekennzeichnet wird und er sinkt weiter bei komplexeren Objekten. Um den mittleren Zuwachs zu erhalten, wurde die Datenbasis eines in PEARL geschriebenen Programms zur Steuerung eines Industrieroboters untersucht. Die Daten belegen 5646 Worte, davon entfallen 20 % auf einzelne Elemente und 80 % auf 1- und mehrdimensionale Felder mit 3 (für die Koordinaten) bis 40 Elementen. Der berechnete Zuwachs ist hier 26 %.

Wesentlich anders sieht der Speicherplatzbedarf für das Programm (ohne Daten) aus: ca. 700 PEARL-Befehle belegen 7670 Worte im Speicher, also im Mittel ca. 11 Worte/ Befehl. Die zugrunde liegende Maschine ist eine Registermaschine mit einem Befehlssatz, der auch die Gleitpunktarithmetik enthält. Durch die wesentlich leistungsfähigeren Befehle der Architektur mit gekennzeichneten Daten beträgt der Platzbedarf für einen PEARL-Befehl aber nur noch im Mittel ca. 4 Worte, also etwas mehr als 1/3 gegenüber der bisherigen Architektur. Zusammen mit der Datenbasis ergibt sich damit ein Gewinn von 25 % zugunsten der gekennzeichneten Daten. Setzt man in grober Näherung die Ausführungsgeschwindigkeit proportional zur Anzahl der Speicherzugriffe, so ist auch hier ein Gewinn von mindestens 25 % zu erwarten.

Die diskutierten Gewinne sind natürlich stark abhängig vom Befehlssatz der Vergleichsmaschine, sie sind höher, wenn es sich dabei um eine byte- oder wortverarbeitende Maschine handelt, und sie sind geringer, wenn bestimmte komplexe Funktionen (Konvertierung und ähnliches) schon mikroprogrammiert in die Befehlsliste aufgenommen werden.

Der letzte Abschnitt weist die effiziente Implementierbarkeit einer Rechnerarchitektur auf der Basis typgesteuerter Operationen nach. Durch die Eigenschaft, mit den Basisdatentypen und insbesondere den Feldern in Verbindung mit den beschriebenen Adressierungsmethoden beliebig zusammengesetzte Datentypen aufzubauen, ergänzt durch eine Implementierung des Prozedurmechanismus mit mikroprogrammierter Parameterübernahme und Speicherverwaltung, wird auch der objektorientierte Softwareentwurf durch diese Rechnerarchitektur wirksam unterstützt, d.h. die vielzitierten Programmeffizienzeinbußen bei der konsequenten Anwendung abstrakter Datentypen können vermieden werden.

Im folgenden soll die Bedeutung des Architekturmodells als Basis für den Aufbau fehlertoleranter Realzeitsysteme skizziert werden. Neben der objektorientierten Grundstruktur wirkt sich auch das Implementierungsmittel "Mikroprogramm" durch vertikale Migrierbarkeit komplexerer Basisoperationen besonders positiv aus.

3. Integration von Synchronisationsmechanismen

Ein großer Meilenstein in der Entwicklung abstrakter Datentypen war deren Erweiterung um die zwingende Definition des Synchronisationsverhaltens eines Objekts. Darunter ist zu verstehen, daß die Koordinierung der konkurrierenden Benutzung eines abstrakten Datentyps durch Rechenprozesse von diesem selbst definiert wird. Ein Spezialfall eines abstrakten Datentyps mit Synchronisationseigenschaften ist das Monitor-Konstrukt in Concurrent Pascal. Die Monitorprozeduren für die alleinige Manipulierbarkeit der Monitordatenobjekte besitzen als semantische Eigenschaft den wechselseitigen Ausschluß ihrer Benutzung. Allgemeinerer Art ist der Vorschlag von

Habermann und Campbell, deren "Path expressions" [6] die Beschreibung zulässiger Operationsfolgen auf ein Datenobjekt erlauben. Weitergehende Ansätze wie die Definition des Synchronisationsverhaltens eines abstrakten Datentyps durch Prädikate [7] schließen die Spezifikation mit ein und sollen Korrektheitsnachweise erleichtern.

Die Verknüpfung abstrakter Datentypen mit der Koordinierung ihrer Benutzung ist im Gegensatz zu den unstrukturierten Semaphoren ein sinnvoller Ansatz zur Lösung der Problematik nichtsequentieller Programmsysteme, da die Synchronisationsmechanismen an der richtigen Stelle eingesetzt, d.h. in die Modularisierung und Hierarchisierung mit einbezogen werden müssen. Es ist für Compiler i.a. jedoch nicht möglich, derart abstrahierte Mechanismen auf effizient implementierbare Synchronisationsprimitive wie Semaphore zurückzuführen, sondern auf komplexere laufzeitintensive Strukturen wie beispielsweise Tabellen zulässiger Operationsfolgen abzubilden.

Die vorgeschlagene Rechnerarchitektur bildet auch für die Integration von Synchronisationsmechanismen eine gute Ausgangsbasis. Durch Erweiterung der Zugriffsbedingungen im Datenbeschreibungssatz (Bild 2) bzw. Verweis auf Synchronisationsbeschreibungssätze und entsprechende Mikroprogramme lassen sich die mit der Synchronisationsabstraktion verbundenen Effizienzverluste vermeiden.

4. Bedeutung des Architekturmodells für die Implementierung von Fehlertoleranzmechanismen

Fehlertoleranz benötigt Redundanz. Betrachtet werden sollen die Auswirkungen des Architekturmodells auf Systeme mit dynamischer Redundanz, die bei Auftreten eines Fehlers mit einer Strukturänderung, d.h. einer Umverteilung der Aufgaben von gestörten auf funktionstüchtige Komponenten des Systems reagieren (Rekonfiguration).

4.1 Fehlererkennung

Für Systeme mit dynamischer Redundanz ist die Fehlererkennung (Detektion) von fundamentaler Bedeutung. Die Qualität der Fehlerdetektionsmechanismen steigt dabei mit dem Grad der Fehlerlokalisation (Diagnose) und damit verbunden, der rechtzeitigen Ausfallerkennung als Anstoß für Rekonfigurationsmaßnahmen.

Fehlererkennung setzt gleichfalls Redundanz voraus. Beispiele hierfür sind nicht belegte (redundante) Operationscodes für das Erkennen von Maschinenbefehlsfehlern oder Fehlercodes für Paritätprüfungen. Ergänzt werden diese Prinzipien durch Zeitüberwachungen und zyklisch oder ereignisgesteuert ablaufende Testprogramme. Ein Katalog von Fehlererkennungsverfahren für das verteilte, fehlertolerante Prozeßautomatisierungssystem RDC und Betriebserfahrungen mit diesem System ist in [8] beschrieben.

Das hier vorgeschlagene Architekturmodell zur Erhöhung von Zuverlässigkeit und Sicherheit von Software und als Basis für fehlertolerante, selbstrekonfigurierende Systeme besitzt im Kontext der frühzeitigen Fehlererkennung entscheidende Vorteile: Die bei der Programmierung konventioneller Maschinen von Compilern herausgefilterte Redundanz wie Datentypen, zulässige und verträgliche Operationen etc. kann erhalten und zur Laufzeit ohne Effizienzverlust genutzt werden. Bild 7 zeigt eine (nicht vollständige) Auflistung erfaßter Fehlertypen.

4.2 Rekonfiguration

Die Rekonfiguration eines Systems erfolgt aufgrund des stochastischen Ereignisses "Ausfall einer Komponente durch Fehler". Neben den gerätetechnischen rekonfigurierbaren Komponenten wie vollständige Rechner, Peripheriegeräte, einzelne Baugruppen oder Verbindungskanäle kann auch die Software in konfigurierbare Objekte aufgeteilt werden. Beispiele hierfür sind übersetzbare Objekte (Module), Kollektionen davon, ablauffähige Objekte (Prozesse), globale Daten, Dateien oder Datenbanken. Diese Komponenten können in fehlertoleranten Systemen mehrfach als redundante Exemplare vorhanden sein und abhängig vom Konfigurationsstand des Systems verschiedene Zustände annehmen, wie "aktiv", "ausgefallen", "geladen und passiv" oder "nicht geladen".

Die Granularität konfigurierbarer Komponenten ist anwendungsspezifisch und wird von der gerätetechnischen Systemkonfiguration mitbestimmt. Es ist daher für den Programmierer zwingend, die Disponierung, d.h. das Fehlertoleranzverhalten seiner Programmkomponenten mit in den Entwurfsprozeß einzubeziehen und damit den Hierarchisierungs- und Modularisierungsprinzipien zu unterstellen. Konfigurierbare Objekte werden somit als abstrakte Datentypen betrachtet.

Dieser Beitrag will nicht die vielfältigen Rekonfigurationsstrategien und Wiederaufsetzverfahren beschreiben, vielmehr soll am Beispiel des "Rückwärtswiederaufsetzens von Prozessen" die Nutzbarkeit und sinnvolle Integration der typengesteuerten Rechnerarchitektur in fehlertoleranten Systemen aufgezeigt werden. Die Strategie des Rückwärtswiederaufsetzens (backward error recovery) des abstrakten Datentyps "Prozess" erfordert die Verwaltung zusätzlicher Information (Redundanzverwaltung /9/):

(1) Wiederanlaufpunkte (recovery points)
Während des sequentiellen Ablaufs eines Prozesses werden Stellen definiert, an denen ein Wiederaufsetzen des Prozesses im Fehlerfall erfolgen soll. Bei der Wahl der Wiederanlaufpunkte müssen evtl. bestehende Kooperationsbeziehungen (Synchronisation, Kommunikation) mit anderen Prozessen berücksichtigt werden, um einen konsistenten Systemzustand zu erreichen. Die Menge dieser konsistenten Wiederanlaufpunkte wird Wiederaufsetzlinie (recovery line) genannt (Bild 9).

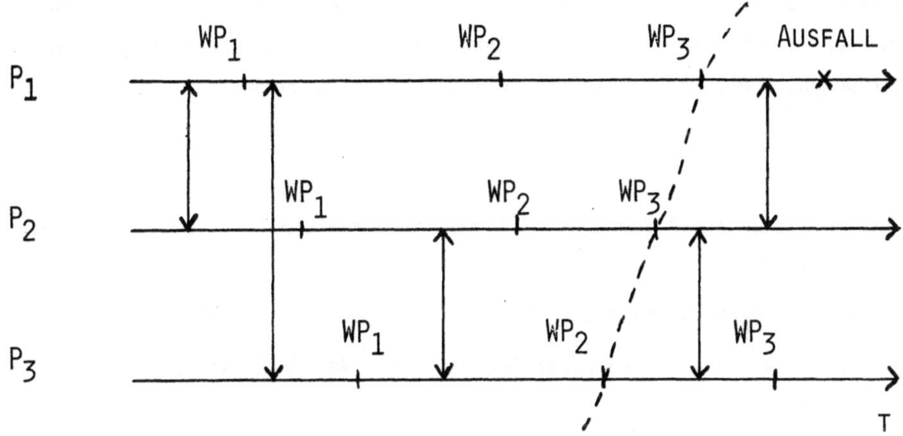

Pi: Prozeß; WP_i: Wiederanlaufpunkt; ↕: Kooperation; ¦: Wiederaufsetzlinie

Bild 9: Beispiel für das Rücksetzen kooperierender Prozesse auf eine Wiederaufsetzlinie

Die aus der Literatur bekannten Methoden zur Bildung von Wiederaufsetzlinien basieren auf der Verwaltung von Graphen [10, 11], die in die Beschreibungsdaten von Prozessen mit aufgenommen werden müssen. Es ist naheliegend, Objekte vom Typ Prozess als Basistypen in das Architekturkonzept mit aufzunehmen und die Flexibilität der Mikroprogrammierung für die benötigten Operationen der Graphenverwaltung zu nutzen.

(2) Wiederanlaufdaten (recovery data)

Beim Rücksetzen eines Prozesses auf einen Wiederanlaufpunkt müssen die für diese Stelle gültigen Datensätze wiederhergestellt, d.h. es müssen für mögliche Wiederanlaufpunkte Kopien der zugehörigen Daten gehalten werden. Die Verwaltung dieser Kopien ist sehr aufwendig. Grundlage von Optimierungsverfahren ist, die Kopienhaltung auf Variable mit schreibendem Zugriff zu beschränken [12, 13]. Die Markierung von Variablen mit verändertem Inhalt fällt bei der vorgeschlagenen Rechnerarchitektur ohne Zusatzaufwand mit ab !

Die üblichen Verwaltungsdaten für Rechenprozesse (Zustand, Registerinhalte, Priorität etc.) sind in fehlertoleranten Systemen erheblich erweitert. Neben der Verwaltung von Wiederanlaufpunkten und -daten gehören hierzu auch Beschreibung von Ersatzprozessen, deren Zustände und Zuordnung zu Verarbeitungseinheiten.

Der große Zeitaufwand für die Redundanzverwaltung, der einem breiten Einsatz der doch schon recht lange bekannten Fehlertoleranzalgorithmen entgegensteht, kann durch die typengesteuerte Architektur erheblich gemildert werden.

5. Literatur

[1] Feustel, E.A.: On the Advantages of Tagged Architecture. IEEE-TOC, Vol. C-22, No. 7, S. 644-656, 1973.

[2] Giloi, W.K.: Rechnerarchitektur, Springer-Verlag, Berlin, 1981.

[3] Myers, G.J.: Advances in Computer Architecture. New York, Wiley-Interscience, 1978.

[4] Berstis, V.: Security and Protection of Data in the IBM System/38. 7th Symposium on CA, IEEE, S. 245-252, 1980.

[5] Giloi, W.K., Gueth, R.: Concepts and Realization of a High-Performance Data Type Architecture. International Journal of Computer and Information Science, 1982.

[6] Campbell, R.H., Habermann, A.N.: The Specification of Process Synchronization by Path Expressions. Lecture Notes in Computer Science 16, S. 89-102, 1974.

[7] Keramidis, S., Reitenspiess, M., Weber, K.: Sprachkonstrukte und Betriebssystemunterstützung für asynchrone und verteilte Prozeßsysteme. Berichte des German Chapter of the ACM 7, 1981.

[8] Bonn, G., Patz, M., Saenger, F.: Grundprinzipien und Betriebserfahrungen mit Fehlererkennung und -anzeige bei fehlertoleranten Prozeßrechnersystemen mit funktionsbeteiligter Redundanz. Fächberichte Messen, Steuern, Regeln 5. INTERKAMA-Kongreß 1980. S. 329-352. Springer-Verlag, Berlin, 1980.

[9] Seifert, M.: Rekonfiguration und Restauration von verteilten Prozeßsystemen in fehlertoleranten verteilten Rechensystemen. Universität Karlsruhe, Dissertation 1981.

[10] Randell, B.: System Structure for Software Fault Tolerance. IEEE Trans. on Software Engineering, SE-1, No. 2, Juni 1975, pp. 220-232.

[11] Menasce, D.A., et al.: A Formal Model of Crash Recovery in Computer Systems. Proc. 12th Hawaii Int. Conf. on System Sciences, Honolulu, Jan. 1979, Vol. I, pp. 28-35.

[12] Horning, J.J. Lauer, H.C., Melliar-Smith, P., Randell, B.: A Program Structure for Error Detection and Recovery, in: Lecture Notes in Computer Science, 16, Springer Verlag, Berlin, 1974, S. 171-187.

[13] Patz, M.: Zustandssicherungs- und Wiederanlaufverfahren für verteilte Netzbetriebssysteme mit dynamischer Redundanz. Techn. Universität München. Dissertation 1981.

TESTBARKEIT VON SCHUTZSYSTEMEN

Michael Marhöfer
Institut für Informatik IV
Universität Karlsruhe
Postfach 6380, 7500 Karlsruhe 1

ZUSAMMENFASSUNG

Es wird ein allgemeines Schutzsystem-Modell angegeben, für das die Menge der funktionellen Fehler betrachtet wird. Daraus werden die Voraussetzungen hergeleitet, unter denen ein solches Schutzsystem testbar ist, d.h., daß die durch das Modell spezifizierten Fehler entdeckt werden können. Abschließend wird für drei konkrete Schutzsysteme untersucht, inwieweit in diesem Sinne die Voraussetzungen für ihre Testbarkeit gegeben sind.

1. Einleitung

Fehlertolerierende Systeme werden heute oft in Form von Mehrprozessor- bzw. Mehrrechnersystemen aufgebaut. Eine für Fehlertoleranz zentrale Eigenschaft ist dabei die weitgehende Unabhängigkeit der einzelnen Teile, insbesondere auch im Fehlerfall, da nur so Fehlertoleranzmaßnahmen effektiv durchgeführt werden können. Bei der Abgrenzung der Wirkungsbereiche der aktiven Teile (Prozesse, Prozessoren, Rechner ...) ergänzen sich Separierungsmaßnahmen und Schutzsysteme. In Schutzsystemen werden alle Zugriffe auf die zu schützenden Objekte kontrolliert und nur die zulässigen Zugriffe ausgeführt. Diese Schutzwirkung ist nicht nur in fehlertoleranten Rechensystemen nützlich; sondern wird auch eigenständig eingesetzt; z.B. um Rechner und Dateien vor unberechtigter Benutzung zu schützen.

Im folgenden wird untersucht, inwieweit Fehler in Hardware und/oder Software eines Schutzsystems dessen Funktion beeinträchtigen. Insbesondere soll geklärt werden, welche dieser funktionellen Fehler erkennbar sind und welcher Zeitaufwand dafür erforderlich ist. Anhand von drei Beispielen wird die Testbarkeit existierender Schutzsysteme mit den vorher entwickelten Modellen und Kriterien untersucht.

2. Modellierung eines Schutzsystems

Das folgende Modell eines Schutzsystems dient als Grundlage für das im dritten Abschnitt hergeleitete funktionelle Fehlermodell. Es abstrahiert deswegen von der Realisierungsform des Schutzsystems.

In Anlehnung an [1] läßt sich ein Schutzsystem folgendermaßen spezifizieren:

1. Menge der Objekte, die zu schützen sind,
2. Menge der Subjekte, die auf die zu schützenden Objekte zugreifen,
3. Menge der Zugriffsrechte.

Bei den Subjekten kann es sich um Prozesse, Prozessoren, Rechner usw. handeln; Speichersegmente, Programme, Dateien sind Beispiele für Objekte. Ein Subjekt kann auch zum Objekt werden, wenn etwa ein Prozess auf einen anderen zugreift.

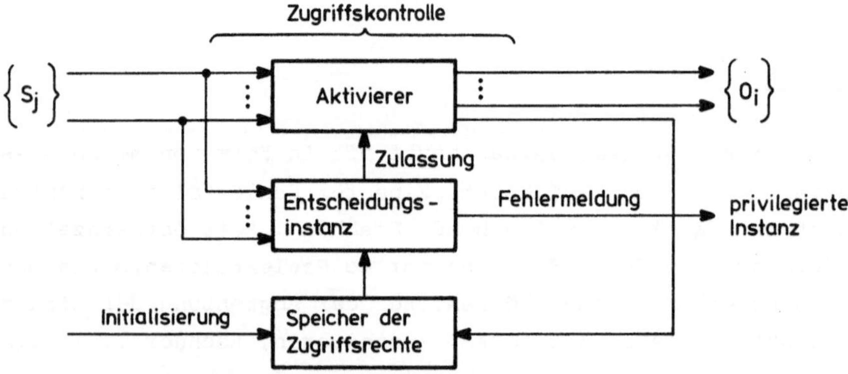

Bild 1: Zugriffskontrolle im Schutzsystem

Die Wirkungsweise der Zugriffskontrolle wird durch Bild 1 veranschaulicht. In der Zugriffskontrolle werden die Zugriffsrechte gespeichert, ebenso Angaben darüber, wer diese ändern darf (meist eine privilegierte Instanz, wie z.B. der Betriebssystem-Kern). Für jeden Zugriff wird entschieden, ob er gemäß den Zugriffsrechten erlaubt ist. Erlaubt die Entscheidungsinstanz einen Zugriff, dann kann er den Aktivierer passieren; wird er abgelehnt, so wird durch eine Fehlermeldung (Alarm) an eine privilegierte Instanz mitgeteilt, daß ein verbotener Zugriff versucht wurde, und der Zugriff wird blockiert. Das Ändern von Zugriffsrechten kann, abgesehen von der Initialisierung, wie jeder andere Zugriff behandelt werden, wobei dann der Speicher der Zugriffsrechte als Objekt zu betrachten ist.

Die Initialisierung ist in jedem Schutzsystem ein kritischer Moment, da es zu diesem Zeitpunkt noch nicht selbst Zugriffe auf den Speicher der Zugriffsrechte überwachen kann. Es muß daher auf die Korrektheit der Initialisierung vertraut werden. Eine mögliche Maßnahme hier ist es, die Initialisierung in einen Bereich zu verlagern, in dem die Wahrscheinlichkeit für eine korrekte Ausführung höher ist (z.B. durch Verwendung von Nur-Lese-Speichern).

Das hier vorgestellte Modell macht keine Aussagen über die Realisierungsform. Sowohl die Zugriffsoperatoren als auch die Zugriffskontrolle können in Hardware,Software oder einer Mischform realisiert sein. Die Aussagen über die Testbarkeit sind für alle Realisierungsformen gültig.

3. Modellierung der Fehler eines Schutzsystems

Für das im zweiten Abschnitt eingeführte Modell eines Schutzsystems wird nun die Fehlermenge angegeben, für die die Testbarkeit zu untersuchen ist. Es handelt sich im wesentlichen um Fehler der Zugriffskontrolle, wie sie den einzelnen Funktionseinheiten zugeordnet werden können. Ein funktionelles Fehlermodell wurde gewählt, damit es für beliebige Realisierungsformen des Schutzsystems gültig ist. Diesem Vorteil der Implementierungsunabhängigkeit steht der im Vergleich zu anderen Fehlermodellen (z.B. st 0, st 1) geringere Detaillierungsgrad gegenüber.

Bild 2 zeigt eine Klassifikation der hier modellierten Fehler:

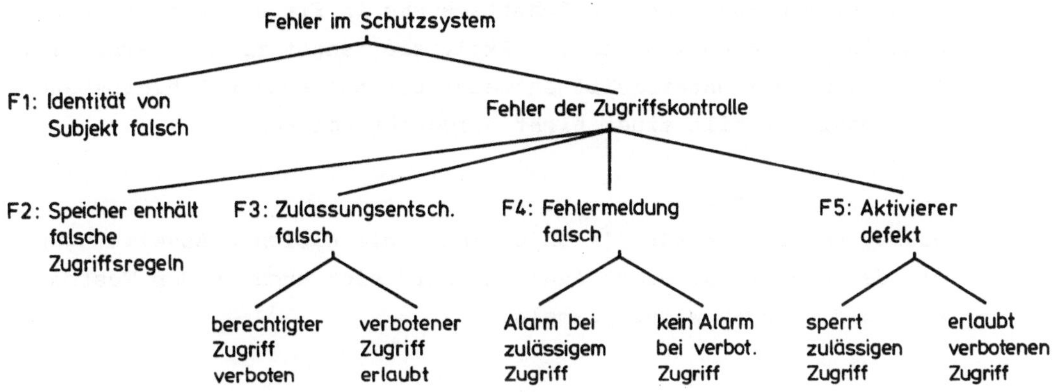

Bild 2: Funktionelle Fehler im Schutzsystem

(Die in Bild 1 als "Fehlermeldung" bezeichnete Anzeige eines verbotenen Zugriffs bezieht sich auf eine Nichtübereinstimmung zwischen Zugriff und Zugriffsrechten, nicht jedoch auf eine Fehlfunktion der Zugriffskontrolle, und ist damit kein Fehler im Sinne dieses Modells).

Zu den einzelnen Fehlern aus Bild 2:

F1: Identität von Subjekt falsch
Ein Subjekt benutzt für einen Zugriff die Identitätsmerkmale eines anderen Subjekts (z.B. eine fremde Benutzernummer). Daher entscheidet die Zugriffskontrolle anhand der falschen Zugriffsrechte.

F2: Speicher enthält die falschen Zugriffsregeln
Bei als korrekt angenommener Initialisierung hat dieser Fehler zwei mögliche Ursachen:
- Schutzrechte wurden schon falsch eingetragen
- der Speicher selbst ist fehlerhaft

F3: Zulassungsentscheidung falsch
Hier handelt es sich um eine Fehlfunktion der Entscheidungsinstanz, bei der trotz richtiger Parameter die falsche Entscheidung gefällt wird. Unter den für die Objekte geltenden Konsistenzbedingungen ist es eher tolerierbar, einen berechtigten Zugriff zu verbieten, als einen verbotenen zu erlauben.

F4: Fehlermeldung falsch
Ist die Zuordnung "unzulässiger Zugriff ↔ Alarm" fehlerhaft oder sind die den Alarm begleitenden Diagnosedaten falsch, dann ist die Funktion des Schutzsystems in Frage gestellt, auch wenn Entscheidungsinstanz und Aktivierer sonst richtig arbeiten. In diesem Fall unterbleibt entweder die notwendige Fehlerbehandlung oder sie gilt einem nicht aufgetretenen Fehler.

F5: Aktivierer defekt
Dieser Fehler hat für die Objektmenge die gleichen Auswirkungen wie der Fehler F3. Diese Analogie wird sich auch in den Testbarkeitsbedingungen widerspiegeln.

4. Testbarkeit des Schutzsystems

Nach der Modellierung des Schutzsystems und der Angabe einer Fehlermenge soll nun allgemein die Testbarkeit untersucht werden. Unter Testbarkeit wird dabei folgendes verstanden:

Def: Ein Schutzsystem ist testbar bezüglich einer Fehlermenge $M_F \subseteq \{F1, F2, F3, F4, F5\}$, wenn es für jedes Element $f \in M_F$ einen funktionellen Test gibt, der f erkennt.

Ein Schutzsystem ist vollständig testbar, wenn $M_F = \{F1, F2, F3, F4, F5\}$; d.h. wenn alle Fehler erkennbar sind.

In diesem Sinne wird nun geprüft, welche Fehler durch funktionelle Tests erkennbar sind und welche Merkmale des Schutzsystems dazu notwendig sind.

zu F1:

Erfolgt ein Zugriff unter falscher Subjektidentität, dann kann dieser Fehler innerhalb des Schutzsystems nicht erkannt werden (Bsp.: Rechnerzugang mit fremder Benutzernummer). Dieser Fehler sollte durch übergeordnete Maßnahmen (im Beispiel: Geheimhaltung der Benutzernummern) vermieden werden.

zu F2:

Zur Erkennung von F2 müssen zwei Voraussetzungen erfüllt sein:

V1) Die Zugriffsrechte sind lesbar.
V2) Ihre Richtigkeit ist von der testenden Instanz überprüfbar.

Damit kann getestet werden, ob der Speicher die richtigen Zugriffsregeln enthält. Ein Fehler des Speichers selbst (Hardware) wird erkannt, soweit Speicher und Zugriffswege beim Test beteiligt sind.

Eine Unterscheidung zwischen den beiden Fehlerursachen "Eintrag falscher Zugriffsrechte" und "Speicher fehlerhaft" ist nur mit einem Speichertest möglich, bei dem (u.a.) geeignete Muster in den Speicher geschrieben und zum Vergleich wieder ausgelesen werden. Daraus resultiert die Forderung nach Voraussetzung 3:

V3) Zugriffsrechte sind zu Testzwecken änderbar.

Dies kann nur erfüllt werden, wenn sichergestellt ist, daß, solange Testmuster im Speicher der Zugriffsrechte stehen, das Schutzsystem nur zu Testzwecken aktiviert wird. Also

V4) Das Schutzsystem arbeitet in zwei Betriebsarten: Normal- und Testmodus.

zu F3:

Die Entscheidungsinstanz kann im Gegensatz zum Speicher der Zugriffsrechte nur durch Zugriffe auf die geschützten Objekte getestet werden. Daher reichen V3) und V4) nicht aus. Damit abgelehnte Zugriffe nicht gravierende Rückwirkungen auf die testende Instanz haben, z.B. Abbruch des Testprogramms, muß auch vorausgesetzt werden:

V5) Im Testmodus führen Fehlermeldungen der Zugriffskontrolle nicht zur üblichen Fehlerbehandlung, sondern werden an die testende Instanz weitergegeben.

zu F4:

Um zu beurteilen, ob die Fehlermeldung dem Ergebnis der Entscheidungsinstanz entspricht, ist ein ähnlicher Test wie bei F3 anwendbar. Dabei ist nützlich, wenn folgende Voraussetzung erfüllt ist:

V6) Meldungen über verbotene Zugriffe nennen Subjekt, Zugriffsart und Objekt.

zu F5:

Auch dieser Fehler ist wie F3 und F4 nur durch Testzugriffe auf geschützte Objekte erkennbar. Die dazu benötigten Voraussetzungen wurden schon abgeleitet.

Bisher wurde implizit angenommen, daß Testzugriffe letztlich keine Veränderungen der geschützten Objekte verursachen. Dies ist zwar bei Lesezugriffen und beim Zurückschreiben von gelesenen Speicherinhalten der Fall, doch sind auch Systeme denkbar, in denen Zugriffe irreversibel sind, z.B. in CONCURRENT PASCAL das Ansprechen von Monitoren. Die Testbarkeit von Schutzsystemen kann also durch externe Faktoren beeinflußt werden.

Daher wird noch eine weitere Voraussetzung gefordert, die allerdings von der Umgebung des Schutzsystems und nicht von ihm selbst erfüllt werden muß:

[V7) Die Testzugriffe verursachen keine irreversiblen Veränderungen der geschützten Objekte]

V1) Zugriffsrechte sind lesbar.

V2) Ihre Richtigkeit ist von der testenden Instanz überprüfbar.

V3) Zugriffsrechte sind zu Testzwecken änderbar.

V4) Das Schutzsystem arbeitet in zwei Betriebsarten, Normal- und Testmodus.

V5) Im Testmodus führen Fehlermeldungen der Zugriffskontrolle nicht zur üblichen Fehlerbehandlung, sondern werden an die testende Instanz weitergegeben.

V6) Meldungen über verbotene Zugriffe nennen Subjekt, Zugriffsart und Objekt.

Tabelle 3: Voraussetzungen für die Testbarkeit von Schutzsystemen

Sind für ein Schutzsystem V1) bis V6) erfüllt, dann können mit Ausnahme von F1 alle Fehler des Modells erkannt werden, d.h. das Schutzsystem ist fast vollständig testbar.

Eine genaue Lokalisierung, d.h. Zuordnung des erkannten Fehlers zu den Modellelementen (siehe Bild 1), ist nur teilweise möglich. So kann ohne weitere Eingriffsmöglichkeit nicht entschieden werden, ob ein Fehler von der Entscheidungsinstanz oder dem Aktivierer verursacht wurde.

Eine Fehlererkennung allein ist für die Zugriffskontrolle ausreichend, wenn die Zugriffkontrolle als Ganzes rekonfiguriert wird. Nur so ist bei den in einem Chip realisierten Schutzeinrichtungen (z.B. MMU) von Mikrorechnern eine Rekonfiguration möglich (vgl. 5.2, 5.3).

Aus der Manipulierbarkeit des Schutzsystems im geforderten Testmodus ergeben sich zwei Folgerungen:

Zum einen ist die testende Instanz privilegiert; sie hat Vorrechte, wie sonst nur noch einige Betriebssystemkomponenten. Zum anderen stellt dieser Testmodus eine zusätzliche Gefährdung für das Schutzsystem dar: Fehler der testenden Instanz oder vorzeitiges Umschalten vom Test- in den Normalmodus können sich katastrophal auswirken. Diesem Nachteil beim Schutzsystem-Test stehen zwei wesentliche Vorteile gegenüber:
Eine für die Funktionsfähigkeit eines Rechensystems zentrale Komponente kann damit überwacht werden, und Fehler im Schutzsystem können so frühzeitig erkannt werden, daß der durch sie verursachte Schaden und der Aufwand für die Fehlerbehandlung hinreichend klein bleiben.

Bei den Maßnahmen, die geeignet sind, die durch den Test von Schutzsystemen entstehenden Gefahren zu vermindern, ist zunächst der Korrektheitsnachweis für die testende Instanz und das Schutzsystem zu nennen. Dieser Punkt kann im Rahmen der vorliegenden Arbeit nicht behandelt werden. Damit die Umschaltung zwischen Test- und Normalmodus sicherer wird, sollte sie durch eine hochzuverlässige Hardware realisiert werden. Dies ist machbar bei dem geringen Aufwand, der für die Modusanzeige und -umschaltung benötigt wird. Bei entsprechender Ausführung des Schutzsystems und den genannten begleitenden Maßnahmen überwiegen also die Vorteile des Tests von Schutzsystemen.

5. Beispiele

Im folgenden wird die Testbarkeit von realisierten Schutzsystemen bzw. Zugriffskontrollen untersucht.

5.1 Der lokale Speicherschutz im M3R-System

Das modulare Mehrmikrorechnersystem M3R [2] enthält mehrere Schutzsysteme [3]. In den einzelnen Rechnern wird der Prozessor, ein Zilog Z80, durch eine aus Standardbauelementen aufgebaute Einheit ergänzt, die im wesentlichen zwei Funktionen hat:

a) Mitwirkung bei der Speicherverwaltung (Adreßumsetzung),

b) Zugriffskontrolle.

Der Speicher ist zu diesen Zwecken in Seiten bzw. Kacheln konstanter Größe unterteilt. Jeder Prozess verfügt über eine Seitentabelle, in der alle ihm zugänglichen Seiten eingetragen sind. Die Seitentabelle dient auch als Speicher der Zugriffsrechte, vgl. Bild 4. Die Zugriffskontrolle wird vervollständigt durch die Entscheidungsinstanz und den Aktivierer.

Verbotene Zugriffe werden durch eine nicht maskierbare Unterbrechung (NMI) gemeldet; Diagnosedaten über das Subjekt sind aus Betriebssystemdaten rekonstruierbar, über die Zugriffsart und das Objekt fehlen sie.

Seite:	Kachel	L	S	Prozeß

Bild 4: Seitentabelleneintrag im M3R-System

Veränderungen der Seitentabellen und damit der Schutzrechte können nur mit privilegierten Befehlen, d.h. nur vom Betriebssystem vorgenommen werden.

Bei jedem Zugriff wird überprüft, ob Prozeßnummer und Zugriffsart (L = Lesen/S = Schreiben) mit den Zugriffsrechten verträglich sind. Diese Soll-Funktion kann durch Fehler mit den folgenden Ursachen beeinträchtigt werden:

in der Hardware:
- Fehler in Registern, die Subjekt- bzw. Objektbezeichnung enthalten,
- Fehler in Steuerregistern,
- Fehler in den Seitentabellen,
- Ausfälle in zugehörigen Schaltnetzen und Schaltwerken,

in der Software:
- Betriebssystemfehler führen zu falschen Einträgen in Registern und Seitentabellen.

Die Fehler F1 bis F5 haben also ihre Ursachen in der Hardware und/oder in der Software.

Zur Testbarkeit der Zugriffskontrolle:
Aus der Beschreibung der Zugriffskontrolle geht hervor, daß folgende Voraussetzungen für die Testbarkeit gegeben sind:

V1), (V2)) und V3) (vgl. Tabelle 3)

Die Richtigkeit der eingetragenen Schutzrechte kann durch Vergleich mit einer oder mehreren im Hauptspeicher geführten Kopien der Seitentabellen festgestellt werden, so daß Fehler des Hauptspeichers tolerierbar sind und daher von der Gültigkeit von V2) ausgegangen werden kann.

Die im Prototyp von M3R eingebaute Zugriffskontrolle erfüllt nicht die Voraussetzungen V4) und V5), da nicht zwischen Test- und Normalbetrieb unterschieden wird. Durch einen einfachen Hardwarezusatz, der anhand der Adressen in den Befehlsholphasen erkennt, ob gerade der Test der Zugriffskontrolle durchgeführt wird, läßt sich dieser Mangel beheben.

Auch die Voraussetzung V6) ist nicht erfüllt, doch diese ist für das Testen zwar nützlich, aber nicht notwendig. Wie in 3 gezeigt wird, lassen sich auch ohne V6) alle Tests der Zugriffskontrolle durchführen. Auf diese Testalgorithmen soll hier jedoch nicht eingegangen werden.

5.2 Speicherschutz mit Zilog Z8010

Beim Zilog Z8010 handelt es sich um einen hochintegrierten Speicherverwaltungsbaustein zum Mikroprozessor Z8001, der neben der Adreßumsetzung auch die beiden Funktionen

- Speicherschutz und
- Unterstützung bei Behandlung von Zugriffsfehlern

implementiert. Der Speicher ist in Segmente unterschiedlicher Größe eingeteilt; sie sind die Objekte in diesem Schutzsystem. Subjekte sind die auf dem Prozessor ablaufenden Prozesse und die DMA-Einheiten.

Beschreibung der Zugriffskontrolle:
Als Speicher für Zugriffsrechte dienen Segmentdeskriptor-Register, in denen für jedes Segment neben Lage und Umfang u.a. auch die Zugriffsrechte gespeichert sind:

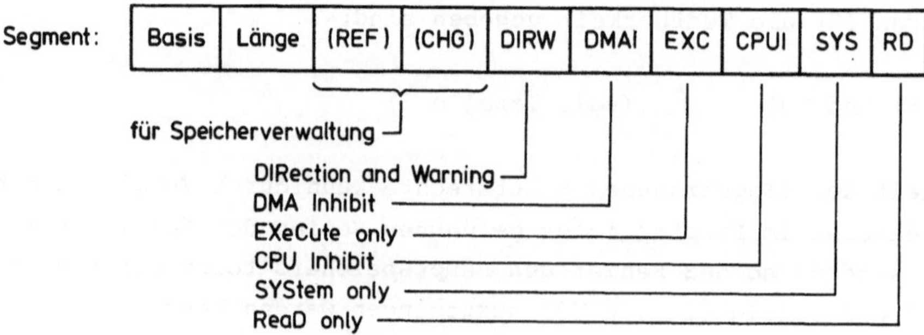

Bild 5: Segmentdeskriptor des Z8010

Die Bezeichnungen sind bis auf drei selbsterklärend. CPUI bedeutet, daß nur die DMA-Einheiten auf das Segment zugreifen dürfen, und DMAI steht für das Gegenteil: Nur die CPU darf auf das Segment zugreifen. DIRW wird für Kellersegmente verwendet: Stehen dem Keller weniger als 256 Byte zur Verfügung, dann wird eine Warnung erzeugt. Der Eintrag der Schutzrechte erfolgt durch privilegierte E/A-Befehle, die nur im "system mode" zur Verfügung stehen. Verbotene Zugriffe werden durch einen trap (nicht maskierbare Unterbrechung) gemeldet; die Fehlermeldung wird durch die Inhalte des Violation Type Register und 5 anderer Statusregistern näher spezifiziert, so daß die Art des Verstoßes gegen die Zugriffsrechte erkennbar ist.

Aufgaben dieses Schutzsystems:
Es läßt nur innerhalb der definierten Segmente überhaupt Speicherzugriffe zu. Es unterscheidet System/Normal-Zugriff und CPU-/DMA-Zugriff und trennt zwischen Code-, Daten- und Stack-Segmenten.

Da hier für geschützte Objekte, die Segmente, sowohl Lage als auch Umfang vom Betriebssystem definiert werden, ist es möglich, daß sich Segmente überlappen. Dies ist anhand der Inhalte der Segmentdeskriptor-Register erkennbar, doch die MMU bemerkt es nicht. Dadurch kann die Schutzwirkung unterlaufen werden, wenn das Betriebssystem die Lage der Segmente nicht sinnvoll definiert.

Zu den Ursachen der Fehler des Z8010:
Ähnlich, wie im ersten Beispiel, können Fehler der MMU sowohl von der Hardware als auch von der Software verursacht werden. Fehler können die Steuerregister und den Speicher der Zugriffsrechte (Deskriptorenregister) betreffen, aber auch die Entscheidungsinstanz, den Aktivierer und andere Komponenten der MMU, deren Implementierung nicht über Veröffentlichungen zugänglich war. Deswegen können die Fehlerursachen nicht detaillierter beschrieben werden.

Zur Testbarkeit der Fehler:
Aus der Beschreibung des Z8010 geht unmittelbar hervor, daß die folgenden Voraussetzungen für die Testbarkeit erfüllt sind:

V1), V3) und V6).

Durch zusätzliche Speicherung der Zugriffsrechte außerhalb der MMU ist mit hoher Wahrscheinlichkeit auch V2) erfüllt.

Wie bei M3R fehlt im Zilog-System eine Unterscheidungsmöglichkeit zwischen Normal- und Testmodus. Diese kann jedoch mit geringem Aufwand ergänzt werden, so daß bei entsprechender Umgestaltung des trap-Bedienprogramms auch V4) und V5) gegeben sind.

5.3 Das Schutzsystem des Intel iAPX 286

Das Schutz- und Verwaltungssystem PM 286 des iAPX 286 kennt als Objekte nicht nur Speichersegmente, sondern auch die Übergänge zu den anderen Prozessen und Programmteilen. Als Subjekte treten Prozesse und Programmteile auf. Die Zugriffskontrolle wird teilweise auf dem Prozessor-Chip, teilweise im Hauptspeicher implementiert. Eine weitere Besonderheit des PM 286 ist, daß vier Privilegebenen und nicht nur zwei (Betriebssystem/Benutzer), wie in den vorhergehenden Beispielen, unterschieden werden. Ein Subjekt darf nicht auf Objekte zugreifen, die auf einer höheren Privilegebene als das Subjekt selbst liegen. Zusätzlich sind die Objekte mit einer Typenkennung versehen und Zugriffe sind nur auf bestimmte Typenklassen zugelassen[5].

PM 286 implementiert nicht nur das Schutzsystem des iAPX 286, es unterstützt auch die Adreßumsetzung und den virtuellen Speicher.

Beschreibung der Zugriffskontrolle:
Die Schutzrechte sind in Deskriptoren enthalten, die in mehreren Tabellen [6] im Hauptspeicher liegen. Für das Codesegment "Index" zeigt Bild 6 das Deskriptorformat:

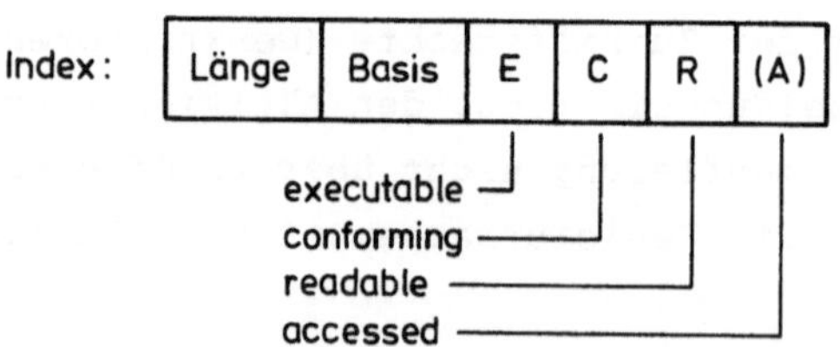

Bild 6: Segmentdeskriptor des iAPX 286 für Code-Segment [Index]

Das Schreibschutz-Bit fehlt, da Codesegmente implizit schreibgeschützt sind. Das conforming-Bit zeigt an, ob die Privilegebene von Subjekt und Objekt verträglich sind.

Die jeweils aktuellen Deskriptoren für Code, Keller-, Daten- und Extrasegment stehen in Prozessorregistern, wo sie schnell zugänglich sind. Nur der Betriebssystemkern darf die PM 286-Register sowie die Deskriptortabellen verändern. Die Entscheidungsinstanz prüft bei jedem Zugriff anhand von Privilegierungsebene, Typenkennung und Zugriffsrechten ob der Zugriff erlaubt ist. Verbotene Zugriffe werden durch einen trap, d.h. eine nicht maskierbare Unterbrechung, gemeldet. Je nach Art des Fehlers startet eines der trap-Bedienprogramme, das anhand eines 16-Bit-Fehlercodes eine geeignete Fehlerbehandlung vornimmt; ggf. wird die Wiederholung des abgebrochenen Zugriffs vorbereitet (z.B. Segment vom Externspeicher einlagern). Diese Wiederholbarkeit eines Zugriffs ist wesentlich für die Realisierung des virtuellen Speichers.

Zu den Ursachen von Fehlern:
Auch hier gilt wie im 2. Beispiel, daß über die Ursachen von Fehlern nur pauschale Aussagen gemacht werden können, da über die Implementierung von PM 286 keine Einzelheiten bekannt waren. Die Fehler in den Registern können in der Hardware oder in der Software ihre Ursachen haben; für die per Programm nicht zugänglichen Teile kommen nur Hardwarefehler in Betracht.

Da die Deskriptortabellen (GDT, LDT, IDT) im Hauptspeicher liegen, gilt für sie das übliche Fehlermodell für Schreib-Lese-Speicher.

Zur Testbarkeit des Schutzsystems:
Bei diesem Schutzsystem sind <u>alle</u> Voraussetzungen für die Testbarkeit erfüllt. Zu den offensichtlich gegebenen Voraussetzungen

V1), (V2)), V3) und V6)

kommen V4) und V5) aus folgenden Gründen dazu:
Bei Entdeckung eines verbotenen Zugriffs wird über die Unterbrechungs-Deskriptortabelle (IDT) das die Fehlermeldung bearbeitende Bedienprogramm aufgerufen. Dies ermöglicht dem Testprogramm, durch Änderung der UDT-Einträge alle Fehlermeldungen auf spezielle Test-Bedienprogramme umzusteuern, womit auch ein Testmodus für das Schutzsystem realisiert ist. Allerdings muß durch entsprechende Verriegelung dafür gesorgt werden, daß nicht während des Umladens der UDT auf sie zugegriffen wird.

6. Schlußfolgerungen

Es wurden die Voraussetzungen für das funktionelle Testen von Schutzsystemen angegeben. Sind diese Voraussetzungen gegeben, dann können mit einer Ausnahme (falsche Subjektidentität) alle modellierten Fehler erkannt werden. Die Lokalisierung und die Unterscheidung von Fehlern gelingt allerdings nur teilweise, auch wenn V1) bis V6) erfüllt sind.

Werden mit diesen Kriterien reale Schutzsysteme bzw. deren Zugriffskontrollen auf ihre Testbarkeit untersucht, dann zeigt sich, daß es durchaus noch Fehler gibt, die mit funktionellen Tests des Schutzsystems nicht erkannt werden. In diesem Punkt sollten die Maßnahmen zur Erhöhung der Testbarkeit so ergänzt werden, daß man auch auf die Funktionsfähigkeit nicht testbarer Komponenten und Abläufe vertrauen kann. Dazu bieten sich grundsätzlich zwei Vorgehensweisen an: Zum einen kann man mit entsprechenden Mitteln Fehlervermeidung betreiben; zum anderen kann man zu Fehlertoleranzmaßnahmen greifen, wie z.B. selbstprüfende Schaltungen, fehlerkorrigierende Speicher, TMR-Ausführung der Zugriffskontrolle bzw. ihrer Komponenten. Auch eine Reihenschaltung von Zugriffskontrollen, wie sie z.B. im M3R-System [2] zum Schutz des Globalspeichers implementiert wurde, ist ein Fehlertoleranzverfahren für Schutzsysteme.

Der Mehraufwand, der durch die Erfüllung der Voraussetzungen V1) bis V6) entsteht, ist in Anbetracht der durch den Schutzsystem-Test vermeidbaren Schäden vertretbar. Gegenwärtige Trends in der Rechnerentwicklung, wie der Preisverfall der Hardware und vertikale Verlagerung, werden auch zur Verbesserung der Testbarkeit von Schutzsystemen beitragen.

<u>Literaturangaben:</u>

1	Graham, G.S.; Denning, P.J.:	Protection - Principles and practice Proceedings Spring Joint Comp.Conf. 1972, pp. 419-429
2	Nilsson, S.A.:	Konzept und Architektur eines fehlertoleranten Mehrmikrorechner-Systems, Dissertation, Hochschulsammlung, Reihe Informatik, Band 9, Hochschulverlag Freiburg 1981
3	Marhöfer, M.:	Systemtest des modularen Mehrmikrorechners M3R, Diplomarbeit, Institut für Informatik IV, Universität Karlsruhe 1981
4	Schmidt, H.:	Hardware-Schutzmechanismen bei Mikroprozessoren, Diplomarbeit, Institut für Informatik IV, Universität Karlsruhe 1981

5 Härtig, H.; Krause, Th.: Mikrorechner und Architektur, Interner Bericht 6/81, Institut für Informatik IV, Universität Karlsruhe 1981

6 Childs, R.; Klebanoff, J.: iAPX 286 microprocessor architecture overview, Intel-Publikation, 14.10.1980

Meinem Kollegen K.Echtle danke ich für die Diskussionen über dieses Thema. Nicht zuletzt sei auch Herrn Prof. Dr.-Ing. W. Görke Dank gesagt für die Anregung zu dieser Arbeit.

Prozeß-Ein-/Ausgabe für ein fehlertolerantes Multimikrorechnersystem

H. Endl

Lehrstuhl für Prozeßrechner
Technische Universität München

Zusammenfassung

Die Prozeßankopplung ist bei fehlertoleranten Prozeßrechnersystemen besonders problematisch, weil in ihrem Bereich der Übergang von redundanten zu einfachen Strukturen erfolgt. Es wird ein Prozeß-Ein-/Ausgabesystem vorgestellt, das durch Kombination von fehlererkennenden und fehlermaskierenden Maßnahmen mit ausfallsicherem Verhalten eine hohe Zuverlässigkeit erreicht. Es ist modular aufgebaut und erlaubt eine ökonomische Nutzung der Rechnerhardware, da es die Aufteilung der der Automatisierungsaufgaben in anwendungsspezifische Zuverlässigkeitsklassen unterstützt.

1. Einleitung

Fehlertolerantes Verhalten von Rechnersystemen wird in der Regel durch Redundanz in der Hardware erreicht. Die Struktur der technischen Prozesse, die von Prozeßrechnern gesteuert und überwacht werden, ist dagegen bis auf wenige sehr sicherheitskritische Anwendungungen nicht redundant. Es muß also im Bereich der Prozeßankopplung der Übergang von den redundanten Einheiten des Prozeßrechnersystems zu den nur einfach vorhandenen Signalpfaden von und zum technischen Prozeß erfolgen.

Es liegt nahe, diesen Zuverlässigkeitsengpaß dadurch zu umgehen, daß man das Prinzip der redundanten Struktur auf das Gesamtsystem Rechner-Prozeß ausdehnt und auch den technischen Prozeß redundant instrumentiert, also die Signale vom Rechnersystem redundant zu den mehrfach vorhandenen Stellgliedern führt. Dieser Weg kann aus mehreren Gründen nicht beschritten werden: Zum einen verfügt weder der Rechnerhersteller über die dazu nötige detaillierte Kenntnis des technischen Prozesses, noch ist derjenige, der die Prozeßinstrumentierung projektiert, genügend mit der Rechnerarchitektur vertraut, um eine optimale Auslegung des Gesamtsystems durchführen zu können. Zum anderen ist eine redundante Instrumentierung des technischen Prozesses nur teilweise möglich. Während sich Meßfühler leicht mehrfach anbringen lassen, ist ein redundanter Stelleingriff, vor allem bei analogen Stellsignalen, kaum machbar.

Es muß also eine Schnittstelle zwischen dem Rechnersystem und dem technischen Prozeß definiert werden, an der der Verantwortungsbereich des Rechnerherstellers endet. Dafür bietet sich die Klemmleiste des Rechnersystems an. Somit bilden die Einheiten des Rechnersystems, die die Prozeßsignale an der Klemmleiste bereitstellen bzw. übernehmen, den kritischen Übergangsbereich zwischen der redundanten Rechnerstruktur und dem technischen Prozeß. Diese Einheiten, die im folgenden unter dem Begriff Ein-/Ausgabesystem zusammengefaßt werden, beeinflussen darum entscheidend die Zuverlässigkeit des Gesamtsystems.

Die Struktur des Ein-/Ausgabesystems wird wesentlich von der Architektur des Rechnersystems und der Art des technischen Prozesses bestimmt. Dies ist der Grund dafür, warum sich die in der Literatur beschriebenen fehlertoleranten Ein-/Ausgabesysteme teilweise stark voneinander unterscheiden /1,2/.

Das Rechnersystem, das den hier angestellten Betrachtungen zugrunde liegt, besteht aus einer kleineren Zahl (etwa vier bis zehn) Rechnern, die räumlich nah beieinander angeordnet sind und über ein redundantes Nachrichtentransportsystem untereinander Daten austauschen können. Um die Hardware möglichst ökonomisch zu nutzen, werden die zu erfüllenden Automatisierungsaufgaben in Zuverlässigkeitsklassen eingeteilt /3/. Die Tasks der höchsten Zuverlässigkeitsklasse (Klasse 3) laufen parallel auf drei verschiedenen Rechnern ab, wodurch Fehlermaskierung ermöglicht wird. In den anderen Zuverlässigkeitsklassen wird zugelassen, daß die Ausgangssignale im Fehlerfall zurückgehalten werden (Klasse 2), vorübergehend fehlerbehaftet sind (Klasse 1) oder dauerhaft ausfallen (Klasse 0).

Das Ein-/Ausgabesystem hat die Aufgabe, die an der Klemmleiste anstehenden Eingangssignale auf die Rechner zu verteilen und die Ausgabedaten, die von bis zu drei Rechnern parallel zur Verfügung gestellt werden, möglichst zuverlässig an die Klemmleiste zu transportieren und dort die entsprechenden Ausgangssignale zu generieren, wobei Fehler erkannt und in der höchsten Zuverlässigkeitsklasse auch maskiert werden sollen. Daraus ergeben sich im wesentlichen folgende Anforderungen an das Ein-/Ausgabesystem:

- Die Zahl der nichtredundanten Komponenten in der Übertragungskette vom Einzelrechner bis zur Schnittstelle zwischen dem Rechnersystem und dem technischen Prozeß muß minimiert werden. Die Verfügbarkeit der verbleibenden Einfachpfade muß wesentlich höher als die der bedienten Stellglieder sein, um die Zuverlässigkeit des Gesamtsystems nicht zu vermindern.

- Die Rekonfigurationsmöglichkeiten des Rechnersystems dürfen durch das Ein-/Ausgabesystem nicht eingeschränkt werden. Die Zuordnung zwischen den Ein-/Ausgabeleitungen und den Einzelrechnern muß flexibel sein.

- Das Ein-/Ausgabesystem muß vollkommen rückwirkungsfrei sein und darf von ausgefallenen Einzelrechnern nicht beeinflußt werden.

2. Realisierungsalternativen

Da die Verteilung der Eingangssignale auf die einzelnen Rechner relativ unproblematisch ist, werden zunächst nur verschiedene Möglichkeiten der Prozeßausgabe miteinander verglichen.

2.1 Votierende Ausgabesysteme

Es liegt nahe, die auszugebenden Signale möglichst lange redundant zu führen und die Instanz, die die Mehrheitsentscheidung durchführt (Voter), unmittelbar vor die Klemmleiste zu setzen. Diese Vorgehensweise birgt aber die Gefahr in sich, durch den für die Redundanz erforderlichen Aufwand soviele neue ausfallgefährdete Elemente zu schaffen, daß trotz der redundanten Struktur die Gesamtzuverlässigkeit schließlich nur wenig höher oder sogar niedriger ist als bei nur einfach vorhandenen Komponenten hoher Verfügbarkeit. Die Einrichtung, die die Mehrheitsentscheidung bildet, ist in jedem Fall nur einfach vorhanden und bildet somit das schwächste Glied. Dieser Voter muß deshalb möglichst einfach kostruiert sein und jeweils für nur wenige, im günstigsten

Fall nur für ein einziges Ausgabesignal zuständig sein.

Dies kann dadurch erreicht werden, daß jeder Rechner sämtliche Ausgangssignale zur Verfügung stellt und direkt an der Klemmleiste einfache Votiereinrichtungen für jedes Ausgangssignal die Mehrheitsentscheidung durchführen. Ein solcher "Primitivvoter" könnte beispielsweise durch einen Widerstand realisiert werden, an dem sich eingeprägte Ströme bis zu einer Schwellspannung addieren.

Dabei können entweder zu jedem Zeitpunkt alle Rechner alle Ausgangssignale bereitstellen, oder jedes Signal wird nur von den Rechnern (das sind maximal drei) ausgegeben, die gemeinsam die entsprechende Automatisierungsfunktion bearbeiten.

Im ersten Fall müssen sich die unbeteiligten Rechner neutral verhalten, das heißt, sie müssen ihre Ausgangssignale so aufeinander abstimmen, daß sie das Abstimmungsergebnis nicht beeinflussen. Dies erfordert eine ungerade Gesamtzahl von Rechnern, damit sich stets eine eindeutige Mehrheit bilden läßt und sich die unbeteiligten Rechner durch paarweises Opponieren neutral verhalten können. Ein Vorteil dieser Methode liegt auch darin, daß die Wirkung eines bösartig ausgefallenen Rechners durch geschicktes Verhalten der neutralen Rechner kompensiert werden kann /4/.

Im zweiten Fall wird aus den Signalen der aktiven Dreiergruppe eine 2-aus-3-Entscheidung getroffen. Der Ausfall eines Rechners läßt sich damit tolerieren, es muß aber dann möglichst schnell eine Rekonfiguration erfolgen, weil ein zweiter Fehler nicht mehr toleriert werden kann.

Der große Vorteil eines solchen votierenden Ausgabesystems besteht darin, daß ohne weitere Maßnahmen mindestens ein Fehler toleriert wird.

Dem stehen einige Nachteile gegenüber:

- Jeder Rechner muß alle Ein- und Ausgänge des Gesamtsystems bereitstellen.

- Jede neue digitale Ausgabeleitung bedingt die Erweiterung jedes einzelnen Rechners.

- Die Analogausgänge lassen sich nicht in dieses Konzept miteinbeziehen, da Analogsignale nicht mit einfachen Mitteln votiert werden können. Die Analogausgaben müssen getrennt bearbeitet werden, was eine Inhomogenität des Ausgabesystems zur Folge hat.

- Im Fehlerfall muß der Voter dem Rechnersystem mitteilen können, daß die Daten nicht übereinstimmen. Dies erfordert einen Rückkanal und erhöht die Komplexität des Voters.

- Auch unkritische Ausgaben müssen über mindestens drei Rechner erfolgen, was eine hohe zeitliche Belastung der Rechner durch die Ausgabe bedeutet. Eine flexible, an den Zuverlässigkeitsklassen orientierte Strategie der Ausgabe würde aber die nicht rekonfigurierbaren Voter verkomplizieren und damit deren Verfügbarkeit herabsetzen.

2.2 Fehlererkennende, nicht votierende Ausgabesysteme

Angesichts der oben genannten Schwierigkeiten, mit denen das Votieren von Ausgangssignalen verbunden ist, erhebt sich die Frage, ob die Vorteile, die votierende Ausgabesysteme bieten, diesen Aufwand überhaupt rechtfertigen.

Bei einer Task der höchsten Zuverlässigkeitsklasse wird jedes auszugebende Datum von drei verschiedenen Rechnern berechnet. Die drei Rechner tauschen daraufhin ihre Ergebnisse über das Nachrichtentransportsystem aus und vergleichen sie. Erst wenn jeder der Rechner aufgrund dieses Vergleichs über das korrekte Ergebnis verfügt, wird das Datum an das Ausgabesystem übergeben. Nur der Weg der Signale von den Ausgabeinterfaces der Rechner zu den Votern des Ausgabesystems ist redundant. Der große Aufwand des Votierens im Ausgabesystem hat also den alleinigen Zweck, Fehler in den Ausgabeinterfaces der Rechner und auf den relativ zuverlässigen Verbindungsleitungen zu den Votern zu erkennen und zu maskieren. Ausfälle der Voter können ohnehin nicht toleriert, ja nicht einmal erkannt werden.

Unter diesen Umständen erscheint es sinnvoll, vom "systemkonformen" Konzept der votierenden Ausgabe abzugehen und Wege zu suchen, das gesteckte Ziel eines hochzuverlässigen Prozeßautomatisierungssystems mit anderen Ausgabestrategien zu erreichen.

Ein solcher Weg ist, die auszugebenden Signale auf ihrem Pfad bis zur Klemmleiste des Rechnersystems, teilweise sogar weiter bis zum technischen Prozeß zu überwachen und dadurch ihre Korrektheit zu garantieren.

3. Ein fehlertolerantes Ein-/Ausgabesystem

3.1 Die Grundstruktur

Bei dem hier beschriebenen Ein-/Ausgabesystem wird das starre Prinzip, Fehlertoleranz durch extensiven Einsatz statischer Redundanz zu erreichen, durchbrochen. Stattdessen wird versucht, die gestellten Zuverlässigkeitsanforderungen durch Kombination von fehlermaskierenden und fehlererkennenden Maßnahmen mit ausfallsicherem Verhalten zu erreichen.

Dies führt bei der Prozeßausgabe zu einem dreistufigen Zuverlässigkeitskonzept:

- Bevor ein Signal zum Prozeß ausgegeben wird, vergleichen die Rechner, die die Task mit dem Ausgabewunsch ausführen, ihre Ergebnisse und maskieren dadurch Fehler, die durch den Ausfall eines beteiligten Rechners entstanden sein könnten.

- Dann wird ein Rechner, der bis zu diesem Zeitpunkt einwandfrei funktioniert hat, damit beauftragt, das Datum an das Ausgabesystem zu übergeben. Das ausgegebene Signal wird wieder eingelesen und von einem anderen Rechner auf seine Korrektheit überprüft. Diese Überprüfung kann entkoppelt vom technischen Prozeß oder "online" erfolgen. Im Fehlerfall wird eine erneute Ausgabe über einen anderen Rechner versucht.

- Ist aufgrund eines Ausfalls in einer nur einfach vorhandenen Einheit des Ausgabesystems die korrekte Bedienung einer Gruppe von Ausgabeleitungen nicht mehr möglich, dann nehmen diese Leitungen einen programmierbaren ausfallsicheren Zustand an (Fail-Safe-Verhalten).

Bei der unkritischeren Prozeßeingabe werden die Signalpfade von der Klemmleiste bis zu den Rechnern regelmäßig vom Rechnersystem selbst

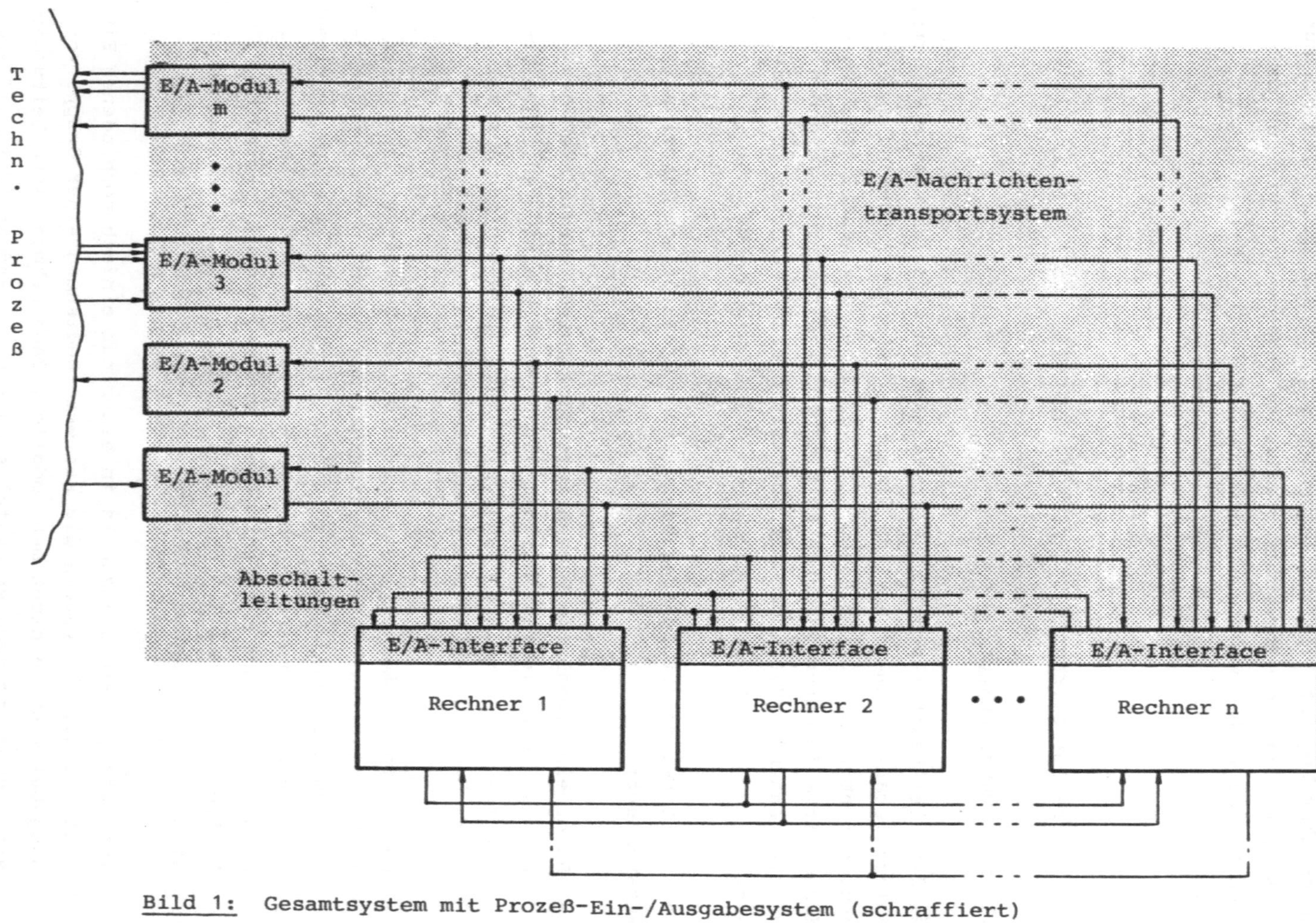

Bild 1: Gesamtsystem mit Prozeß-Ein-/Ausgabesystem (schraffiert)

getestet.

Zusätzlich wird eine redundante Instrumentierung des technischen Prozesses bei besonders kritischen Anwendungen unterstützt.

Um das Ein-/Ausgabesystem homogen, flexibel und erweiterbar zu gestalten, erfolgt die Generierung der Prozeßsignale nicht in den Rechnern, sondern in speziellen Ein-/Ausgabemoduln, die sich unmittelbar an der Klemmleiste befinden und die jeweils einen Analogkanal oder eine Gruppe von Digitalkanälen zur Verfügung stellen. Diese Ein-/Ausgabemoduln sind über ein serielles Nachrichtentransportsystem mit den Ein-/Ausgabeinterfaces der Rechner verbunden (Bild 1).

3.2 Die Ein-/Ausgabemoduln

Die E/A-Moduln bilden die Schnittstelle des Rechnersystems zum technischen Prozeß. Es werden zwei Typen unterschieden: Analoge E/A-Moduln stellen eine analoge Ein- oder Ausgabeleitung, digitale E/A-Moduln eine Gruppe von 12 oder 16 digitalen Ein- oder Ausgabeleitungen zur Verfügung.

Jeder E/A-Modul besteht aus einem Eingabeteil und einem Ausgabeteil. Es kann aber immer nur einer dieser beiden Teile für die Prozeßankopplung verwendet werden, da der jeweils andere Teil für den Test des Moduls verwendet wird. Eingabe- und Ausgabeteil gliedern sich wiederum in drei Bereiche (Bild 2):

- der Ankoppeleinheit an das E/A-Transportsystem mit dem Sende- bzw. Empfangsteil und dem Parallel/Serien- bzw. Serien/Parallel-Wandler,

- dem Register bei Digitalmoduln und dem D/A- bzw. A/D-Wandler bei Analogmoduln

- und dem Pegelwandler mit galvanischer Entkopplung, der im Ausgabeteil programmierbares Fail-Safe-Verhalten besitzt. Die beiden Pegelwandler von Ein- und Ausgabeteil sind miteinander verbunden, damit ein Funktionstest durchgeführt werden kann.

Daneben ist noch eine Steuerlogik vorhanden, die aus dem Rahmen der übertragenen Nachrichten folgende Steueranweisungen dekodiert:

- Ausgangssignale zur Klemmleiste durchschalten
- Eingangssignale von Klemmleiste übernehmen
- Eingangssignale intern übernehmen (Funktionstest)
- eingelesenes Wort absenden
- Fail-Safe-Zustand annehmen

Der Fail-Safe-Zustand wird auch dann angenommen, wenn innerhalb eines bestimmten Zeitraums keine neue Nachricht von einem der Rechner eintrifft.

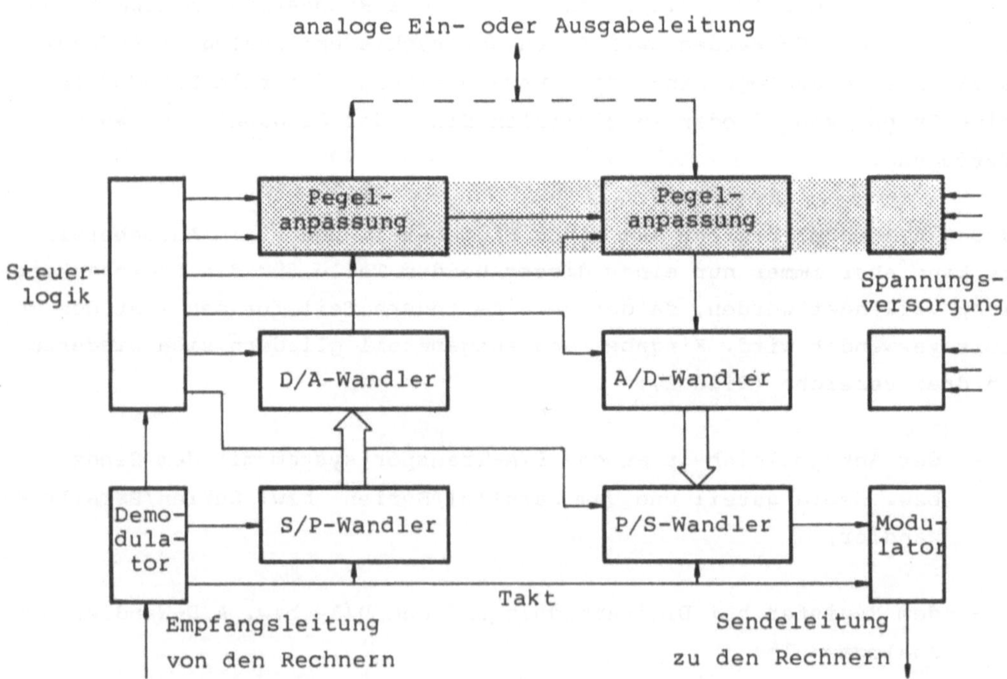

Bild 2: Blockschaltbild eines Analog-E/A-Moduls (galvanisch entkoppelter Bereich schraffiert)

Die Prozeßsignale sind vom Rechnersystem galvanisch entkoppelt und werden aus einer eigenen redundanten Spannungsversorgung gespeist. Die Analogsignale liegen im Bereich von 4 bis 20 mA (Einheitsstromsignal), wobei der E/A-Modul den aktiven Teil bildet und Meßumformer über die Stromschleife mitversorgen kann. Die Digitalsignale stehen als Stromschleife (20 mA) oder Spannungssignal (24 V =)zur Verfügung.

Um eine Fehlererkennung durchführen zu können, sind Ein- und Ausgabeteil miteinander verbunden. Diese Verbindung kann wahlweise extern über die Stromschleife oder intern erfolgen. Die externe Verbindung hat den Vorteil, daß die Stromschleife mitgeprüft wird, der Signalpfad also bis zum Meßumformer bzw. Stellverstärker verfolgt werden kann. In diesem Fall werden aber fehlerhafte Signale bis zur erfolgten Rekonfiguration (dies dauert einige Millisekunden) zum Prozeß ausgegeben, was jedoch bei den meisten Stellgliedern mit ihren großen Zeitkonstanten unbedenklich ist. Falls ein sehr schnelles Stellglied (zum Beispiel ein Schrittmotor) auf keinen Fall kurzzeitig ungültige Signalpegel erhalten darf, dann kann die interne Verbindung gewählt werden. Es ist dann möglich, das Ausgangssignal erst nach erfolgter Prüfung nach außen durchzuschalten. Analog dazu kann bei E/A-Moduln mit Eingabefunktion der Eingangssignalpfad mit Hilfe des Ausgabeteils und der internen Verbindung überprüft werden.

Da die E/A-Moduln den Ein- oder Ausgabeleitungen, die sie bedienen, fest zugeordnet sind, ist eine Rekonfiguration nicht möglich. Der Ausfall eines E/A-Moduls bedeutet also den Verlust der entsprechenden Leitungen zum technischen Prozeß. Die E/A-Moduln sind aber aus wenigen, sehr zuverlässigen Komponenten aufgebaut, so daß ihre Verfügbarkeit über derjenigen der nachgeschalteten Instrumentierungskomponenten des technischen Prozesses (Stellverstärker, Stellglieder, Meßumformer, usw.) liegt. Bei extrem hohen Verfügbarkeitsanforderungen besteht die Möglichkeit, den Prozeß redundant zu instrumentieren und die redundanten Prozeßsignale über verschiedene E/A-Moduln zu führen.

3.3 Das Ein-/Ausgabe-Nachrichtentransportsystem

Die Verbindung der E/A-Moduln mit den E/A-Interfaces der Rechner erfolgt über ein System von "privaten" Bussen. Jeder E/A-Modul "besitzt" ein Busleitungspaar, das aus einer Sende- und einer Empfangsleitung besteht. Bei kleineren Systemen kann jeder Rechner auf jede dieser

Busleitungen zugreifen (vollständige Vermaschung), bei größeren Systemen (mehr als fünf Rechnern) ist zur Reduzierung des Verdrahtungsaufwands eine Teilvermaschung möglich, ohne die Rekonfigurationsmöglichkeiten unzulässig einzuschränken.

Die Zuordnung zwischen Rechnern und E/A-Moduln geschieht dadurch, daß die Rechner die entsprechenden Busleitungen aktivieren. Die Nachrichtenübertragung erfolgt seriell im Start-Stop-Verfahren, wobei die Signale phasenmoduliert werden, so daß gleichzeitig der Takt für die E/A-Moduln mit übertragen wird.

3.4 Die E/A-Interfaces der Rechner

Die E/A-Interfaces der Rechner bilden den rekonfigurierbaren Teil des E/A-Systems. Deshalb stellen sie den größten Teil der erforderlichen Hardware. Dazu gehören:

- bei vollständiger Vermaschung für jeden E/A-Modul ein serielles Sende/Empfangskanalpaar, das über fehlerisolierende Einrichtungen mit dem E/A-Transportsystem verbunden ist,

- eine Zuordnungslogik, über die die Busleitungen der dem Rechner zugeordneten E/A-Moduln aktiviert werden,

- eine Auswahllogik zur Auswahl der Busleitung, auf die gerade gesendet bzw. von der gerade empfangen werden soll

- und eine Sende/Empfangs-Einrichtung, die den aktiven Teil der Nachrichtenverbindung zwischen E/A-Modul und Rechner bildet.

Ein Rechner kann gleichzeitig mehrere Kanäle aktivieren, aber nur auf einem davon Nachrichten übertragen. Jeder Kanal kann zu einem bestimmten Zeitpunkt nur von einem Rechner aktiviert werden, es können aber gleichzeitig mehrere Rechner eine Nachricht von demselben Kanal aufnehmen.

Um zu verhindern, daß ein defekter Rechner Busleitungen zu den E/A-Moduln blockiert, ist jedem Rechner eine Abschaltleitung zugeordnet, über die sein E/A-Interface stillgelegt werden kann, wenn dies mindestens zwei der anderen Rechner fordern. Dies wird durch Schwellwertvotierung auf den Abschaltleitungen erreicht.

3.5 Die Funktionsabläufe bei Eingabe und Ausgabe

Die Eingabe vom technischen Prozeß erfolgt quasi gleichzeitig von allen Eingangsleitungen für das gesamte System. Dazu sendet zunächst jeder Rechner an die ihm zugeordneten E/A-Moduln mit Eingabefunktion Testdaten, die über die modulinterne Verbindung von Aus- und Eingabeteil von einem anderen Rechner wieder eingelesen und überprüft werden. Wenn auf diese Weise die Funktion aller Eingangskanäle getestet worden ist, sendet jeder Rechner Einlesebefehle an die ihm zugeordneten E/A-Moduln. Zunächst werden die Eingabedaten für die Tasks der Zuverlässigkeitsklassen 3 und 2 nacheinander abgerufen, da diese jeweils von drei bzw. zwei Rechnern gleichzeitig übernommen werden. Dann können die Rechner unabhängig voneinander die restlichen Eingabedaten abrufen. Daraufhin werden alle eingelesen Prozeßdaten an alle Rechner verteilt, so daß jeder Rechner über ein vollständiges Prozeßabbild verfügt. Dies garantiert, daß alle Tasks mit den gleichen Eingangsdaten arbeiten und erleichtert zudem die Rekonfiguration.

Die Vorgänge bei der Ausgabe hängen ebenfalls von der Zuverlässigkeitsklasse der ausgebenden Task ab:

Klasse 0: Der Wert wird ohne Kontrolle an den E/A-Modul ausgegeben.

Klasse 1: Der Wert wird ausgegeben und vom gleichen Rechner wieder eingelesen und kontrolliert.

Klasse 2: Einer der beiden Rechner sendet den Wert zum E/A-Modul und gibt einen Einlesebefehl, der andere Rechner nimmt den eingelesenen Wert auf und überprüft ihn.

Klasse 3: Einer der drei Rechner sendet den Wert zum E-A-Modul und gibt einen Einlesebefehl, die anderen beiden nehmen den eingelesenen Wert auf und überprüfen ihn.

Die Ausgaben können entweder sofort nach der Bereitstellung eines Wertes oder gemeinsam für das gesamte System zu bestimmten Zeitpunkten erfolgen.

3.6 Fehlerbehandlung und Rekonfiguration

Die Strategien der Fehlerbehandlung und der Rekonfiguration des Ein-/Ausgabesystems hängen natürlich auch von den Zuverlässigkeitsklassen ab. Grundsätzlich wird nach jedem erkannten Fehler eine Rekonfiguration des Ein-/Ausgabesystems durchgeführt (bei Ein- und Ausgaben von Klasse-0-Tasks können allerdings keine Fehler erkannt werden). Es wird zunächst immer angenommen, daß ein Fehler durch den Ausfall eines Rechners oder des E/A-Interfaces eines Rechners entstanden ist. Die Zuordnung der E/A-Moduln zu den Rechnern wird deshalb bei der E/A-Rekonfiguration so geändert, daß der Rechner, der unter Fehlerverdacht steht, keine E/A-Moduln mehr bedient. Tritt der Fehler nach erfolgter E/A-Rekonfiguration nicht mehr auf, dann hat sich der Verdacht bestätigt und der entsprechende Rechner wird stillgelegt (Systemrekonfiguration), bleibt der Fehler aber bestehen, dann liegt seine Ursache im E/A-Modul und die zugeordneten Ein- oder Ausgabeleitungen fallen dauerhaft aus.

Wird bei der Ausgabe der ausgegebene Wert fehlerhaft zurückgelesen, so bedingt dies abhängig von der Zuverlässigkeitsklasse der ausgebenden Tasks folgende Rekonfigurationsaktionen:

Klasse 1: Der fehlerhafte Wert wird nicht ausgegeben. Die Task kann auf einem anderen Rechner neu gestartet werden. Die betroffenen E/A-Moduln werden dann dem neuen Rechner zugeordnet.

Klasse 2: Der fehlerhafte Wert wird nicht ausgegeben. Der andere der beiden Rechner versucht die Ausgabe und ein dritter, bis dahin nicht an der Task beteiligter Rechner übernimmt die Überprüfung des ausgegebenen Werts. Die Übergabe der dazu notwendigen Informationen an den neuen Rechner kostet natürlich Zeit.

Klasse 3: Der fehlerhafte Wert wird nicht ausgegeben. Der zweite der drei Recher versucht die Ausgabe und der dritte überprüft sie.

Die E/A-Rekonfiguration nach Fehlern in der Prozeßeingabe läuft ähnlich ab, da Fehler im Eingabesystem durch Ausgeben und Wiedereinlesen von Testdaten entdeckt werden. Es wird dann die Berechtigung zum Abrufen der Eingabedaten auf einen anderen Rechner übertragen.

4. Schlußbemerkungen

Da eine redundante Instrumentierung des technischen Prozesses in der Regel nicht möglich ist, muß im Prozeß-Ein-/Ausgabesystem der Übergang von der redundanten Struktur des Rechnersystems zu den nur einfach vorhandenen Prozeßschnittstellen erfolgen. Der naheliegende Weg, möglichst lange redundant zu bleiben und die Prozeßsignale erst unmittelbar vor der Übergabe an den technischen Prozeß zu votieren, erweist sich als nicht optimal. Beim vorgestellten Prozeß-Ein-/Ausgabesystem wird deshalb versucht, die geforderte hohe Zuverlässigkeit durch Kombination von Maßnahmen der Fehlererkennung und Fehlermaskierungung mit ausfallsicherem Verhalten zu erreichen. Eine Aufteilung der Automatisierungsaufgaben in anwendungsspezifische Zuverlässigkeitsklassen wird unterstützt, was eine ökonomische Nutzung der vorhandenen Rechenkapazität erlaubt.

Der größte Teil der bei der Ein- und Ausgabe auszuführenden Funktionen wird in die Software verlagert. Dies entspricht auch der Philosophie des zugrundegelegten Rechnersystems. Die Software für das Prozeß-Ein-/Ausgabesystem stellt einen wesentlichen Teil des Betriebssystems dar. Der Anwendungsprogrammierer benutzt normale IN- und OUT-befehle, die als Parameter lediglich den Wert und die Kanalnummer enthalten. Damit wird eine wichtige Forderung an das Gesamtsystem, nämlich das Verbergen der Fehlertoleranzeigenschaften vor dem Anwender, auch vom Ein-/Ausgabesystem erfüllt.

Die Implementierung eines Prototyps ist für das Jahr 1982 geplant.

Der Autor möchte an dieser Stelle Herrn Professor Dr. G. Färber für die vielfältigen Anregungen und die wertvollen Diskussionen danken.

Literatur

/1/ Smith, T. B.: "A Damage and Fault-Tolerant Input/Output Network", IEEE Trans. C 24 (1975) 5, S. 505.

/2/ Wensley, J.H.; Mills, M.E.; Goldberg, J.; Shostak, R.E.; Green, M.W., Whiting-O'Keefe, P.M.; Kautz, W.H.; Zeidler, H.M.; Levitt, K.N.: "Design Study of Software-Implemented Fault-Tolerance (SIFT) Computer", Menlo Park, California, SRI International, 1978.

/3/ Demmelmeier, F.; Ries, W.: "Implementierung von anwendungsspezifischer Fehlertoleranz für Prozeßautomatisierungssysteme", Ebenfalls Beitrag zur GI-Fachtagung: Fehlertolerierende Rechnersysteme, März 1982, München.

/4/ Färber, G.: "Taskspecific Implementation of Fault Tolerance in Process Automation Systems", Workshop on Self-Diagnosis and Fault-Tolerance, Juli 1981, Tübingen.

FEHLERTOLERANZ BEI MIKROPROZESSOREN

Dipl.-Ing.M.Trautwein

Universität Duisburg
Fachbereich Elektrotechnik
Fachgebiet Datenverarbeitung

Ein mikroprogrammierbarer Prozessor bietet gute Voraussetzungen, Fehlererkennungs- und Fehlerkorrektureinrichtungen zu implementieren, die eine kontinuierliche Überwachung und unmittelbare Reaktion auf einen Fehler ermöglichen. Nach Darstellung der Grundlagen und Eigenschaften des hier angewandten Biresiduencodes wird die Realisierung der Zusatzlogik am Beispiel der Mikroprogrammsteuerung gezeigt. Aufwand und Fehlererkennungs- bzw. Fehlerkorrekturleistung werden diskutiert.

1. Mikroprogrammierbarer Prozessor

Grundlage für die Untersuchungen und Vorschläge zur Fehlertoleranz bildet ein mikroprogrammierbarer Prozessor mit der in Bild 1 dargestellten Struktur. Entsprechend ihrer Funktion und der für sie vorzusehenden

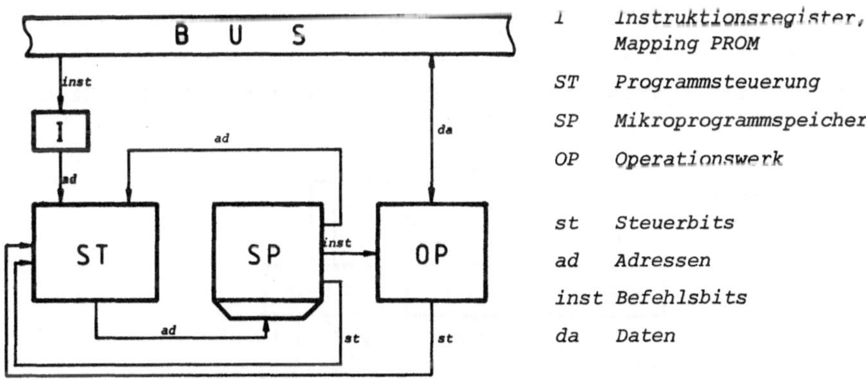

Bild 1: Struktur eines mikroprogrammierbaren Prozessors

Maßnahmen zur Fehlertoleranz lassen sich in der Grobaufteilung drei Bereiche angeben:

- o Speicherbereich (Mikroprogrammspeicher)
- o Operationsbereich
- o Steuerbereich (Programmsteuerung)

Aufgrund der von jedem Bereich ausgeübten Funktion und der Charakteristika der Signalverbindungen sind unterschiedliche Sicherungsmaßnahmen zum Zweck der Fehlererkennung und -korrektur vorzusehen.

1.1 Fehlerarten

Ziel der Untersuchungen ist die unmittelbare Fehlererkennung und gegebenenfalls Fehlerkorrektur, um den fehlerhaften Bereich der Fehlerauswirkung zu minimieren und um die Fehlerausbreitung zu vermeiden. Eine Fehlerauswirkung auf die Peripherie wird verhindert und eine direkte Reaktion vor allem im Zusammenhang mit Multiprozessorsystemen ermöglicht. Als Fehler werden normalerweise permanente und transiente Einzelbit- bzw. Mehrfachbitfehler (Speicherung, Übertragung) und Einzel- bzw. Mehrfachfehler (Verarbeitung) angesehen.

2. Maßnahmen für den Steuerbereich

2.1 Mikroprogrammsteuerung

Als zentraler Bereich ist die Programmsteuerung ebenso wie der Speicher und der Operationsbereich gegen Fehler zu sichern. Die Aufgabe der Steuerung besteht darin, den Steuersignalen entsprechend bestimmte Adressen an den Speicher (Mikroprogrammspeicher) anzulegen und diese gegebenenfalls zu inkrementieren bzw. zwischenzuspeichern. Bild 2 zeigt dazu die Struktur des hierzu verwendeten Am 29o9 Sequenzers. Da die Steuer-

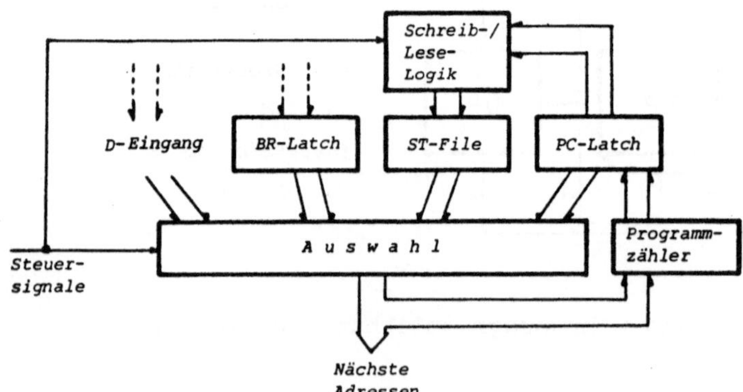

Bild 2: Prinzip der Mikroprogrammsteuerung

signale in diesem Fall aus einem Voter zugeführt werden, sind diese als korrekt vorausgesetzt. Für den Mikroprogrammspeicher sind 12 bit-Adressen vorgesehen, so daß sich die Steuerung durch Kaskadierung von drei Am 29o9 realisieren läßt.

Neben den Verfahren zur Sicherung der nächsten Programmadresse bzw. der Adressensteuerung, wie sie z.B. von Cook et. al. oder Disparte [1,2] vorgeschlagen worden sind, und der Verdreifachung der gesamten Steuerung (TMR), kann die Programmsteuerung auch durch Codes gesichert werden. Der Hamming-Code ist ungeeignet, da die Adressen vor Ausgabe oder Zwischenspeicherung i.allg. inkrementiert werden. Arithmetische Codes, wie der AN-Code, erlauben die Überwachung von arithmetischen Operationen. Der AN-Code hat jedoch den Nachteil, daß er nicht separat ist und der Redundanzanteil durch die Produktbildung relativ groß ist. Der hier verwendete separate Biresiduencode, der ebenfalls der Überwachung von arithmetischen Operationen und damit der Adresseninkrementierung dient, erscheint aus Aufwands- und Fehlererkennungsgründen günstiger.

2.2 Biresiduencode für die Programmsteuerung

2.2.1 Fehlerbegriff

Die Verfälschung einer Adresse $A \rightarrow A'$ am Ausgang der Steuereinheit kann durch Einzelbit (EBF)- oder Mehrfachbitfehler (MBF) bei der Auswahl (Durchschaltung) oder Speicherung (z.B.Stack) der betreffenden Adresse erfolgen. Die Wirkung eines Fehlers E_b entspricht dabei der EXOR-Verknüpfung der Adresse A (n Binärstellen) mit dem Fehlerwert E_b:

$$A' = A \oplus E_b \text{ mit } E_b = 1,\dots,2^n - 1 \qquad (1)$$

Je nach Fehlerwert E_b äußert sich der Fehler als Einzelbit- (Gewicht=1) oder Mehrfachbitfehler (Gewicht >1).

Außerdem ist die Verfälschung durch einen Fehler bei der Adressmodifizierung (i.allg. Inkrementierung) möglich. Fehler bei dieser Operation werden als Einzel- (EF) oder Mehrfachfehler (MF) bezeichnet. Der Fehlermechanismus kann als Addition eines Fehlerwertes E zur Adresse A interpretiert werden:

$$A' = A + E \text{ mit } E = \pm 2^i;\ i = 0,\dots,n - 1 \text{ für EF} \qquad (2)$$

Es ist offensichtlich, daß Einzelfehler mehrere Stellen der Adresse A beeinflussen können. Einzelfehler stellen somit die Wirkung eines Defektes an einer Stelle der Verarbeitungshardware dar, z.B. Unterbrechung der Übertragsleitung. Daneben lassen sich auch Einzelbit- und Mehrfachbitfehler wie Einzel bzw. Mehrfachfehler behandeln, wobei eine Vielzahl von Mehrfachbitfehlern als Einzelfehler darstellbar ist. D.h., daß bei Korrektur von Einzelfehlern gleichzeitig Mehrfachbitfehler korrigiert werden. Gleichung (2) liefert die Korrekturvorschrift für Einzelfehler:

$$A = A' - E \qquad (3)$$

2.2.2 Codierung

Beim Biresiduencode werden als Kontrollinformation zwei Reste bezüglich unterschiedlicher Module an die Informationsstellen, hier die Adressen, angefügt [3,4]. Die auszuführende Operation (Inkrementierung oder Nichtinkrementierung) wird auf die Adressen und die Reste getrennt angewandt. Die Richtigkeit des Ergebnisses erfolgt durch Vergleich der aus dem Ergebnis gebildeten Reste mit den modifizierten Resten.

$$A = \{A, A_a, A_b\} \text{ mit } A_a = A \bmod ma = |A|_{ma};\ A_a = 0,\ldots,ma-1$$

$$A_b = A \bmod mb = |A|_{mb};\ A_b = 0,\ldots,mb-1$$

ma und mb sind die Module. Nach der Inkrementierung folgt:

$$\{A_n^*, A_a^*, A_b^*\} = \{A+1,\ A_a + 1 \bmod ma,\ A_b + 1 \bmod mb\}$$

$$= \{A+1,\ |A_a + 1|_{ma},\ |A_b + 1|_{mb}\}$$

Werden nun für A_n^* die jeweiligen Reste $A_{na}^* = A_n \bmod ma$ und $A_{nb}^* = A_n \bmod mb$ gebildet und diese mit den modifizierten Resten A_a^* und A_b^* verglichen, so deutet eine Abweichung auf einen Fehler hin.

Haben die Module ma und mb die Form

- $ma = 2^a - 1$ und $mb = 2^b - 1$

und erfüllen die Binärstellen a und b zusätzlich die Bedingung

- $n \leqslant a \cdot b$ und sind
- ma und mb relativ prim,

dann läßt sich für die Restegeneratoren und die Implementierung der Korrektureinrichtung eine relativ einfache Realisierung finden [5]. Bei n = 12 sind a = 3 und b = 4 und damit ma = 7 und mb = 15.

Die Adresse im Biresiduencode enthält somit drei separate Teile, die eigentliche Adresse, den Prüfteil A_a (Rest mod ma) und den Prüfteil A_b (Rest mod mb). Da die Teile des Codewortes voneinander getrennt sind, führt ein Fehler in einem der Teile nicht zu einer Verfälschung eines anderen.

2.2.3 Syndrome und Fehlermöglichkeiten

Zu jedem CW im Biresiduencode läßt sich ein Syndrom S angeben:

$$S\ (A_n^*, A_a^*, A_b^*) = (s_a, s_b) \text{ mit}$$

$$s_a = A_n^* - A_a^* \bmod ma \text{ und } s_b = A_n^* - A_b^* \bmod mb \tag{4}$$

A_n^* ist wieder die modifizierte Adresse und A_a^* bzw. A_b^* sind die parallel zur Adresse modifizierten Reste. Die Syndrome $S = s_a$, s_b lassen sich auch angeben zu:

$$s_a = |A_{na}^* - A_a^*|_{ma} \text{ und } s_b = |A_{nb}^* - A_b^*|_{mb} \tag{5}$$

Hier sind A_{na}^* und A_{nb}^* die jeweils aus der modifizierten Adresse A_n^* gebildeten Reste mod ma bzw. mod mb.
Im fehlerfreien Fall sind die Reste mod ma bzw. mod mb der modifizierten Adresse A_n^* gleich den modifizierten Resten A_a^* bzw. A_b^*. Die Syndrome im fehlerfreien Fall enthalten $s_a = 0$ <u>und</u> $s_b = 0$ bzw. $S = (0,0)$.

Aufgrund der Syndromparameter sind auch die verschiedenen Fehlermöglichkeiten gekennzeichnet:

a) Fehler in der Adresse:
   Bei fehlerhafter Adresse $A_n^{*'}$ lautet das Biresiduencodewort:

$$\{A_n^{*'}, A_a^*, A_b^*\}$$

   Daraus ergeben sich die Syndrome

$$S = A_n^{*'} - A_a^* \bmod ma,\ A_n^{*'} - A_b^* \bmod mb$$
$$= |A_{na}^* + E - A_a^*|_{ma},\ |A_{nb}^* + E - A_b^*|_{mb}$$

   Mit $|A_{na}^* - A_a^*|_{ma} = 0$ und $|A_{nb}^* - A_b^*|_{mb} = 0$ folgt

$$S = (|E|_{ma},\ |E|_{mb}) = s_a,\ s_b \tag{6}$$

   Da $s_a \neq 0$ <u>und</u> $s_b \neq 0$, ist ein Fehler (EF,MF) in der Adresse gekennzeichnet.

b) Fehler im Checker a (Rest mod ma):
   Hier lautet das Biresiduencodewort:

$$\{A_n^*,\ A_a^{*'},\ A_b^*\}$$

Für die Syndrome folgt:

$$S = |A_n^* - A_a^{*\prime}|_{ma}, \; |A_n^* - A_b^*|_{mb}$$

$$= |A_{na}^* - (A_a^* + E)|_{ma}, \; |A_{nb}^* - A_b^*|_{mb}$$

Mit $|A_{na}^* - A_a^*|_{ma} = 0$ und $|A_{nb}^* - A_b^*|_{mb} = 0$ ergibt sich

$$S = (|-E|_{ma}, 0) = s_a, s_b$$

Da $s_a \neq 0$ und $s_b = 0$, ist ein Fehler im Checker a identifiziert.

c) Fehler im Checker b (Rest mod mb):
Die gleiche Überlegung wie unter b) führt zu den Syndromen

$$S = s_a, s_b = (0, |-E|_{mb})$$

Die Fälle b) und c) weisen zwar auf einen Fehler in den jeweiligen Checkern hin, die Adresse ist jedoch fehlerfrei!

Bei der 12bit-Adresse mit ma = 7 und mb = 15 ergeben sich für die Syndrome ma x mb = 1o5 verschiedene Kombinationen. Dazu gehören

- der fehlerfreie Fall S = (0,0),
- die 14 + 6 Syndrome für Fehler in den Resten, S = (0,y) bzw. S = (x,0) und
- die 14 x 6 Syndrome für EF und MF, S = (x,y) mit x = 1,...,ma - 1 und y = 1,...,mb - 1

Aus der durch die Syndromparameter s_a und s_b indizierten Fehlerwertmatrix FWM sind in Bild 3 die Syndrome für Einzelfehler EF herausgezogen.

i	*Syndrome von* $+2^i$ $= (+2^i \bmod 7, +2^i \bmod 15)$	*Syndrome von* -2^i $= (-2^i \bmod 7, -2^i \bmod 15)$
0	1,1	6,14
1	2,2	5,13
2	4,4	3,11
3	1,8	6, 7
4	2,1	5,14
5	4,2	3,13
6	1,4	6,11
7	2,8	5, 7
8	4,1	3,14
9	1,2	6,13
10	2,4	5,11
11	4,8	3, 7

Bild 3: Syndrome für Einzelfehler bei n = 12, a = 3 (ma = 7) und b = 4 (mb = 15)

Die Werte für EF werden durch modulo-Operationen gebildet:

$$E = 2^i \rightarrow s_a = |2^i|_{ma},\ s_b = |2^i|_{mb};\ i = 0,\ldots,n-1$$

$$E = -2^i \rightarrow s_a = |-2^i|_{ma},\ s_b = |-2^i|_{mb};\ i = 0,\ldots,n-1$$

Dabei ist der negative Fehlerwert im 1er-Komplement vorausgesetzt. Entsprechend Gleichung (3) erfolgt die Korrektur der Adresse durch Subtraktion mod $2^n - 1$ des Fehlerwertes von der als fehlerhaft erkannten Adresse.

2.3 Realisierung der Erkennungs- und Korrektureinrichtung

Bild 4 zeigt das Blockbild der fehlertoleranten Mikroprogrammsteuerung mit den Zusätzen für den Biresiduencode.

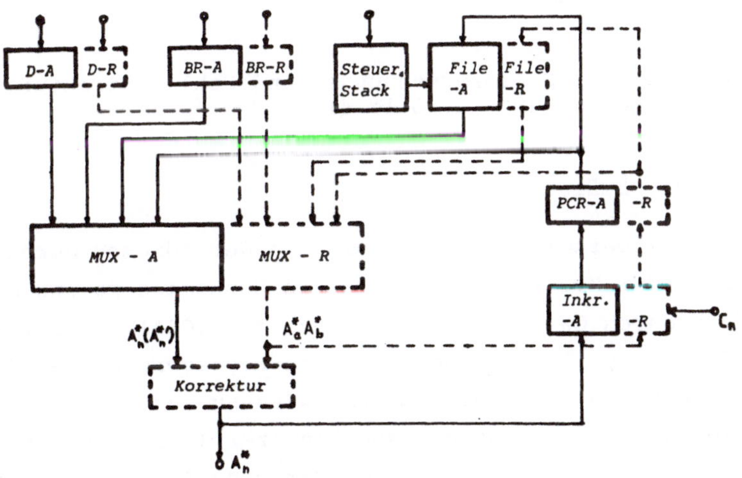

Bild 4: Fehlertolerante Programmsteuerung

Wie dem Bild zu entnehmen ist, wird vorausgesetzt, daß zu den Adressen auch die Reste über den D-Eingang in die Steuerung gelangen. Außerdem werden Adressen <u>und</u> Reste aus dem Mikroprogrammspeicher ins R-Register zugeführt, d.h. daß die Reste für Sprungadressen im Mikroprogrammspeicher mitgespeichert werden.

Der Block mit der Bezeichnung "Korrektur" ist im Bild 5 im Detail dargestellt.

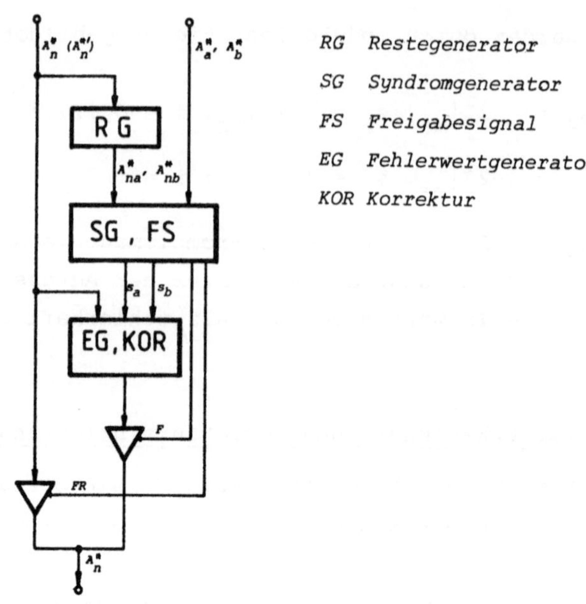

Bild 5: Blockbild der Fehlererkennungs- und Fehlerkorrektureinrichtung (Block "Korrektur" aus Bild 4)

2.3.1 Restegenerator (RG)

Aufgrund der Teilbarkeit der Stellenzahl n der Adresse durch die Stellenzahlen a und b der Module lassen sich die Reste mod ma und mod mb relativ einfach durch Carry-end-around-Addierer (CEA) realisieren. Da die von Rao und Wakerly [3,6] vorgeschlagenen Restegeneratoren durch die Rückkopplung eine unerwünschte Speicherwirkung aufweisen, wird zur Restebildung jeweils ein Carry-before-sum-Addierer (CBS) vorgestellt. Der CBS-Addierer enthält wie der CEA-Addierer eine Anzahl von Additionsstellen, die der jeweiligen Modulstellenzahl a und b entspricht. Das Carrybit wird wie beim Look-ahead-carry und integrierten Full-Addern-with-fast-carry durch Parallelbearbeitung erzeugt, jedoch intern direkt der niederwertigsten Stelle als Carry zugeführt. Für die Reste A^*_{na} werden drei 3-stellige CBS-Addierer und für die Reste A^*_{nb} zwei 4-stellige CBS-Addierer benötigt. Die Restegenerierung erfolgt über zwei Addiererstufen.

2.3.2 Syndromgenerator (SG) und Freigabesignal (FS)

Die Syndromparameter s_a und s_b lassen sich gemäß Gleichung (5) durch Subtraktion der Reste mod ma bzw. mod mb ermitteln. Die Subtraktion läßt sich durch Addition der neu gebildeten Reste und der invertierten modifizierten Reste mod ma bzw. mod mb realisieren, d.h. daß auch hier CBS-Addierer Verwendung finden. Die Syndrome werden hinter je einem 3-stelligen und einem 4-stelligen CBS-Addierer erhalten.

Aus den Syndromen kann durch eine einfache Logik entschieden werden, ob die korrekte oder die korrigierte Adresse ausgegeben wird. Das Signal $FR = \overline{s_a \cdot s_b}$ schaltet die korrekte Adresse durch, wenn kein Fehler oder ein Fehler in einem der Checker vorliegt. Das Signal $F = s_a \cdot s_b$ gibt die korrigierte Adresse frei.

2.3.3 Fehlerwertgenerator (EG) und Korrektur (KOR)

Werden die Fehlerwerte E für Einzelfehler aus Bild 3 mit der binären Darstellung der Syndromparameter s_a und s_b in Verbindung gesetzt, so erfolgt für positive E:

$$E_i = s_{al} \cdot s_{bk} \text{ mit } l = |i|_a, \; k = |i|_b \text{ für alle } i = 0,\ldots,n-1$$

Negative E werden durch Invertierung der positiven Werte gebildet. Der Fehlerwert E wird damit durch die paarweise Konjunktion jeweils zweier Syndromparameterstellen ermittelt.
Da die Syndromparameter mit dem binären Gewicht 1 positive E und die Parameter mit dem Gewicht a - 1 bzw. b - 1 negative E kennzeichen, genügt auch hier eine einfache Gatterlogik, um das Vorzeichen zu bestimmen.

Die Korrektur erfolgt nun durch einen 12bit CBS-Addierer (mod $2^n - 1$), dem als Addend die fehlerhafte Adresse $A_n^{*\prime}$ und als Augend der Fehlerwert E zugeführt werden.

2.4 Aufwandsbetrachtung

Auf der Basis eines Gate-Counts wurden für die vorgestellte fehlertolerante Mikroprogrammsteuerung S_{BR} folgende Beziehungen zur einfachen Steuerung S_E und zur TMR der kompletten Steuerung mit einfachem Voter S_{TMR} festgestellt:

$$S_{BR} = 2{,}18 \cdot S_E, \qquad S_{TMR} = 3{,}o8 \cdot S_E \text{ und}$$

$$S_{BR} = o{,}7 \cdot S_{TMR}$$

Hinzu kommt eine Redundanz von 7 x m Mikroprogrammspeicherstellen, wobei m die Speichertiefe bezeichnet. Diese Speicherredundanz ist in zweierlei Hinsicht akzeptabel. Erstens werden die Speicherstellen der Sprungadressen und Prüfstellen mit einer Leistung gesichert, die über der eines vergleichbaren Hamming-Codes liegt. Diese höhere Leistung ergibt sich dadurch, daß beim Biresiduencode neben Einzelfehlern und Einzelbitfehlern auch ein Teil der Mehrfachbitfehler korrigiert und fast alle Mehrfach- und Mehrfachbitfehler (MF und MBF) erkannt werden. Daß dazu 7 statt der beim Hamming-Code notwendigen 5 Prüfbits benötigt werden, fällt bei der relativ geringen Speichertiefe und der Wortbreite >48bit kaum ins Gewicht. Zweitens bezieht sich damit die Biresiduencodesicherung nicht nur auf den Sequenzer an sich, wie bei der TMR-Anwendung, sondern auch auf die Eingangssignale und auf den zugehörigen Speicherteil.

Läßt man den Anspruch auf Korrektur fallen, so ergibt sich mit Hilfe des Gate-Counts folgende Relation:

$$S_{BR} = 1{,}85 \cdot S_E$$

Dabei ist die Erkennungseinrichtung durch die zweifachen Reste gemäß Anderson, Metze [7] self-testing.

3. Gesamtkonzept

Bild 6 gibt abschließend einen Überblick über einen Vorschlag zur Fehlertoleranz des gesamten mikroprogrammierbaren Prozessors. Die Sequenzer- bzw. Programmsteuerungsfunktion wird wie beschrieben überwacht. Die Steuersignale werden in TMR-Modulen erzeugt oder zwischengespeichert (PROM, Status-Register), da wegen der geringen Signalleitungszahl andere Verfahren ausscheiden. Ein Teil des Speichers ist durch den Biresiduencode (für den Sequenzer) gesichert. Im übrigen Speicherbereich wird auch ein Biresiduencode oder ein D3-Hamming-Code Anwendung finden. Das Operationswerk ist in Registerfeld und Arithmetik- bzw. Logikprozessor unterteilt. Für die arithmetischen Operationen wird ebenfalls ein seprarater Code (Biresiduencode) herangezogen. Für die logischen Operationen ist Verdreifachung vorgesehen.

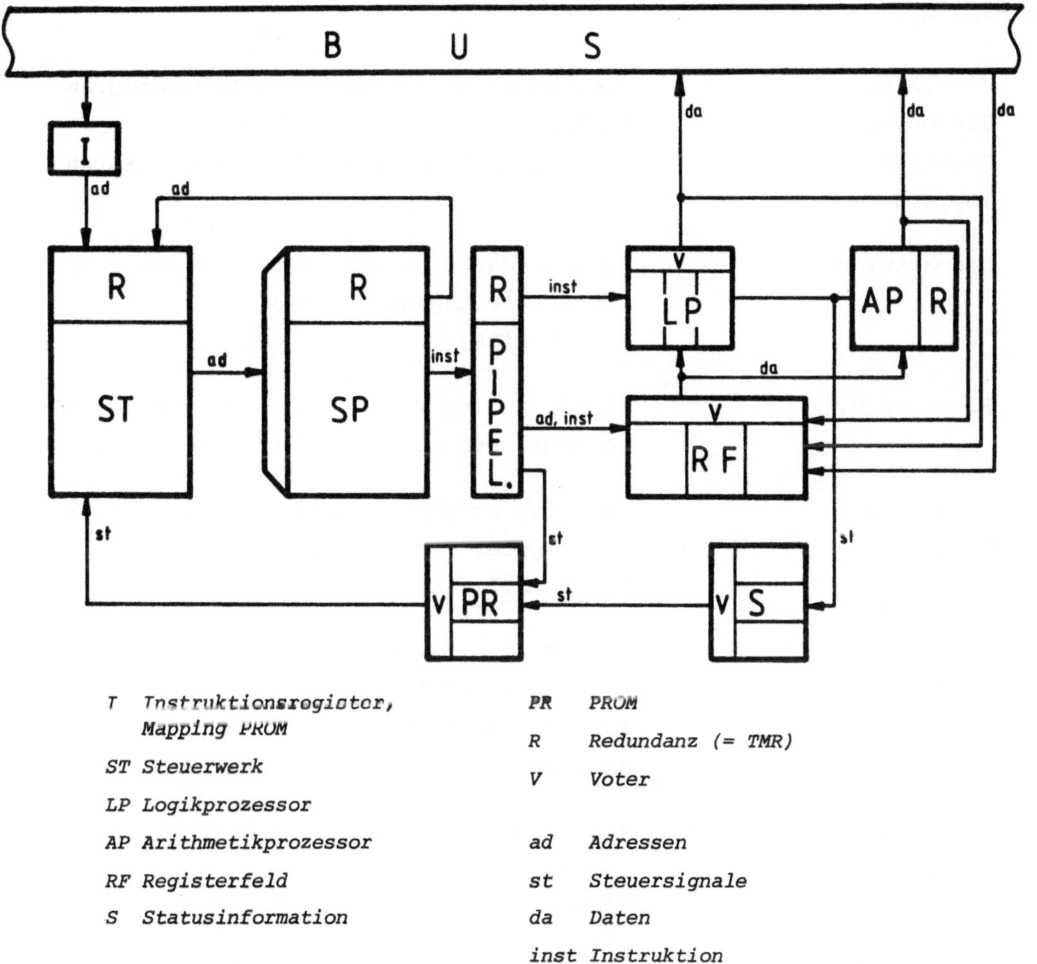

Bild 6: Grobstruktur des fehlertoleranten mikroprogrammierbaren Prozessors

Fehlertoleranz bedeutet bekanntlich Aufwand an Hardware, Software (Firmware) oder Verarbeitungszeitverlust, oft sogar eine Kombination dieser Nachteile. Die am Beispiel der Mikroprogrammsteuerung erläuterte Codesicherungsmaßnahme bietet einen Kompromiß zwischen Hardwareaufwand und Verarbeitungszeitverlust, da sich die Erkennungs- und Korrekturlogik mittels kombinatiorischer Elemente einfach realisieren läßt und die Laufzeitverzägerung bei Verwendung entsprechender Technologie nicht zur Reduzierung der Verarbeitungsgeschwindigkeit führt.

4. Literatur

1	Cook,R.W. Sisson,W.H. Storey,Th.F. Toy,W.N.	"Design of a Self-Checking Microprogram Control" IEEE Tr.on Computers, C-22, No.3, March73
2	Disparte,Ch.P.	"A Self-Checking VLSI Microprocessor for Electronic Engine Control" FTCS-11,1981
3	Rao,Th.R.N.	"Error Coding for Arithmetic Processors", Academic Press, New York 1974
4	Szabó,N.S. Tanaka,R.I.	"Residue Arithmetic and its Application to Computer Technology", McGraw-Hill, New York 1967
5	Rao,Th.R.N. Garcia,O.N.	"Cyclic and Multiresidue Code for Arithmetic Operations" IEEE Tr. on Information Theory, II-17, No.1,1971
6	Wakerly,J.	"Error Detecting Codes, Self-Checking Circuits and Applications", Elsevier North Holland, New York 1978
7	Anderson,D.A. Metze,G.	"Design of Totally Self-Checking Check Circuits for m-Out-of-n Cods", IEEE Trans. on Computers, C-22,No.3, March 1973

Fehlertoleranz durch Rekonfiguration beim Mehrrechnersystem 'EBR'

Gert Regenspurg und Yan Kai-ming

Gesellschaft für Mathematik und Datenverarbeitung
Schloss Birlinghoven, D-5205 St. Augustin 1

Zusammenfassung

Es werden zwei verschiedene Methoden zur Steigerung der Zuverlässigkeit von Mehrrechnersystemen vorgestellt: 'Standby-Redundanz' und 'Graceful Degradation'. Grundlage der Betrachtungen ist ein Rechnerkonzept, welches u.a. durch Verwendung einheitlicher Hardware-Bausteine gekennzeichnet ist, die umfangreiche Fehlererkennungseinrichtungen aufweisen. Für beide Methoden wird eine Abschätzung des Gewinns an Zuverlässigkeit durchgeführt.

I Aufbau von EBR-Systemen

Unter der Vorhabenbezeichnung 'Einheitsbausteinrechner' (EBR) wurde in der GMD in Birlinghoven ein Konzept für die Entwicklung von Rechnersystemen untersucht und ein Beispiel (der EBR3) als Labormuster implementiert. Ziel des Vorhabens war die 'Vereinfachung und Systematisierung des Aufbaus von Rechnersystemen' sowie die Entwicklung von Fehlererkennungseinrichtungen zur Steigerung der Zuverlässigkeit.

Kennzeichnend für EBR-Systeme sind zwei Ebenen der Modularisierung: auf der untersten Ebene gibt es drei Bausteintypen, aus denen sich die Elemente der oberen Ebene, das sind die Prozessoren und Speichermodule, zusammensetzen. Auf der Ebene der Prozessoren und lokalen Speicher lassen sich dann durch ein Netzwerk verbundene größere Systeme aufbauen. Jeder Prozessor hat eine eigene Ein/Ausgabemöglichkeit und je nach Anzahl der Bausteine mehrere voneinander unabhängige Adreß- und Zugriffsleitungen zu den ihm zugeordneten lokalen Speichern (siehe Bild 1).

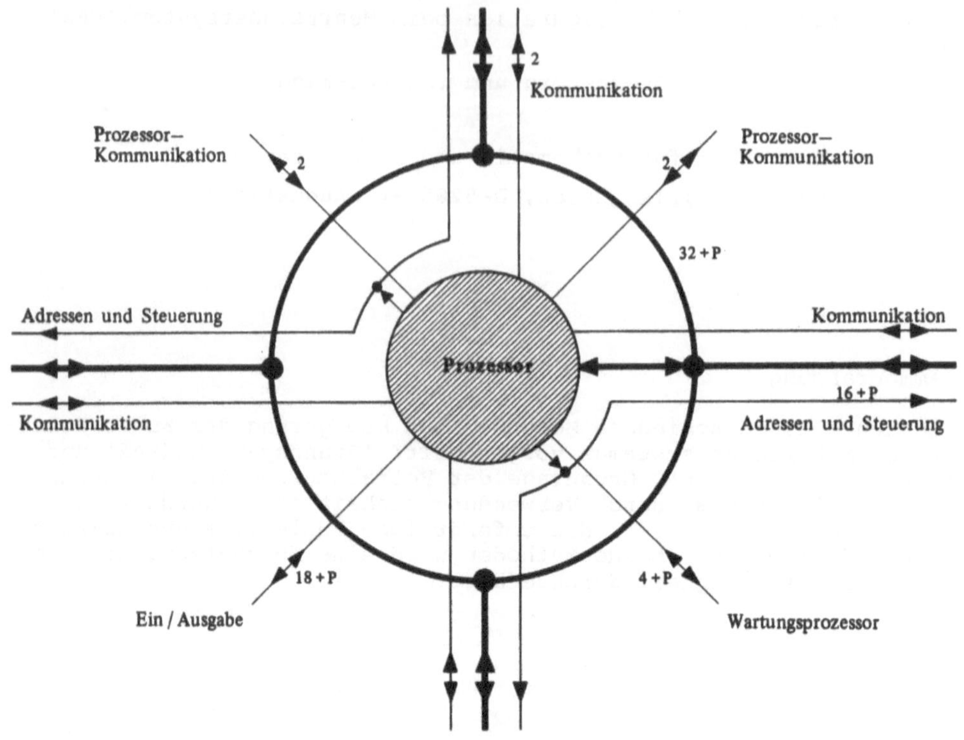

PROZESSORMODUL

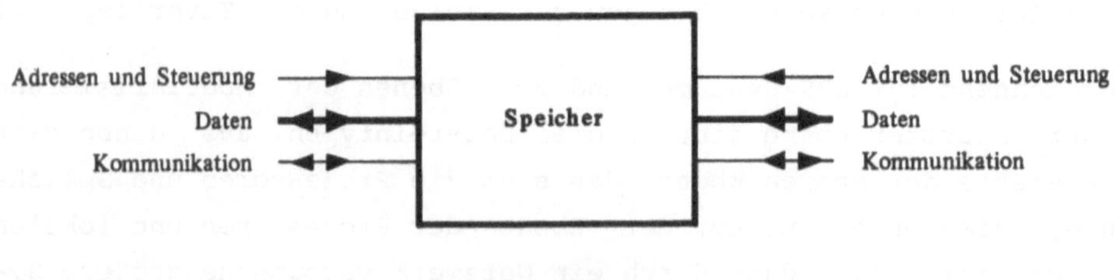

SPEICHERMODUL

Bild 1: EBR–Module und ihre Verbindungsanschlüsse.

Die Konstruktion von Systemen verschiedener Dimension und Aufgabenstellung wird dadurch erreicht, daß die Größe der Prozessoren und Speicher innerhalb gewisser Grenzen und die Anzahl der Prozessoren und Speicher weitgehend frei gewählt werden können. Außerdem kann der einzelne Rechner durch Änderung oder Ersetzung der gespeicherten Mikroprogramme an wechselnde Anforderungen, wie sie z.B. bei einer Rekonfiguration auftreten können, angepaßt werden. Die Prozessoren sind durch die lokalen Speicher voneinander entkoppelt, so daß sie je nach gewählter Betriebsart auch weitgehend unabhängig arbeiten können. Jeder Prozessor bildet zusammen mit einem ihm zugeordneten lokalen Speicher und seiner Fähigkeit zur Ein- und Ausgabe einen 'Rechner', - die Summe aller Rechner bei entsprechender Betriebsart ein 'Mehrrechnersystem'. Bild 2 zeigt die Einbettung des EBR3 in ein allgemeines EBR-Netz.

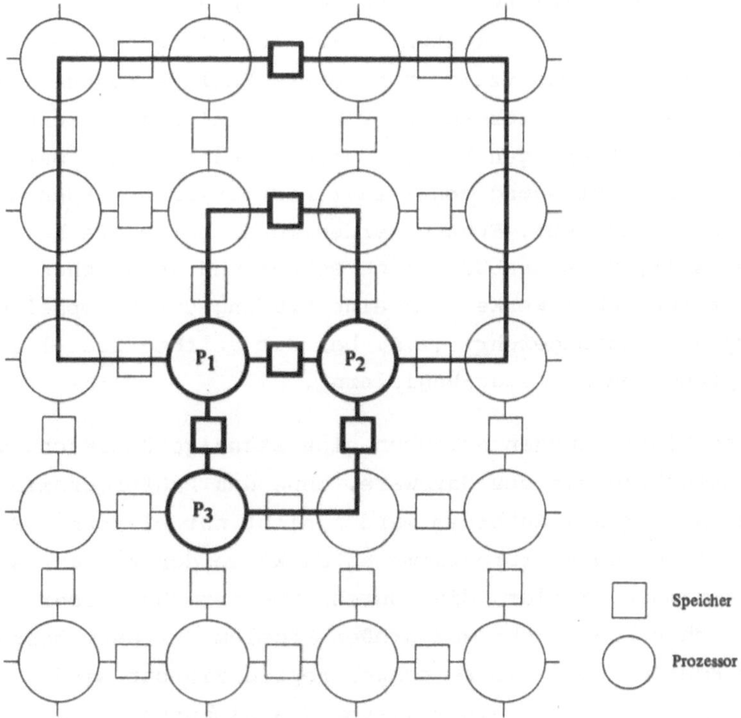

Bild 2: Einbettung des EBR 3 in ein allgemeines EBR–Netz

Fordert man von einem solchen System eine hohe Leistung für eine globale Aufgabenstellung, so kann die Kommunikation zwischen den Prozessoren zu einem leistungsbegrenzenden Engpaß werden. Die Prozessoren sind daher im EBR-System mit 32 bit-Datenbussen indirekt über die Speicher gekoppelt und für schnellen Datentransfer ausgelegt. Jeder Prozessor kann in einem Maschinenzyklus durch horizontale Mikroprogrammierung zwei 32-bit Operanden verarbeiten, eine Adreßrechnung vollziehen und einen Speicherverkehr durchführen. Das bedeutet, daß die Kommunikation die lokale Datenverarbeitung kaum belastet. Unter Berücksichtigung der breitbandigen, schnellen Kommunikation kann ein EBR-System je nach Betriebsart entweder als ein 'enggekoppeltes Mehrrechnersystem' betrachtet werden, oder bei einem von den Prozessoren gemeinsam benutzten Betriebssystem auch als 'Multiprozessorsystem' bezeichnet werden.

II Fehlererkennung

Die Beschränkung auf drei Typen von Bausteinen auf der unteren Ebene der Modularisierung erlaubt die Implementierung umfangreicher Fehlererkennungseinrichtungen auf dem einzelnen Baustein. Ziel ist es, durch die zusätzlichen Hardware-Fehlererkennungseinrichtungen möglichst alle auftretenden Ein-bit-Fehler zu erkennen und anzuzeigen. Die notwendigen Einrichtungen sind bekannt: Datenwege und auch die Übertragung von Steuerinformationen werden durch Parity-Prüfung überwacht. Ebenso werden lokal bei einfachen Schaltnetzen die Parity Bits unabhängig gerechnet und verglichen. Bei komplizierteren Schaltwerken wird eine Prüfung durch doppelten Aufbau und Vergleich durchgeführt (z.B. bei der arithmetisch-logischen Verknüpfung und bei Flag-Registern).

Diese Einrichtungen erlauben eine ständige Überwachung der Funktionstüchtigkeit der Hardware, ohne daß Prüfprogramme zunächst gebraucht werden. Außerdem werden nicht nur bleibende Fehler erkannt, wie sie durch Prüfprogramme entdeckt werden können, sondern auch 'transiente' Fehler, die durch 'Übersprechen' oder Störimpulse entstehen können und zum großen Problem der Wartungstechniker werden können, weil sie so schwer reproduzierbar sind.
Im Fehlerfall wird ein Taktstop des nächsten Maschinenzyklus' veranlaßt. Der defekte Baustein ist durch die Fehlermeldung lokalisiert und wird angezeigt. Dies geschieht bei einem Aufbau der Hard-

ware mit herkömmlicher Leiterplattentechnik durch ein Lämpchen (implementiert beim EBR3). Die Anzeige des defekten Baustein kann auch über den Bildschirm eines Wartungsprozessors erfolgen. Der Wartungsprozessor kann über zusätzlich eingebaute Datenpfade alle speichernden Elemente in der Umgebung des aufgetretenen Fehlers auslesen und reservieren. Das Verhalten des übrigen Systems wird später erläutert. In jedem Falle aber sollte eine dynamische Fehler-Behandlung erfolgen, d.h. daß das System ohne menschliches Eingreifen weiterarbeiten kann.

Ganz ohne zusätzliche Prüfprogramme kann jedoch das System nicht auskommen: zum Test der firmware-gesteuerten Kommunikation zwischen den Moduln und zum Test der Hardwareprüfeinrichtungen muß in größeren Zeitabständen ein Prüfprogramm ablaufen. Hierbei erzeugt ein Prozessor ein 'Testpattern' mit einem Zufallszahlengenerator. Dieses Testpattern geht mit einem Auftrag an die Nachbarprozessoren und wird dort behandelt. Hierbei werden alle Steuerfunktionen des Mikrosteuerworts angesprochen. Zum Schluß wird ein Ergebnis zurückgesendet und verglichen mit dem vom Prozessor selbst inzwischen berechneten Wert. Im folgenden wird auf diese Art Fehlererkennung nicht weiter eingegangen, - es werden nur die dynamischen Fehlererkennungseinrichtungen der Hardware betrachtet.

Der Aufwand für die Fehlererkennung von dynamisch auftretenden Fehlern durch zusätzliche Hardware ist beträchtlich: bei dem Labormuster EBR3 betrug der Mehraufwand 35% bis 40% der 'Nutzhardware'.

Die Fehlererkennung ist zudem unvollständig: es werden nur etwa 92% bis 95% aller denkbaren Fehler unmittelbar erfaßt. Ein Beispiel für das Nichterkennen eines Fehlers ist u.a. die Taktversorgung: der partielle Ausfall einzelner Maschinentakte wird z.B. nicht registriert. Die Prozentzahlen sind durch längeres Nachdenken bei der Entwicklung der Hardware noch verbesserungsfähig,- man wird jedoch kaum 100% Fehlererkennung erreichen können.

Eine Alternative zu dieser Art Fehlererkennung ist der Aufbau von zwei parallel arbeitenden Moduln. Hierbei erhalten beide Moduln die gleichen Eingangsgrößen. Der prüfende Modul erhält zusätzlich die Ausgänge des zu prüfenden Moduls als Eingänge und vergleicht die Ergebnisse. Ein Beispiel dafür ist der neue Mikroprozessor iAPX 432 der Firma INTEL, der auf diese Weise auch eine Fehlererkennung für dynamisch auftretende Fehler erlaubt. Der Aufwand ist zwar hierbei mehr als doppelt so hoch, der Vorteil liegt aber in einer einfacheren Struktur und auch darin, daß man, legt man keinen Wert auf diese Art der Fehlererkennung, einfach einen Prozessor weglassen kann.

Die Fehlererkennung der Bausteine von EBR-Systemen ermöglicht den Einsatz mehrerer Methoden, fehlertolerante Systeme zu entwickeln. Zwei unterschiedliche Methoden sollen im folgenden vorgestellt werden.

III Fehlertoleranz durch Einsatz von Standby-Redundanz.

Angenommen wird hierbei, daß die Prozessoren im System unterschiedliche Teilaufgaben einer größeren Gesamtaufgabe zu lösen haben. Dies tritt z.B. auf bei der Emulation eines komplexeren General-Purpose-Rechners, wie in (1) beschrieben. Alle Prozessoren, wobei hier i.a. nur eine geringere Anzahl von Prozessoren, etwa kleiner 10, in Frage kommt, sind über separate Speichermoduln vollständig miteinander über breite Datenwege verbunden. Ein Beispiel für vier Prozessoren zeigt Bild 3.

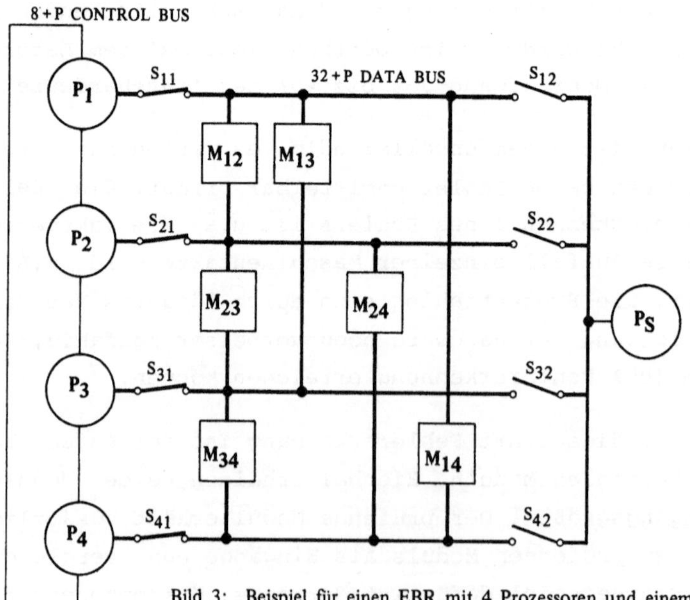

Bild 3: Beispiel für einen EBR mit 4 Prozessoren und einem Standby-Prozessor.

Jeder Prozessor kann durch einen Schalter von dem Verbindungsnetz abgetrennt werden. Es gibt zusätzlich noch eine Verbindung der Prozessoren untereinander, über die benachbarte Prozessoren direkt kommunizieren können. Ein Standby-Prozessor wird so geschaltet, daß er an beliebiger Stelle für einen abgeschalteten Prozessor eingeschaltet werden kann. Eine Realisierungsmöglichkeit für das Abschalten eines defekten Prozessors und das gleichzeitige Einschalten des Standby-Prozessors zeigt Bild 4.

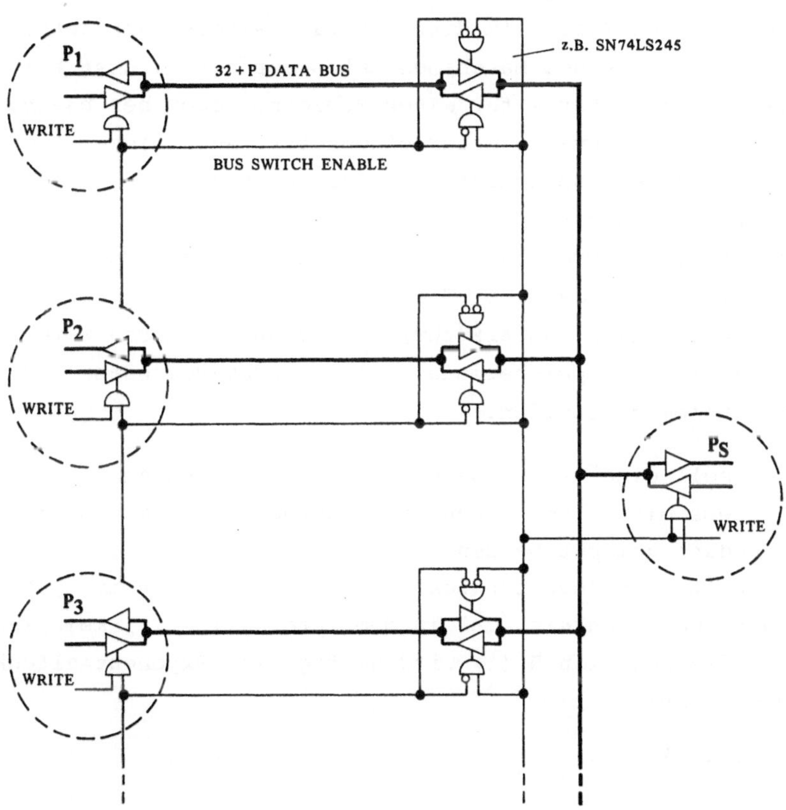

Bild 4: Realisierungsmöglichkeit für die Umschaltung auf den Standby–Prozessor.

Sobald ein Fehler in einem Prozessor entdeckt worden ist, wird der Maschinentakt des Prozessors automatisch abgeschaltet und der Prozessor in den 'Fehlerstatus' versetzt. Das Netzwerk wird entsprechend umgeschaltet, der Standby-Prozessor erhält aus dem Hintergrundspeicher die gleiche Firmware wie der defekte Prozessor und

über einen Restart läuft das System nach kurzer Unterbrechung mit der gleichen Leistung weiter. Der Standby-Prozessor muß bei selten auftretenden transienten Fehlern nicht sofort eingeschaltet werden. Mitunter kann der defekte Prozessor auch erneut durch einen Restart aktiviert werden. Zu diesem Zweck hat jeder Prozessor ein Restart-Mikroprogramm, dessen Hauptfunktion darin besteht, von Zeit zu Zeit geeignete Stützpunkte anzulegen (durch Zwischenspeicherung von Registerzuständen und Speicherbereichen), von denen aus ein Wiederaufsetzen möglich ist. Der eigentliche Restart kann nur von einem Nachbarprozessor aus initiiert werden, der den Prozessor veranlaßt, an einer definierten Stelle im Mikroprogramm wieder aufzusetzen und der auch eine Freigabe des Maschinentaktes veranlaßt. Erst bei großer Häufigkeit von Restarts für einen Prozessor oder bei bleibenden Fehlern wird der Standby-Prozessor eingesetzt. Auch dieser Prozessor wird mit den zwischengespeicherten Restartinformationen geladen werden, bevor er sich in das System integriert.
Fehler bei den Speichermoduln können mit den üblichen Code-Redundanz-Verfahren behandelt werden. Der Totalausfall eines Speichermoduls wurde bisher nicht näher untersucht, sollte jedoch durch Bereitstellung von zusätzlichen Speichermoduln als Standby-Redundanz prinzipiell kein Problem darstellen.

Im folgenden soll eine grobe Abschätzung des Gewinns an Zuverlässigkeit des Systems mit Standby-Redundanz gegenüber einem System ohne Standby-Redundanz gemacht werden.
Es sei R = R (t) die Zuverlässigkeit eines Prozessors im System, - d.h. die Wahrscheinlichkeit, daß in dem Intervall (0,t) kein Fehler auftritt. Für die Funktion R (t) wird häufig eine Exponentialfunktion als Näherung benutzt:

$$R_p(t) = e^{-\lambda t}$$

Bei N gleichartigen Prozessoren ergibt sich die Systemzuverlässigkeit

$$R_s = R^N$$

Wenn ein zusätzlicher Prozessor einen beliebigen Prozessor im System ersetzen kann, ergibt sich die verbesserte Zuverlässigkeit $R_{s'}$

$$R_{s'} = R^{N+1} + (N+1) R^N (1-R)$$

Aus der Zuverlässigkeitsfunktion läßt sich die mittlere Betriebsdauer (MTBF) berechnen:

$$MTBF = -\int_0^\infty t.dR(t)$$

Beispielsweise ergibt sich für das System von 4 Prozessoren:

$$MTBF_4 = \frac{1}{4\lambda_p}$$

Dabei ist λ_p die Anzahl der Ausfälle pro Zeiteinheit eines Prozessors.

Für das System mit 5 Prozessoren, wobei einer die Standby-Funktion erfüllt, errechnet man:

$$MTBF_{4+1} = -\int_0^\infty t.dR(t) = 5\int_0^\infty 4\lambda_p t.e^{-4\lambda_p t}dt - 4\int_0^\infty 5\lambda_p e^{-5\lambda_p t}dt$$

$$MTBF_{4+1} = 0,45\frac{1}{\lambda_p}$$

Die Betriebsdauer wird also durch Standby-Redundanz im Mittel um den Faktor 1,8 verlängert, wenn man das System ohne Reparatur betreibt.

IV Fehlertoleranz durch 'Graceful-Degradation'

Diese Methode zur Steigerung der Zuverlässigkeit läßt sich besonders gut bei Mehrrechnersystemen anwenden, bei denen alle Prozessoren dieselben Teilaufgaben zu lösen haben. Ein Beispiel für ein derartiges System ist ein Spezialrechner zur Lösung hochgradig parallelisierbarer Aufgaben.
Alle der durch das Verbindungsnetz gekoppelten Prozessoren, wobei eine weit größere Anzahl von Prozessoren als bei der oben beschriebenen Aufgabenstellung möglich ist, haben die gleiche Firmware und sind weitgehend selbständig. Jeder Prozessor orientiert sich von Zeit zu Zeit über den Zustand seiner Umgebung und hält die ermittelten Daten in einem Statusregister fest. Nicht vorhandene Resourcen sind dabei gleichzusetzen mit fehlerhaften Moduln.

Auch hier erfolgt eine ständige Selbstprüfung aller Prozessoren. Im Fehlerfall wird der Prozessor, nach mehreren Wiederholungsversuchen über 'Rerun'-Stützpunkte, abgeschaltet. Die Nachbarprozessoren registrieren dann den Ausfall in ihrem Statusregister und verhindern bis zur nächsten Prüfphase die Kommunikation mit dem defekten Prozessor. Das System arbeitet mit der für Mehrrechnersysteme typischen Betriebsart der 'freien Allocation'. Das bedeutet, daß die Teilaufgaben nicht jeweils vorbestimmten Prozessoren zugeordnet sind, sondern daß sie nach der jeweiligen Situation dynamisch von gerade freien Prozessoren angezogen und bearbeitet werden. Ein fehlerhafter Rechner bedeutet in diesem System lediglich, daß pro Zeiteinheit weniger Teilaufgaben bearbeitet werden können, daß also eine Leistungsverringerung eintritt, ohne daß ein totaler Systemausfall entsteht.

Es soll auch hier eine grobe Abschätzung des Gewinns an Zuverlässigkeit gemacht werden, ohne daß die durch die verminderte Leistung erhöhte Rechenzeit berücksichtigt wird. Unter der Annahme, daß mindestens ein Prozessor noch arbeitsfähig im System vorhanden sein soll ergibt sich die Zuverlässigkeitsfunktion bei N Prozessoren:

$$R_s = 1 - (1 - R)^N$$

Rechnet man hieraus die MTBF des Systems für beispielsweise 4 Prozessoren aus so ergibt sich

$$MTBF_{s4} \approx 2{,}1 \cdot \frac{1}{\lambda_p}$$

Vergleicht man diese Zeit mit der MTBF eines Systems, das aus 4 fehlerfreien Prozessoren bestehen soll, so ergibt sich eine Verlängerung der MTBF um etwa den Faktor 8.

Der oben berechnete Wert bezieht sich auf eine 100% Fehlererkennung, die ja, wie schon festgestellt wurde, kaum möglich ist.
Es soll daher der Effekt der nichterkennbaren Fehler mit einbezogen werden. Die Zuverlässigkeitsfunktion läßt sich in zwei Teile zerlegen (2).

$$R = R^p \cdot R^{(1-p)}$$

Dabei ist R^p der Teil, der durch die Fehlererkennung abgedeckt wird; $R^{(1-p)}$ sei der Rest.
Damit wird die Zuverlässigkeit für das fehlertolerante System:

$$R_s = (1-(1-R^p)^N) R^{(1-p)N}$$

Für EBR-Bausteine liegt der Wert für p bei 0,92 bis 0.95 (s.o.). Hierdurch sinkt die Zuverlässigkeit für vier Prozessoren entsprechend der Darstellung in Bild 5.

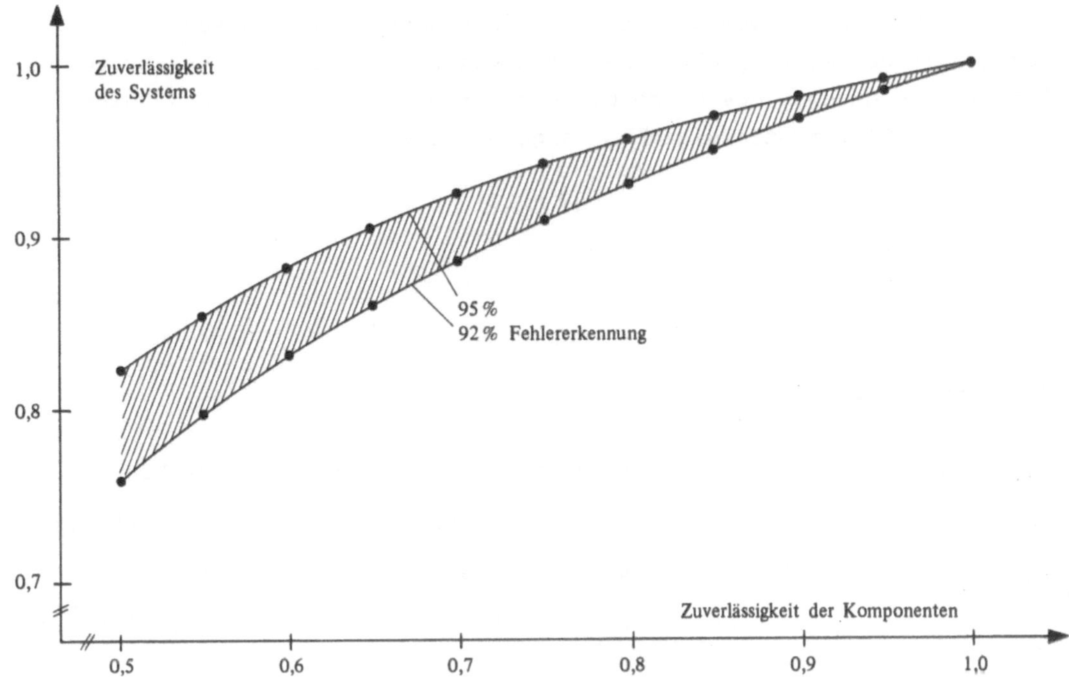

Bild 5: Verminderung der Zuverlässigkeit des Systems durch unvollständige Fehlererkennung der Einzelkomponenten.

V Schlußbemerkung

Die zwei hier vorgestellten Methoden, die zeigen sollen, wie man beim Mehrrechnersystem EBR fehlertolerante Systeme aufbauen kann, haben sehr unterschiedliche Ergebnisse gebracht. Überraschend gering scheint der Gewinn an Zuverlässigkeit bei der Standby-Redundanzmethode. Man muß jedoch beachten, daß einmal festgestellte Fehler die Reparaturzeit sehr verkürzen, denn die Reparatur kann schon während der Objekt-Laufzeit des Standby-prozessors vorbereitet werden.
Es muß darauf hingewiesen werden, daß durch den großen Aufwand an Hardware-Fehler-Erkennung die mittlere Ausfallzeit jedes Prozessors um etwa den Faktor 1.4 verkürzt wird. Andererseits wird man zukünftig mehr und mehr darauf dringen, auch dynamisch auftretende Fehler erkennbar zu machen.

Die Methode des 'Graceful-Degradation' läßt sich auch auf den Fall der Emulation eines General-Purpose-Prozessors durch ein EBR-System anwenden. In diesem Fall müssen nur alle Prozessoren neue Firmware erhalten. Die Untersuchungen darüber sind aber noch nicht abgeschlossen. Dagegen liegen erste praktische Erfahrungen vor mit einem EBR-System, bei dem die Methode des Graceful-Degradation für die Lösung einer partiellen Differentialgleichung angewendet wird.

VI Literatur:

(1) Regenspurg, G.: Entwicklung von Zentralprozessoren aus Einheitsbausteinen, Teil I und Teil II Elektronische Rechenanlagen, 21, 1979, Heft 2,3

(2) Mathur, F.P.: Measurement and evaluation of reliability in fault-tolerant computer architectures, Computer Reliability, p. 537-604, Infotech State of the Art Report

Das fehlertolerierende Mehrrechnersystem BFS

D. Bernhardt, A. Klein
Siemens AG, München

Zusammenfassung: BFS (Basic Fault-tolerant System) ist ein Mehrrechnersystem auf der Basis von Mikrocomputern, in dem die vorhandene Redundanz zur Realisierung von Fehlertoleranz genutzt wird. In dieser Arbeit wird die Implementierung von BFS beschrieben, wobei besonders auf die Aspekte der Kommunikation und der Systemdiagnose eingegangen wird.

1. Einleitung

Die wachsenden Forderungen nach Zuverlässigkeit und Verfüqbarkeit moderner Rechnersysteme machen Maßnahmen der Fehlertoleranz zum wichtigen Bestandteil zukünftiger Entwicklungen. Um praktische Erfahrungen bei der Realisierung fehlertolerierender Systeme sammeln zu können, wurde in den Siemens- Forschungslaboratorien das Multimikrocomputersystem BFS /1, 2, 9/ aufgebaut. Das System hat die Struktur eines teilvermaschten Rings, bei dem jeder Rechner mit seinen vier Nachbarn verbunden ist.

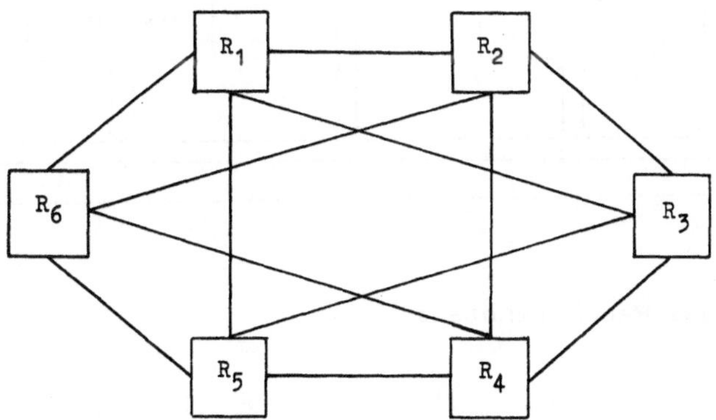

Bild 1: Struktur von BFS

Diese Verbindungen sind als bidirektionale Kommunikationswege realisiert.

Wichtig für die Fehlertoleranzeigenschaft von BFS ist der Verzicht auf zentrale Elemente. Insbesondere werden Aufgaben wie Systemverwaltung und -überwachung gleichberechtigt von allen Rechnern durchgeführt, wobei jeder Rechner nur über den Zustand seiner direkten Umgebung informiert ist.

Für den Aufbau der Rechnerknoten haben wir Standard-Baugruppen verwendet. Dies ist nicht nur besonders kostengünstig, sondern es erleichtert auch die Übertragung unserer Software-Lösung auf andere Systeme, da keine Spezial-Hardware benötigt wird.

Alle Knoten in BFS sind in gleicher Weise aufgebaut und bestehen aus einem Verarbeitungsteil mit 8086-CPU und einem Kommunikationsrechner mit 8085-Prozessor und vier E/A-Bausteinen. Dazu kommen noch Speicher-Baugruppen und ggf. Peripherie-Controller. Verarbeitungs- und Kommunikationsrechner stehen dabei in einer Master-Slave-Beziehung und kommunizieren miteinander über einen Dual-Port-Speicher. Die Übertragung von Information zu anderen Rechnerknoten erfolgt seriell und asynchron, wobei die vier Kanäle gleichzeitig betrieben werden können.

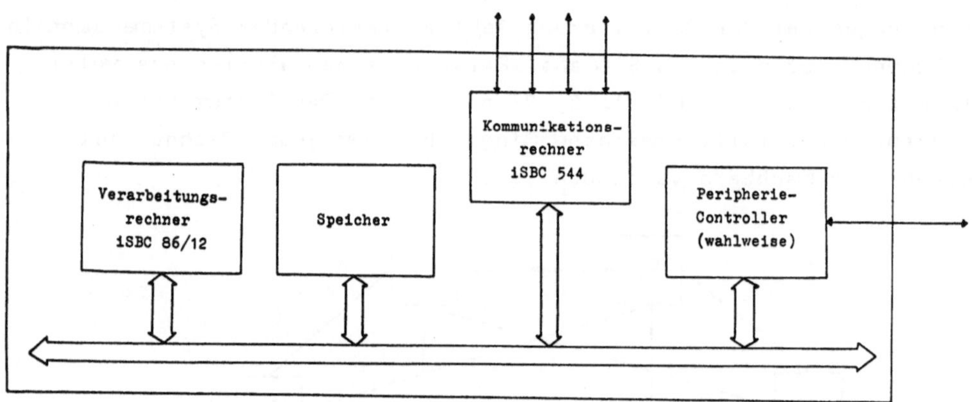

Bild 2: Aufbau eines Rechnerknotens

2. Kommunikation

Der Datenaustausch zwischen den Rechnerknoten erfolgt aus Anwendersicht analog zur Interprozeßkommunikation im Mailboxverfahren. Das Kommunikationssystem übernimmt dabei alle Aufgaben der Aufbereitung und physikalischen Übertragung von Nachrichten und die Quittungsabwicklung.

2.1 Sicherung von Nachrichten

Es besteht eine klare Trennung zwischen der logischen und der physikalischen Ebene der Nachrichtenübertragung.
Die logische Ebene stellt die Verbindung zwischen Quelle und Ziel einer Nachricht ohne Berücksichtigung der dazwischenliegenden Hardware dar. In der physikalischen Ebene wird dagegen die Punkt-zu-Punkt Übermittlung zwischen zwei direkt miteinander verbundenen Rechnerknoten betrachtet.
Auf beiden Ebenen verwenden wir Sicherungsverfahren, die in ähnlicher Weise aufgebaut sind.
Durch Hinzufügen von Redundanzinformation können Übertragungsfehler erkannt werden. Die Gesamtnachricht wird durch 16 Bit CRC-Check gesichert. Auf Hardwareseite wird zusätzlich zu jedem Byte ein Paritybit übertragen.
Der korrekte Empfang einer Nachricht wird zwischen Quell- und Zielrechner durch eine Quittungsnachricht bzw. zwischen Sender und Empfänger durch ein Hardwaresignal bestätigt. Das Ausbleiben einer Quittung wird in beiden Fällen durch Zeitüberwachung festgestellt.
Wird auf Seite des Empfängers / Zielrechners ein Übertragungsfehler (Parity, CRC) erkannt, so wird die Nachricht ignoriert. Der Sender/Quellrechner bemerkt dies nach Ablauf seines Timers und wiederholt den Sendevorgang.
Nach zwei Fehlversuchen auf der physikalischen Ebene wird ein Kanalausfall angenommen und die Nachricht auf einen Alternativweg umgeleitet. Dies wird in einer Tabelle vermerkt, so daß auch für alle folgenden Nachrichten der defekte Kanal nicht mehr benutzt wird.

2.2 Übertragung von Nachrichten

Wir verwenden in unserem Kommunikationssystem ein festes Nachrichtenformat. Dazu gehören Angaben über die Länge der Nachricht, Nummer des Quell- und Zielrechners und den Nachrichtentyp. Da vom Kommunikationsrechner nur Nachrichtenblöcke von maximal 1 K Byte Länge bearbeitet werden können, muß bereits vom Master eine entsprechende Zerlegung vorgenommen werden. Jedem Block wird dabei in einem Header unter anderem eine Blocknummer mitgegeben, die beim Empfänger für das richtige Zusammensetzen der Gesamtnachricht verwendet wird. Der Kommunikationsrechner verfügt pro Kanal über je einen Empfangs- und Sendepuffer von 1 K Byte.
Jedem Sendeauftrag wird aufgrund seiner Zielnummer ein Kanal zugeordnet. Anschließend erfolgt über eine Warteschlange die Vergabe des zugehörigen Sendepuffers und der Sendestart. Sendeaufträge werden entweder vom Master gegeben oder entstehen intern durch Empfang eines Nachrichtenblockes, der an einen anderen Rechner weiterzuleiten ist.
Der Kommunikationsrechner kann parallel auf allen vier Kanälen senden und empfangen.

3. Fehlerdiagnose

In einem fehlertolerierenden System kommt es darauf an, möglichst alle defekten Einheiten zu lokalisieren und intakte Einheiten nicht als defekt anzusehen. Unter Einheiten verstehen wir dabei die einzelnen Rechnerknoten, die sich nach einem fest vorgegebenen Schema gegenseitig testen.

3.1 Diagnosegraph

Der Diagnosegraph eines Systems /3, 4, 8/ stellt mit seinen gerichteten Kanten die Testbeziehungen zwischen den Einheiten dar. In unserem System BFS verwenden wir ein zweistufiges Testverfahren.

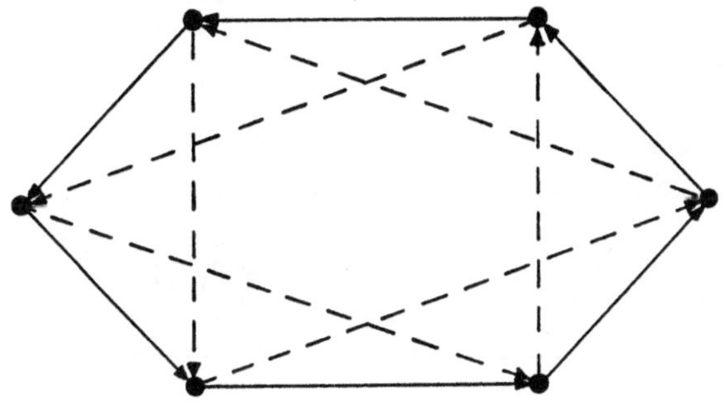

Bild 3: Diagnosegraph

Im ersten Schritt finden nur die Tests zwischen den benachbarten Einheiten statt. Nur wenn dabei eine Einheit zu einem negativen Testergebnis kommt, testet diese in Schritt 2 die übernächste Einheit.

Unter der Voraussetzung, daß höchstens zwei Einheiten im System defekt sind, kann man aus den Testergebnissen eindeutig auf den Systemzustand schließen. Dies bedeutet, daß BFS 2-diagnostizierbar ist.

3.2 Nachbartests

Ein Test zwischen zwei Rechnern in BFS (Nachbartest) besteht aus der Aufforderung einen Selbsttest durchzuführen und anschließend den Nachbartest zu quittieren. Fällt der Selbstest negativ aus, so befindet sich der Rechner im Haltzustand und kann deshalb nicht antworten. Das Ausbleiben einer Antwort wird durch Zeitüberwachung erkannt, und als negatives Testergebnis interpretiert.
Ein positives Testergebnis können wir daher immer als zuverlässig ansehen.
Da eine zentrale Diagnoseeinheit, der alle Testergebnisse mitgeteilt werden, unserem Systemkonzept widerspricht, wird die Entscheidung über einen Rechnerausfall lokal von einem Diagnosepaar getroffen.

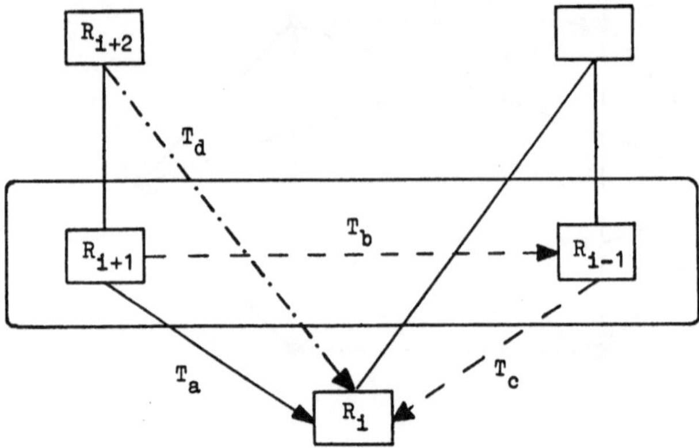

Bild 4: Diagnosepaar

Die Ergebnisse der Tests T_a und T_b lassen auf lokaler Ebene noch keine Entscheidung über den Zustand von Rechner R_i zu. Der Rechner R_{i-1} führt deshalb zusätzlich den Test T_c durch und teilt das Ergebnis dem Rechner R_{i+1} mit.
Fällt Test T_b positiv aus, so liefert Test T_c eine korrekte Diagnose von Rechner R_i. Bei Ausfall von Rechner R_i führt dann das Diagnosepaar die Rekonfiguration durch. Wird dagegen Test T_b nicht beantwortet, liegt für Rechner R_{i+1} eine Ringunterbrechnung vor. Da unser Kommunikationskonzept in jedem Rechner Verbindungen nach beiden Seiten voraussetzt, muß Rechner R_{i+1} abgeschaltet werden. Dies nimmt er nach einer Meldung an Rechner R_{i+2} selbst vor. Dieser entscheidet aufgrund von Test T_d ob das System abgeschaltet werden muß, weil auch Rechner R_i defekt ist, oder ob eine Rekonfiguration stattfinden muß.

Im BFS stehen für die Nachbartests auf allen Kanälen eigene Signalleitungen zur Verfügung. Bei einer Testanforderung des Masters setzt der Kommunikationsrechner das Testsignal auf dem entsprechenden Kanal und nimmt es erst zurück, wenn die Quittung erkannt wurde oder der Timer abgelaufen ist.
Die Information über den Ausgang von Test T_c wird durch ein besonderes Verfahren bei der Quittierung von Test T_b mitgeteilt. War das Ergebnis von Test T_c positiv, so wird Test T_b normal quittiert. Andernfalls wartet Rechner R_{i+1} eine Wiederholung von Test T_b ab und quittiert diese.

3.3 Selbsttests

Die Fehlererkennung auf lokaler Ebene wird durch Selbsttestprogramme realisiert, die jeweils bei Empfang eines Nachbartests gestartet werden. Auf den Prozessoren von Master- und Kommunikationsrechner werden, ausgehend von einem als fehlerfrei angenommenen Testkern (Start Small Strategie), im Bootstrap-Verfahren alle durch Software prüfbaren Funktionen getestet /5, 6, 7/. Durch den Aufbau der Testprogramme wird sichergestellt, daß sich der Prozessor nach Erkennen eines Fehlers entweder im Haltzustand oder in einer Endlosschleife befindet. Wir haben bei Implementierung der Tests auf bereits vorhandene Programme zurückgegriffen /6, 7/.

Für die Erkennung von Speicherfehlern wurde eine Hardwarelösung gewählt, da Speichertestprogramme zu zeitintensiv sind. Wir verwenden Speicherplatinen mit einem Hamming Code, der zu je 16 Nachrichtenbits 6 Kontrollbits bildet. Mit diesem Code können 1-Bitfehler korrigiert und 2-Bitfehler erkannt werden.

4. Rekonfiguration

Durch das beschriebene Testverfahren wird sichergestellt, daß ein ausgefallener Rechner im System keine Fehler mehr verursacht. Es muß aber noch dafür gesorgt werden, daß das Restsystem weiterhin alle Funktionen ausführen kann und auch durch den Rechnerausfall betroffene laufende Prozesse fortgesetzt werden. Hierbei wird Redundanzinformation aus den Systemtabellen verwendet, die schon in früheren Veröffentlichungen näher beschrieben wurden /2, 9/.

Für alle Rekonfigurationsmaßnahmen ist der überwachende Rechner verantwortlich, der den Ausfall festgestellt hat. Als erste Aktion benachrichtigt dieser die übrigen drei Nachbarn des defekten Rechners von diesem Ausfall, was zur Aktualisierung der Wegetabellen in diesen Einheiten führt. Anschließend werden alle Aufträge annulliert, die nach dem letzten Checkpoint von dem ausgefallenen Rechner vergeben worden sind. Unter einem Checkpoint verstehen wir den letzten durch einen Selbsttest gesicherten Zustand eines Prozesses, für den im überwachenden Rechner Wiederaufsetzinformation gesichert ist.

Schließlich werden alle Aufgaben, die im ausgefallenen Rechner in Bearbeitung oder in der Warteschlange waren, neu vergeben und die Auftraggeber davon benachrichtigt.

5. Aspekte der Systemimplementierung

Ziel unserer Arbeit war die Entwicklung eines fehlertolerierenden Mehrrechnersystems auf der Grundlage einer geeigneten Struktur und durch Softwaremaßnahmen. Die Struktur eines doppelt vermaschten Rings erwies sich dabei als besonders vorteilhaft für die Diagnostizierbarkeit des Systems. Mit BFS haben wir die Implementierung eines Modells vorgestellt, dessen Hardware-Struktur diesem logischen Konzept entspricht und damit für eine analytische Bewertung besonders günstig ist. Erste Untersuchungen mit Markov-Modellen zeigen eine erhebliche Verbesserung der Zuverlässigkeit gegenüber Systemen, die keine Ausfälle tolerieren können. Bei einer angenommenen Lebensdauer von einem halben Jahr für einen Rechnerknoten und einer Reparaturzeit von einer Woche ergibt sich eine Steigerung der Intaktwahrscheinlichkeit des Gesamtsystems von 81,3 % auf 93,5 %. Mit der Möglichkeit, reparierte Komponenten wieder in das laufende System einzugliedern, läßt sich sogar eine Intaktwahrscheinlichkeit von 98,5 % erreichen.

Durch die Verwendung von Standard-Baugruppen mußte eine relativ langsame Kommunikation hingenommen werden, was aber im Hinblick auf den Modellcharakter des Systems für unsere Untersuchungen nicht entscheidend war. Wichtig war dagegen der Aspekt, unser System durch Einfügen zusätzlicher Software-Schichten in ein bestehendes Betriebssystem und ohne Einsatz spezieller Hardware-Entwicklungen zu realisieren.

6. Ausblick

Unsere Erfahrungen bei der Implementierung von BFS zeigen, daß sich die theoretischen Überlegungen zur Systemdiagnose und Rekonfiguration gut in die Praxis umsetzen lassen.

Es hat sich dabei herausgestellt, daß die Belastung des Systems durch die Fehlererkennung per Software relativ hoch ist. Eine Verbesserung ist hier nur durch mehr Hardware-Unterstützung in diesen Funktionen zu erreichen.
Die weitere Arbeit am BFS sieht zunächst die Einbeziehung reparierter Rechner während des Systemlaufs vor (Reorganisationsfunktion). Darüberhinaus ist geplant, ein redundantes Dateisystem mit von zwei Rechnerknoten unabhängig angesteuerten Plattenlaufwerken zu implementieren. Dabei wird eine reine Software-Lösung für das automatische Platten-Update angestrebt.

Anmerkung

Diese Arbeiten werden vom BMFT unter der Nummer IT 1017 gefördert. Die Autoren sind für den Inhalt allein verantwortlich.

Literaturverzeichnis:

/1/ Bernhardt, D.; Birzele, P.; Buchmann, K.; Geitz, G.; Schmitter, E.; Stock, P.: Design eines fehlertolerierenden Multimikrocomputersystems
BMFT-Forschungsbericht 1979

/2/ Bernhardt, D.; Schmitter, E.: Design and implementation of fault-tolerant multimicrocomputer systems
microprocessors and microsystems vol 5 no. 4 (may 1981) pp. 153-156

/3/ Dal Cin, M.: On the Complexity of Self Diagnosis for Parallel Computers
GI Fachgespräche München (Oktober 1981)

/4/ Friedman, A.D.; Simoncini, L.: System-Level Fault Diagnosis
Computer Vol 13 No. 3 (1980), pp. 47-53

/5/ Maehle, E.: Self-Test Programs and their Application to Fault-Tolerant Multiprocessor Systems
Proc. Workshop on Self-Diagnosis and Fault-Tolerance
Tübingen (1981), pp. 186-200

/6/ Moritzen, K.: Entwurfsmethodik für Mikroprozessor Selbsttestprogramme
Studienarbeit, Universität Erlangen-Nürnberg (1981)

/7/ Nilsson, S.A.: Konzept und Architektur eines fehlertoleranten Mehrmikrorechner-Systems
Dissertation, Universität Karlsruhe (1980)

/8/ Preparata, F.P.; Metze, G.; Chien, R.T.: On the Connection Assignment Problem of Diagnosable Systems
IEEE Transactions on Electronic Computers vol EC-16
no. 6 (1967), pp. 848-854

/9/ Schmitter, E: Development of the fault-tolerant Multimicrocomputer System BFS
Proc. Workshop on Self-Diagnosis and Fault-Tolerance
Tübingen (1981), pp. 216-226

Implementierung von anwendungsspezifischer Fehlertoleranz für Prozeßautomatisierungssysteme

F. Demmelmeier
W. Ries

Lehrstuhl für Prozeßrechner
Technische Universität München

Zusammenfassung

Es werden Implementierungsaspekte eines fehlertoleranten Multimikrocomputersystems mit frei wählbarem Zuverlässigkeitsgrad für jede Anwendertask vorgestellt. Der erreichbare Zuverlässigkeitsgrad hängt von der Zahl der redundant laufenden Cotasks ab. Damit kann die vorhandene Rechnerleistung optimal ausgenutzt werden. Die Fehlertoleranz basiert auf statischer Redundanz, die durch Software verwaltet wird, und einer Vorwärtsstrategie zur Fehlerbehebung.

1. Einführung

Jede Erhöhung der Zuverlässigkeit eines Rechensystems, sei es durch Perfektionierung der Hardware oder durch Tolerierung von Fehlern, bedeutet zusätzlichen Aufwand und damit zusätzliche Kosten. Innerhalb eines Anwendungsbereichs werden im allgeminen recht unterschiedliche Anforderungen an die Zuverlässigkeit, mit der eine Aufgabe bearbeitet werden soll, gestellt. Aufgabenspezifische, vom Anwender frei wählbare Zuverlässigkeitsgrade erlauben es, die zur Verfügung stehenden Resourcen kostenoptimal einzusetzen /1/.

Grundlage für die Systemimplementierung ist ein Multimikrocomputersystem als Hardwarefunktionsträger. Die Verwaltung dieser (redundanten) Resourcen erfolgt durch Software, welche verteilt und redundant auf dem Multimikrocomputersystem abläuft. Von softwareimplementierter Fehlertoleranz wird in der Literatur berichtet (SIFT-System /2/), jedoch handelt es sich dort um eine spezielle Anwendung, die eine regelmäßige zyklische Bearbeitung der Aufgaben erlaubt. Dagegen ist das hier vorgestellte System für einen Einsatz in allgemeinen Prozeßautomatisierungssystemen konzipiert.

2. Systemarchitektur

Zur Erfüllung der unterschiedlichen Anforderungen an die Zuverlässigkeit bzw. Fehlertoleranz werden den zu lösenden Aufgaben Tasks mit unterschiedlichem Redundanzgrad zugewiesen. Die Zuverlässigkeitsklassen bewegen sich zwischen 0 und 3 (siehe Tabelle 1).

- Klasse-3-Tasks sind dreifach im Rechensystem vorhanden. Jede Cotask ist einem anderen Mikrocomputer (=Funktionsträger) zugewiesen. Die drei Resultate werden vor einer Prozeßausgabe votiert. Dadurch ist sichergestellt, daß keine fehlerhaften Signale zum Prozeß gelangen. Außerdem ist eine Klasse-3-Task ausfallsicher, da bei einem Rechnerausfall noch zwei Cotasks zur Verfügung stehen, die eine Rekonfiguration mit der Herstellung konsistenter Datenbestände mit der neuen dritten Cotask erlauben.

- Klasse-2-Tasks, welche zwei Cotasks auf verschiedenen Funktionsträgern besitzen, liefern immer richtige Prozeßsignale, denn fehlerhafte Signale werden durch Vergleich erkannt und ihre Ausgabe verhindert. Klasse-2-Tasks können jedoch ausfallen und nur noch durch einen Neustart ihre Aufgaben weiter wahrnehmen.

- Klasse-1-Tasks sind einfach vorhanden und können sowohl falsche Prozeßdaten liefern, als auch ausfallen (wenn der Funktionsträger transient bzw. permanent ausfällt). Ein Neustart auf einem anderen Rechner ist möglich.

Zuverlässigkeitsklasse	Zahl der Cotasks	Zahl der tolerierbaren Hardwareausfälle	Prozeßbedienung	Ausfallverhalten
3	3	1	FF	KA
2	2	1	FF	DA
1	1	0	FB	ZA
0	1	0	FB	DA

FF : fehlerfrei, d.h. alle Prozeßsignale sind richtig

FB : fehlerbehaftet, d.h. es können fehlerhafte Prozeßsignale aus gegeben werden

KA : Task fällt nicht aus

DA : Task kann dauerhaft ausfallen

ZA : Task kann zeitlich begrenzt ausfallen

Tabelle 1: Zuverlässigkeitsklassen

- Klasse-0-Tasks sind einfach vorhanden und fallen dauerhaft aus, wenn der zugehörige Funktionsträger fehlerhaft ist.

Die Einordnung einer Task in eine Zuverlässigkeitsklasse spiegelt sich im Taskkontrollblock wieder (Bild 1). Neben den für ein Multi-

Taskname
Ladeadresse
⋮
Taskklasse
Cotasknummer
Funktionsträger (aller Cotasks)
Datenbereich(e)
Taskzustand
Zeitscheibenbedarf

Bild 1: Taskkontrollblock

taskkonzept notwendigen Kennwerten wie Taskname, Ladeadresse, Prozessorstatus sind Erweiterungen vorhanden, welche den Zuverlässigkeitsgrad kennzeichnen, die Zuordnung zwischen Hardware-Funktions-

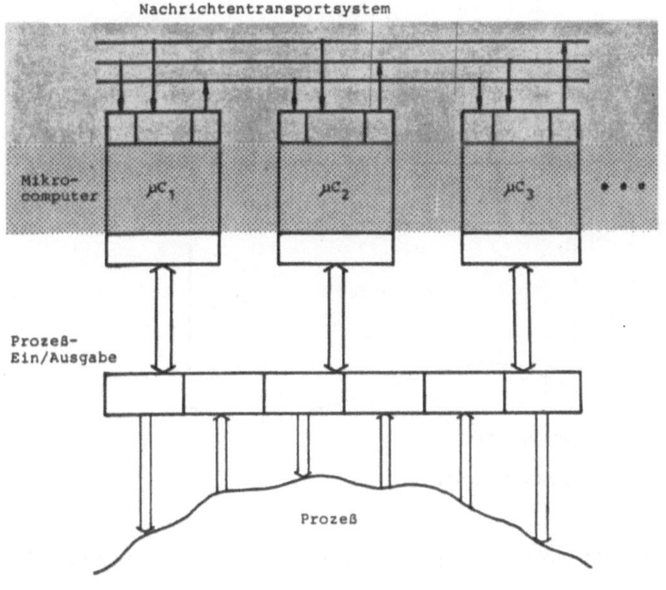

Bild 2: Hardwarearchitektur

trägern und Cotasks angeben, die Datenbereiche und den Taskzustand festlegen.

Die Hardwarearchitektur des fehlertoleranten Multimikrocomputersystems basiert auf den drei Hauptteilen Mikrocomputer, Nachrichtentransportsystem und Prozeß-Ein/Ausgabe (Bild 2).

Ein Mikrocomputer zusammen mit seinem Anteil am Nachrichtentransportsystem und der Prozeß-Ein/Ausgabe ist eine zusammengehörige Einheit. Ein Hardwareausfall in einer dieser Komponenten hat den Ausfall der gesamten Einheit zur Folge. An das Nachrichtentransportsystem (NTS, Bild 3) werden folgende Anforderungen gestellt:

- Eine ausgefallene Einheit darf (durch gestörte Nachrichten) die intakten in ihrer Funktion nicht beeinflussen.

- Die Übertragungsrate muß sehr hoch sein (im Bereich Mbyte/sec).

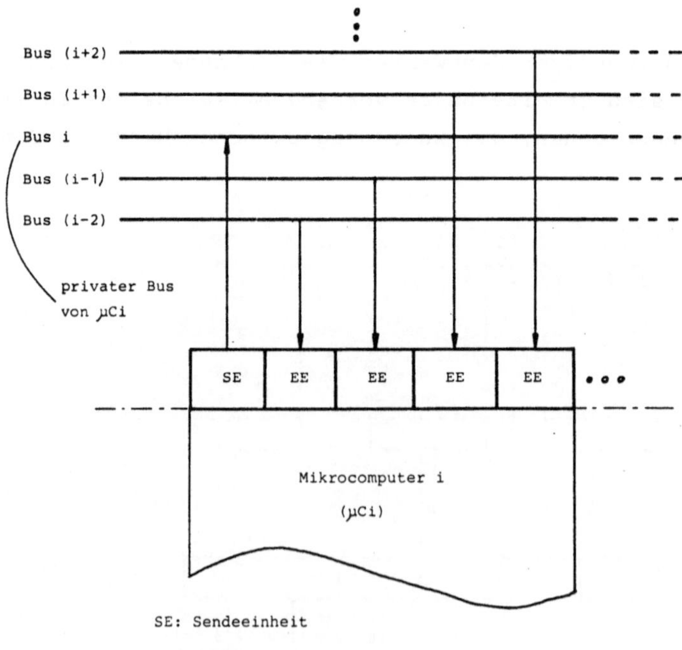

Bild 3: Nachrichtentransportsystem und private Busse

Jedem Mikrocomputer ist ein Bus des NTS zugeordnet, auf den er schreibend zugreifen kann, während er von allen anderen Bussen nur lesen kann. Die passiven Ankoppeleinheiten an die Busse und die Zuordnung eines Busses zu einem Mikrorechner ("privater Bus") sorgen für eine ausreichende Rückwirkungsfreiheit und gestatten eine Begrenzung des Aufwandes für das NTS. Die Reduzierung des Systemdurchsatzes durch Informationsaustausch zwischen den Mikrocomputern (z.B. zum Votieren oder Vergleichen) wird durch ein leistungsfähiges NTS (hohe Übertragungsrate, Abwicklung des Übertragungsprotokolls) in Grenzen gehalten.

Die innerhalb des fehlertoleranten Multimikrocomputersystems erreichte Zuverlässigkeit muß so nahe wie möglich an den Prozeß gebracht werden. Diese Eigenschaft des Ein/Ausgabesystems und seine Einbeziehung in eine Rekonfiguration des Gesamtsystems ist in /3/ beschrieben.

Sowohl beim Nachrichtentransportsystem als auch bei der Prozeß-Ein/Ausgabe sind beim SIFT-System andere Wege beschritten: Das Bussystem ist wesentlich komplexer (aktive Bussteuerungen mit Arbitrierungslogik) und die Prozeß-Ein/Ausgabe ist auf den Anwendungsbereich Flugzeugsteuerung bzw. Instrumentierungsbusse spezialisiert.

3. Prozessorzuteilung (Scheduling)

Prozeßautomatisierungssysteme müssen im allgemeinen die Fähigkeit zum Mehrprogrammbetrieb (Multitasking) besitzen. Moderne Echtzeitbetriebssysteme bieten diese Eigenschaft bereits ab einem minimalen Speicherbedarf von 2 kByte /4/.
Eine zweite wesentliche Forderung an Echtzeit-Datenverarbeitungssysteme betrifft die Reaktionszeit auf Prozeßereignisse. Die zusätzlichen Aufgaben des Betriebssystems, die für den fehlertoleranten Betrieb notwendig sind, dürfen nicht zu einer spürbaren Beeinträchtigung der Reaktionszeit führen. Wesentlichen Einfluß auf das zeitliche Verhalten des Systems hat die eingesetzte Schedulingstrategie.

3.1 Scheduling für taskspezifische Fehlertoleranz

Die Aufgabe des Schedulers besteht darin, einen Satz ablauffähiger Tasks, die unterschiedlichen Zuverlässigkeitsklassen angehören, so auf den verfügbaren Prozessoren ablaufen zu lassen, daß ein möglichst hohes Maß an "Fairness" erzielt wird. Dies bedeutet, daß das bei der Systemplanung beabsichtigte Vorrangschema möglichst genau eingehalten werden soll.

Im Gegensatz zu einfachen zyklischen Zuteilungsstrategien (wie beim SIFT-System), oder zu Systemen mit einheitlicher Zuverlässigkeitsklasse, ist in diesem Fall eine höhere Flexibilität des Zuteilungsalgorithmus erforderlich. Grundsätzlich sind sowohl dezentrale (lokale) als auch zentrale (globale) Strategien denkbar. Die Bedeutung des Scheduling für die Zuverlässigkeit des Gesamtsystems rechtfertigt eine globale Strategie, wobei der Scheduler auf allen intakten Rechnern fehlertolerierend läuft. Nachfolgend wird ein mögliches zentrales Schedulingverfahren beschrieben.

Als Basis für verschiedene Strategien bietet sich das Round-Robin-Prinzip an (Reihum-Strategie). Dafür gibt es drei wesentliche Gründe:

- Es läßt sich ein hohes Maß an Fairneß zwischen den konkurrierenden Tasks mit ihren unterschiedliche Laufzeiten erreichen, denn länger laufende Tasks gleicher Priorität werden unterbrochen, um anderen die Chance für eine Prozessorzuteilung zu geben.

- Die Vergabe von festen Zeitscheiben mit von vorneherein festgelegten Zeitpunkten, zu denen sämtliche Prozessoren Taskwechsel durchführen können, erlaubt einen relativ einfachen Algorithmus.

- Auf diesem Verfahren baut eine Vielzahl von Strategievarianten auf (z.B. mit dynamischen Prioritäten) /5,6/. Eine Änderung der Strategie hat somit nur geringe Auswirkungen auf Datenstruktur und Algorithmus.

Die Zeitscheiben werden mit Hilfe von programmierbaren Echtzeituhren eingeteilt. Durch Programmunterbrechung wird beim Ablauf eines solchen Zeitintervalls die Kontrolle an das lokale Betriebssystem übergeben. Dort werden die prozessoreigenen Warteschlangen der verschiedenen Taskzustände verwaltet, bzw. - strategieabhängig - Prioritätsänderungen innerhalb der Warteschlangen vorgenommen. Danach wird die Kontrolle an das globale Betriebssystem übergeben, damit zunächst der Informationsaustausch über den Inhalt der "Bereit-Warteschlangen" vorgenommen werden kann. Bei diesem gegenseitigen Informationstransfer werden alle globalen Schedulertasks mit den notwendigen Informationen versorgt. Dabei werden nur wenige Bytes transferiert, nämlich nur der Inhalt der jeweils eigenen "Bereit-Warteschlange".

Wenn sämtliche Rechner die eigene Warteschlangeninformation gesendet und die der anderen Rechner empfangen haben, besteht eine (lose) Synchronität und der Scheduleralgorithmus kann gleichzeitig auf allen Rechnern ablaufen. Das Resultat dieses Algorithmus ist ein Satz von n Tasks, die den n Mikrorechnern für die nächste Zeitscheibe zugeteilt werden; es wird zum Vergleich bzw. zum Votieren anschließend wieder gegenseitig ausgetauscht.

3.2 Der Algorithmus

Legt man eine einfache Warteschlangenordnung zugrunde, so sind die Tasks immer nach ihrer Eintrittsreihenfolge geordnet. Sowohl "Neuzugänge" (z.B. aus dem Zustand "blockiert") als auch suspendierte Tasks (durch die Zeitscheibe unterbrochene Tasks) werden am Ende der Schlange eingereiht, die am längsten in der Schlange befindliche Task steht am Anfang.

Die Anfangspositionen der n Warteschlangen für die n Rechner werden nicht immer so besetzt sein, daß alle diese Tasks für die nächste Zeitscheibe in den Zustand "laufend" versetzt werden können. Es wird häufig vorkommen, daß aufgrund der Taskklassen mehr Rechner notwendig wären, als vorhanden sind (z.B. n verschiedene Klasse-3-Tasks würden 3*n Prozessoren benötigen). Eine zusätzliche Vorrangregelung ist also notwendig.

Da die Tasks hoher Zuverlässigkeitsklassen im allgemeinen nur dann zugeteilt werden können, wenn noch alle Prozessoren "frei" sind, beginnt der Algorithmus mit dem Absuchen der Anfangselemente der Warteschlangen nach einer Task der höchsten Zuverlässigkeitsklasse (Klasse-3-Task). Um Benachteiligungen zu vermeiden muß auch der Beginn dieser Suche nach jeder Zeitscheibe zyklisch auf die nächste Warteschlange verlegt werden (Bild 4). Falls unter allen Anfangselementen keine Klasse-3-Task gefunden wurde, wird die Suche wieder mit den Anfangselementen, jedoch nach Klasse-2-Tasks fortgesetzt; u.s.w.

Wenn nach Abarbeitung der Anfangselemente der Warteschlangen noch nicht allen Rechnern eine Task zugewiesen ist, wird mit den nachfolgenden Warteschlangenpositionen genau wie mit der ersten verfahren. Steht nach dem Abarbeiten aller Warteschlangen noch freie Rechenkapazität zur Verfügung, so wird eine Testtask gestartet. In Bild 4 wird der Mechanismus des Algorithmus an einem Beispiel gezeigt.

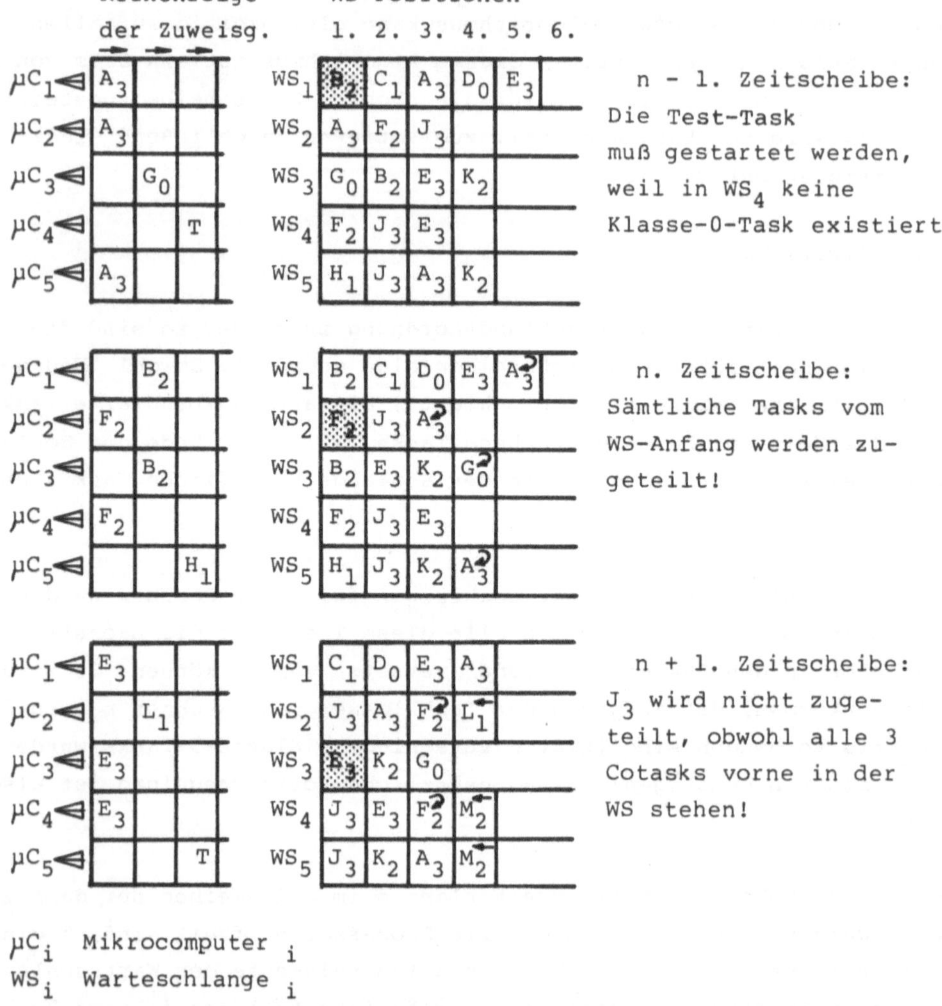

A_3, B_2, C_1 ... Tasks der Klasse 'Index'; T Test-Task

↩ Suspendierte Task wird wieder in Warteschlange aufgenommen.

← Task kommt neu in die Warteschlange.

▒ WS;Element, mit dem der Suchalgorithmus beginnt.

Bild 4: Beispiel für die Wirkung des Schedulingalgorithmus in drei aufeinanderfolgenden Zeitscheiben

In ungünstigen Fällen kann dieser Algorithmus zur Benachteiligung bzw. Blockierung von Tasks niedriger Klasse führen, z.B. dann, wenn in einem 4-Rechnersystem nur eine einzige Klasse-2-Task und sonst ausschließlich Klasse-3-Tasks vorkommen. Folgende Modifikation am Zuteilungsalgorithmus löst dieses Problem:

Falls diejenige Task, mit der die Suche begonnen wurde, nicht von der höchsten Zuverlässigkeitsklasse ist, wird sie fiktiv um eine Klasse im Rang erhöht. Dies dient nur dem Zweck, sie für die nächste Zeitscheibe den bevorzugten Tasks im Rang näher zu bringen, es hat jedoch keinerlei Auswirkung auf die tatsächliche Zuverlässigkeitsklasse in Bezug auf die Anzahl der zugeteilten Prozessoren.

Neben dem Zeitscheibentakt, der die Taskwechselzeitpunkte bestimmt, besteht prinzipiell jederzeit die Möglichkeit, Taskwechsel durchzuführen. Wenn zum Beispiel während einer Zeitscheibe eine Task fertig wird oder in den Zustand "blockiert" übergeht, kann es trotz des Aufwands für einen Taskwechsel sinnvoll sein, für den/die freigewordenen Prozessor/en einen Schedulerlauf durchzuführen, je nachdem wie groß der Rest der Zeitscheibe ist.

Auf ähnliche Weise können Programmunterbrechungen (Interrupts) durchgeführt werden. Dazu muß die verbleibende Zeit der Zeitscheibe auf Null gesetzt werden und diejenige Task, die auf das programmunterbrechende Ereignis gewartet hatte, mit höchster Priorität in die "Bereit-Warteschlange" eingereiht werden. Der sofort eingeleitete Taskwechsel wird dann automatisch die Unterbrechungsbearbeitungstask ihren Prozessoren zuweisen. Um die unterbrochenen Tasks fair zu behandeln, werden sie in die Warteschlange an die Position gestellt, die dem bereits verbrauchten Anteil der Zeitscheibe entspricht; d.h. je größer der bereits verbrauchte Anteil war, um so weiter hinten wird die Task eingereiht.

3.3 Einfluß der Programmverteilung auf die Rechner (Allocation)

An einem Beispiel wurde bereits gezeigt, wie es zu Schedulingproblemen kommen kann, in diesem Fall sogar zur Blockierung einer Task.
Ähnliche Situationen, die sich zwar nicht ganz so gravierend auswirken, jedoch die Leistung des Gesamtsystems empfindlich beeinträchtigen können, entstehen durch eine unausgewogene Programmverteilung auf die Rechner. Die Auslastung des Systems ist immer dann nicht optimal, wenn auf mindestens einem Rechner Kapazität ungenutzt bleibt, obwohl in an-

deren Warteschlangen Klasse-0- oder Klasse-1-Tasks warten. Bei einer starren Programm-Rechner-Zuordnung wird sich diese Situation nie ganz vermeiden lassen, durch geschickte Zuordnung kann ihr Auftreten jedoch minimiert werden.

Bei der Zuordnung müssen nicht nur die Anzahl und die Zuverlässigkeitsklassen der Tasks berücksichtigt werden, sondern auch ihr voraussichtlicher Laufzeitbedarf, d.h. der Zeitscheibenbedarf einer Task und ihre mittlere Aufrufrate. Jede Task besitzt für den Zuordnungsalgorithmus neben dem Attribut "Zuverlässigkeitsklasse" auch eine Kenngröße für den Laufzeitbedarf (z.B. in Zeitscheiben pro Stunde, siehe Bild 1).

Der Algorithmus beginnt bei der Verteilung auf die Rechner mit denjenigen Programmen, die auf ganz bestimmten Rechnern laufen müssen (z.B. votierende Testtasks). Dabei wird für jeden Rechner der von den zugeordneten Tasks benötigte Laufzeitbedarf summiert. Danach werden die rechnerunabhängigen Tasks, beginnend mit der höchsten Zuverlässigkeitsklasse, so auf die Rechner verteilt, daß immer derjenige Rechner mit der geringsten aktuellen Laufzeitsumme die nächste Task erhält.

Selbstverständlich müssen dabei redundante Tasks auf verschiedene Funktionsträger verteilt werden. Wenn das Taskprofil keine extreme Ausprägung besitzt (z.B. nur Tasks einer bestimmten Klasse oder Tasks mit sehr unterschiedlichem Laufzeitbedarf), liefert dieser Algorithmus eine annähernd ausgewogene Verteilung.

Eine zusätzliche Verbesserung der Gesamtleistung kann unter folgenden Voraussetzungen erzielt werden:

- Es existiert genügend freier Programmspeicher
- Es existieren Klasse-0-Tasks.

Sind die Programme solcher Tasks in allen Rechnern resident, so kann der Scheduler so modifiziert werden, daß er sie im Bedarfsfall neu zuordnet, d.h. die statische Task-Rechner-Zuordnung modifiziert.

4. Fehlerbehandlung

Das Rechnersystem toleriert den Ausfall von Hardwarekomponenten und örtlich begrenzte externe Störungen, jedoch keine Entwurfsfehler. Entwurfsfehler können in der Hardware oder in der Software vorhanden sein. Hier wird vorausgesetzt, daß das System genügend ausgetestet ist und solche Fehler mit hinreichend geringer Wahrscheinlichkeit auftreten. Eine weitere Voraussetzung bezieht sich auf die Anzahl gleichzeitig auftretender Fehler: es wird nur ein Fehler, d.h. Hardwareausfall zu einem Zeitpunkt zugelassen. Die Erholung von diesem Fehler geschieht innerhalb einer Zeitspanne, welche eine genügend geringe Wahrscheinlichkeit für das Auftreten eines weiteren Ausfalls ergibt.

Eine Folge aus der letzten Voraussetzung ist, daß die Latenzzeit eines Fehlers möglichst gering gehalten werden muß. Dies erfordert, daß auf jeder Einheit mindestens eine Klasse-3-Task laufen muß bzw. regelmäßig Testtasks (ebenfalls als Klasse-3-Task) aktiviert werden. Diese Konsequenz hat Auswirkungen auf die Taskverteilung (Allocation) und die Startegie des Taskscheduling.

Die tolerierbaren Fehler können entweder transient, d.h. zeitlich begrenzt vorhanden, oder permanent sein. Die Fehlerbehandlung ist dreigeteilt in die Abschnitte Fehlererkennung, Fehleranalyse und Fehlererholung. Fehlererkennung und -analyse finden sowohl lokal, d.h. auf eine Einheit bezogen, als auch global für das Gesamtsystem statt. Fehler werden erkannt, wenn bei einer Klasse-2- oder Klasse-3-Task ein Vergleich bzw. ein Votiervorgang stattfindet. Für die Fehlererkennung sind also keine speziellen Mechanismen notwendig.

Die kleinste ausfallende Einheit ist, wie bereits erwähnt, ein Mikrocomputer zusammen mit seinem privaten Bus des Nachrichtentransportsystems und der zugehörigen Prozeßankopplung. Für die Fehleranalyse kommen diese drei Subsysteme als mögliche Fehlerorte in Frage,

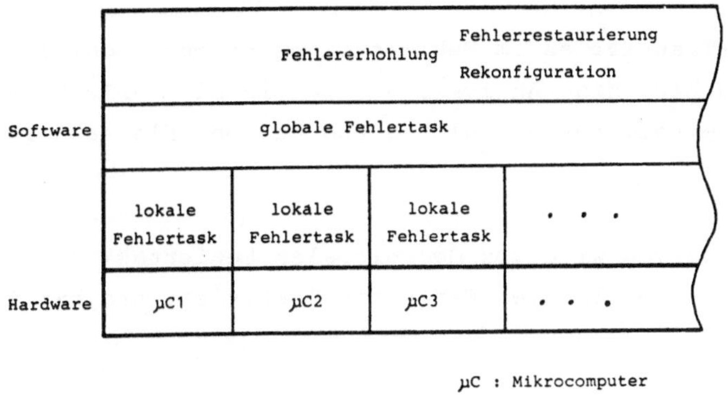

	Fehlererhohlung		Fehlerrestaurierung Rekonfiguration	
Software	globale Fehlertask			
	lokale Fehlertask	lokale Fehlertask	lokale Fehlertask	. . .
Hardware	µC1	µC2	µC3	. . .

µC : Mikrocomputer

Bild 5: Fehlerbehandlungstasks

um dem Wartungspersonal entsprechende Hinweise zu geben.

Die Hierarchie der Fehlerbehandlungstasks zeigt Bild 5. Die lokale Fehlertask läuft nicht-redundant auf jedem Mikrocomputer, wogegen die globale Fehlertask und die Fehlererholungstasks redundant auf allen Einheiten vorhanden sind und systemweite Auswirkungen haben.

4.1 Fehleranalyse.

Bei einem Vergleich, der auch Teil eines Votiervorganges ist, löst Nichtübereinstimmung den Aufruf der lokalen Fehlertask aus. Diese Task, welche in jedem Mikrocomputer vorhanden ist, erledigt die lokale Fehleranalyse. Die lokale Fehlertabelle (Tabelle 2) gibt für jeden Fehler Auskunft, welche Einheiten beim Vergleich beteiligt waren, welche Tasks bzw. Cotasks betroffen sind, welcher Zuverlässigkeitsklasse die Task angehört, wann das Vergleichsdatum von der fremden Einheit abgesendet wurde und wann der Vergleich stattgefunden hat.

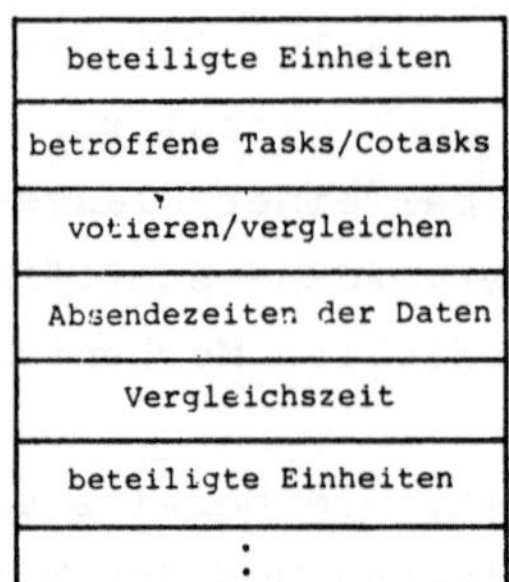

beteiligte Einheiten
betroffene Tasks/Cotasks
votieren/vergleichen
Absendezeiten der Daten
Vergleichszeit
beteiligte Einheiten
⋮

Tabelle 2: Lokale Fehlertabelle

Bei einer Klasse-2-Task ist es im Fehlerfall nicht mehr möglich, eine Prozeßausgabe zu machen. Eine Analyse, welche Einheit fehlerhaft gearbeitet hat bzw. arbeitet, ist nur global und nur bei Klasse-3-Tasks möglich.

Die globale Fehleranalyse wird von der globalen Fehlertask durchgeführt. Sie wird von einer lokalen Fehlertask aktiviert und hat folgende Aufgaben:

- Abholen der Informationen aus den lokalen Fehlertabellen.
- Feststellen der Fehlerart und des Fehlerzeitpunktes.

- Aktualisieren der globalen Fehlertabelle.
- Löschen bearbeiteter Eintragungen der lokalen Fehlertabellen.
- Führen der Fehlerstatistik.

Die globale Fehlertabelle (Tabelle 3) stellt die aus den lokalen Fehlertabellen verdichtete Information dar und gibt einen Überblick über den aktuellen Zustand der gesamten Hardware. Für jede Einheit wird der Fehlerstatus angegeben, welcher Angaben über

- den bisherigen Fehlerverlauf enthält (bisher ohne Fehler, fehlerfrei mit Vorgeschichte etc.) und
- den Status der Fehlererholung wiedergibt.

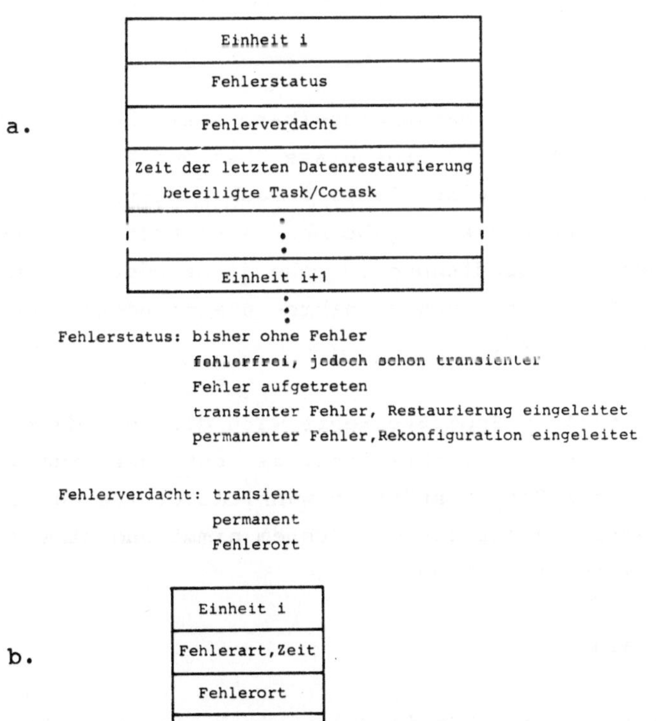

Tabelle 3: Globale Fehlertabellen
a. Einheitentabelle
b. Statistik

Für den aktuellen Fehler wird die beteiligte Task eingetragen. Mit Hilfe des zugehörigen Taskkontrollblocks kann festgestellt werden, welche Daten im Falle eines transienten Fehlers restauriert werden müssen. Angaben über die Zahl und den Ort der bisherigen transienten Fehler erlauben Rückschlüsse auf die "Qualität" der betrachteten Einheit. Bei zu hoher Rate transienter Fehler wird die Einheit als permanent ausgefallen betrachtet. Eine Buchführung über aufgetretene Fehler und beteiligte Tasks der letzten Wiederherstellung konsistenter Datenbestände ist die Grundlage für diese Entscheidung.

Die Fehlerstatistik (Tabelle 3) gibt für jede Einheit Auskunft über seine Vorgeschichte bezüglich des Auftretens von Fehlern und der Fehlerorte. Diese Statistik spiegelt die vollständige Vergangenheit des Gesamtsystems wider und enthält Eintragungen über die Fehlerart, den Zeitpunkt und die Fehlerursache bzw. den Fehlerort.

4.2 Fehlererholung

Ein erkannter Hardwareausfall hat unmittelbare Auswirkungen auf die E/A-Task, welche die (votierten) Ergebnisse über das Prozeßabbild an den Prozeß weiterleitet. Für eine Klasse-3-Task bedeutet dies, daß die defekte Einheit keine Prozeßausgabe mehr ausführen darf und für die aktuell laufende Prozeßbedienung (welche ja beendet werden muß, bevor weitergehende Fehlererholungsmaßnahmen stattfinden) nicht mehr herangezogen werden kann /2/.

Nach Abschluß des aktuellen Prozeßverkehrs wird die redundant laufende, globale Fehlererholungstask aktiviert, die entweder eine Wiederherstellung konsistenter Datenbestände gewährleistet (Datenrestaurierung) oder die defekte Einheit aus dem System nimmt und eine Reserveeinheit einfädelt (Rekonfiguration).

4.2.1 Datenrestaurierung

Ein transienter Fehler hinterläßt im allgemeinen permanent fehlerhafte Datenbestände. Für Klasse-3-Tasks ist es jederzeit möglich, aus den noch intakten Datenbereichen die Konsistenz aller Daten wiederherzustellen. Die unter Fehlerverdacht stehende Einheit empfängt über das Nachrichtentransportsystem von den fehlerfreien Rechnern die taskspezifischen Daten. Diese werden verglichen und stellen die neuen Werte für die vom (transienten) Fehler beeinflußten Task dar. Es sind nur die Daten einer Task betroffen, da die Annahme getroffen wird, daß transiente Fehler sich nicht auf mehrere Tasks auswirken (zeitliche Begrenzung).

Während der Datenrestaurierung sind die beteiligten Einheiten für den Prozeß blockiert. Nach der erfolgreichen Wiederherstellung der Datenkonsistenz wird die globale Fehlertabelle aktualisiert und alle Tasks arbeiten mit der ursprünglichen Zuverlässigkeitsklasse weiter. Das System ist wieder in der Lage, einen weiteren Hardwareausfall zu tolerieren.

Betrifft ein Fehler eine Klasse-2-Task, so kann wohl ein Fehler erkannt werden, jedoch fällt diese Task aus.

4.2.2 Rekonfiguration

Ein permanenter Ausfall hat eine Systemrekonfiguation zur Folge. Die betroffenen Tasks/Cotasks werden auf neue Funktionsträger verteilt - entweder auf ein Ersatzmodul oder auf bereits aktive Einheiten. Die Rekonfigurationstabelle enthält Angaben, welche Einheiten die ausgefallenen Cotasks übernehmen können.

Steht noch ein Ersatzmodul (Spare) zur Verfügung, kann ohne Leistungsminderung weitergearbeitet werden. Im Falle einer Verteilung auf bereits aktive Einheiten muß u.U. eine Degradation der Systemleistung in Kauf genommen werden; dies bedeutet, daß z.B. laufende Klasse-0-Tasks ausfallen und daß Klasse-1-Tasks nicht mehr gestartet werden.

Alle betroffenen Cotasks werden "eingefroren" und die aktuellen Daten (einschließlich der Taskkontrollblöcke) werden zu den neuen Funktionsträgern übertragen. Klasse-1-Tasks werden neu gestartet und die Systemtabellen werden aktualisiert.

5. Schlußbemerkungen

Das vorgestellte fehlertolerante Multimikrocomputersystem ermöglicht es, für jede Task eine der Aufgabenstellung angepaßte Zuverlässigkeitsklasse zu definieren. Dies erlaubt eine kostenoptimale Ausnutzung der Hardware. Die Auswirkungen der implementierten Fehlertoleranz sind durch die Vorwärts-Fehlererholungsstrategie für den Anwendungsprogrammierer nicht sichtbar. Die Synchronisierung und der fehlertoleranzspezifische Informationsaustausch zwischen den auf mehreren Mikrocomputern redundant laufenden Cotasks erfolgen durch Betriebssystemfunktionen. Ein Nachrichtentransportsystem mit privaten Bussen gestattet eine nahezu rückwirkungsfreie Verbindung der Mikrorechner.

Die Autoren möchten an dieser Stelle Herrn Professor Dr. G. Färber für die vielen wertvollen Diskussionen danken.

Literatur

/1/ Färber G., Taskspecific Implementation of Fault Tolerance in Process Automation Systems, Workshop on Self-Diagnosis and Fault-Tolerance, Tübingen, 1981.

/2/ Wensley J.H., Lamport L., Goldberg J., Green M.W., Levitt K.N. Melliar-Smith P.M., Shostak R.E., Weinstock C.B. SIFT: Design and Analysis of a Fault-Tolerant Computer for Aircraft Control. Proc. IEEE, Vol. 66, No. 10, S. 1240, Oct. 1978.

/3/ Endl H., Prozeß-Ein/Ausgabe für ein fehlertolerantes Multi-Mikrorechnersystem. Ebenfalls Beitrag zur GI-Fachtagung: Fehlertolerierende Rechnersysteme, März 1982, München.

/4/ RMX/80 User's Guide, Intel Corporation, 1978.

/5/ Brinch Hansen P., Operating System Principles, Prentice-Hall Inc., Englewood Cliffs, N.J., 1973.

/6/ Habermann A.N., Entwurf von Betriebssystemen, Springer-Verlag Berlin Heidelberg New York, 1981.

FEHLERTOLERANTE COMPUTERSYSTEME IN DER NACHRICHTENVERMITTLUNGS- UND PROZESSAUTOMATISIERUNGSTECHNIK

Helmut Berndt

Siemens Aktiengesellschaft
Bereich Öffentliche Vermittlungssysteme
München

Ein kurzer Abriß zur Bedeutung von Fehlertoleranzmaßnahmen während der Evolution gängiger Datenverarbeitungssysteme wird ergänzt durch eine Darstellung der Vorgehensweise in der Nachrichtenvermittlungs- wie Prozeßautomatisierungstechnik. Dabei wird auf die jeweils erforderlichen Redundanzprinzipien eingegangen und ihre Wirkungsweise erläutert. Die Abhandlung ist praxisorientiert.

1. Einführung

Das Problem der Fehlertoleranz begleitet die Datenverarbeitungsindustrie eigentlich seit ihren Anfängen. Vor allem zu Zeiten der elektromechanischen "Relais"-Computer, aber auch danach, als Elektronenröhren die Schaltfunktionen übernahmen, war Fehlertoleranz ein beherrschendes Thema [1]. Schließlich brachten es erste, elektronische Rechner - wie ENIAC - auf etwa 18 000 Röhren. Man war daher meist froh, Programmläufe im Stundenbereich "heil" zu überstehen und hatte oft berechtigte Bedenken im Hinblick auf die Ergebniszuverlässigkeit.

Das änderte sich fast schlagartig mit der allgemeinen Verfügbarkeit von Transistoren als Schaltelemente und Ferritkernen als Speicherelemente in den späten 50er Jahren. Aufgrund der um Größenordnungen besseren Zuverlässigkeit dieser Komponenten standen bald Rechner zur Verfügung, die üblichen Zuverlässigkeitsanforderungen genügten, ohne fehlertolerierende Maßnahmen zu ergreifen. Fehlererkennung und Diagnose wurden damit bedeutsam [1].

Die weiteren Fortschritte in der Halbleitertechnologie forcierten diesen Trend, denn mit zunehmendem Integrationsgrad der Schaltungen wurde die Fehlersuche schwieriger. So finden wir heute in praktisch allen modernen Datenverarbeitungssystemen eigenständige "Service"-Computer zur rechnergestützten Ferndiagnose. Bei einer akzeptablen MTBF (*M*ean-*T*ime *b*etween *F*ailure) gilt es, die MTTR (*M*ean-*T*ime *t*o *R*epair) zu drücken, um vernünftige Verfügbarkeitswerte zu erreichen. Die zunehmende Vernetzung von Datenverarbeitungssystemen hat aber auch das allgemeine Interesse an Fehlertoleranz wieder belebt.

Betrachtet man diese Entwicklung zusammenfassend, so lassen sich hinsichtlich der allgemeinen - wissenschaftlich wie kommerziell orientierten - Datenverarbeitung, drei Epochen feststellen:

- *40er und 50er Jahre*: Notwendigkeit von (meist *maskierender*) Fehlertoleranz aufgrund unzureichender Zuverlässigkeit der Bauelemente.

- *60er und 70er Jahre*: Fehlererkennung, Diagnose und schnelle Reparatur, um ausreichende Verfügbarkeit sicherzustellen.

- *80er Jahre und danach*: Fehlertoleranz *und* Fehlererkennung, um einen ununterbrochenen Betrieb zu ermöglichen.

Teile davon wurden in gewissen Bereichen der Prozeßrechentechnik vorweggenommen. Vorreiter waren die Vermittlungstechnik und - wenig später - die Raumfahrt. Sonst reichten Mehrrechnerkonfigurationen mit verschiedenen Formen des "Stand-by"-Betriebs meist aus, die Verfügbarkeitsanforderungen zu erfüllen. Die Epochensicht gilt also eigentlich auch hier. Doch sollten die Erfahrungen mit fehlertolerierenden Computersystemen der "zweiten" Epoche auch in der "dritten" genutzt werden, denn der Wunsch nach besonders "sicheren" Rechnern ist für viele Bereiche der Prozeßautomatisierungstechnik erst jetzt wirtschaftlich erfüllbar. *Speicherprogrammierte* Steuerungen errangen inzwischen ihren Platz zwischen den traditionellen, *verbindungsprogrammierten* Steuerungen und universellen Prozeßrechnern.

Die technologischen Voraussetzungen für den erneuten Wandel brachte die Entwicklung der Mikroelektronik. Vor ziemlich genau zehn Jahren erschienen die ersten Mikroprozessoren auf dem Markt. Sie besaßen zunächst 4-bit Verarbeitungsbreite. Mit der 8-bit-Variante und späteren, verlustleistungsarmen Versionen in CMOS-Technologie gelang schließlich der Einbruch in die Prozeßautomatisierungstechnik. Heutige 16-bit-Mikrocomputer erbringen bereits beachtliche Verarbeitungsleistungen. Bei Taktfrequenzen von 5 bis 8 MHz sind durchaus 300 bis 450 kops (10^3 Operationen pro Sekunde) zu erreichen. Doch es "hapert" immer noch bei der Fehlererkennung. Anschluß- bzw. *Pin*-Limitierung der *Chips* sind die Hauptursache hierfür. Deshalb wurden die "klassischen" Vorgehensweisen der Vermittlungsrechnerentwicklung - plötzlich - wieder populär, oder gar neu erfunden: Der synchrone Parallellauf zweier Rechner-"Hälften". Doch ist die Reaktion im Fehlerfall (Ungleichheit der Verarbeitungsergebnisse) meist unterschiedlich. Der Vermittlungsbetrieb *muß* weitergehen; in den meisten Prozeßautomatisierungsfällen *kann* ein Ausfall zur *sicheren Seite* hin akzeptiert werden.

Das Fehlertoleranzverhalten entsprechend strukturierter Computersysteme wird nachstehend erläutert. Vorgehensweise und technische Lösungen sind nur bedingt "neu". Sie beruhen auf den Möglichkeiten heutiger Mikroelektronik.

2. Vermittlungstechnik

Der wohl entscheidende Schritt in der Entwicklung elektronischer Vermittlungssysteme erfolgte schon 1953. Damals begann bei den Bell Telephone Laboratories die Entwicklung eines experimentellen, rechnergesteuerten Fernsprechvermittlungssystems [1]. Hieraus entstand zwischen 1959 und 1965 *No.1 ESS*, das erste *E*lectronic *S*witching *S*ystem, konzipiert für den Einsatz in Ortsnetzen von Ballungsgebieten [1,2]. Ähnliche Entwicklungen führten bald auch in anderen Ländern [3] zu *SPC*-Vermittlungssystemen. Dabei wird der Begriff *SPC* - die Abkürzung steht für *S*tored *P*rogram *C*ontrol - gern verwendet, um *speicherprogrammierte* von anderen elektronischen Systemkonzepten zu unterscheiden. In der Bundesrepublik Deutschland gingen erste rechnergesteuerte Vermittlungsstellen, also SPC-Systeme, in den frühen 70er Jahren in Betrieb: 1972 zur Datenvermittlung[1]); 1974 zur Fernsprechvermittlung[2]). Doch die meisten Menschen bedienen sich - auch noch heute - in den USA der Dienste fehlertoleranter Computer. Etwa 47 % des Fernsprechortsverkehrs werden bei den Betriebsgesellschaften des *Bell System* über rechnergesteuerte Vermittlungsstellen [4] abgewickelt. Über 2 800 derartige Einrichtungen sind derzeit in Betrieb [4].

Das rechnergesteuerte Telefonieren - wie auch die angebotenen Datendienste - setzen stets eine Verfügbarkeit "rund um die Uhr" voraus. Frühe Ziele waren deshalb, die mit dezentral gesteuerten, elektromechanischen Systemen vergleichbaren Ausfallzeiten zu erreichen. Sie liegen bei zwei Stunden in 30 oder gar 40 Jahren [1]. Inzwischen hat man aber gelernt, nicht nur Hardware-Ausfälle tolerieren zu müssen. Auch Software-Fehler

---

[1]) *Siemens-System EDS.*

[2]) *EWS*, eine Gemeinschaftsentwicklung der Firmen DeTeWe, SEL, Siemens und TN.

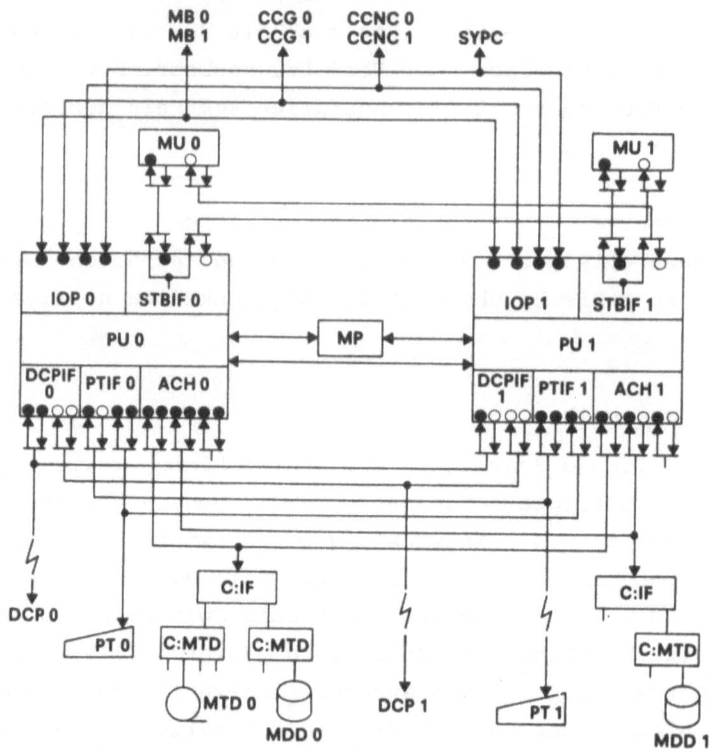

Bild 1: Blockdiagramm des Vermittlungsrechners SSP103D (*S*iemens *S*witching *P*rocessor) für das Digitalvermittlungssystem EWSD [6].

Oben sind die Anschlüsse zur vermittlungstechnischen Peripherie (MB 0,1; CCG 0,1; CCNC 0,1 und SYPC) gezeigt, unten die zur datentechnischen Peripherie: Datenkommunikationsprozessor (DCP 0,1), Schreibstation (PT 0,1), Magnetbandgerät (MTD 0) und Magnetplatten (MDD 0,1). Diese Geräte sind auch gedoppelt.

Ansonsten bedeuten:

●	Aktive (Schaltstelle) Verbindung
o	Passive (Schaltstelle) Verbindung
ACH 0,1	Automatischer Kanal
C	Gerätesteuerung
IF	Schnittstelle
IOP 0,1	Eingabe-Ausgabe-Prozessor
MP	Wartungsfeld
MU 0,1	Hauptspeichereinheit
PU 0,1	Verarbeitungseinheit
STB	Speicherleitungsabschluß

sind eine Realität. Deshalb erscheinen *Wirkverfügbarkeitswerte* - bezogen auf den Teilnehmer - sinnvoll [5]. Sie liegen auch in der Praxis über 99,99 % [5].

Für den zentralen Vermittlungsrechner bedeuten derartige Forderungen *Redundanz*. Je nach Hardware-Umfang müssen dabei einzelne Komplexe oder nur der gesamte Rechner bzw. die Speicher gedoppelt ausgeführt werden. Nach außen ist stets eine Rechner-"Hälfte" führend, die andere hat eine Art "Stand-by"-Funktion.

Bei leistungsstarken und damit auch entsprechend komplexen Rechnern arbeiten die Hälften taktsynchron parallel und es werden Detailergebnisse verglichen. Damit werden Fehler schnell erkannt. Die "Kunst" liegt in der Fehlerlokalisierung auf die tatsächlich fehlerbehaftete Hälfte bzw. Komponente, die außer Betrieb genommen werden muß. Hierfür werden aufwendige Testprogramm benötigt. Bei mikroprogrammgesteuerten Rechnern tut man sich leichter, weil ein Ergebnisvergleich nach Ausführung jedes Mikrobefehls möglich ist und zur Fehlerlokalisierung auch Mikroprogramme herangezogen werden können. Bild 1 zeigt als Beispiel einen derartigen Vermittlungsrechner im Blockdiagramm. Über Details wird an anderer Stelle berichtet [6,7]. Gezeigt ist die Normalkonfiguration mit der Rechnerhälfte 0 (links) als führendem Teil.

Im mittleren Leistungsbereich findet man auch die hardware-mäßige Eigenüberwachung der Rechnerhälften [8]. Damit entfällt das Problem des Aufsynchronisierens und die hohen Kosten für die Software zur Fehlererkennung und -lokalisierung.

Am unteren Ende der Leistungsskala d. h. zur Steuerung kleiner Vermittlungsstellen kommt man mit Rechnern auf Mikroprozessorbasis aus. Da es sich dabei nur noch um wenige Baugruppen handelt, sind ein einfacher "Stand-by"-Betrieb und die geringen Überwachungsmöglichkeiten - meist eine Zeitüberwachung - ausreichend [7,9].

Die vorgestellten Lösungen basieren auf der Hypothese, daß immer nur ein Fehler auf einmal auftritt und die Reparaturzeit ausreichend klein ist, um die Wahrscheinlichkeit eines weiteren Fehlers in der aktiven Hälfte während der Reparatur zu vernachlässigen. Die praktischen Erfahrungen bestätigen diese Annahmen. Überhaupt sind nur 20 % der Rechnertotalausfälle auf Hardware-Fehlverhalten zurückzuführen. Mit 35 % schlagen Unzulänglichkeiten in Wiederanlaufverhalten zu Buch, 30 % sind Hantierungsfehler und 20 % Software-Fehler [8]. Die getroffenen

Maßnahmen lassen selbst bei großen Vermittlungsrechnern wie dem in Bild 1 gezeigten SSP103D - *SSP* steht für *S*iemens *S*witching *P*rocessor - den Totalausfall aus Hardware-Gründen erst nach etwa 100 Jahren erwarten [6]. Diesem Rechenwert liegt eine Reparaturzeit von zwei Stunden zugrunde.

3. Raumfahrt

Zu den bekanntgewordenen Projekten zählen vor allem die für die NASA gebauten fehlertolerierenden Rechner: Einmal das Datenverarbeitungssystem für das unbemannte Satellitenprojekt OAO (*O*rbiting *A*stronomical *O*bservatory) und zum anderen der Leitrechner für die Raketen Saturn IB und Saturn V des bemannten Apollo-Programms [1].

Das OAO-System wurde 1961 bis 1965 entwickelt. Das Verfügbarkeitsziel war 0,95 für 1 Jahr Betriebszeit. Der Saturnleitrechner entstand zwischen 1962 und 1969. Das Verfügbarkeitsziel war hier 0,99 für 250 Stunden Betriebszeit. Diese Systeme wurden nach dem TMR-Prinzip (*T*riple-*M*odular *R*edundancy) gebaut, also einer Verdreifachung der Rechner mit Abstimmung ganz entsprechend den frühen, theoretischen Überlegungen [10,11]. Abgesehen von den Kosten ist bei derartigen Lösungen von Nachteil, daß sie vollkommen fehlermaskierend sind. Man braucht deswegen zwar keine Sicherungs-Software zu entwickeln, weiß aber auch nicht, in welchem Zustand sich die Rechner befinden. Selbst Montagefehler oder von Anfang an kaputte Bauelemente wirken sich ja nicht aus.

Die weitere Entwicklung in der Raumfahrt ging deshalb in Richtung Selbstreparatur, vor allem auch um längere Lebensdauerwerte zu erreichen. Aus mehrfach vorhandenen Hardware-Teilen wird eine aktuelle Konfiguration software-mäßig zusammengeschaltet [1]. Die Hauptprobleme liegen hier wieder im Software-Bereich. Die Vielfalt der Systemlösungen ist groß.

4. Prozeßautomatisierungstechnik

Alle Bereiche der Prozeßautomatisierungstechnik sind von der Verfügbarkeit des Mikroprozessors als preiswertes wie leistungsfähiges Bauelement irgendwie betroffen. Zusammen mit hochintegrierten Speicherbausteinen, mordernen Sensoren und Aktoren lassen sich speicherprogrammierte Steuerungen aufbauen, die traditionelleren Lösungen meist erheblich überlegen sind. Bei hohen Anforderungen an die Verfügbarkeit - sei es in sicherheitssensitiven Bereichen oder aufgrund rauher Umweltbedingungen - können die gleichen Redundanzprinzipien wie in der Vermittlungstechnik angewandt werden. Es handelt sich ja wohl ausschließlich um reparierbare Systeme, so daß Raumfahrtbedingungen ausscheiden.

Keiner der bisherigen Mikroprozessoren untersützt jedoch von sich aus den Einsatz in fehlertolerierenden Systemen. Selbsttest und Funktionsüberwachung sind deshalb nicht unproblematisch. Die Fehlererkennung ist praktisch auf den Ergebnisvergleich auf Datenwegen begrenzt, was die Rekonstruktion der Ausgangsdaten erschwert und eine Weiterarbeit mit der "richtigen Hälfte" verhindert. Deshalb ist in der Praxis möglichst einfachen "Stand-by"-Lösungen der Vorzug zu geben.

Trotz solcher Probleme sind natürlich fehlertolerierende Mikrocomputersysteme verfügbar [12-14].

5. Ausblick

Da das generelle Interesse an fehlertolerierenden Rechnersystemen aufgrund der heutigen, technologischen Möglichkeiten steigt, wurde hier versucht, an Hand der Historie darzustellen, wie relativ alte Problemlösungen neue Bedeutung erhalten. Die nächste Generation von Mikroprozessoren wird wesentlich günstigere Voraussetzungen für die Implementierung von Fehlertoleranzmaßnahmen mitbringen. Außerdem nimmt die Bedeutung des ununterbrochenen Betriebs von Datenverarbeitungsanlagen ständig zu. Es bleibt also ein weites Betätigungsfeld für den Einsatz von Fehlertoleranzmaßnahmen.

Schrifttum

[1] Avižienis, A.: Fault-tolerance: the survival attribute of digital systems. *Proc. IEEE* 66 (1978) 1109.

[2] Downing, R.W., Nowak, J.S., Tuomenoska, L.S.: No.1 ESS maintenance plan. *Bell Sys. Techn. J.* 43 (1964) 1961.

[3] Joel, A.M., Jr.: *Electronic Switching: Central Office Systems of the World*. New York, NY: IEEE Press, 1976.

[4] Fleckenstein, W.O.: Switching Technology and New Network Services. ISS '81 CIC, Intl. Switching Symp. Montreal, Sept. 21-25, 1981. Keynotes 56.

[5] Binder, H.-E.: Operating Results of EWS. ISS '81 CIS. Intl. Switching Symp. Montreal, Sept. 21-25, 1981 Proceedings 23A,3,1.

[6] Berndt, H., Storm, J.: Zentralsteuerwerk SSP103D im Digitalvermittlungssystem EWSD. *telcom report* 4 (1981) 455.

[7] Jung, K.: Verfügbarkeit und Fehlertoleranz von Prozeßrechnern zur Steuerung elektronischer Vermittlungsanlagen. NTG-Fachberichte, Band xx, Swoboda, J., Herausgeber. Berlin: VDE-Verlag, 1982, im Druck.

[8] Toy, W.N.: Fault-tolerant design of local ESS Processors. *Proc. IEEE* 66 (1978) 1126.

[9] Berndt, H.: SSP112D - mikroelektronisches Zentralsteuerwerk für Digitalkommunikationssysteme *telcom report* 4 (1981) Beiheft "Digitalvermittlungssystem EWSD".

[10] Neumann, J.v.: Probalistic logics and the synthesis of reliable organisms from unreliable components. *Automata Studies*, Shannon, C.E., McCarthy, J., Herausgeber, (Ann. of Math. Studies, Band 34). Princeton, NJ: Princeton University Press, 1956, 43.

[11] Moore, E.F., Shannon, C.E., Reliable circuits using less reliable relays. *J. Franklin Inst.* 262 (1956) 191, 281.

[12] Lohmann, H.-J.: Sicherheit von Mikrocomputern für die Eisenbahnsignaltechnik. *Elektron. Rechenanl.* 22 (1980) 229.

[13] Grams, T., Heer, W., Schäfer, M.: Automatische Fehlererkennung bei Mikrocomputern. *BBC-Nachr.* 63 (1981) 343.

[14] Schrodi, E.: Fehlertolerante Mikrocomputersyteme in der Prozeßautomatisierungstechnik. *Private Kommunikation*, 1981.